叶文学 著

邵以正与明初净明道

儒道释博士论文丛书

巴蜀书社

《儒道释博士论文丛书》编委会

《儒道释博士论文丛书》由上海城隍庙和北京东岳庙资助出版

《儒道释博士论文丛书》缘起

国家“985 工程”四川大学宗教、哲学与
社会研究创新基地首席科学家
《儒道释博士论文丛书》
编委会主编　卿希泰

儒道释是中华民族传统文化的三大支柱，源远流长，内容丰富，影响深远，它对中华民族的共同心理、共同感情和强大凝聚力的形成与发展，均起了极其重要的作用，是我们几千年来战胜一切困难、经过无数险阻、始终立于不败之地的精神武器，在今天仍然显示着它的强大生命力，并在新的世纪里，焕发出更加灿烂的光彩。

自从 1978 年中国共产党第十一届三中全会确立改革开放路线以来，我国对儒道释传统文化的研究工作，也有了很大的发展，在全国各地设立了许多博士点，使年轻的研究人才的培养工作走上了有计划有组织地进行的轨道，一批又一批的博士毕业生正在茁壮成长，他们是我国传统文化研究方面的一支强大的新生

力量，是有关各学科未来的学术带头人。他们的博士学位论文有一部分在出版之后，已在国内外的同行学者中受到了关注，产生了很好的影响。但因种种原因，学术著作的出版甚难，尤其是中青年学者的学术著作出版更难。因此还有相当多的博士学位论文难以及时发表。不及时解决这一难题，不仅对中青年学者的成长不利，且对弘扬中华优秀传统文化，促进学术交流也不利。我们有志于解决此一难题久矣，始终均以各种原因未能如愿。直到1999年，经与香港圆玄学院商议，喜得该院慨然允诺捐资赞助出版《儒道释博士论文丛书》，当年即出版了第一批共5本博士学位论文。此后的10余年间，在圆玄学院的鼎力支持及丛书编委会同仁的共同努力下，一批又一批优秀的博士学位论文通过这个平台展现在世人面前，到2013年，已出版了15批共130部；这些论著的作者，有很多已经成长为教授、博士生导师。2014年，圆玄学院因自身经济方面的原因，停止资助本丛书，我们深感遗憾，同时也对该院过往的付出与支持致以敬意和感谢！

令人欣慰的是，当陈耀庭教授得知本丛书陷入困境的消息后，即与上海城隍庙商议，上海城隍庙决定慷慨施以援手。2015年，慈氏文教基金有限公司董事长王联章先生也发心资助本丛书。学术薪火代代相传，施善之士前赴后继。在党中央弘扬中华民族优秀传统文化的英明决策指引下，本丛书必然会越办越好，产生它的深远影响。

本丛书面向全国（包括港澳台地区）征稿。凡是以研究儒、道、释为内容的博士学位论文，皆属本丛书的出版范围，均可向本丛书的编委会提出出版申请。

本丛书的编委会是由各有关专家组成，负责审定申请者的博士学位论文的入选工作。我们掌握的入选条件是：(1) 对有关学科带前沿性的重大问题做出创造性研究的；(2) 在前人研究的基础上有新的重大突破、得出新的科学结论从而推动了本学科向前发展的；(3) 开拓了新的研究领域、对学科建设具有较大贡献的。凡具备其中的任何一条，均可入选。但我们对入选论文还有一个最基本的共同要求，这就是文章观点的取得和论证，都须有科学的依据，应在充分占有第一手原始资料的基础上进行，并详细注明这些资料的来源和出处，做到持之有故、言之成理，避免夸夸其谈、华而不实。我们提出这个最基本的共同要求，其目的乃是期望通过本丛书的出版工作，在年轻学者中倡导一种实事求是地、一步一个脚印地进行学术研究的严谨学风。

由于编委会学识水平有限和经验与人力的不足，难免会有这样或那样的失误，恳切希望能够得到全国各有关博士点和博士导师以及博士研究生们的大力支持和帮助，对我们的工作提出批评和建议，加强联系和合作，给我们推荐和投寄好的书稿，让我们一道为搞好《儒道释博士论文丛书》的出版工作、为繁荣祖国的学术文化事业而共同努力。

2015 年 10 月 1 日于四川大学宗教、哲学
与社会研究创新基地，道教与宗教文化研究所

编委会按：2017 年，慈氏文教基金有限公司因自身原因中止资助，其资助金额由北京东岳庙管委会慷慨承担，谨此致谢。

目　录

序

道教宗派研究目前是学术界关注的一个热门领域，国内外陆续推出不少成果。究其缘由，一方面固然是学术进步使然，新材料的不断挖掘呈现，新的研究手段的运用，作为道教学的显学分支道教史研究对象越来越趋于细致，原来的通史、通论的研究模式很难涵盖错综复杂的道教历史脉络，因此断代史、区域史研究模式大行其道。曾几何时，围绕道教某一主题而产生的道教专门史研究模式也悄然应运而生。笔者在十多年前从事道教南宗研究时曾经涉及这一话题，阐述了从事道教宗派研究的意义：道教的产生与发展历来以宗派林立而著称，一部道教史实际上就是一部道教各宗派酝酿、滋生、衍变的历史。这也从某种意义上印证了古今中外宗教“分宗而教”的理趣。然而，道教宗派历来纷呈，历史上的派别甚多，有自然形成的，也有后人追溯的，甚至还有人为认同的。虽然教内有不少高道力倡“天下无二道”，但实际上，在道教发展过程中“同流异派”“独立教门”“各立宗门”的现象屡见不鲜。针对道教宗派纷呈这一现象，早在唐末五代时道教学者施肩吾就引葛仙翁“天下无二道”试图加以规范，云：

“天下无二道，殊途而同归；圣人无两心，百虑而一致。古今一道，圣贤同心。逮夫道原既判，心识自分，谈道者强自分别。同流异派，摘叶寻枝，自为见解，以独立教门。”明代第四十三代天师张宇初撰《道门十规》云：“自太极徐真人、仙翁葛真人、朱阳郑真人三师而下，则杜、葛、陆、宁、项、寇又其最名世者。由是而分，则有林、田、金、白诸师，遂有东华、南昌之分。派虽不同而其源则一。故符箓咒诀亦相去不远，是皆后之师德各立宗门，接引后来之一端，初无二道也。舍此数派称为正宗，余不足师者则多矣。”天下无二道是从教理上试图说明“道一风同”。但由于不同的社会区域历史文化环境和道教自身多种复杂因素，天下虽无二道，但修道证道却有南北之别。故清末北京白云观高道高仁峒在其撰写的《白云岩创修宗派谱序》中指出：“盖闻儒家以报本返始为义，道家以开山立派为宗，木本水源，不忘所自，此古今之通旨也。”高仁峒所说的“道家以开山立派为宗”，此言道出了道教发展过程中的一个重要动力机制，即历代高道通过不断有意识地开宗立派，合纵连横地整合力量，将道教经典教义一代一代地传承并广为传播。

道教宗教研究涉及的要素甚广，素来难治。尤其是与净明道相关的历史与人物研究，成为同行关注的热点之一。邵以正乃明初著名道士，因编校《正统道藏》而著名道史。邵以正自永乐中师从高道刘渊然，因勤勉好学、悟性非凡而深得刘渊然器重。宣德初，邵以正因得刘渊然推荐进入道录司担任左玄义之职，宣德六年升任右至灵，正统中任右演法之职，并因受敕督校《道藏》而名满天下，《道藏》刊成而升任左正一、领京师道教事；景泰中赐号守玄冲靖高士，寻即赐号守玄冲靖秉诚专确志道衍教妙悟静虚弘济真人、领天下道教事，此时邵以正之道官及声望已至巅峰；天顺中，仍任道录司间住，后受天师张元吉保奏，赐号悟玄养素凝神冲默阐微振法通妙真人。天顺六年八月二十日，邵以正卒，遣官致祭，敕葬北京城西五华山之阳。

学术界关于邵以正生平道履和道派归属问题的相关成果虽然不少，但由于史料文献缺失与探讨视野所限，依然有许多可以探索的空间。呈现在读者面前的叶君文学所著《邵以正与明初净明道》，就是作者不畏艰难，在前人研究基础上，取得的新成果。叶文学是来自云南的彝族学子，本科和硕士阶段分别就读于云南民族大学和云南大学，叶君勤奋好学，善于思考，有从事西南道教田野研究的天然优势。四年前文学考入四川大学，随我攻读中国道教研究方向的博士学位。入学之后，我们在讨论博士论文选题问题时，叶君能够扬长避短，在阅读了大量原始文献基础上，结合这几年在家乡广泛收集的田野文献史料，选取邵以正为主要研究对象，通过对邵以正相关碑刻、传记资料的深度挖掘，田野与传世文献的互证互释，力求还原邵以正的生平事迹及其在明代道教发展繁荣的大背景下，如何承传其师祖赵宜真、师父刘渊然一系的道法以及明代净明道统的接续与重构等问题。读者从本书的谋篇布局和研究路径，不难窥见叶君勇于创新的学术问题意识。

本书有不少可圈可点之处。例如，作者试图通过正史、碑铭、金石、传记、笔记、序跋甚至野史等各类文献的归纳、梳理，尽可能整理出一个比较全面的、有逻辑可寻的邵以正史料库。在论证这些史料文本的真实性及可靠性过程中，本书借鉴中外史学家的治史方法论，辩证地、历史地对待史料，并注意从史料中极力挖掘有利于诠释人物思想的内容。在史料搜集整理时，以文献为主导、以田野资料为辅助、以口述史为参佐互证，并顾及宗教研究的双重性：既需看到并尊重基于理性怀疑的历史意见和人物所处时代的局限性，同时又注意到人物本身思想和言行中所蕴含的思想精神。

再如，作者运用道派史与宗教社会史相结合的方法，通过对赵宜真、刘渊然及邵以正等人由儒入道的心理变化的社会学追溯，结合明初宗教政策的频繁调整和教派道统的重构，重新理解新旧朝代更替之时传统知识阶层内道外儒、儒道互补精神的时代嬗变和士族阶层奉道动机的多样性。如赵宜真“其先家浚仪，宋燕王德昭十三世孙，父仕元为安福令，因家焉。原阳幼颖敏，知读书，即善习诵，博通经史百家言，长习进士业”，刘渊然因自幼体弱多病而许为道士，但亦如其师由儒而入于道，并旁通医学。邵以正亦如此，“其先苏州人，谪戍云南”，其父“仲仁，讳仁，姓邵氏，世为姑苏士族，曾祖宏、祖明之、父琺皆隐居有行”，即邵以正有深厚的士族背景及“隐居有行”的伦理观念传承和信仰传统。在赵、刘、邵三人身上可以窥见其入道契机的“宗派相似性”。士族原有的优越感和“谪戍云南”带来的心理落差使邵以正放弃了传统的仕途幻想，从其父“虽艰难旅琐中，凡所以行义不减在乡时”的言传身教到“寄迹于老子法”的志向耦合，成为邵以正的入道契机，同时构建了“忠孝为本”“道本儒用”的思想体系。

当然，作为一部探索性的著作，本书也难免存在某些叙述文字方面的瑕疵，也有个别论断不够周全的问题。然而作为一名踏进道教学术界不久的新锐，书中所取得的点滴学术进步，相信读者细读之后，定能有所体悟与收获。叶君这种深耕文本、脚踏实地的学风值得提倡。本书辛丑岁末通过《儒道释博士论文丛书》编委会评议审稿，在众多的优秀征稿中脱颖而出，即将在巴蜀书社付印之际，应作者之邀，略述一二以为序。

盖建民

壬寅春撰于成都望江楼

绪　论

一　研究的背景与意义

明代是道教发展的鼎盛时期。学界对明代道教各宗派，尤其是南方正一道的研究也渐趋细化，从宏观道教发展史的研究逐渐转向宗派史及人物思想史等研究，明代道教的研究中心也转向地域道教流布、宫观身份多元交织、宗师派谱接续重构等热点问题。自20世纪末开始，学界对净明道的研究已渐成热点，尤其是对明初兴起的“新净明道派”① 研究较多，成果亦颇显著，从

① 此“新净明道派”并非学术界所界定的“新净明道”。学术界认为，元代刘玉、徐慧、黄元吉等人所创之净明忠孝道为新净明道，以区别于宋代的净明教团。卿希泰主编《中国道教史》认为，刘玉不仅在组织上重建了净明道，而且对它的教义做了重新阐释，使之具有较新的思想内容，吸取了较多的南宋理学思想，使原来形式粗糙、仙气很重的许逊忠孝之道，变成颇具理学色彩，颇多思辨内容的净明之道，从而使重建后的净明道在组织上、思想上都具有新的面貌。（卿希泰主编：《中国道教史》，成都：四川人民出版社，1996年，第3卷第347页）任继愈主编的《中国道教史》提出“新净明道”和“旧净明道”之说，以何真公所创为“旧净明道”，而以刘玉所创为“新净明道”。（郭武著：《〈净明忠孝全书〉研究》，北京：中国社会科学出版社，2005年，“绪论”，第20页）其余学者亦循任继愈所说，称刘玉所创净明道为“新净明道”。然而，为了论述需要，本书所提及之“新净明道派”实际上是对明初赵宜真、刘渊然、邵以正一系道士极力创建净明道统而以宗派称之。该宗派既继承了元代净明道的教理教义及核心思想，同时在符箓法术等方面亦有所突破，综罗各家之长而形成的新的宗派道统。

道派的历史追述到相关人物的谱系、道脉、法脉传承等研究成果亦极为丰富，尤其对元明之际赵宜真、刘渊然二人的道派归属及核心思想等问题，学人亦多有专论，而对明代继刘渊然之后又一位净明高道邵以正，因史籍所载寥寥，且无流传后世之原创性著述可资参考，学界对其研究多有不足。

邵以正为明初净明高道，历宣德、正统、景泰、天顺四朝，至天顺六年（1462）过世止，于道录司任职三十余载①，曾于正统九年（1444）受敕督校《道藏》，实为盛事，《明史》有载②。郭武称《正统道藏》是“唯一完整地流传至今的官方组织编刊的道经丛书，其刊成在道教发展史上有着巨大的意义，此书由云南道士（邵以正）主持编修，显示了云南道教在当时的全国道教中占有重要的地位”③。

然而，邵以正的身世究竟如何？其如何进行净明宗派道统重构？其思想核心何在？对明初道教的发展有何影响？有何贡献？邵以正督校《道藏》之事，是否如郭武所言，显示了云南道教在全国道教中占有重要地位？邵以正著述极少，但净明道法思想却贯穿始终，如何确定其思想属性？

依循这些问题作为切入点，本书围绕元明之际宫观道教涉及

① 邵以正于宣德二年（1427）因刘渊然之荐入道录司任左玄义之职，至天顺六年（1462）八月卒于左正一任上，于道录司履职时间长达三十五年。按，道录司，亦作道箓司。

② 《明史》卷299《刘渊然传》载：“（刘渊然）其徒有邵以正者，云南人，早得法于渊然。渊然请老，荐之，召为道录司左玄（原为‘元’，避玄烨讳，径改）义。正统中，迁左正一，领京师道教事。景泰时，赐号悟玄（原为‘元’，避玄烨讳，径改）养素凝神冲默阐微振法通妙真人。天顺三年将行庆成宴。故事，真人列二品班末，至是，帝曰：‘殿上宴文武官，真人安得与？’其送筵席与之，遂为制。”（[清] 张廷玉等撰：《明史》，北京：中华书局，1974 年，第 7656—7657 页）

③ 郭武：《明清时期云南道教的发展》，《中国道教》1994 年第 2 期。

身份识别的复杂性，即“同人于宗”或是“同人于谱”的问题，试图在“实的历史”与“写的历史”之间挖掘学术理性与宗教信仰之间书写上的差异性，揭示后世文本中将赵宜真、刘渊然作为净明宗派嗣派祖师的宗派叙述方式，以及作为赵、刘法嗣和宗派传人的邵以正如何实现净明道统的重构等问题。道统重构是刘渊然与邵以正对宋元以来“久湮不行”的净明道所进行的道脉、法脉认同和整合过程，其法统上承赵宜真，下启喻道纯、胡守法等人，但法统未符合正统道教主流的宗派认同标准，或与赵、刘、邵一系净明道统重构过程中的宗派叙述模式有关。该系所极力呈现的宗派存在形式乃是“同人于宗”而非“同人于谱”，这一特征给追溯其传承脉络增加了难度，驳杂多端的道脉、法脉来源使赵、刘、邵一系之传承难以套用传统派谱方式加以鉴别，唯有零星的、片段式的著述及其对净明大道的践行等方面为我们提供了追索其道派属性的依据。

（一）

从传教模式看，无论赵宜真之于刘渊然、刘渊然之于邵以正，抑或是邵以正之于喻道纯，皆未遵循宫观道教之传教法统，而是遵循了“惟贤是传”的个体传教模式。这种模式打破了传统宫观道教的门派界限，不再将道法之来源拘泥于具体门派，而是将各派之长汇集于利济众生的社会使命之下，进而将道教的世俗化功能发挥得淋漓尽致。元季的赵宜真四处参访，道法传承方面不拘一格，得清微、正一、全真、净明诸派道法之传，最终汇归为济世度人之方便法门，这种道派取向或曾受元季社会动荡、时局混乱之影响，但至少表明固守宫观道派之老路曾使当时诸山道派一度陷于生存危机，道众本身也渐渐失去道派祖荫之庇佑。

在这种社会背景下，宫观道教传统虽然仍在继续，但传教模式则不得不做出必要的变通，渐渐摒弃“倚谱传授”的旧传统，而转向“惟贤是传”的新模式。尽管这种模式缺乏稳定性，但对于法脉、道脉的传承和道教精神的传播则是大有裨益的。

元季赵宜真即得益于这种传教模式，而“其徒甚众，缵承道脉者，刘渊然一人而已”①。刘渊然得赵宜真之嫡传，乃因其“深究玄学、笃信力行”②，这种“惟贤是传”之传教模式甚至成为该系的传统，于是，刘渊然亦因邵以正学道勤恳而“悉以道秘授之”③，邵以正对于喻道纯亦如此，“见（喻道纯）而奇之，授以清微诸阶符法、净明礼斗禳星炼度、玉清、混元、五云、金箓火符之秘”，并称“臣徒虽多，而可托者喻道纯耳”④，乃至邵传胡守法亦如此，胡守法“又学于通妙真人，尽得其术”⑤。赵、刘、邵一系的道脉传承模式显然已经形成了新的传统，这也是明初净明道足以与贵溪龙虎山一脉一同在朝中备受尊崇的原因。可以说，赵宜真、刘渊然、邵以正一系几乎代表了明初的净明道，而且该系在朝中及道教界的影响力一直持续到明中叶，历时一个多世纪。

从著述方面看，赵宜真有《原阳子法语》《灵宝归空诀》

---

① ［清］谢旻等修，陶成、恽鹤生纂：雍正《江西通志》卷104《仙释》，雍正十年（1732）刊本，第4页。

② ［明］王直撰：《抑庵文后集》卷24《紫霄观碑》，文渊阁《四库全书》本，第1242册第62页。

③ ［明］商辂撰：《龙泉观通妙真人祠堂记》，陈垣编纂：《道家金石略》，北京：文物出版社，1988年，第1266页。

④ ［明］周洪谟撰：《普济喻真人志略》，［明］葛寅亮撰：《金陵玄观志》卷1，《续修四库全书》，上海：上海古籍出版社，1996年，第719册第23页。

⑤ ［清］陈梦雷编：《古今图书集成·博物汇编·神异典》第287卷《方士部》，北京：中华书局，1934年，第512册第31页。

《仙传外科集验方》留存于世，更有道法方面的论述数篇收入《道法会元》[①]，从中大抵可见其道法及内外丹方面之思想和见解。刘渊然除了整理刊行《净明忠孝全书》《原阳子法语》《道德经集解》及师传医方之外，并无具体著作留存，其主要思想则见于《长春刘真人语录》。然而，除了集中体现刘渊然思想的《长春刘真人语录》之外，刘渊然亦曾有《义枢》《增注感应篇》等零散注解本，但皆已散佚，清代黄虞稷《千倾堂书目》有存目。而唯一可资参考之《长春刘真人语录》亦是在刘渊然去世数年之后才由邵以正整理、撰写而成，其中内容或非邵以正原创，但该书中所体现的也正是邵以正的思想，最终该书并未刊行流传，而只是作为该系徒裔的内部读本。

从《原阳子法语》《长春刘真人语录》等的行文体例看，二者皆为语录体，大有老、孔述而不作之风。于邵以正而言，其师祖赵宜真、师父刘渊然均有著述流传，且二人已综罗各道派法脉，尤其到洪熙、宣德之时，刘渊然已位高权重，在全国各地培养了相当数量的徒裔，作为嫡传弟子的邵以正亦毅然选择了“述而不作”，不仅编集整理了《长春刘真人语录》，还编辑刊行《净明忠孝全书》《道德经集解》及《玄宗内典诸经注》等便于构建净明道统和净明道派传播的丹经典籍，而并无其原创著述流传后世，实则其意自明。正如邵以正在《净明忠孝全书·后序》

① 《道法会元》中有多篇赵宜真所撰文本，其中有：卷十七“玉宸经法炼度内旨并序”、卷四“清微宗旨”、卷五“清微符章经”、卷七“上清洞明协神五应大法”“上清镇灵福详安土大法”“上清司禁兴道大法”、卷八“清微祈祷内旨·祈祷说”、卷十四“玉宸登斋内旨”、卷十七“玉宸经法炼度内旨”、卷三十二“上清龙天通明炼度大法”等。（见盖建民、陈龙：《赵宜真道脉与著述文献新考》，《四川大学学报》2009 年第 5 期）

中所言："厥后我师祖原阳赵真人、先师长春刘真人，上承仙绪，实振扬而昌大之学者，宗为嗣师焉。"① 该版本将赵宜真、刘渊然增入净明诸祖之列，邵以正构建宗派道统之意不言自明，称其"仰荷师传于忠孝之旨，虽尝窃幸，预有闻焉"，并"捐资命工重寿诸梓，以广其传，其于道也庶有小补焉"②。这种道派重构意图或始于刘渊然之嘱托，但三十多年的道官生涯中，邵以正几乎将绝大部分时间用于净明宗派体系构建。《玄宗内典诸经注》《道德经集解》等著述的刊行流布亦出于壮大道派的目的。如邵以正在《题玄宗内典诸经注后》中言："予自受道于先师长春真人以来，每取诸经及先正注释之言印证之，言殊理同，若合符节。而今之学者，务此者鲜。"③ 这或许是针对当时道派内无丹经可资参考，而内丹修炼又是赵、刘、邵一系道法传承的重要内容，邵以正出于弘扬本派道法的需要而"特取历代圣师之经、诸《老》注释之书，凡十一卷，总而名《玄宗内典诸经注》"④。

邵以正在构建全新净明道统方面所做的种种努力，不仅出于构建道统和弘道方面的需要，亦从侧面反映了明代道教蓬勃发展背后隐藏的种种危机，以及社会闲散"蠹民"借僧道之名求请度牒、游食街巷等乱象。这种情状对于道派的推广是极其不利的。出于这方面的考虑，邵以正一方面努力维持其在朝中及道教界的地位和威望，一方面严守其师祖赵宜真、师父刘渊然清净无为的纯正道风，同时维护了其一代宗师风范。

---

① ［明］邵以正辑：《净明忠孝全书》，明景泰三年（1452）刻本，第78页。

② 同上。

③ ［明］邵以正辑：《玄宗内典诸经注》，载《藏外道书》，成都：巴蜀书社，1992年，第7册第50页。

④ 同上。

《青囊杂纂》之刊行也从侧面证实了邵以正践行“济世度人”的传统净明精神。《孝道吴许二真君传》曾言：“吾等积德累业，所冀利民，不能为人除害，何以彰余道德矣。”① 这些济世度人精神成为净明道的教义和核心思想：“凡得净明法者……一孝悌，二炼形，三救度。”② 从这一点看，邵以正一系虽未对净明道原有教义进行进一步发挥，却从入世的层面践行净明道济世度人的精神，故而有明一代赵宜真、刘渊然及邵以正先后刊行的医方、验方广泛流传，尤其是邵以正《青囊杂纂》更是宗承赵宜真、刘渊然二人济世医方及医术的集大成之作。这种济世度人的净明传统使赵、刘、邵一系在明初朝野上下获得极高声誉，对于道派的传承具有积极意义。邵氏极力重构的净明道统从形式上有别于贵溪龙虎山一系正一道，也有别于栖居山林、湮没无闻的全真道。因而，这种净明道统将道教的出世与入世精神合二为一，成为邵以正思想的集中体现，即出世修真、入世度人，这也是刘、邵一系净明道派集众家之长而以济世为本精神的缩影。

邵以正是继赵宜真、刘渊然之后明初净明道的中流砥柱，其上承杂而多端的法脉而下启净明道统之端绪，使“久湮不行”的净明大道成为明初道教界一股清流，尤其是在瞬息万变的明初政治形势下，他不仅保持了其政治地位和教内声誉，更因其在宗派构建方面成绩卓著，通过受敕督校《道藏》等重大政治任务而扩大了自身影响力。《正统道藏》的编修是明初一件大事，由贵溪龙虎山一系正一道与刘、邵一系净明道共同完成。然而，如

① 《孝道吴许二真君传》，载《道藏》，北京：文物出版社、上海：上海书店、天津：天津古籍出版社，1988 年，第 6 册第 841 页。

② 《太上净明灵宝入道品》，载《道藏》第 10 册，第 523 页。

此重大的政治任务并未交由德高望重的刘渊然来完成，或与其“忤权贵”有关，因而刘氏不仅与《道藏》之编修失之交臂，还被“谪居龙虎山，寻徙滇南”[①]，这种政治生涯中的挫败感不仅让刘渊然意识到人才对于宗派道统重构的特殊意义，更为他提供了承续并重构净明道统的契机，于是其谪滇期间于龙泉观收徒传道并将其道派势力延伸至昆明、大理、金齿（保山）地区，在远离政治中心的云南培植其道派。至宣德初，刘渊然奏请设立昆明、大理、金齿道纪司，不仅说明经过十数年的传教，其徒裔已达相当规模，也彰显了其作为一代宗师的民间影响力和政治格局。只不过，刘渊然与贵溪龙虎山一系的关系至邵以正之时方得以缓和，故有邵以正受敕督校《道藏》之事。邵以正亦曾试图在《道藏》中为其师争取一席之地，但最终并未将《长春刘真人语录》及刘渊然校订、增注之典籍编入《正统道藏》，或许也是出于这方面的考虑。

邵以正与朝中权贵相往来，其足迹遍及两京及其他地区，在道派力量的培植、净明教义的阐发及践行等诸方面可谓不遗余力，尤其是其忠孝、德善、克诚、天心、为善济世等思想几乎贯穿始终，成为其人格魅力的重要组成部分。邵以正常言：“诚者，万事万物之本。诚之至，虽金石可贯，而况于人乎？况于鬼神乎？”[②] 并提出“以诚事君亲”“以诚求道”“诚以修身”“诚以奉神祇”的“修行惟诚”思想，这显然不离于净明道之主旨，

① ［明］王直撰：《抑庵文后集》卷5《长春刘真人祠堂记》，文渊阁《四库全书》本，第1241册第47页。

② ［明］商辂撰：《龙泉观通妙真人祠堂记》，陈垣编纂：《道家金石略》，第1266页。

更是成全忠孝之道的先决条件。他不仅将忠孝、诚敬等思想与济度与符箓道法相结合，亦将“人心合天心”等思想贯穿于日常言行之中。所谓“人心合天心”，即人心与天心合一，“人心即天心，欺心即欺天”①，即是赵宜真、刘渊然、邵以正之间递相传承之核心内容。而邵以正所授予喻道纯及胡守法等弟子的也是这些内容。邵以正嫡传弟子喻道纯曾言：“大道本于心，人能清净其心，则天地鬼神无感不通，况于人乎?”② 显然与邵以正之诚敬思想如出一辙。如胡守法“其于道术修炼，既精而又本之以诚意，故用以祈祷，动辄有验”③。邵以正给其侄邵希先返滇代为“尽孝”的临别寄语亦体现了他的忠孝至善的思想。其言：“夫学道者，以忠孝为第一事。”④ 无论是刘渊然，抑或邵以正及其弟子喻道纯、胡守法等，无不以“诚”为本，而“诚”是“人心合于天心”的途径，唯有“诚”可使人心与天心合，通过理解并践行忠孝而最终达到至善的净明境界。

与其师祖赵宜真、师父刘渊然不同的是，邵以正在构建净明道统方面几乎耗尽了毕生精力，因而没有集中体现其思想的著作传世，仅能通过由邵氏本人编集整理而成的《长春刘真人语录》《净明忠孝全书》探知其思想原貌，以及通过其所刊行的《道德经集注》（已佚）及《玄宗内典诸经注》侧面了解其致力于净明道统构建的意图和思想，并通过《青囊杂纂》探知其本人及该

① ［明］王直撰：《抑庵文后集》卷5《长春刘真人祠堂记》，文渊阁《四库全书》本，第1241册第49页。

② ［明］周洪谟：《普济喻真人志略》，《金陵玄观志》卷1，第23页。

③ ［明］徐溥：《胡公守法墓道碑》，［明］焦竑撰：《焦太史编辑国朝献征录》卷118，《续修四库全书》第530册，第690页。

④ ［明］徐有贞撰：《武功集》卷4《送羽士邵希先还滇南诗序》，文渊阁《四库全书》本，第1245册第18页。

道派的济世度人精神。在其道官生涯中，邵以正一直以赵、刘为榜样，在风云瞬息万变的明初政坛上，努力恪守净明道宗旨，维护了其一代高道及宗师形象，因而垂范于后世。邵以正自幼"夙志清净"[①]、"比长，志向卓越，昭然物表"[②]，这种人格秉性使其最终成为刘渊然门中翘楚。因而，刘渊然的道风道貌对其影响亦大。刘渊然为人"清净自守，不干世事，故为累朝所礼"[③]，史称他"淡泊自甘、不失戒行"[④]，这些行道作风与当时盛极一时的龙虎山一系自然有所区别。

邵以正不仅受其师道风的影响，也深刻领悟了其师刘渊然位高权重却能安然"功成身退"的智慧，因而其行事作风几乎与刘渊然如出一辙。如英宗曾在《敕左正一邵以正》的"真人"颁赐诏书中即给予他"守真抱一，专气致柔，衍教皇都，游心养素，奥则传乎道秘，妙则契乎仙玄"[⑤]之评价。其师徒道风在当时成为一股清流，"时天子颇信异教，褒崇道流，然道宁与渊然淡泊自甘，不失戒行，迨成化、正德、嘉靖朝，邪妄杂进，恩宠滥加，所由与先朝异矣"[⑥]。道风建设也是刘、邵一系净明道统构建中极为重要的部分，而邵以正从未改变其初衷，以至于虽然经历了"土木之变"，请辞未获准，反而受天师张元吉保奏而

① ［明］杨士奇撰：《东里续集》卷31《邵仲仁墓表》，文渊阁《四库全书》本，第1238册第23页。

② ［明］商辂撰：《龙泉观通妙真人祠堂记》，陈垣编纂：《道家金石略》，北京：文物出版社，1986年，第1266页。

③ ［清］陈教友注：《全真道教源流》卷7，荔庄藏版，广州市西湖街余富文斋刊板，光绪己卯年（1879）刻本，第20页。

④ 同上，第22页。

⑤ ［明］葛寅亮撰：《金陵玄观志》卷1，第5页。

⑥ ［清］陈梦雷编：《古今图书集成·博物汇编·神异典》第215卷《方士部》，第506册第56页。

获“左正一间住”，不久“复号真人，掌道教故”，实因邵以正“廉静谦谨，礼度雍容，缙绅咸重之”①。邵以正于天顺六年八月卒，英宗下诏“遣官致祭”，虽不如其师刘渊然待遇隆厚，但已“名噪一时，为道士最受宠渥者”②。

作为明初中期政坛上颇有影响力的高道，邵以正从某种程度上完成了复兴净明道的重任。他不仅通过督校《道藏》而获得教内威望并重新整理净明道经典，将其师祖赵宜真、师父刘渊然增入其重新辑校的《净明忠孝全书》中，作为净明道统重构的一次成功尝试，不仅使赵、刘被尊为净明六祖而对后世净明道产生较大影响，甚至对云南道教产生了深远的影响，尤其是尊刘渊然为宗师的长春派（亦称南滇金丹符箓派），虽非刘渊然、邵以正等人亲创，但亦是刘、邵等人影响力之余绪。

（二）

研究邵以正及明初净明道思想，不仅可以让我们对明初、中期道教发展的状况有一定了解，尤其是对源于逍遥山万寿宫的净明道经历了元初的复兴而又转衰，至明初又经历了道统重构的整个发展脉络有全面了解；还可以通过刘渊然、邵以正等人了解道教在元明之际从“惟派是传”到“惟贤是传”的教派传承模式的转变，使道教修持从“清净自守”的丛林宫观道教向“济世度人”的世俗化道教转变。这些转变使净明道摆脱了符箓道派本身具有的神秘性，却增加了诸多世俗化、人性化元素，如忠

① ［清］戴䌹孙纂：《昆明县志》卷6下《方外》，台北：成文出版社，1967年，第126页。

② 方国瑜识：《重建长春观碑记概说》，方国瑜主编：《云南史料丛刊》，昆明：云南大学出版社，1998年，第7册第248页。

孝、诚敬等思想，加上“修道以度人”的真践实履，无形中拉近了道教与世俗平民之间的距离。

从人物思想研究的理路来看，一直以来学界的关注重心是人物本身的著述，并力求从其著述中挖掘该人物的主要思想。这样，对人物思想的研究局限于史料及文本的训诂和堆砌，当人物著述相对匮乏的情况下，对其思想的研究便极难展开。这也是学界几乎没有人对邵以正的思想进行专门研究的原因。然而，作为明代道教界举足轻重的人物，作为在明代净明道统构建过程中做出了特殊贡献、曾担任过《道藏》督校工作、在明初政坛上叱咤风云的人物，仅因其“述而不作”便放弃对其思想的专门研究，显然是不可取的。既然以如此特殊的人物思想作为研究对象，便不可避免地需对其生活年代、生存环境、道派背景、人物关系等进行深入考察，并通过残存于他人诗词文章中的与该人物有关的评价、言行记录及碑刻等资料，以及通过其在道派中所处的地位和对道派思想的继承和推进，探知该人物的思想旨趣。道派人物的思想往往是道派思想的缩影，因而，研究人物思想，我们便无法割裂该人物与道派之间的关系，尤其是道法、思想、道脉之承续等方面，对特定人物思想的论述无异于对道派思想进行全方位梳理。因而，对邵以正思想的研究和论述，亦无异于对明初净明道思想的全方位梳理，尤其是对赵宜真、刘渊然思想的梳理，对本研究具有积极意义。

任何人物的思想都无法脱离于时代背景而自成体系，都会或多或少地受到官方主流意识形态的影响，邵以正及明初净明道的思想亦如此。元季社会动乱，明初百废待兴，儒家忠孝伦理思想再次成为治世安民的思想武器。明初，出于辅助皇权统治的需要而推行的三教并用政策渐渐驱散了元季笼罩在道教界头上的腐化、衰颓的迷雾，来自明初诸帝对德高望重、身怀异术的高道的频频示好，不仅展现出明朝廷在治乱安民方面的意愿，亦可看出明室对道教（尤其是正一道）“益人伦，厚风俗”社会功能的重视。此外，坚信“国家大事，在祀与戎”的明初诸帝在各类祭祀活动中对道教亦有所倚重。明初朝廷曾“清整”道教，但其目的是将道教纳入封建礼教的框架，为皇权高唱赞歌，因而那些出离世俗的僧道亦难以逃离这种意识形态的硬性制约。

明太祖朱元璋曾颁布法令：“凡僧尼、道士、女冠，并令拜父母，祭礼祖先，丧服等皆与常人同，违者杖一百，还俗。”[①]袁中道亦曾以孝道论为中心论及三教以孝为本的问题：

> 儒者言孝详矣。孔子《孝敬》作二卿云现，动天地、感鬼神，莫大于是。三教门庭异耳，其重孝等也。考之道书云：居日中为仙，壬月中为明，壬斗中为孝弟，壬斗中为真人。……独释氏出家人，疑其逃戚属而匿影空谷。作此解者，未深读贝叶耳。授戒者，不听长子，不听父母不许可者，岂以强世？故经云：大孝释迦文累劫报亲恩，积因成正觉。予欲采贝叶中言孝者，辑为《释氏孝经》，未暇也[②]。

明太祖朱棣有《为善阴骘》《孝顺事实》，仁孝皇后撰有《仁孝皇后劝善书》《太上感应灵篇》等带有浓厚宗教色彩的劝善书籍颁行天下，力倡忠孝。陈宝良先生言：“正是因为具有这

① ［明］熊鸣岐撰：《昭代王章》（初辑）卷2《僧道拜父母》，台北：正中书局，1981年，第1册第544页。

② ［明］袁中道撰：《珂雪斋近集》卷3《三和上人养母堂诗序》，上海：上海书店，1989年，第37—38页。

样的认识，再加之维系统治的需要，朱棣才将儒家的孝道观与释老观念相混，要求释道出家而不绝孝道这一‘大伦’。”[①] 明初诸帝倡行忠孝，不仅出于其维持皇权统治的需要，也出于从社会层面重塑国民精神信仰的目的，因而，明皇室除了对传统“四民”进行伦理道德上的规范，对“四民”之外的僧道亦有忠孝伦理方面的诉求，以便将其纳入皇权政治的管理范畴。进而，明初诸帝“三教合一”思想的提出不仅将释道二教统一于“忠孝”的旗帜之下，又使其通过内部教风的整顿、教义思想的调整以迎合这种政治诉求。如张宇初即对修习之士提出了忠孝的要求。他在《修白鹤观记》中竭力宣扬忠孝之道，赞赏甘君“以孝行之著，成仙蹋蹑空。其功与道，岂不得之忠孝尤多……然古之仙真，其神灵所寓，无往不在。凡御灾捍患之异，有祷辄应，岂不足以阴翊皇度者乎，抑岂无赞之功于世也哉。而或之弗书，迷之弗详，则千百载之下，竟遂泯泯无传焉。是亦习教者所宜尽心致力也欤?”[②]

这样的主流意识形态为邵以正的净明道统重构扫清了障碍。他一如其师，力倡“忠孝”并注重真践实履，尽管以道派领袖的身份供职于朝廷，但其信仰归宿和宗派认同均着落在“忠孝”之上，因而得到教内外人士广泛支持。王直曾言“（刘、邵）相传之要道，盖与吾儒合，非如世之所谓游方外出人间、腾九霄而隘六合者也”[③]。邵以正不仅以净明嗣师（虽然后世净明道并未

① 陈宝良：《明代社会转型与文化变迁》，重庆：重庆大学出版社，2014 年，第 330 页。

② ［明］张宇初撰：《岘泉集》，载《道藏》第 33 册，第 209 页。

③ ［明］王直撰：《抑庵文后集》卷 5《长春刘真人祠堂记》，文渊阁《四库全书》本，第 1241 册第 48 页。

追认其为净明嗣师）的身份极力构建净明道统，重新将宋元以来的净明忠孝道思想作为其体系的核心，并不遗余力地加以践行，至少说明其思想与元代以来的净明思想是保持一致的，并从元代净明道“倚重传道”向“倚重济世”转变，这体现在其德善、以医济世等思想和行为之中。从济世的角度看，邵以正所极力构建的净明道统并非标新立异，而是在传承赵宜真、刘渊然遗志的情况下向早期净明道的济世精神的回归，也说明了其思想与早期的元代净明忠孝思想是一脉相承的。邵以正重新辑校《净明忠孝全书》之目的，除了将赵宜真、刘渊然增入派谱成为净明嗣师之外，还出于其重振净明道派的愿望和使命感。从这个角度看，邵以正深谙净明大道的义理和核心思想，但并未对其进行更多阐发，而是身体力行地践行净明忠孝精神。

除了净明忠孝思想的传承和践行，邵以正也表现出对全真内丹、心性修炼及南宗丹法的重视，尤其是对金丹南宗思想进行了梳理，收录于《长春刘真人语录》之中，“邵以正根据刘渊然平日言语，以语录的形式整理编成……是针对当时一些人曲解道家金丹南宗双修思想，进行淫乱之事，败坏道风而作”①。该书有多种版本流传，较常见者为明胡文焕所刻《新刻长春刘真人语录》一卷，但所据底本有残缺，仅收录30则，且多有错讹与删改。上海图书馆藏清顺治十八年（1661）彭定求抄本《冲虚至道长春刘真人语录》一卷，前有正统九年（1444）四十五代天师张懋丞《刘真人语录序》，后有正统八年邵以正序，收语录54则，不仅数量较胡刻多出几乎一倍，每则语录内容亦较胡刻更为

① 熊海明：《造精微于性理之中，忘筌蹄于言象之外——浅论〈长春刘真人语录〉的成数及其思想》，《中国道教》2010年第6期。

完整。胡刻所收 30 则，内容大体谈心性，或为劝道箴言，且多有残断；彭定求抄本中的其他 24 则，内容主要涉及飞符、炼度、施食、斋醮等道法行持，也有一些个人求道经历以及劝道箴言[①]。由此看来，彭定求本为较为完整的版本，其内容已覆盖刘渊然学道生涯中所得之精髓。

该书以师徒问答的方式阐释了净明道修行过程中的诸多问题。该书的成书是在刘渊然逝世数年之后由邵以正编集而成，成书过程难以考证。刘渊然相关碑刻、传记及他人文章中亦未曾提及该书，因而我们可以大胆猜测，刘渊然生前确有关于其悟道、修道过程的只言片语的记录，故邵以正称“先师之言，简要明白，沿流溯源，达夫至道之极。……寻文鲜悟，乃失之所授也。……言言句句，无非道也。以正佩服师训，亦已有年，窃以之为己，不若公之于人，由是以广其传”[②]。自永乐初邵以正师从刘渊然，伺候在侧多年，至宣德二年（1427）奉召入京，“渊然请老，荐之，召为道录司左玄义”[③]。邵以正本人勤勉精进，品行端正，对刘渊然所传道法均能“一一领解”，因而成为刘渊然之衣钵传人，刘渊然请辞之时荐其担任道职。刘渊然首次请辞，事在宣德二年，但未获准，五年后，即宣德七年，再次请辞，归朝天宫。此期间邵以正已在道录司任职，与其师刘渊然一起共事。刘渊然自知年事已高，很多事务或已由邵以正代为处理。宣德二年至七年之间，刘渊然正处于权力的巅峰时期，因而

① 许蔚：《赵宜真、刘渊然嗣派净明问题再探讨》，《宗教学研究》2016 年第 1 期。

② ［明］邵以正编集，［明］胡文焕校正：《新刻长春刘真人语录》，［明］胡文焕编：《元宗博览三十一种 · 序》第 3 册，第 2 页。

③ ［清］张廷玉等撰：《明史》，第 7656—7657 页。

意在培植自己的道派势力，进而于宣德五年（1430）奏请立云南、大理、金齿三道纪司，并委任自己的嫡传弟子蒋日和、芮道材、潘烂头等为道纪，只不过，这些道纪司并非同年所置，云南道纪司成立于宣德五年，而大理及金齿道纪司则设于宣德七年。这样，至少到宣德七年，刘渊然已基本完成了其从中央到地方的道派势力部署，并已初步完成了其净明道统构建的外围工作。

在其最后的岁月里，刘渊然已然意识到，宗派道统的重构仅靠其在朝中的影响力是远远不够的。除了宫观建设、人才培养之外，尚需相应的教义、理念、思想等以资传承，因而他除了总结自己学道生涯中的精髓，还注解经典、刊印善书、经书等。如刘渊然曾应鲍玄升之请而作《三元品诫妙经重刊序》（见附录图1—2），所署时间为“宣德六年辛亥岁上元月”，落款为“冲虚至道玄妙无为光范衍教庄静溥济长春真人领天下道教事刘渊然焚香斋沐谨序”，并落五印章，皆为刘受封之时获赐的银印，如“金门羽客”“高道”等。其序亦不离忠孝之旨：“以忠君孝亲，存心济物，利益存亡为第一义，至矣，尽矣，况寰区之众，悟者恐鲜。”[①]《正统道藏》收录三卷本《太上太玄女青三元品诫拔罪妙经》，但未详作者。从重刊经文的动机看，刘渊然确有开宗立派的整体构思，只不过，志愿未遂，这一任务便落到邵以正的肩上。或许这也是邵以正编集、整理刘渊然道学生涯的精髓而撰成《长春刘真人语录》的原因。只不过，该书之内容由邵以正根据其事师刘渊然学道过程中所见所闻所得，以问答的体例编纂而成，尽管其思想来源于刘渊然，但《长春刘真人语录》中已

① ［明］刘渊然撰：《三元品诫妙经重刊序》，《三元品诫妙经》，宣德六年（1431）刊本。

然融入了邵以正自己的思想。由此可知，该书所呈现的内容不仅是刘渊然修道思想的精髓，也是邵以正思想的主要来源之一。

除上述《长春刘真人语录》之外，邵以正亦曾刊行《玄宗内典诸经注》，遴选了内丹及心性修炼方面的典籍十一种。这也是邵以正出于构建净明道统方面的系统考虑。该书序中提及邵以正曾刊行《道德经集解》之事，“若悟玄养素凝神冲默阐微振法通妙真人，吾苏邵尊师以正，其今之任老子之道者欤？任之而不作，兴之而使之晦且泯焉？未可也。于是既取《道德经集解》刻之梓矣”①，此后又精选前贤所注内丹心性修炼方面的经典“仍谋梓行，惓惓焉欲明斯道于天下，使学者因注以求经，因经以绎言，因言以悟道”②，其所欲明之“斯道”，即指其宗派所偏重的内丹之学。陈鉴称“尊师用心之溥，信道之笃，亦于是乎概见焉”③。其所谓“用心”，不仅体现了邵以正恪守正道的惓惓之心，也是其继承其师遗志、极力构建新净明体系志向的体现。

邵以正构建净明道统的重大举措之一便是刊行《净明忠孝全书》。《净明忠孝全书》乃是元代净明道主要经典。元季社会动乱，以西山万寿宫为主要活动中心的净明道也面临极大挑战，道众离散，宫观维持艰难，倚重于宫观派谱的传承方式逐渐演变为云游式传道和择贤而传的传道模式，这也是元明之际诸多道派所采取的授道方式。

自元季赵宜真始，至刘渊然之时，净明道已“久湮不行”，

---

① ［明］陈鉴撰：《玄宗内典诸经注·序》，［明］邵以正辑：《玄宗内典诸经注》，载《藏外道书》第7册，第1页。

② 同上。

③ 同上。

所指即是净明道传统宫观体系的崩解，有修为的高道多四处流散，赵宜真、刘渊然即是在这种情况下云游参访，等待时机重振净明道。明初朱元璋采用三教并用政策，征召有道方士入京，刘渊然“以道法显”便是在当时局势下的一种策略，因为复兴道宗道派须得到统治阶级的支持，这一构想通过其高超的道法得以实现，也迎合了明初帝王的需求。洪武二十六年（1393），“太祖闻其名，召之既至，入对便殿，赐号高道，馆朝天宫”①。从洪武二十六年至永乐初“迁左正一”大约十年时间，刘渊然主要整理刊行其师赵宜真著作，如《原阳子法语》及医书医方，甚至在此期间，他可能重刊《净明忠孝全书》，亦有学者称刘渊然本或刻于谪滇期间（郭武先生即持此说）。总之，刘渊然重构净明道统的意图是极为明显的，《净明忠孝全书》也成为其宗派门人的必读之作，而邵以正于天顺间重刊该书，其宗派构建意图不言自明。因而，该书也成为邵以正的忠孝思想的主要来源，只不过，他述而不作，并未对净明道学思想做更进一步发挥，而是将重心放在真践实履之上。

综上所述，邵以正的思想来源于承派过程中的师授及其对净明道学思想的深刻领悟，这些思想体现在其重构宗派道统过程中所做的种种努力。只不过，因原创著述的匮乏，我们难以直接进入其思想世界，但从他人著述及邵氏本人曾作的诸多序来看，他的思想并未脱离净明道的旧有轨道，而是完整地继承了赵宜真、刘渊然等人的道学精华，其中不仅有道法、符箓等方面的传承，亦有全真内丹及金丹南宗之传承，更将净明道极力提倡的忠孝、

① ［清］陈教友撰：《全真道教源流》卷7，第20页。

诚敬、天心、德善、济世等思想融为一体，而其思想的核心则归结为“诚”，“诚以修身”“诚以求道”“诚以事君亲”“诚以奉神祇”，更是邵以正之所以“名冠羽流，望隆缙绅，而致远迩敬信，无存殁之间”① 的原因。这些都是邵以正致力于继承其师遗志、阐扬教派、构建净明道统的表现，“其阐扬宗教，阴翊皇度之功多矣!”② 研究邵以正的思想，对于理清明初净明道的发展状况有积极意义，邵以正的思想也是明初净明道思想之缩影。

二　研究现状及文献综述

在回顾选题学术研究的文献综述之前，有必要先简要叙述邵以正及其师祖赵宜真、师父刘渊然的大致情况。从明代碑记、史料、传记等看，赵宜真、刘渊然、邵以正的道法思想是一脉相承的，赵、刘的法脉师承较为驳杂但总而归之于净明，邵以正的道法思想来源则相对单一。

赵宜真身处元季明初，家世显赫。张宇初《岘泉集》有“赵原阳传”，称其为“吉之安福人也，其先家浚仪，宋燕王德昭十三世孙某仕元为安福令，因家焉”③。赵宜真自幼受儒学熏陶，曾习进士业，入京参加科考时因病未能如愿，遂弃儒入道。他博通经史，“嗜恬淡，学益进”，后四处云游学道，致使其道学具有驳杂多端之特点。赵宜真“初师郡之有道者曰曾尘外”，

① ［明］商辂撰：《龙泉观通妙真人祠堂记》，陈垣编纂：《道家金石略》，第1266页。

② 同上。

③ ［明］张宇初撰：《岘泉集》卷4《赵原阳传》，载《道藏》第33册，第232页。

“复师吉之泰宇观张天全”，张天全为龙虎山金野庵之徒，承其金液内外丹诀之传，“复师南昌李玄一”未果，被推荐给金野庵另一高徒“蒲衣冯先生”[①]。后云游至白鹤山永兴观定居，他以高超道法“致雷雨、度精爽”，声名鹊起，收徒无数。后曾游吴、蜀，访武当山，参访龙虎山天师府，深受张正常礼敬，“宫之学者多师焉”[②]。清陈教友称赵宜真曾授龙虎山道法，“赵宜真又通正一天心雷奥，正一之学源于江右，且元时张宗演后裔世为掌教，宜真故兼习之也”[③]，则赵宜真从龙虎山得正一天心雷奥之传，而在其造访龙虎山之前便可“致雷雨”，说明其所承所谓“雷奥”或非源于天师府，而是清微派雷法，或当时天师府世传之“雷奥”已失传，故张正常欲留赵宜真暂住天师府传“雷奥”之妙。至于其正一天心法则在永兴观“度精爽”之时已有所显露，属于净明法。因而，从道法传承的情况看，赵宜真所学虽驳杂多端，但主要是清微雷法及净明炼度等符箓法术。而其全真丹法则源于泰宇观之张天全，南宗丹法源于金野庵。这些法脉来源使赵宜真极难被归入某一家某一派，而是综诸家所长而自成体系。

刘渊然之学道经历亦如其师赵宜真。刘渊然，号体玄子，赣州人，生于元至正十一年（1351），仙逝于明宣德七年（1432）八月八日，寿八十有二。有《明史·刘渊然传》《长春刘真人祠堂记》《逍遥山万寿宫志》《龙泉观长春真人祠记》、邵以正版《净明忠孝全书》、清陈教友《全真道教源流》《江南通志》等

① ［明］张宇初撰：《岘泉集》卷4《赵原阳传》，载《道藏》第33册，第232页。
② 同上。
③ ［清］陈教友撰：《全真道教源流》卷7，第19页。

为刘渊然作传，记载颇详。刘渊然自幼体弱多病，“许黄冠师陈方外为徒，年十六遂为道士，受符法于胡、张二师，后遇赵原阳于吴有壬书舍，大奇之，谓吴曰：‘此子形全神清，有道缘，非寻常。’于是亲灸赵公，授以诸阶秘奥”①。在师从赵宜真之前，刘渊然曾拜陈方外及胡、张二人为师，则其符法由胡、张所授。后遇赵宜真，“亲灸赵公”而得其“诸阶秘奥”之传，又于金精山得授“玉清、宗教、社令、烈雷、玉宸、黄箓、玉箓、太极、净明”等秘书，此后“呼召风雷、劾治鬼物、济拔幽爽，无不响应”，此时的刘渊然已得赵宜真道法真传。在该传中有“然于忠孝道法尤大彰显”等字句，似乎是邵以正构建净明道统的历史叙述，即到了刘渊然这里已将诸派道法融会贯通而统之以净明。然而，以上诸种道法均依赖于内丹，因而，“又三年，原阳乃告以金火返还大丹之诀、栖神炼气”之术。至此，刘渊然的道法、丹法业已齐备。

从时间上看，刘渊然十六岁入道，或于洪武三年（1370）前后得遇赵宜真，之后便随师学道，至赵宜真洪武十七年羽化，前后共计十二年左右。此期间，刘渊然事师殷勤，加之自身聪颖敏捷，而成为赵宜真的衣钵弟子②。此后十年中，刘渊然四处访道，“尝游龙虎山”，并受天师张正常礼遇，“正一真人张宇初之

① ［明］邵以正辑：《净明忠孝全书》，第32页。

② 实际上赵宜真另有嫡传弟子曹希鸣，亦同时得朝廷重用。张宇初《岘泉集》卷四称：“其徒则曹希鸣、刘若渊犹入室焉。”（《岘泉集》卷四《赵原阳传》，载《道藏》第33册，第232页）南京朝天宫建成后，洪武二十八年（1395），“上以其制度未备，故命重建之（朝天宫），至是成，诏右演法曹希鸣主持”。（《明太祖实录》卷243，台北：“中央研究院”历史语言研究所校印，1962年，第3535页）可见赵宜真羽化之后，曹希鸣便入道录司任职，刘渊然安葬其师后便四处云游访道。

术，渊然所授也”[①]。其后道过南昌，正值大旱，刘渊然应“官署请祷，大雨倾注，民获有秋，由是声闻益彰”[②]。至洪武二十六年（1393）得明太祖召见，赐号高道，馆朝天宫西山道院，或也曾得龙虎山张氏举荐，明太祖曾对他“试以道术，灵应赫然”，这也是明初征召天下高道的惯用手段。但此时刘渊然并未接受官爵，而是专心整理其师赵宜真著述及医方等，也即在此期间，刘渊然产生了重构净明道统的构想，只不过，他势单力孤，尚未找到适合的徒众，而且当时龙虎山一系备受褒崇，凭其一己之力难以构成影响，因而保持了其清虚自守的高道形象，深得朱元璋优待和信任。

洪武三十年（1397），刘渊然受谕作“寻真之游”以寻访张三丰，但不久明太祖薨而被召回，主持大醮，后授右正一之职，明太宗朱棣登基改元，刘渊然被“独先诏见，礼遇甚至，升左正一”[③]。刘渊然于洪武末至永乐初极受褒崇，为明成祖朱棣“埋石告天”[④]以正统序，并频频受敕主持大型斋醮活动，且有“醴泉、甘露、鸾鹤之祥”，其在朝中的影响力已然超过了龙虎山张天师一系，这引起张宇初的不满，其后刘渊然与张宇初“不协，相诋讦”[⑤]而使其官途遭受重挫，尤其是永乐中谪滇三

① ［清］陈梦雷编：《古今图书集成·博物汇编·神异典》第287卷《方士部》，第512册第28页。

② ［明］邵以正辑：《净明忠孝全书》，第32页。

③ 同上，第33页。

④ 《灵谷禅林志》载：“洪武三十五年、永乐四年，道士刘渊然在此（南京紫金山上珠洞）埋石告天。”（转引自黄吉宏著：《赵原阳、刘渊然道脉研究》，北京：宗教文化出版社，2018年，第185页）

⑤ ［清］陈梦雷编：《古今图书集成·博物汇编·神异典》第287卷《方士部》，第512册第29页。

载，使刘渊然渐感收徒传道、重振宗派之必要性，而在远离政治权力中心的云南，他开始了振兴宗派、重构道统的尝试。他广收门徒，通过济世度人扩大其影响力，并修缮宫观、刊印道书，逐渐完成了宗派重构的基础性部署。即使明初诸道派都被迫走“惟贤是传”的传教之路，但那毕竟是身逢乱世的折中办法，于宗派构建而言，最终还须以宫观作为传派中心。在滇传道十数年后，当重新被征召启用，刘渊然便如鱼得水，恢复了可以与龙虎山正一真人并驾齐驱的政治地位，使其净明宗派重构的想法得以渐次实施，只不过，这一重任最终落到邵以正头上。

邵以正，初名璇，号承康子，又号止止道人，祖籍姑苏，洪武间生于昆明晋宁，出生时其母“感梦玉桃之异而生真人”。邵以正自幼丰神秀颖，警悟过人，有学道之志，先师从高道王云松，后师刘渊然，因其勤恳，刘渊然授其道秘。邵氏在刘渊然侧事师多年，而最终得其衣钵之传。宣德二年（1427），因刘渊然之荐，邵以正进入道录司充任道职，从左玄义、右至灵到右演法、左正一，直至获“高士”“真人”等封号。与其师相比，邵以正道官生涯颇为平顺，亦如其师屡获朝廷褒崇，其于正统九年（1444）受敕督校《道藏》，虽历“土木之变”，但仍受天师张元吉保奏而仍获封真人号，领道教事。邵以正卒于天顺六年（1462）八月，受“遣官致祭”之待遇。邵以正收徒多人，其中最著名者如喻道纯、胡守法、李希祖等人，尤其是喻道纯得邵以正衣钵之传，曾活跃于正统、天顺、成化年间，亦成为邵以正净明道统重构的中坚力量。综合国内外研究，与本选题有关的先行研究主要有以下几类：

（一）道教通史类著述关于邵以正相关研究

道教通史在叙述明代道教时，对于赵宜真、刘渊然等人着墨较多，而对邵以正则提及甚少，且放在元季明初道教发展状况这一宏观视野中进行评价，其事迹多在论述元明净明道及明初高道刘渊然的过程中被一笔带过。

道教通史类著述对邵以正论述较多者，即其于正统九年（1444）受敕督校《道藏》一事，并以此作为评价邵以正在道教史（尤其是明代道教史）上的地位。其中如卿希泰、任继愈、牟钟鉴、胡孚琛、吕锡琛等人著述皆对邵以正及其事迹有所提及，日本学者窪德忠在其《道教史》中仅有“长春宫之时在成祖以后才逐渐复兴，且在复兴的过程中得到了与净明道关系甚密的邵以正的大力相助。据说邵以正是刘渊然的弟子”① 一句与邵以正有关，而窪德忠所指者，即是天顺年间邵以正于京师白云观处顺堂一侧新建大殿三楹之事。

任继愈主编的《中国道教史》第四编《明清道教》中，从宏观的角度论述了明初帝王崇道之概况及对道教的态度及采取的政策，而其在论述明清正一与全真两大道派之发展状况时，曾提及赵宜真及其后学刘渊然、邵以正“以道术著称于世”②，刘渊然晚年告老归南京朝天宫，荐其徒邵以正，此为邵氏道官生涯之始。该书在谈及赵、刘、邵一系道派归属时，提及邵以正曾于景泰间修葺北京白云观、新建三殿之事，称其“似以全真后裔自居者”，并根据李德晟于正德十一年（1516）所撰《长春殿增塑

① （日）窪德忠著，萧坤华译：《道教史》，上海：上海译文出版社，1987 年，第 261 页。

② 任继愈主编：《中国道教史》，上海：上海人民出版社，1990 年，第 630 页。

七真仙范纪略》所言，得出“赵宜真一系兼承全真北派”[1]之结论，这只是李德晟本人的一种历史叙述，而实际上“有明一代，全真道士被授予封号官禄如正一天师、刘渊然、邵以正等辈者甚罕”[2]，亦即刘渊然、邵以正并未被归入全真派。其论赵宜真道派时称其“所撰道书，多阐全真北派内丹与清微雷法，于净明之学殊少阐发”[3]，但称刘渊然得赵宜真净明秘奥之传而“颇有净明道士之风”[4]。除此而外，并无更多阐发。但在论述赵宜真所刊行《仙传外科集验方》时，该书称其表现出“全真道重医药济世之风”[5]，实际上，此“风”源于净明而非全真。

关于刘渊然及邵以正全真或正一之派别归属问题，在于两大道派的特色及属性的界定。傅勤家《中国道教史》称：“自道教极盛，而宗派之分以起，皆始于辽金之世。南宗起于刘海蟾，北宗起于金王嚞。南宗先修性，北宗先修命，性即神，命即气，性谓真我，命乃寿命。”[6]清刘献廷《广阳杂记》卷三则称：“道家有南北二宗，南宗不言性，北宗则曰性命双修。”[7]日本学者小柳司气太云：“征之于现今，北方纯阳派（即全真教）者性宗，而南方天师道者命宗也。性宗先了心性，命宗主祈祷巫祝。”[8]鉴于全真、正一修炼方法之不同，刘渊然、邵以正等

---

① 任继愈主编：《中国道教史》，上海：上海人民出版社，1990年，第631页。
② 同上，第646页。
③ 同上，第631页。
④ 同上。
⑤ 同上，第640页。
⑥ 傅勤家著：《中国道教史》，上海：上海书店，1984年，第207页。
⑦ ［清］刘献廷撰：《广阳杂记》卷3，［清］潘祖荫辑：《功顺堂丛书》，清光绪刻本，第25—26页。
⑧ （日）小柳司气太撰：《白云观志》，载《藏外道书》第20册，第573页。

"以道法显"且屡次受敕祷雨祈晴而被归入符箓道派之列，但从刘、邵二人的修行看，其并未忽略心性、内丹方面的修持，尤其是刘渊然刊行《原阳子法语》、邵以正编集《长春刘真人语录》《玄宗内典诸经注》等诸典籍可知，刘、邵一系一直关注内丹、心性修养问题，并将其作为道风道范建设的重要组成部分。因而，道教通史类著述皆关注了刘渊然"为人清净自守，不干世事，故为累朝所礼"，而邵以正则"廉静谦谨，礼容雍容，缙绅咸重之"这样的历史性评价，故有被归入全真的情况。然而，对于其道派归属问题，道教通史并未做出讨论。

对邵以正道派归属的研究，清代陈教友《全真道教源流》一书曾将邵以正与其师祖赵宜真、师父刘渊然归入全真派。陈氏引王世贞《白云观记》云："全真之教遍天下，盖与元相终始，明兴而其道始小屈，以刘渊然之见崇，不能尽复其盛也。渊然为宜真弟子，然则宜真、渊然全真派也。"① 陈教友根据徐有贞《重建苏城福济观记》中刘渊然之徒郭宗衡之传记认为"渊然仍守全真之学，正一之术系所兼习，非以是为宗主者"②。且认为邵以正"亦何尝不兼通正一之学？要其所宗主者，全真也，后之学道者，其亦守全真之教"③。不过，陈教友乃是站在全真道立场上对赵、刘、邵乃至其后的胡守法等进行的宗派叙述，因明初全真几近湮没无闻，赵、刘一系则兼全真内丹及心性修持，故以此作为其归属于全真之依据，对于清微、净明法等却从未提及，只说"自赵宜真至守法真人，递相传授，皆全真派也。然

① ［清］陈教友注：《全真道教源流》卷7，第19页。
② 同上，第20页。
③ 同上，第22页。

兼习南宗及正一之学”①，实则，自赵至邵，其学已综罗各家之长，所谓“通诸派为一”，而其得以显于世者，乃是净明忠孝之道，为本末关系而已。

卿希泰先生主编的《中国道教史》第三卷亦论及刘渊然“有道术，为人清净自守，故为累朝所礼”，继他之后担任左、右正一的李时中、邵以正、汤希文等，均为一代高道。该书引《明史》称邵以正“廉静谦谨，礼容雍容，缙绅咸重之”，认为“刘渊然、邵以正师徒虽以道术显，被看作正一道士，实多所师承，集全真、清微、净明诸派之传于一身”②，大抵确认了邵以正继刘渊然之后将诸家道法及丹法集于一身而总其成之意。从叙述模式及内容看，任继愈与卿希泰版《中国道教史》并未涉及太多关于邵以正之史料，其所用史料基本一致，而上述版本在论及《正统道藏》编修过程时，任继愈版仅一笔带过，而后者对此着墨颇多：“永乐八年（1410），张宇初卒，诏命第四十四代天师张宇清继续主持编修道藏事。直到正统九年（1444），方才编完刊板，英宗又敕命刘渊然之徒邵以正督校，增所未备。次年，刊板事竣，题名《正统道藏》。前后参加编校的道士，除张宇初、张宇清、邵以正外，可考者尚有永乐时的涂省躬，正统时的喻道纯、汤希文。”③ 而卿希泰、唐大潮所编《道教史》一书增加了“以著名道士邵以正督校，增所未备，重加订正，刊板流布”④，则暗指邵以正“督校”《道藏》，或有重加订正之责，

① ［清］陈教友注：《全真道教源流》卷 8，第 16 页。

② 卿希泰主编：《中国道教史》，第 3 卷第 442 页。

③ 同上，第 462 页。

④ 卿希泰、唐大潮主编：《道教史》，南京：江苏人民出版社，2006 年，第 294 页。

即令人通阅全藏，并校订改正错谬。陈国符《道藏源流考》则称："所谓督校者，盖刊板之际，住持校对耳。许彬谓重加订正，增所未备。邵氏所订正，必甚鲜也。"[①] 不过，两个版本仅提及邵以正受敕督校《道藏》之事，但从其对《正统道藏》编写体例的评价看，该书认为"编辑者水平之低，说明明代正一道士中已无多少精通本教教义典籍者"[②]，《中国宗教通史》在评论三洞四辅十二部的分类方法时称该"分类法本身并不科学，存在着一系列的矛盾与混乱"[③]，这也是学界对明代道教状态的基本认识，基本较为中肯。

治道教史的学者一般认为，邵以正受敕督校《道藏》体现了明初帝王对刘渊然、邵以正一系道士的特别褒崇。从洪武至宣德间，刘渊然声势显赫，其在朝中的地位、官阶已"与正一真人等"，当刘被升"大真人"时，实际上已超越了当时继任天师之位的张宇清，只不过，宣宗碍于情面，应胡濙之请而同样进张宇清"大真人"号，而"人轻之"。此事亦从侧面折射出刘渊然与龙虎山一系之间的某种微妙的关系。但以上诸本均未对此进行更深入讨论，尤其是思想方面，无论关涉刘渊然或邵以正，均未曾提及，或因缺少著述而难以展开，此为憾事。不过，诸本侧重对刘、邵受崇的历史叙述，如刘渊然于洪武间升右正一、永乐初升左正一，领天下道教事，又于洪熙元年（1425）升"大真人"，同样，邵以正亦于正统间升左正一，景泰间升教门高士、

① 陈国符著：《道藏源流考》，北京：中华书局，1963 年，第 174 页。

② 卿希泰主编：《中国道教史》，第 3 卷第 463 页。

③ 牟钟鉴、张践著：《中国宗教通史》（卷下），北京：社会科学文献出版社，2000 年，第 815 页。

真人，领京师道教事等，以突出其在朝中的地位。从永乐间随刘渊然学道至天顺六年（1462）逝世，共四十多年的学道生涯中，约三十年在道录司任职，而其所突显者，也正是其对道教管理及自身宗派构建方面的努力。然而，对邵以正思想方面则只字未提，因而几乎找不到有用资料可资参考。

综上所述，道教通史类著述仅对各个历史时期道教发展状况进行了宏观叙述，因而除了对某些朝代及历史时期影响较大且有著述传世的著名高道的思想进行分析阐述之外，对其他具有一定影响力但其思想展现稍为欠缺的高道则叙述得甚简略。如对刘渊然、邵以正的叙述便是如此，但不可忽略其在特定历史时期的道教史或道派中所处的地位。柳存仁先生曾对明代道教发展状况做过如下评论："然而在整个中国思想史中，道教的势力之大，道教空气弥漫笼罩于上下各阶层、各方面，却没有比这三百年更浓厚、更盛的了。"① 明代道教发展极盛之原因，多体现于道教之世俗化，而世俗化过程的推进则与那些未曾被道教通史着以浓墨的、同样极具影响力的高道们，这就需要对其进行专门性研究。

（二）关于邵以正的碑刻及传记专题性研究

学术界对明代道教的研究，尤其是对明代净明道的研究，大抵从元季明初的赵宜真和刘渊然开始。事实上，在帝王崇道极盛的时期，刘渊然曾取得与龙虎山一系天师同等重要的地位，这使刘渊然、邵以正在明初高道中既保持了深谙诸家符箓法术的正一特色，也带有清静无为、与世无干的全真道的影子，这是当时在邪妄杂进、龙虎山一系备受褒崇的大环境下，刘、邵一系道士的

---

① 柳存仁：《明儒与道教》，载《和风堂文集》（上），上海：上海古籍出版社，1991年，第814页。

为官及处世策略。关于邵以正的碑刻、史料不多，但从刘渊然的碑刻资料及传记中，亦可对邵以正在明初道教界之活动情况有更多了解。

现存关于邵以正的碑刻资料大致有如下几种：

其一，《龙泉观通妙真人祠堂记》（见附录图3），现竖立于昆明黑龙潭龙泉观碑林内。该碑高五尺四寸，广二尺四寸，碑文二十三行，正书。该碑立于明成化十二年（1476）十一月。该碑记由资德大夫正治上卿太子少保吏部尚书兼文渊阁大学士知制诰经筵官淳安商辂撰、赐进士出身通议大夫户部右侍郎前吏科给事中华容程万里书，碑记由邵以正嫡传弟子喻道纯所立，收入陈垣《道家金石略》、萧霁虹《云南道教碑刻辑录》等金石书中。该碑记详细介绍了邵以正生平事迹：

> 真人姓邵氏，讳以正，别号止止道人，又号承康子。天顺初元，赐号悟玄养素凝神冲默阐微振法通妙真人，领道教事。越六载，化去。敕葬京城西五华山之阳。滇南龙泉山龙泉观乃真人遇刘长春授道之所。观固有长春祠，盖真人所建。而真人祠在三清殿侧，则钦差镇守太监钱公暨总戎黔国沐公所建者也。体玄守道安恬养素冲虚湛默演法翊化普济真人、领道教事喻道纯，实真人高第弟子，将附金资托镇守诸公构亭祠前，立石镵文，用昭弗朽①。

从以上碑刻资料看，用以祠祀邵以正的通妙真人祠乃是镇守

① 陈垣编纂：《道家金石略》，第1266页。

太监钱公（能）及黔国沐公（琮）所建①，而碑立于成化十二年，故通妙真人祠或于当年建成。

黔国公沐琮生于景泰元年（1450），其父黔国公沐斌病故之时，沐琮年仅 1 岁，至成化元年（1465）始袭爵，时年 15 岁。从时间上看，沐琮生、长于京师，且因其祖、父均为黔国公镇守云南，或与刘渊然、邵以正等曾有来往，且保持了较好的关系。如《金陵琐事》卷四“刘渊然条”即载刘渊然曾为沐王宫中驱邪之事：“永乐时，谪往云南三载。沐王宫中，白日群鬼迷人索命，众不能制。渊然驱之，鬼即号泣去。”② 此类记载不多，但该记载足以说明刘渊然及其道派在昆明之影响力。此外，昆明真庆观、长春观、龙泉观等诸道观之修缮皆得到过沐王府的大力支持，刘、邵一系与沐王府之间的关系由此可见一斑。

沐琮正式袭爵之前一直在京城长大，凭借与沐氏家族之间的关系，邵以正或对沐琮照顾有加，正德《云南志》仅称沐琮“至于阴阳、卜筮、星命之说无不究心”，但未提及他事，且其关系或非一般，或许这也是受到邵以正等人的影响所致。至沐琮袭爵之后，于成化十一年（1475）前后应喻道纯等人之邀，偕

① 沐琮，字廷方，斌之子，成化元年袭爵。二年，奉使主郑靖王丧礼。三年，还镇云南。五鼓即起视事，朔望谒文庙毕，令诸生进讲经史。请宽解额，以作兴土垒，垦治屯田，以完足边储。雨、旸愆期，行祷辄应。……琮有文武长才，平居嗜学，书史不释于手，至于阴阳、卜筮、星命之说无不究心。（[明] 正德《云南志》卷 18《沐琮传》，方国瑜主编：《云南史料丛刊》第 6 卷，第 267 页）琮父斌，字文辉，初名俨。居金陵，事王母夫人耿、母夫人程，皆尽孝。正统五年，袭封黔国公。景泰元年卒，年五十有四，谥荣康。斌谦恭纯笃，驭军校将吏有恩威，通论《孟子》、史、兵书，手不释卷，时称有文武才者多归之。（[明] 正德《云南志》卷 18《沐琮传》，方国瑜主编：《云南史料丛刊》第 6 卷，第 266 页）

② [明] 周晖撰：《金陵琐事》卷 4，明万历三十八年（1610）刊本，台北：成文出版社，1983 年，第 449—450 页。

同镇守太监钱能一起在龙泉观兴建通妙真人祠堂，以作为祠祀通妙真人邵以正之所。不过，因史料未详，太监钱能为何主动与沐琮一同修建通妙真人祠，实在耐人寻味。《明宪宗实录》称钱能“时恃宠罔利，云南人大为所苦，而瑞乃奏留，附势无耻，士论鄙之”①，其修建真人祠，或有借助建祠祭祀之名祈求神灵宽恕其罪之意，或借此机会缓和其与沐王之间的关系，不敢乱加臆测。不过，通妙真人祠的修建，正好说明了邵以正在当时沐氏家族中的威望，更说明了其一生极力构建的净明道派道统得到了各方面的认可，昆明黑龙潭龙泉观也因刘渊然、邵以正的祠堂之创立而成为明代刘、邵一系净明道派的主要传教中心，进而被后世云南长春派视为净明祖庭。

其二，《龙泉观通妙真人祠记》（见附录图4），现立于昆明龙泉观碑林中，高四尺八寸，广二尺五寸，二十五行，行五十五字，正书，碑文由荣禄大夫少保兼太子太傅互补尚书文渊阁大学士修国史知制诰同知经筵庐陵陈循撰。该碑初立于景泰七年（1456）三月初。碑文中关涉邵以正的内容如下：

> 方（刘渊然）真人被召还京师，得封长春真人。七年之后，告老乞归先朝所赐朝天宫之西山道院，以终其余年也，即荐以正代领祝釐之事于朝。诏召以正擢道录司至灵。真人既没，以正历迁演法正一，赐号守玄冲靖高士，诰命领道教事，今封守玄冲靖秉承专确至道衍教妙悟静虚弘济真人，掌道录司事悉如故。复得赐诰，宠遇隆厚，鲜与为俪。以正拜命之后，追念其师传授恩德无以报称，乃悉出其平昔

① 《明宪宗实录》卷82，方国瑜主编：《云南史料丛刊》第4册，第102页。

> 所受上赐金帛诸物，遣人赍告镇守滇南总戎沐公璘、参赞佥都御史郑公颙，求与主持市材鸠工，建祠于观之左，以奉其师长春之祀，而侈朝廷崇奖之恩于无穷焉。求余为其纪事①。

碑文内容历述龙泉观长春真人祠之构建始末，亦透露了邵以正道观生涯方面的信息。碑记表明，该祠为邵以正所建，虽非亲力亲为，但其出资请求总戎沐璘、参赞佥都御史郑颙主持建造，大抵可知邵以正从师刘渊然之时，确曾与沐王府保持了较为密切的往来。

邵以正建祠之目的，一者，龙泉观为刘渊然谪滇栖居之所，也是邵氏拜师受道之地，且刘谪滇期间，龙泉观一直是该道派传教中心，在邵以正心目中已具有祖庭的地位；二者，景泰间邵以正在道录司担任左正一之职，并已受封真人号，实际上已领天下道教事，且已然成为明初净明宗派领袖，奉刘渊然之祀于龙泉观，其意已明；三者，长春真人祠堂记有两处，除了景泰七年建成的龙泉观长春真人祠之外，尚有约同一时期建成的南京栖真观长春真人祠堂，为邵以正命其徒李希祖兴建并住持之地。建观构祠活动大抵反映了邵以正的宗派构建意图，且已取得一定成效。

其三，《敕左正一邵以正》，天顺二年（1458）五月二十五日英宗御制诏书，收入《金陵玄观志》卷一。《金陵玄观志》乃是记录明代南京道教的重要文献，通过其中所载史料，我们大致可以管窥明代南京道教发展状况。该志由明南祠部郎、掌佛道等

---

① ［明］陈循撰：《龙泉观长春真人祠记》，陈垣编纂：《道家金石略》，第1261页。

事的葛寅亮所撰①。该志所载《敕左正一邵以正》，乃是英宗朱祁镇于天顺二年因天师张元吉推荐而继续封邵以正“真人”号。其诏书原文如下：

> 朕惟玄元之教，以静为根，以无为用。所以干恭化机，道迎和气，为国祝釐，为民敛福者也。其徒有能立志端悫心，造诣精深者，朝廷必崇异而嘉奖之。盖以其迹虽寄于方外，而道实助于邦家故耳。自古帝王率同所尚，咨尔道录司左正一邵以正，守真抱一，专气致柔，衍教皇都，游心养素，奥则传乎道秘，妙则契乎仙玄，宜家眷注之隆，庸举褒旌之典。兹特封尔为悟玄养素凝神冲默阐微振法通妙真人，领道教事，于虖（乎）。惟虚可以养冲淡，惟诚可以通神明尔，尚益纯尔行，益全尔真，丕振宗风，茂名景况，庶副朕宠待之意，钦哉②。

该诏书称邵以正“立志端悫心”“造诣精深”，其道“实助于邦家”，内则“守真抱一，专气致柔”，外则“衍教皇都”，身在世俗而“游心养素”，于其教则“传乎道秘”“契乎仙玄”。最后的“虚”“诚”二字，不仅是英宗对其道风的评价，也是对邵以正思想的高度总结。在“土木之变”后，邵以正与一干重臣一样受到牵连，因而邵以正曾主动“辞老”，但未获准，后改

① 葛寅亮（1570—1646），明代官员。字冰鉴，号屺瞻，钱塘（今浙江杭州）人。明万历二十九年（1601）辛丑科二甲进士。官至工部尚书。授南京礼部主事，升郎中。《金陵玄观志》由葛寅亮所撰，是专门记载明代南京道教宫观祠庙的志书。《金陵玄观志》详细记载了明代各道教宫观祠庙的历史沿革、殿堂分布、田地公产、山水古迹、名道事迹、田租赋税、道规制度等，对研究中国宗教史，尤其是南京道教史等具有重要参考价值。

② ［明］葛寅亮撰：《金陵玄观志》卷1，第5页。

赐“悟玄养素凝神冲默阐微振法通妙真人”，共十六字，较代宗景泰五年所封“守玄冲靖秉诚专确志道衍教妙悟静虚弘济真人”少了四字，这或许带有对邵以正的警戒之意。

同书录有《普济真人喻道纯谨奏》之奏折，历述西山道院之历史，有“思臣师祖刘渊然与师通妙真人邵以正，及臣忝列早职，三代真人祖居道院，今经八十余年”之句，即突出刘、邵、喻三代真人祖居于此。不过，从《金陵玄观志》所载来看，卷五录有宣德七年二月由宣宗所赐《御制山水图歌赐长春真人》及成化二十年十一月由宪宗所赐《御制山水图歌赐普济真人》，虽邵以正在道录司任职并得赐真人号、领道教事等诸殊荣，但并未有《御制山水图歌》之赐，说明此期间邵以正活动范围一直在北京。而且，从喻道纯奏疏请敕谕护西山道院之情状看来，至成化、正德之时，刘、邵一系净明系统在朝中的势力已渐走向衰微，除喻道纯、胡守法以及喻道纯高第弟子杨志贤等人尚在道录司任职且受真人封号之外，此后便已不见该派道士之详细记载。

其四，北京白云观《重建白云观长春殿碑略》及李德晟《长春殿增塑七真仙范记略》，收入《钦定日下旧闻考》卷九十四，小柳司气太《白云观小史》曾记述邵以正于天顺年间修复殿堂之事，但碑记今已无存。邵以正《重建白云观长春殿碑略》称：

> 都城西南，观曰白云，邱真人仙蜕在焉。旧有殿曰长春，乃清和尹宗师（尹志平）宗师所构以覆遗蜕而奉真人者也，日久顷圮。念真人与先师刘真人偶同“长春”之号，而学祖赵真人又受北派金丹之传于真人，而以正实嗣派之云孙也。乃谋新之，殿三楹，既像真人于其中，复图十八大师

暨祖师、先师之像于其壁。经始于景泰丙子，落成于次年①。

又有李德晟《长春殿增塑七真仙范纪略》：

景泰丙子，我师祖通妙邵真人撤堂拓地，备勒贞珉。得晟于正德己巳拜谒祠下，睹檐牖脱略，日就倾圮，思继先志，召匠鸠材以坚，易朽补缺为完，比昔加壮丽焉。复命匠氏埏埴增仙像六躯，通原像为北派七真也。其东坐西向，坐首则丹阳先生马钰，次则长真先生谭处端，又次则长生先生刘处元，西坐东向者有正阳先生王处一，广宁先生郝大通，清静散人孙不二，次序悉与东坐相匹，惟中乃长春先生邱处机者是也。……若夫原阳赵真人受北派金丹之传者，及门受业也。长春刘真人封号相类，异世同符者也，至如通妙邵真人、普毅杜真人，下及得晟，滥厕妙应真人，皆嗣派云孙，蒙其余泽者也，绘形于群师之后。正德十一年岁次壬辰，臣等谨按观胡濙、邵以正、李得晟三碑所述，则今之七真殿正昔之处顺堂，乃邱处机藏蜕地也②。

以上两则碑记资料大致确证了邵以正曾于景泰间修复（增修）长春殿一事，而根据邵以正《碑略》记录，其“谋新之，殿三楹”之目的不仅在于旧长春殿“日久顷圮”，也在于其在追述其全真正宗法脉传承方面的努力，即使其本人及其道派并非以全真为宗主，但在作为全真祖庭的白云观增其师祖、师父诸像对

① ［清］于敏中等编纂：《钦定日下旧闻考》，文渊阁《四库全书》本，第498册第469页。

② 同上。

于其道派的发展是大有裨益的。而从李德晟《记略》所述“至如通妙邵真人、普毅杜真人，下及得晟，滥厕妙应真人，皆嗣派云孙，蒙其余泽者也，绘形于群师之后”来看，自赵宜真、刘渊然始，邵以正所极力构建的净明道统已粗具规模，如普毅杜真人、李德晟、滥厕妙应真人诸人皆是该系统的嗣派弟子，不仅兼正一之学，亦以全真心性、内丹诸法为本，这是明代该系净明宗派所提倡和侧重的内容。

其五，《明史》及各地明清方志中的邵以正传记材料。关于邵以正的情况，所记最早者为景泰《云南图经志》。该志卷一《云南府·寺观》部分介绍真庆观时，摘录侍读学士周叙之《真庆观兴造记》原文，其中有邵以正及范勤裕请求周叙就龙泉道院改名龙泉观、真武祠改真庆观等事作序。从周叙序中大抵可见其对邵以正的评价：

> 以正玉立伟然，观其仪宇，聆其论说，殆韩子所谓有文武长材，寄迹于老子法中者也。其言盖信而足征焉。以以正观之，则（蒋）日和之为人可想也。嗟乎！天下之事，孰一不本于得人哉！老氏之教，以无为清净为本，固于世之欲，较胜负志有为者无与也。苟俾不得真人，暨日和、以正辈为之振扬，匪为不克臻乎。兴作之易，亦无由致其教之显矣①。

另有明隆庆六年（1572）所刻，由邹应龙修、李元阳纂之

① ［明］陈文等修：景泰《云南图经志》卷1《云南府·寺观》，北京图书馆藏景泰六年（1455）刊本，第20—21页；《云南图经志书》，方国瑜主编：《云南史料丛刊》，第6册第13页。

隆庆《云南通志》，该志卷十三《寺观志》中有“邵以正，宣德二年召至京，授道录司右正一，景泰五年七月初二，奉旨祈雪，以正为坛祷之，比夜雪深二尺，皇帝异之，封守元……弘济真人”[①] 之语，则邵以正因于景泰五年“奉旨祈雪”有验而得封弘济真人，但弘济真人之号多不见载于史籍。明《天启滇志》载：“邵真人，名以正，昆明人。母感玉桃之梦而生真人，丰神秀发，飘然霞外。时长春真人寓滇，正师之，尽得其法。被召，历至灵、演法、左正一，赐号弘济真人。”[②]

《明史·刘渊然传》中亦有简要述录：“其徒有邵以正者，云南人，早得法于渊然。渊然请老，荐之，为道录司左玄义。正统中，迁左正一，领京师道教事。景泰时，赐号悟玄养素凝神冲默阐微振法通妙真人。天顺三年将行庆成宴。故事，真人列二品班末，至是，帝曰：‘殿上宴文武官，真人安得与？’其送筵席与之，遂为制。”

各地方志书中记载颇多，如明、清二朝云南府、县志及江苏、江西等地方志等。如明王直[③]《紫霄观碑》录有赵原阳建祠

① ［明］邹应龙修，［明］李元阳纂：隆庆《云南通志》，明隆庆六年（1572）刻本，天津图书馆藏本。

② ［明］刘文征撰，古永继点校：《天启滇志》卷17《方外志》第10《仙释》，昆明：云南教育出版社，1991年，第573页。

③ 王直（1379—1462），字行俭，泰和人（今江西泰和县澄江镇西门村）人。幼而端重，家贫力学。举永乐二年进士，改庶吉士，与曾启、王英等二十八人同读书文渊阁。帝善其文，召入内阁，俾属草，寻授修撰。历事仁宗、宣宗，累迁少詹事兼侍读学士。正统三年，《宣宗实录》成，进礼部侍郎；八年正月为代吏部尚书。王直为人方面修髯，仪观甚伟，性严重，不苟言笑。及与人交，恂恂如也。在翰林院二十余年，稽古代言编纂纪注之事，多出其手。与金谿王英齐名，人称“二王”，王直称“东王”，王英称“西王”。天顺六年卒，年八十四。赠太保，谥文端。（详见［清］张廷玉等撰：《明史》，第4537—4541页）

之事，称：

长春真人欲建祠冢旁，有志未遂，亦化去。至是，守玄冲靖秉诚专确志道衍教妙悟静虚弘济真人邵公以正，谓原阳之道传之长春，长春则以传于我，水木本源实有端绪。以正无似，不能大有所立，徒窃其绪余以事列圣、徼玄功而褒封加焉，皆师荫所及也。若又不能崇教基、严祀事，岂非所谓忝厥祖哉？乃具其传道本末闻于上，而请以所赐金币作观宇。上嘉其义，许之，赐名紫阳观。乃作正殿以奉道祖太清道德天尊，殿后为堂亦奉祖师原阳真人……而邵公欲为远图，来求予文，刻诸碑，俾后之人相与维持于永久。乃为序次其事，而系以铭，俾刻焉①。

据王直《紫霄观碑》所记，邵以正约于宣德七年奏请为其师祖赵原阳立祠祭祀，“请以所赐金币作观宇。上嘉其义，许之，赐名紫阳观”，并请求王直作记。此举既是邵以正为完成先师遗愿而作，又是其宗派道统构建中的重要举措。从其后邵以正所建南京、昆明两处长春真人祠以及喻道纯所建通妙真人祠的情况看，该派于明代前期确曾形成一定的道派规模。

除此以外，清康熙《晋宁州志》卷五《仙释》亦载：“邵以正，初名璇，仁子。将诞时，母感梦玉桃之异。自幼丰神秀韵，超然物表。时长春真人寓滇，遂往师之，尽得其秘，被召，赐号弘济真人。”② 所记简略，甚至未录入其受赐“通妙真人”之事。

① ［明］王直撰：《抑庵文后集》，文渊阁《四库全书》本，第1242册第32页。

② ［清］杜绍先纂修：康熙《晋宁州志》，未刊行，据清康熙五十五年（1716）抄本影印，第140页。

清戴纲孙纂《昆明县志》卷六《方外》亦载：

> 邵以正，赣县刘渊然弟子也。渊然请老荐之，召为道录司左元义，正统中迁左正一，领京师道教事。景泰时赐号悟元养素凝神冲默阐微振法通妙真人，英宗复辟，以正具疏辞，召以左正一间住，未及，用真人张元吉荐，复号真人，掌道教如故。以正廉静谦谨，礼度雍容，缙绅咸重之。天顺六年八月卒，遣官致祭。时同受渊然法者，贵溪正一真人张宇初为最显，然皆恃符箓祈雨祛鬼，间有小验，故其教代相传不衰。嘉靖以还，天子益褒崇道流，方术之士杂进，县人如徐道广、布张皆号能呼召风雷、役使鬼神，亦渊然、宇初辈之流亚也①。

此记盖从《龙泉观通妙真人祠堂记》录出，所记有误，如景泰时赐号乃是弘济真人，英宗复辟之后方赐号通妙真人。其他传记则皆本于以上方志。

其六，与邵以正相关的他人志略。除以上各碑、志乃与邵以正直接相关之外，尚有众多他人碑记、志略等与邵以正有关。由邵以正编辑、刊行于景泰三年的《净明忠孝全书》中有《长春刘真人传》，其中提及“宣德七年二月，上亲洒宸翰作《山水图》赐之，复提诗其端，遣内臣罗智送还，真人乃奏留弟子邵以正仍居洞阳以代祝釐。以正遂授道录司右至灵”②。该传所记较详，或为邵以正授意而为之，故其中所记事项亦当确切，如宣

---

① ［清］戴纲孙纂：《昆明县志》，清光绪二十七年（1901）刊本，台北：成文出版社影印本，1967年，第126页。

② ［明］邵以正辑：《净明忠孝全书》，第33页。

德二年刘渊然请老而荐邵以正入道录司，其道职始于右至灵。“至灵”为明代道官之第三级①，但《明史》中则称邵以正之道职始于左玄义，“渊然请老，荐之，召为道录司左玄义”②。《明英宗实录》卷三百四十三亦载：“以正，其先苏州人，谪戍云南，受学于长春真人刘渊然。渊然荐之，召至京，授道录司玄义，累升至真人。”③ 以上诸记不同，多以“右至灵”始，其中原因可能是：刘渊然于宣德初首次请老时即推荐邵以正进入道录司担任左玄义之职，六年后刘渊然再次以老辞归南京朝天宫，此时经刘渊然荐而升为道录司右至灵。《明英宗实录》卷一百二十二有“丁未，命道录司右演法邵以正点校道藏经于禁中”④ 之句，说明正统时邵以正任右演法之职；同书卷二百四十八又称“丙申，赐守玄冲静真人邵以正银印”⑤，卷二百九十九有“悟玄养素凝神冲默阐微振法通妙真人邵以正，景泰间列于祭酒班之次。天顺元年二月以老辞职，八月复封为真人，乞定筵宴座次。上曰：殿上宴文武官，邵以正只送宴馔与之”⑥。这些与碑刻、传记史料并无差别。

王直《抑庵文后集》中亦录有刘渊然以邵以正为衣钵传人的信息，实乃《长春刘真人祠堂记》之内容：“宣德之初，眷待益隆，赐之剑问曰：此剑当谁传？对曰：臣法得之浚仪赵原阳，

① 道录司，左、右正一二人，正六品；左、右演法二人，从六品；左、右至灵二人，正八品；左、右玄义二人，从八品。（［清］张廷玉等撰：《明史》，第1817页）

② ［清］张廷玉等撰：《明史》，第7656页。

③ 《明英宗实录》卷343，台北：“中央研究院”历史语言研究所校印，1962年，第6949页。

④ 同上，卷122，第2443—2444页。

⑤ 同上，卷248，第5374页。

⑥ 同上，卷299，第6348页。

继者惟邵以正耳。”① 又杨士奇《东里集》载有《邵仲仁墓表》一文，邵仲仁为邵以正之父，此墓表乃受邵以正之托所作，其中有邵以正相关内容：“（邵仲仁）其仲子璇，夙志清净，从长春真人刘渊然学老子法。渊然为易名以正。天子书问渊然：‘弟子孰贤？’举以正对。遂召至京入见，命为道录司右至灵，升右演法，住持灵济宫。”② 其中有邵以正在京任职并住持灵济宫之史料，颇为珍贵。

此外，明周洪谟《普济喻真人志略》中略述喻道纯师从邵以正之事：

> 真人姓喻氏，讳道纯，长沙清浏人，闻通妙邵真人在京师领道教事，天下学道者皆云集，遂谒。邵见而奇之，授以清微诸阶符法、净明礼斗禳星炼度、玉清混元五云金箓火符之秘，无不晓畅。正统甲子，邵奉诏督校《道藏》经典，真人乃预校雠，由是所学者以博洽。景泰壬申春拜道录司右玄义，丙子进左玄义，顷之升右正一。天师改元，朝廷赐邵法剑银印，且问之曰：“朕所赐卿者，日后付之何人？”对曰：“臣固无似，臣徒虽多，而可托者喻道纯耳。”③

该志称邵以正曾授喻道纯“清微诸阶符法、净明礼斗禳星炼度、玉清混元五云金箓火符之秘”，盖即赵原阳所授予刘渊然之“玉清宗教社令、烈雷玉宸、黄箓太极等书”④，虽然刘传中

① ［明］王直撰：《抑庵文后集》，文渊阁《四库全书》本，第1241册第48页。
② ［明］杨士奇撰：《东里集》，文渊阁《四库全书》本，第1239册第74页。
③ ［明］周洪谟撰：《普济喻真人志略》，《金陵玄观志》卷1，第22—23页。
④ ［明］陈循撰：《龙泉观长春真人祠记》，陈垣编纂：《道家金石略》，第1261页。

未提及具体授予邵以正何书，仅以“悉以道秘授之”概括，但从邵以正与喻道纯之间的授术情况看，邵以正确得刘渊然衣钵之传。另外，在邵以正另一高第弟子胡守法的传记中，亦载胡守法“又学于通妙邵真人，尽得其术，寻以龙虎山张真人荐住持东岳庙。未及奉诏，偕天下高道校道藏经，因礼部尚书胡濙荐，擢神乐观提点”①。徐溥《胡公守法墓道碑》则称其“尽得其道术之妙”，从胡守法于成化间“祷雨，雨随至，明秋又旱，祷亦应”的情况看，邵以正的确曾传清微法等于胡守法。清陈教友《全真道教源流》卷七有赵原阳、刘渊然、邵以正、守法真人等传略，但未见喻道纯，不知是何缘故，或邵以正并未传其内丹、心性等全真法，因而陈教友并未将其归入全真一脉。另一明中叶道士汤与庆曾“从季父学道于崇禧万寿宫，既而随通妙邵真人学清微秘法。后又从玉虚都提点管真人授五雷秘法。自是道声四起，道价日隆。后为万寿宫住持，创建大茅峰圣佑观”②。大茅峰佑圣观，即今之茅山九霄宫。由此，亦见邵以正与茅山道派之间曾有互动，对此问题学界鲜有提及，值得进行专题讨论。

（三）近人围绕邵以正的相关道派归属、著述及思想研究

学术界对明代净明道的研究颇多，唯对邵以正的专门研究极少，多为论述赵宜真、刘渊然或明代净明道时有所旁及。一般而言，涉及邵以正的相关研究大抵分为以下几类：

---

① ［清］陈梦雷编：《古今图书集成·博物汇编·神异典》第287卷《方士部》，第512册第31页。

② 胡孚琛主编：《中华道教大辞典》，北京：中国科学出版社，1995年，第194页。

1. 邵以正的道派归属问题

关于邵以正的道派归属问题，诸多学者早有论述，皆通过对元季明初高道赵宜真、刘渊然的求道历程的历史性追述而确定邵以正归属于净明道。如盖建民先生《赵宜真道脉与著述文献新考》称“邵以正编著了一部颇有影响的道教医学丛书《青囊杂纂》行于世，为赵宜真再传弟子”，并列出其金丹南宗之传承谱系为：白玉蟾—李月溪—金志扬—冯蒲衣—李玄一—赵宜真—刘渊然—邵以正①，但该谱系仅侧重于赵、刘、邵一系的法脉来源，而金丹南宗确为该系法脉来源之一，以此确定邵以正的最终道派归属则有论据不足之感。不过，盖建民先生《道教医学》一书认为，“刘玉所重建的净明道传人中，尤以第四代传人赵宜真对医术最为精通”，赵宜真对“净明忠孝道法，间有阙文，悉加订正”，因而“使当时已衰微的净明道在此复兴，故被净明道尊奉为第四祖”，认为赵氏刊集医方书与净明道以“忠孝”为核心的教义有直接关系②。也就是说，从其刊集医书、以医济世、以医弘道的真践实履看，赵宜真当归属于净明道，而作为赵宜真嫡传法嗣的刘渊然、邵以正亦归属于净明道。

郭武《〈净明忠孝全书〉研究》一书在论述《净明忠孝全书》的版本问题时，即有零星涉及邵以正的内容。郭武认为，《净明忠孝全书》有《正统道藏》本、刘渊然序刊本、嘉庆滇版三种版本流传，而《道藏》本《净明忠孝全书》收录不全，与

① 盖建民、陈龙：《赵宜真道脉与著述文献新考》，《四川大学学报（哲学社会科学版）》2009 年第 5 期。

② 参见盖建民著：《道教医学》，北京：宗教文化出版社，2001 年，第 178—179 页。

嘉庆滇版互证。滇版全称《许祖净明忠孝全书》，其中内附《七宝如意丹诀》，而邵以正在督校《道藏》时却未将其收入其中，有些难以理解，故郭猜测，其原因可能是“编《藏》事繁，邵氏无暇顾及之”①。不过，邵以正序刊本《净明忠孝全书》中亦未收录该诀。另外，因郭武“未得窥滇版《净明忠孝全书》全豹”②，而无法考证该版本与邵以正序刊本的区别，难以确定滇版是否即是邵以正序刊本的延续，进而说明明清以来流传于云南的长春派是否就是邵以正极力构建净明道统的实质性成果。

许蔚于2014年出版的《断裂与构建：净明道的历史与文献》一书涉及《净明忠孝全书》的版本问题，所罗列版本较郭武多，大致包括“《宝文堂书目》卷下著录，例无数卷；《万全堂书目》卷三著录一卷，白玉蟾撰，当属误题；又明黄嘉善校刻本《古今书刻》著录山西山阴王府刊本一种，亦无数卷；《传是楼书目》卷三道家符箓类亦著录一本”③。以上诸本是对郭武所提及的版本的扩充，另外三种版本与郭武同。不过，许蔚在论及郭武所提到的“滇版”的问题时，认为“刘渊然原刻本并不含有《七宝如意丹诀》，而是嘉庆重刊时附入”，因而认为“晚出的清刊本附刊了《如意丹方》来证明《净明忠孝全书》原本应该含有《如意丹方》则显得毫无道理”④。不过，许蔚在撰述该书时或亦未曾见到邵以正刊本，因而他做如下推论：

① 郭武著：《〈净明忠孝全书〉研究》，北京：中国社会科学出版社，2005年，第40页。

② 同上，第40页。

③ 许蔚著：《断裂与构建：净明道的历史与文献》，上海：上海书店，2014年，第70—71页。

④ 同上，第77页。

> 按邵以正刊本目前虽未能见到，但据中国社会科学院历史研究所图书馆所藏明万历绘本《宝善卷》末曰：“及遵道录司左正一邵《净明忠孝书》传，旌阳许、洪雅张、洞真胡、景阳郭、玉真刘五位真君，中黄黄、丹扃徐、原阳赵、长春刘四位真人等像记，难以尽述。”道录司左正一邵即邵以正，其传附见于《明史》卷二九九《刘渊然传》……是知邵以正刊本不仅依例增入赵宜真、刘渊然二人的传记，并且还创造性地绘制了诸位宗师的形象并撰有像记[①]。

此说在日本内阁所藏邵以正序刊本《净明忠孝全书》中得以体现，而许蔚的论述为我们提供了较有建设性的信息，即其从台湾李丰楙教授处得知，《净明忠孝全书》的编集工作在民间得到延续，其所藏道坛抄本即与内阁文库藏本一致，因而说明刘玉、黄元吉、徐慧嫡承，赵宜真、刘渊然、邵以正一系通过承载其权威的《净明忠孝全书》的编撰、刊行，这个连绵的谱系得到了延续，并且似乎从未中断过[②]。

以上诸人之研究表明邵以正对明代净明道统的重构功不可没，甚至影响了明清以后净明道的发展。只不过，许蔚的研究未对邵以正编集、刊行《净明忠孝全书》的意图加以论述，但其《赵宜真、刘渊然嗣派净明问题再探讨》一文亦有所提及，认为赵、刘嗣派净明之说应源自邵以正刊本《净明忠孝全书》，邵以正自身所持的宗派构建意图，确立并强化了赵、刘嗣派净明之说，并且造成了广泛的影响，成为后世净明史述的通说[③]。实际

---

① 许蔚著：《断裂与构建：净明道的历史与文献》，第79页。
② 同上，第81页。
③ 许蔚：《赵宜真、刘渊然嗣派净明问题再探讨》，《宗教学研究》2016年第1期。

上，邵以正刊本是在其督校《道藏》之后进行的重刊，并特意增入了赵原阳、刘渊然二人像传，便已经有了其构建道统之意。只不过，自邵以正刊本之后便再未见该书的重刊本，否则不可能不将邵以正的传记也增入其中。而宗派道统构建意图绝非仅通过《净明忠孝全书》的刊行，甚至还有更多周边书籍的刊行及相关活动作为支撑，而这些问题，许蔚并未提及。

郭武《赵宜真、刘渊然与净明道》一文论述了赵、刘二人的道派归属问题，称“从邵以正身上，我们更可看出赵宜真、刘渊然这一系的‘净明属性’”①，邵氏称“学道者以忠孝为第一事”②，主张学道者当以忠孝为首要，并认为“诚者，万事万物之本”③，说明邵以正从主观上认同净明道之修行理念，故而其信仰归宿即是净明道。然而，邵以正并未被后世净明道纳入“嗣师”或“宗派”之列，郭武认为，“并非（邵以正）道术不精、学识不博，亦非地位不高、影响不大；其之所以未能被纳入宗派，盖与诸书的选择标准有关。也就是说，作为整个道教经典总集之《道藏》的主编，邵以正的言行或有‘不纯’同于某一道派之处”④。郭武之论有其道理，但与邵以正一样，赵宜真、刘渊然之道法承续亦不纯同于某一派，其二人的净明派嗣师身份源于邵以正序《净明忠孝全书》之刊行，乃至于后世净明道追溯其派源时即接受了赵、刘为净明嗣师，但邵以正以后，《净明忠孝全书》未见刊行，致使无人将邵以正增入宗派谱系。这也

---

① 郭武：《赵宜真、刘渊然与净明道》，《世界宗教研究》2011 年第 1 期。
② ［明］徐有贞撰：《武功集》，文渊阁《四库全书》本，第 1245 册第 143 页。
③ 陈垣编纂：《道家金石略》，第 1266 页。
④ 郭武：《赵宜真、刘渊然与净明道》，《世界宗教研究》2011 年第 1 期。

是邵以正未成为净明嗣师之原因。然而，关于此问题，郭武先生竟未加讨论。

许蔚于2016年再发表《赵宜真、刘渊然嗣派净明问题再探讨》一文，可谓对此前二人道派归属的更为深入之研究，认为刘渊然从赵宜真所受为清微法，但个人似乎又涉猎净明法，但从自我认同及他者认同来看，邵以正将其尊为“净明嗣师”，并通过增补重刊《净明忠孝全书》将赵、刘确定为净明正统，已将自己列为净明嗣派正统，而万历以降风行的“净明运动”中出现的宗派叙述也确实存在将邵以正列为净明嫡传祖师之一的情况①。许蔚这一论述也表明邵以正曾致力于净明道统重构，并且对后世净明道产生了巨大影响。但邵以正并未成为净明嗣师，且赵、刘、邵一系净明系统逐渐湮灭，诚如郭武先生所言，乃是因为这一系缺少了宗派赖以传承的“旗帜”，因为自邵以正之后，其嫡传弟子如喻道纯、胡守法、李希祖等均散处各地，并未如邵以正一样致力于宗派构建，而是逐渐离散而归入其他宗派使然。张泽洪亦认为：“《全真道教源流》卷七将赵原阳、刘渊然、邵以正列为全真法嗣，并为每人列有传记，由此刘渊然及其弟子又是云南全真道之始传者。而刘渊然云南道脉的传承者即是昆明人邵以正。”② 王岗则根据刘渊然的道法传授、科仪实践、师徒传承和道教派诗认为刘渊然是清微派道士③，进而认为邵以正所传即清微派。

① 许蔚：《赵宜真、刘渊然嗣派净明问题再探讨》，《宗教学研究》2016年第1期。

② 张泽洪：《多元文化背景下的明代云南道教》，《云南师范大学学报（哲学社会科学版）》2007年第4期。

③ Richard G. Wang，“Liu Yuanran and Daoist Lineages in the Ming”，*Daoism*：*Religion*，*History and Society*，No. 7（2015），pp. 265—335.

由于邵以正以后赵、刘、邵净明系统的传承不明，因而学界对该系的研究难以继续。不过，云南境内则有奉刘渊然为祖师的地方道派——“长春派”的传承。萧霁虹《道教长春派与〈玉阳施事〉科仪》、《道教长春派在云南的历史和现状》[①]、《刘渊然与云南道教》[②] 等文对该派进行了历史性追述，称长春派初创于明永乐年间，即刘渊然谪滇暂住龙泉观收徒传教之时所创。萧霁虹根据碑刻及口述材料整理出该派传承谱系，认为邵以正（邵日云）及蒋日和、徐日暹三人即该派第一代弟子，而芮道材、徐道广、喻道纯、凌道崇、沈道宁等为第二代弟子。该道派未见《诸真宗派总簿》及志书记载，唯云南长春派道士中保存了该派派谱。该发现极具学术价值。然而，在萧文中收录了一份题为《昆明道教历史资料草稿》的档案，该档案中即有《昆明长春派来源》，现藏于昆明市档案馆。根据该档案，长春派始祖刘渊然“原是龙门的子孙，因受北派金丹，故由龙门分出一派曰长春，传其徒邵日云。后因改北斗擢滇，传其徒蒋日和，蒋后又传徐道广、喻道纯、张道宏、黑道明四道。……明洪武年间长春入滇，字派有二十个字：‘日道大宏，玄宗显妙，真崇元和，永传正教，绍述仙踪。’”[③] 然而，清代及民国时期的长春派道士墓及碑刻中确有该派的存在，但该派是否由刘渊然亲创于永乐年间，却缺乏足够的史料加以证明。另外，根据派谱，该派早期第二代弟子如芮道材得赐大理道纪司都纪并创栖霞观发展道教，乃是刘渊然亲传弟子，当与邵以正同辈，但在该派谱中却成为第二

① 萧霁虹：《道教长春派在云南的历史和现状》，《中国道教》2011 年第 6 期。
② 萧霁虹：《刘渊然与云南道教》，《云南社会科学》2008 年第 4 期。
③ 萧霁虹：《道教长春派与〈玉阳施食〉科仪研究》，《西南古籍研究》2015 年。

代弟子。除第二世诸弟子名号多见于明代碑记而易于考证外，自第三世至第十一世之间，其传派弟子大多空缺，或可说明在邵以正、喻道纯等之后传派不明，或已散入其他宗派而难以追溯，或刘渊然、邵以正、喻道纯系统乃以净明为宗主而兼涉诸派法箓，但因《净明忠孝全书》未曾重刊增刊，而最终未将邵以正纳入净明嗣师之列，仅被尊为嫡传师祖。据此，则一直留昆传教的蒋日和、徐日暹等人继续传道，乃至清代才出现续派的情况。因而，长春派或并非创于永乐年间，而是清代所创。而该派早期所奉行者为净明，至清代“全真中兴”使邱祖龙门派遍传天下，故有“刘祖原是龙门的子孙，因受北派金丹，故由龙门分出一派曰长春，传其徒邵日云”的历史回溯。

2. 邵以正与《正统道藏》

学界对邵以正的研究或涉及邵以正的研究，大多从其受敕督校《道藏》为切入点展开。冯千山曾撰有《邵以正生平、〈道藏〉及其他》[①]、香港中文大学尹翠琪女士撰《〈道藏〉扉画的版本、构成与图像研究》[②]、虞万里曾撰《正统道藏编纂刊刻年代新考》[③] 等专文数篇，对邵以正督校《道藏》之事做了全方位考证，尤其是对《道藏》之编纂、刊行等罗列、论证极为详细，是对邵以正讨论较多的学术论文。

冯文在叙述邵以正履历时，称邵于宣德二年（1427）被召至京师，至京后首先任道录司左玄义，宣德七年刘渊然告老乞归

① 冯千山：《邵以正生平、〈道藏〉及其他》，《宗教学研究》1992 年第 Z1 期。

② 尹翠琪：《〈道藏〉扉画的版本、构成与图像研究》，台湾大学艺术史研究所：《美术史研究集刊》第 43 期，2018 年。

③ 虞万里：《正统道藏编纂刊刻年代新考》，《文史》2006 年第 4 期。

之时任道录司右至灵，其后为右演法之职（但未考证其年代），至正统十二年（1447）升任左正一之职。左正一乃是道录司最高职级，故其后的褒奖，乃是高士和真人之赐号。其考述甚详，有值得借鉴之处。而对邵以正督校《道藏》之事，则更为详尽。冯氏称，永乐朝任自垣等人虽然已经完成纂修《道藏》经，但是未能雕版梓行，朱棣之遗愿由其曾孙朱祁镇来完成，于是有正统九年邵以正再次点校《道藏》经于禁中之事。冯文言"永乐朝任自垣等人虽然已经完成纂修《道藏》经，但未能雕版梓行，朱棣之遗愿由其曾孙朱祁镇来完成"[①]之说有叙述模糊且牵强之感，未考证"未能付梓刊板梓行"之原委，使正统九年邵以正"督校《道藏》经于禁中"之诏谕来得极为突兀。这些悬而未决的问题，最终通过虞万里《正统道藏编纂刊刻年代新考》一文而得以理清。

虞文所据者为永乐十七年朱棣亲撰《道藏经序》，内容极详，涉及修撰《道藏》经之时间亦较为确切且翔实。虞万里通过分析指出，永乐版《道藏》编纂始于永乐十七年（1419），历三年而成，后即付梓雕版，至正统初，该版《道藏》刊刻完成并开始陆续颁赐，但其中问题较多而被叫停，并于正统九年（1444）敕邵以正重校之。此研究成果极具参考意义，尤其是虞文中对邵以正所"增所未备"内容的讨论，极具价值。

虞文之后，又有学者尹翠琪对《正统道藏》扉画进行了深入研究，并从扉画中人物的布局、安排及其宗教意蕴等角度进行了分析，尤其提及邵以正的宗派构建意图，亦有一定的参考价

① 冯千山：《邵以正生平、〈道藏〉及其他》，《宗教学研究》1992 年第 Z1 期。

值。尹文认为，根据《正统道藏》卷首扉画中人物的布局看，邵以正当属清微派，并认为与当初皇室特别重视神霄、清微派雷法有关[1]。尹文所论似有一定道理，但就邵以正的道派归属的讨论则流于表面。此外，尹文图录中附图一幅，出自清刻本《老子道德真经》，图中所绘白玉蟾、赵宜真、刘渊然、邵以正四人并列，似有将赵、刘、邵一系追认为金丹南宗传人之意。这对于本书讨论邵以正认同南派金丹学说有关。关于此问题，本书第五章将有专论。但就邵以正与《正统道藏》的研究确有一定的参考价值。

关于邵以正受敕督校《道藏》一事，商辂所撰《龙泉观通妙真人祠堂记》只字未提，景泰朝赐号弘济真人之事也未写入碑文。冯千山认为，立碑者又是邵以正高徒喻道纯，而喻当年也参与校刊《道藏》工作，在正统朝校刊《道藏》经亦算是一桩盛事，为什么不敢记入祠记之中？天顺复位之初，商辂锒铛入狱，不久释放。成化三年（1467），又被诏回仍任内阁，后来为反对厂事，遂力求去，致仕还乡，此时为成化十三年（1477），而撰碑文在致仕前一年，在这种官位如累卵的情况下，昔年之事记忆犹新。因而，并非商辂不知道邵以正纂校《道藏》之事，乃是有所忌讳不敢言耳。但可以肯定，邵以正是这次校纂的总裁，其弟子也参与此事，为《正统道藏》做出贡献。邵以正诸弟子中，参校《道藏》者如喻道纯、胡守法等，都是一代高道。以上所论极为详备，但唯对邵以正之思想并未涉及，称"邵以正是净明派的继承者，亦是此派人物中之佼佼者，使人惋惜的

① 尹翠琪：《〈道藏〉扉画的版本、构成与图像研究》，台湾大学艺术史研究所：《美术史研究集刊》，2018 年第 43 期。

是，竟没有使此派理论有所发展。尤其是没有留下著作，简直连诗文也少见”[①]。其余论述《正统道藏》编纂之事的学者亦多，但多为叙述有余而考证不足。

除了督校《道藏》，邵以正亦曾建祠、修缮宫观等，这些活动不仅是邵以正构建其宗派道统的需要，也是出于其道官生涯中政绩方面的考虑。专论这些问题的学者不多，但大多数学者有所旁及。岳涌《〈长春刘真人祠堂记〉与栖真观》一文对现存三篇“长春真人刘渊然祠堂记”（其一为陈涟所撰，收录于《琴轩集》；其一为陈循所撰，碑刻[②]；其一为王直所撰，收录于《抑庵文后集》[③]）的撰写时间做了考证，认为陈循所撰《龙泉观长春真人祠记》中涉及邵以正封号“守玄冲静秉诚专确志道衍教妙悟静虚弘济真人”，称邵受该封号之后建长春真人祠并立碑，以“追念其师传授恩德”，认为邵以正于天顺与景泰时封号的变化乃源于“明英宗复辟之事”，因“政局动荡，人心惶惶，二月即有邵以正辞职之事”[④]。从该文看，邵以正确曾于道录司任职期间为其师建祠，但未明其建祠的用意何在。而且，该文未对邵以正与其他人物关系进行考证，进而对“英宗复辟”后邵以正仍授正一间住和复号大真人等结局不置可否。而邵以正建造、修缮宫观，尤其是建龙泉观长春真人祠、南京西山道院长春真人祠，乃至其徒喻道纯倡建龙泉观通妙真人祠并刻碑纪念等，都只

① 冯千山：《邵以正生平、〈道藏〉及其他》，《宗教学研究》1992 年第 Z1 期。

② ［明］陈循撰：《龙泉观长春真人祠记》，陈垣编纂：《道家金石略》，第 1261 页。

③ ［明］王直撰：《抑庵文后集》卷 5《长春刘真人祠堂记》，文渊阁《四库全书》本，第 1242 册第 47 页。

④ 岳涌：《〈长春刘真人祠堂记〉与栖真观》，《中国道教》2017 年第 2 期。

是刘、邵系统在明初重构道统方面曾做出的努力。

3. 邵以正著述及思想

有关邵以正的著述问题，学术界鲜有人深入研究，其主要原因在于，邵以正极少有自己的原创性著述传世，材料极少而未引起学界足够重视。学术界经常提及且署名邵以正所编集者，诸如日本内阁图书馆藏邵以正序刊本《净明忠孝全书》《长春刘真人语录》及上海中医药大学图书馆藏《青囊杂纂》等。然而，学界一般认为，这些著作并非邵以正原创。

（1）邵刊本《净明忠孝全书》。《净明忠孝全书》一书，有资料可考者，有两种版本：其一为黄元吉编纂、徐慧校正本，该版本录入《正统道藏》第二十四册，亦称《道藏》本；其一为邵以正序刊本《净明忠孝全书》，刊行于明景泰三年（1452）。以上两个版本不同之处在于：邵以正刊本在《道藏》本基础上增入赵宜真、刘渊然二人像传，并于卷首增加胡濙、曾恕二人序及邵以正后序，除了次序做了调整，其余内容则与《道藏》本一致。从邵以正构建明初净明宗派道统的角度论之，邵以正刊行该书确有将赵、刘、邵一系立为净明正统之意，而这种宗派构建部署或于刘渊然时便已开始。

邵刊本胡濙“序”为景泰三年应邵以正之请而作，但曾恕序则作于洪武戊寅（1398），而此期间刘渊然正馆居西山道院以整理、刊印其师赵宜真遗作、医方，以及《道德经集解》《增注感应篇》等书籍，因而曾恕序或即应刘渊然之请而作，然而，序中对此只字未提。然而，刘渊然谪滇期间确曾刊印《许祖净明忠孝书》，其内容亦与《正统道藏》本有所不同，然而，刘渊然在滇之刊本又源自何本？邵以正景泰三年刊本既已对原本做了大幅度调整，为何还保留了曾昶序？《道藏》本中亦未录曾昶序。由是观之，邵以正刊行该书之时所据之版本并非《道藏》本，而是刘渊然刊本。胡濙序称“旧板历岁弥远，毁不复存，大道之妙几近湮没”①，此处“旧板”所指不可能是元代刊板，而是洪武间刘渊然刊板，这从时间上推算亦较为合情合理，即便刘渊然于永乐间谪滇时刊行该书，至景泰间邵以正辑校刊行该书，因增入赵、刘二人像传，亦须重新锓梓雕版。

邵以正重刊《净明忠孝全书》之目的在于构建赵、刘、邵一系道统，赵、刘二人之被尊为净明嗣师，实赖该书。因而，该书的刊行，不仅可以看出邵以正重构净明道统之意图，亦表明其对宋元以来的净明道教义、思想是极其认同的。

（2）《长春刘真人语录》。《长春刘真人语录》一书，学界论述不多，且多认为该书所体现的乃是刘渊然的思想。国家图书馆珍藏的明代钱塘人胡文焕所编《元宗博览三十一种》卷二十八录有《新刻长春刘真人语录》一卷。熊海明道长曾撰《造精微于性理之中，忘筌蹄于言象之外——浅论〈长春刘真人语录〉的成书及其思想》一文，考证该书应成书于明正统八年（1443）之前，并称其乃是邵以正“根据刘渊然平日言语，以语录的形式整理编成”②，而该书得以行世，得益于其门人弟子的传承与发扬。黄吉宏《赵原阳、刘渊然道脉研究》一书则认为《长春刘真人语录》当成书于宣德癸丑年（1433），称“从情理上看，本书倾向于宣德癸丑年秋，刘渊然羽化于宣德七年（1432）八

① ［明］邵以正辑：《净明忠孝全书》胡濙序。

② 熊海明：《造精微于性理之中，忘筌蹄于言象之外——浅论〈长春刘真人语录〉的成书及其思想》，《中国道教》2010 年第 6 期。

月初八，第二年三月六日，敕葬于江宁县安德乡园子冈之原。宣德八年（1433）秋，有将近半年的时间，邵以正整理先师平日语录，从时间与不到万字的篇幅看，是可以完成的”[①]。熊、黄二人对时间上的考证，本书认为，从错勘的角度看，胡文焕在编集该书时或因字迹不清而将“统”错勘成“德”，两者字形比“正”与“宣”更易混淆，故“正统”的可能性大些。况且，正统八年，《道藏》刊刻工作已然完成，邵以正或已意识到构建净明道统之必要性，而开始渐次刊行其师遗作，故有《长春刘真人语录》之编纂。康芬、胡长春《明代道教藏书考略》一文即将该书视为邵以正的著作[②]。

熊海明认为，《长春刘真人语录》的刊行是“针对当时一些人曲解道家金丹南宗双修思想，进行淫乱之事、败坏道风而作，针对当时利弊，公之于人，以正视听，再则以广其传，弘道宣教”[③]。熊文将该书的思想分为三部分：其一，刘渊然解释修道之根本及如何进修问题；其二，回答内丹修炼方面的问题；其三，强调“欲修仙道，先修人道”。该书得以行世，与刘渊然在当时的影响力有关，作为当时的道门领袖和净明六世嗣师，其弟子著名者颇多，其法言应当有比较广泛的影响。熊文有众多可取之处，即已对《长春刘真人语录》一书内容及思想进行了剖析，提纲挈领地归纳了该书之思想主旨。黄吉宏亦从五个方面总结了该书的思想：其一，著述愿力，使人咸离邪道迷途；其二，性命

① 黄吉宏著：《赵原阳、刘渊然道脉研究》，北京：宗教文化出版社，2018年，第198页。

② 康芬、胡长春：《明代道教藏书考略》，《江西图书馆学刊》2003年第4期。

③ 熊海明：《造精微于性理之中，忘筌蹄于言象之外——浅论〈长春刘真人语录〉的成书及其思想》，《中国道教》2010年第6期。

主旨，务本一炁反本还元；其三，真常唯心，凝神守一要在守中；其四，修持内丹，斋戒炼化朝元之功；其五，福忏果报，明人道而净行仙道。《长春刘真人语录》将道体、道性、道用融汇于主体的姓名身心果报中开显人天修道的神圣性与世俗性叙事。先修人道后修仙道具有忠孝为本的儒学化倾向。同时学道修仙的仙品福德，又具有导人向善的伦理心性化内涵①。

熊文所谓该书的成书过程的考证，似乎仅一处，即成书时间，乃是胡文焕刊板之时将“正统”错勘为“正德”，其余年月日皆清楚无误，此外未见更多考证。实际上，《长春刘真人语录》有多种版本流传，如明胡文焕本《新刻长春刘真人语录》，收入《元宗博览三十一种》，有清彭定求本《冲虚至道长春刘真人语录》，现有上海图书馆藏本，上署“［宋］龙眉子撰，［明］涵虚子编，［明］邵以正辑，颐愚子次韵”，其作者之真实情况有待考证。胡本与彭本是否即同一版本？邵以正仅对其师稿本纂辑还是再创造？若是再创造，是否可以认定该书所体现的即是邵以正的思想？这些问题都值得进一步讨论。

(3)《青囊杂纂》。盖建民先生所著《道教医学》一书在论述明清道教医学流派时，对赵宜真、刘渊然、邵以正一系道士在医学方面的贡献做了详细论述，认为邵以正“医道兼通，其所编著的道教医学丛书《青囊杂纂》对道教医学经方的收集、整理与传播作出了特殊的贡献”②，则《青囊杂纂》一书确由邵以正编集刊行，但亦有认为该书为刘渊然著作者，恐为误记。按《千倾堂书目》卷十四“医家类”载：“刘长春《青囊杂纂》四

① 黄吉宏著：《赵原阳、刘渊然道脉研究》，第212页。
② 盖建民著：《道教医学》，第180页。

卷，一作三卷，号渊然，仁宗时道士。”① 该书原版稿本或出自赵宜真《仙传外科秘方》，洪武中由刘渊然编集而成《仙传外科集验方》刊行，故《青囊杂纂》实为邵以正根据其师《仙传外科集验方》编集而成并广为传播者。

根据盖建民先生研究，赵宜真曾广泛收集古今医药方书，并致力于以医药济世救人。其曾收集杨清叟所编外科集验方并进行编辑整理，授其徒以方药济人。赵宜真羽化时“遗命嘱其徒刘渊然终其志。渊然佩服不敢违，仍将所授秘方，总编为一卷。……然非渊然次第集录，则不能就一全书。”② 其目的在于以医药济世，便于为人子者能据此方药来尽孝③。由此大抵可知，刊行该书以“终其志”之人便是刘渊然。该书中有刘渊然序云：

> 因存先师原阳赵公手编治劳方论，盖出紫庭法中，皆前代明师所论治要方法，实为简切。间尝以之施人，无不奇验，是用锓刻，以广流传。倘苟有是病，而得是书者，不待开津启钥，而可以续命于危急之秋矣，且使人人得以同跻于仁寿，实所愿也④。

该序题“洪武二十九年，岁次丙子孟秋章贡体玄子刘渊然书”，则大抵知该书于是年刊行。

邵以正《青囊杂纂》大约于天顺间刊成。根据盖建民先生

---

① ［清］黄虞稷撰，瞿凤起、潘景郑整理：《千顷堂书目》，上海：上海古籍出版社，2001年，第375页。

② ［元］赵宜真撰：《仙传外科秘方》，载《道藏》第26册，第660页。

③ 盖建民著：《道教医学》，第177—178页。

④ 丹波元胤编：《中国医籍考》卷53《方论》，北京：人民卫生出版社，1956年，第891页。

研究："《青囊杂纂》一书共收有《仙传济阴方》《徐氏胎产方》《仙传外科集验方》《小儿痘疹证治》《秘传外科方》《济急仙方》《上清紫庭追痨仙方》《仙授理伤续断秘方》等八种医方书，并附有《秘传经验方》一部。该书汇集了大量临症各种单方、验方，对各种方剂的功用、主治、组成、用法一一予以介绍，在临床治疗上有重要参考价值。"[①] 而《青囊杂纂》中所录验方与《仙传外科集验方》中的验方大多雷同，致使《本草纲目》所列验方中，既有署"邵以正经验方"者，亦有"邵真人经验方"，甚至有"邵以正真人经验方"等不同名号。《本草纲目（金陵本)》第一卷序例上《历代诸家本草》即有"引书目：邵真人《青囊杂纂》"之说。

以上三部由邵以正纂辑或增入刊行的著作中，除《青囊杂纂》为邵以正以医济世的精神体现外，《长春刘真人语录》为邵氏根据师父平日言行、随师修行学道、聆听师父教诲的过程中所得、所悟、所感之记录，其中既有刘渊然本人书录的修道精髓，亦有邵以正在纂辑该书过程中自己的理解与体悟，因而，该书虽非邵以正本人原创著述，但亦体现了邵以正的思想，或邵以正从其师那里继承的思想，然后经过邵以正本人的消化吸收，以广其传。因史料缺乏，诸多细节已极难考证。《净明忠孝全书》的刊行可以看作是邵以正对净明忠孝道统的继承，对净明正统的坚持。作为净明道的承传者，邵以正如其师一样，对净明大道宗旨、思想是高度认同的，只不过邵氏本人并未对该书进行更多发挥，而是选择述而不作，将净明思想体现在其言行之中，因而，

---

① 盖建民著：《道教医学》，第 180 页。

论述邵以正的思想，便无法绕开《净明忠孝全书》及净明道的核心理念。

除了以上诸书，邵以正还曾编集刊行其他书籍，如《玄宗内典诸经注》《道德经集解》《经史通用直音》等。《玄宗内典诸经注》偏重于内丹、心性修炼；《道德经集解》偏向于对老子之“道”的理解，其释经指向偏于金丹南宗思想；《经史通用直音》则针对《道藏》经典的训读等方便法门。这些典籍的刊行，也说明邵以正对内丹、心性等全真丹法的关注，加之《长春真人语录》中金丹南宗、符箓法术等内容，足以说明邵以正在构建净明道统的过程中，并未摒弃本门法统师承多源的特点。然而，除了《玄宗内典诸经注》曾由个别学者提及，《道德经集解》散佚，《经史通用直音》则并未引起人们的关注。

《玄宗内典诸经注》，该书确非邵以正原创著述，不过由邵氏编辑整理，并请赐进士及第翰林国史修撰、经筵讲官玄同居士陈鉴作序，而邵以正则为该书题跋。从陈鉴序看，邵以正不仅曾刊行《道德经集解》（已散佚，本书第四章有专论），而且又精心挑选前贤曾注释过的丹经共计十一本编辑成书。邵以正题跋亦透露出刘渊然或曾为这些丹经注释之意，称“予自受道于先师长春真人以来，每取诸经及先正、注释之言印证之，言殊理同，若合符节。而今之学者务此者鲜”[①]。表明作为刘渊然的嫡传弟子，邵以正确有承传并振兴其道派的使命感。只不过，通览该书，却无任何刘渊然注释的痕迹，但邵氏遴选这些经典，其意图却极为明确。关于《玄宗内典诸经注》一书，学界并未见论述

① ［明］邵以正：《玄宗内典诸经注·序后》，载《藏外道书》第7册，第50页。

者，甚是遗憾。

此外，尚有《经史通用直音》明成化刊本四卷，收录于清杨守敬《日本访书志》，署名“通妙邵真人编纂，清浏喻道纯校正，云中张道中重校，书林熊氏诸梓刊行，嘉靖丁酉岁，安正书堂刊本”。该书于成化年间刊行，盖为喻道纯受道录司左正一之职、领天下道教事之时予以颁行。卷首有成化八年白玢序，称：

> 弘济真人以正邵公深病其难，而慨然有志于古今书法之同，间尝批阅道藏经典，直音难字证于经末，而因谋成书，以便后学。继而嗣法张道中复为音释，而其间尤多缺略，迨及邵公高弟道录正一清浏喻公，痛思其师所集之书，手泽尚新，虑恐亡逸，蔑以成前人之志，遂旁求博采，重复校订，因各条其部类，歧为四卷，而且简明便易，目之曰《经史通用直音》，磨砺数载书成，将寿诸梓，以广其传。命其徒道录玄义志贤杨君持是书来请予序其首①。

该书虽然未能反映邵以正的思想，但至少可以窥知，该书或成书于点校《道藏》之时。然而，该书竟然未曾有人提及。

4. 邵以正人物关系考述

邵以正处于明初道教的蓬勃发展时期，从《龙泉观长春真人祠堂记》、《龙泉观通妙真人祠堂记》、西山道院《长春真人祠堂记》以及多方碑刻资料显示，刘渊然、邵以正等人不仅深得明初皇帝宠信，与朝中大臣亦多有往来，与道录司及各山高道等皆有往来。学界对明初高道之人物关系亦有所研究。张泽洪在

---

① ［明］邵以正撰，［明］喻道纯校正，［明］张道中重校：《经史通用直音》白玢序，明成化十年（1474）刊本。

《净明道在江南的传播及其影响——以道派关系史为中心》一文中论述了净明道与其他道派如灵宝、清微、全真、正一诸派之间的关系，尤其提及邵以正与龙虎山天师一系之间的关系，称“从旌阳六传刘渊然以后，旌阳传承系谱不续，净明道又一度趋于沉寂。刘渊然曾将净明道法嗣传给邵以正，但邵以正与龙虎山张天师关系至为密切。至邵以正时净明道的法嗣已不清楚，邵以正本人在史籍道经中，则俨然以正一道士的面貌出现”①。张文所言邵以正以“正一道士的面貌出现”，盖指邵以正奉旨祈雪、主持大型斋醮等方面，却未论及邵以正极力承续赵宜真、刘渊然一系净明道统方面的努力，但邵以正与龙虎山天师之间的关系确实较为密切，否则，“土木之变”之后，邵以正不可能被天师张元吉保奏而继续敕封其真人号了。

另外，邵以正凭借自身的影响力与各地高道之间保持了极为密切的关系。褚国锋《明代道官胡守法生平事迹考论》中称：“1432 至 1447 之间，尽管邵以正还未担任左正一之职，但他承刘渊然之统绪，在中央道官系统有着很大的影响力。道士赴京求学邵以正门下实乃一时之风气。胡守法追随邵以正学道应有受这种风气的影响。”② 此说的依据出自《普济喻真人志略》，该志称喻道纯“闻通妙邵真人在京师领道教事，天下学道者皆云集”③。另外，褚文还罗列了邵以正其他徒众，如喻道纯、丁月渊、汤如愚等人皆从邵以正学。不过，褚国锋以此推断道士赴京求学于邵

① 张泽洪：《净明道在江南的传播及其影响——以道派关系史为中心》，《中国史研究》2002 年第 3 期。

② 褚国锋：《明代道官胡守法生平事迹考论》，《宗教学研究》2019 年第 3 期。

③ ［明］周洪谟：《普济喻真人志略》，《金陵玄观志》卷 1，第 23 页。

以正门下实乃一时之风气之说实乃误判，所谓“学道者云集”并非投学邵以正，而是邵氏因受敕督校《道藏》而征召天下道学造诣深厚的学道者，实际上，此时邵以正担任右演法之职，无论其威望还是影响力都不及龙虎山天师。

李政阳《明季神乐观高道圈考略》一文论述了明代神乐观高道及其师承、道派关系，文中称“刘渊然系、张天师系和朝廷的关系颇耐人寻味，刘、张两派如何‘不协’缺乏史料记载”①。但作为邵以正弟子胡守法曾受张天师推举为东岳庙住持等事项，说明邵以正与张氏一系交集甚密。因胡濙之荐，胡守法进入北京神乐观充任提点一职时，邵以正主持道录司。胡濙曾于永乐间助张宇初获朝廷加封“崇谦守静”之号，又多次为龙虎山张氏一系和刘、邵一系人马在朝中斡旋，故而邵以正、胡守法或是缓和刘、张两派关系的关键人物。正因为如此，天顺初邵以正上书请辞，但第四十六代天师张元吉荐邵氏戒行，而复其真人之号，但该号较之景泰间所赐少了四字，可见其在朝中待遇之微妙变化。清任自垣《重修龙虎山志》亦为刘渊然等人立传，大致可看出刘、张二系之间的嫌隙或在邵以正羽化之前得以消解。李政阳对刘渊然系与张天师系关系的考述有其价值，甚至邵以正受敕督校《道藏》经也是缓和、平衡两派势力所做的全方位考虑。

张泽洪《净明道与正一道》一文对明代净明道与正一道关系做了考述，其中对邵以正的“正一道士面貌”做了如下说明：“更有意味的是，旌阳六传刘渊然将净明道法嗣传给邵以正，邵以正与龙虎山张天师关系至为密切。至邵以正以后净明道的法嗣

① 李政阳：《明季神乐观高道圈考略》，《学术探索》2015 年第 6 期。

已不明晰，邵以正本人在道史中，俨然以正一道士的面貌出现。"[①] 张文所称的邵以正的"正一道士面貌"或与其所行符箓祈雨等活动有关，且正统、景泰、天顺间，确有邵以正与张天师关系密切的表现，尽管其师与张宇初等曾有过"不协"，但至邵以正时这种不协已经消失，况且邵以正清净自守的戒行也是获得张元吉保奏的原因。

除了与高道之间的往来，邵以正亦多与朝野上下王公贵胄有交往，尤其是邵以正督校《道藏》完成并升左正一、领京师道教事之后，其与朝廷重臣多有往来。如乾隆《雩都县志》卷十"方外志"即载：

> 时上衮巨卿如胡俨、黄淮、杨溥、高谷、王直、陈循、王英诸公，皆造庐咨问，大书小序以赞之。其受知列圣见重公卿如此。一时赵氏两弟子烨然，名动京华[②]。

以上诸公如胡俨、王直、陈循等曾应邵以正之请为刘渊然二祠作记，可见其间关系非同一般。此外，徐有贞《武功集》中收录《送羽士邵希先还滇南诗序》一文，称"今余及诸君之于希先，非战友也，非同志也，然而何以为之赠欤？亦嘉其行耳"[③]。记述了众多文人儒臣为邵以正侄邵希先返滇赋诗送行一事，提及与他一起赋诗的"诸君"，说明邵以正乃至其侄邵希先确曾与朝中大臣交往甚密。除此以外，尚有时任翰林院侍读学士

① 张泽洪：《净明道与正一道》，《江西社会科学》2001 年第 12 期。

② 故宫博物院编：乾隆《雩都县志》卷 10《方外志》，《故宫珍本丛刊》，海口：海南出版社，2001 年，第 117 册。

③ ［明］徐有贞撰：《武功集》卷 4，文渊阁《四库全书》本，第 1245 册第 143 页。

的金问为真庆观作《真庆观兴造记》、太子少保翰林院学士袁镃作《重建长春观记》、文渊阁大学士商辂为邵以正祠堂作《龙泉观通妙真人祠堂记》等。从他与这些文人儒士、王公贵胄之间的往来看，邵以正在明初朝中的影响力巨大，但并未失去其方外之人清净自守的操守，这也是“缙绅咸重之”的原因。

综上所述，学界涉及邵以正的研究多以道派归属为主，而对其学术思想的研究因资料缺乏而鲜有人提及，这也是对邵以正的研究较少的原因。然而，邵以正虽然没有自己的原创著述，但并不能就此说明邵以正本人没有任何思想值得深入研究，只不过他的思想显得较为零散，而且其一直以“身教”重于“言传”的行事作风使他在践行净明忠孝道法方面可圈可点，而践行之根本则在于邵以正对净明道精髓和核心精神的深刻理解。这源于邵以正对明初净明道的全盘继承，因而，讨论邵以正的思想，便不可避免地对以赵宜真、刘渊然为主的明初净明道思想进行梳理，通过明初净明道思想的梳理亦可体现邵以正思想之旨趣。

总而括之，邵以正的思想源于《净明忠孝全书》《长春刘真人语录》等道门著述及赵宜真、刘渊然次第相传的忠孝、克诚、为善济世等思想，是道法、丹法、伦理、仙道信仰等思想的结合体。

三　研究内容、思路与方法

（一）研究内容

本书研究的主旨是邵以正及明初净明道思想，其中既包括对邵以正本人思想的追述，亦对以赵宜真、刘渊然等人为主的明初净明道思想进行深入探讨。本书中提及之时间“明初”仅就赵宜真、刘渊然、邵以正活动的年代而言，即明太祖建国之初（1368）至天顺六年（1462）邵以正羽化止。从时间论，天顺时当属明代中期，但便于论述，皆统之以明初。元季明初，以南昌西山万寿宫为主要活动中心的净明道已渐湮没无闻，虽然被后世尊为净明学者的朱权于永乐、宣德、正统间著述颇丰，但未见其在重建净明道统方面有多少作为，而赵宜真、刘渊然、邵以正一系则对净明道统构建多有贡献，对净明学说多有阐发，且颇受明初诸帝褒崇，尤其是邵以正对净明道统承续及构建出力最多、贡献最大，故而研究邵以正的思想，便难以撇开对以赵宜真、刘渊然等人为代表的明初净明道思想的论述，但本书对净明道他系道士的思想不做研究。

邵以正为明初著名道士，自永乐中师从高道刘渊然始，因勤勉好学、悟性非凡而深得刘渊然器重，进而成为刘氏众多门徒中的佼佼者。宣德初，邵以正因得刘渊然推荐进入道录司担任左玄义之职，宣德六年升任右至灵，正统中任右演法之职，并因受敕督校《道藏》而居功至伟、名闻天下，《道藏》刊成而升任左正一、领京师道教事；景泰中赐号守玄冲靖高士，寻即赐号守玄冲靖秉诚专确志道衍教妙悟静虚弘济真人、领天下道教事，此时邵以正之道官及声望已至巅峰；天顺中，仍任道录司间住，后受天师张元吉保奏，赐号悟玄养素凝神冲默阐微振法通妙真人。天顺六年八月二十日，邵以正卒，遣官致祭，敕葬北京城西五华山之阳。与邵以正同朝多年、往来甚密的大学士商辂曾做了如下评价：“虽然真人以澹泊存心，以简静处己，以平易接物，迹其所为，非有离世绝俗之异，亦惟本于诚焉。诚者，万事万物之本。诚以奉神祇，感通无间于高卑。此真人所自名冠羽流，望隆缙绅，而致远迩敬信，无存殁之间者，庸非诚为之本乎？”①

在前人研究的基础上，本书通过对邵以正相关碑刻、传记资料的深度挖掘，力求还原邵以正的生平事迹及其在明代道教发展繁荣的大背景下，如何承传其师祖赵宜真、师父刘渊然一系的道法承续以及明代净明道统的接续与重构等问题。邵以正是赵、刘一系道法的集大成者，也是元明净明道的忠实继承者和践行者。与赵宜真、刘渊然不同的是，邵以正留下的原创性著述极少，多为序跋类文本，其思想及信仰理念多散见于他人传记诗词之中，因而尚无专门文本资料可资参考研究。这是本研究至难之处。

然而，对于明代道教界及政界影响如此巨大的人物而言，其虽无原创性著述流传后世，但其曾编集、刊行书籍多种，如刊行《净明忠孝全书》《长春刘真人语录》及《玄宗内典诸经注》等。通过其为这些著述作序、题跋等文字材料，大抵可对邵以正的思想理念、信仰归宿、道法主旨、修道理念等诸方面做全面的审视；通过与邵以正有关的他人撰述、传记、诗文等资料，亦可梳理出邵以正的“忠孝”观、“德善”观、“克诚”工夫、“天心”论，以及其“以医济世”的道教伦理思想，可以视为邵以正对净明忠孝思想的全面继承；通过对赵宜真、刘渊然生平事迹及思想旨趣的纵向梳理，亦为邵以正的思想找到源头。

（二）方法思路

邵以正活动的时代正好是明初道教复兴的特殊历史时期，其师祖赵宜真、师父刘渊然已从元季明初“惟贤是传”的传道模式下汇集了诸家法脉，通过“以道法显”的方式走上明初的政

① 陈垣编纂：《道家金石略》，第 1266 页。

治舞台，为赵、刘、邵一系净明道统的重构积累了充分的政治资源。学界对赵宜真、刘渊然的研究颇多，然而对邵以正的研究则相对较少，而且多侧重其道派归属及其政治上的成就，而对其核心思想、信仰归宿、修道理念、内丹思想等诸方面则鲜有提及。有鉴于此，本书本着历史叙述与时代精神之会通原则，尝试回归所涉人物之特定时空，在事理叙述及考究上注重历史与逻辑结合，努力复原明初净明道的时代背景、思想精髓和其他相关人物的评价，以还原所涉人物的思想原貌，试图在一个相互关联、富有生命的总体背景中去理解和阐释邵以正的主体思想。具体来看：

1. 研究方法

本书拟就邵以正在云南、江苏、北京等地的道履仙踪、事功行为、法脉承传及道统构建等进行全面梳理。遵循求实—评判的论证逻辑，以正史及其著述为主导、宗派史及碑刻文献为辅助、他人评述与传记为参考进行综合评价。

其一，道教历史人物的思想评述，除了官方文献作为历史依据，尚需将所涉及人物置于宗派史及特定历史时期道教的整体发展史的研究背景之中，通过将“写的历史”与道派的实际演进史进行互参互证、辩证审查，既要忠实于史实，亦须兼顾宗派叙述方式，既需围绕涉及人物之思想旨趣，亦须兼顾其对自身道派传统思想和理念的继承。道派人物思想的形成不仅关涉该人物的家族背景、社会环境、生活经历、社会关系等，还与特定历史时期官方的主流意识形态、对道教的态度、宗派的承传方式、道派教义及思想等诸方面密切相关。因而，本书试图通过正史、碑铭、金石、传记、笔记、序跋甚至野史等各类文献的归纳、梳理，尽可能整理出一个比较全面的、有逻辑可循的史料库。在论证这些史料文本的真实性及可靠性过程中，本书将借鉴中外史学家的治史方法论，辩证地、历史地对待史料，并从史料中极力挖掘利于诠释人物思想的有价值内容。在史料搜集整理时，以文献为主导、以田野资料为辅助、以口述史为参佐互证，并顾及宗教研究的双重性：既需看到并尊重基于理性怀疑的历史意见和人物所处时代的局限性，同时又注意到人物本身思想和言行中所蕴含的时代咸通精神。任何历史人物思想或来源于其本身的著述，或源于其对某种思想的践行，因而，从实践层面研究人物的思想旨趣，结合历史材料的支撑，更利于把握其思想的产生和实践过程。

其二，道派史与宗教社会学相结合的方法。通过对赵宜真、刘渊然及邵以正等人由儒入道的心理变化的社会学追溯，结合明初宗教政策的频繁调整和教派道统的重构，重新理解新旧朝代更替之时传统知识阶层内道外儒、儒道互补精神的时代嬗变和士族阶层入道动机的多重性。如赵宜真“其先家浚仪，宋燕王德昭十三世孙，父仕元为安福令，因家焉。原阳幼颖敏，知读书，即善习诵，博通经史百家言，长习进士业”①，刘渊然因自幼体弱多病而许为道士，但亦如其师由儒而入于道，并旁通医学。邵以正亦如此，“其先苏州人，谪戍云南”②，其父“仲仁，讳仁，姓邵氏，世为姑苏士族，曾祖宏、祖明之、父琇皆隐居有行”③，即邵以正有深厚的士族背景及“隐居有行”的伦理观念传承和

① ［明］张宇初撰：《岘泉集》，载《道藏》第33册，第232页。
② 《明英宗实录》卷343，第6949页。
③ ［明］杨士奇撰：《东里集》，文渊阁《四库全书》本，第1239册第74页。

信仰传统。在赵、刘、邵三人身上可清楚地看到入道契机的相似性。士族原有的优越感和随父“谪戍云南”带来的心理落差使邵以正放弃了传统的仕途幻想，其父“虽艰难旅琐中，凡所以行义不减在乡时”的言传身教到“寄迹于老子法”的志向耦合，成为邵以正的入道契机，同时构建了“忠孝为本”“道本儒用”的思想体系。

邵以正先师高道王云松，继而师刘渊然，不仅是一种刘渊然与邵以正儒道并举的修行理念上的契合，亦是邵以正对传统以外的别样人生的规划和追求。这也是元明之际社会大多数知识阶层实现以道济世、方内方外相结合的重要门径。赵原阳如是，刘渊然如是，邵以正亦如是。济世不仅是儒家传统，更是道教的传统，尤其是净明道的宗旨。只不过，元代净明道之传承多依附于宫观，而元季时局的变迁使法统、道统的传承开始由依附于宫观向“择人而传”模式过渡。“依派而传”向“依人而传”的过渡使道派道统的传承具有随机性和分散性，使宗派的传统失去了传承的根基。因而，赵宜真、刘渊然、邵以正三代道统和法统的传承便经历了传统模式的解构与重构过程。这一道派的历史性演变在邵以正这里真正得以实现，不仅完成了道派的重构，更将道派的思想精髓和实践精神落到实处，以另一种方式获得宗教般的精神调试与性命安顿，这与其儒道互补的济世精神是高度吻合的。

其三，邵以正刊行的著作及其思想来源。邵以正曾刊行其师《长春刘真人语录》《净明忠孝全书》《玄宗内典诸经注》等著作多部，但自己却无原创性著述存世，其思想则散见于他人著述。本书即透过结集经教的文本解读，力图揭示其师赵宜真、刘渊然及邵以正本人在明初道教经世致用的时代精神和作为全国性道教领袖的担当。

在赵、刘、邵一系的传派模式及邵以正本人的宗派追述与道统重构过程中，道派思想作为道派传承的核心被完整地继承下来。思想的传承有赖于著述，刘渊然对赵宜真著述的编集刊行、邵以正对其师著述及宗派经典的编集刊行，已成为该派在明初道教圈得以传承和发展的重要经典依据。这些经典的刊印，不仅昭示了该道派的传承轨迹，是道派思想精髓赖以遗存的文本依据，也是邵以正全盘继承道派思想并对道派重构进行深度思考的证明。邵以正的思想通过刊印书籍并为其作序题跋得以体现，由此亦可窥见其思想主旨与文本所昭示的道派核心思想是一脉相承的。

邵以正从其派属及师承等途径所继承的思想精髓已散见于他人著述，如其克诚、人心合天心、忠孝、德善等思想，不仅成为其宗派重构的核心内容，亦成为其“言传身教”的传道模式，因而，在明初社会产生了积极影响。从传统传承的角度看，邵以正的思想源于其师祖赵宜真和其师刘渊然，但他并未将这些思想精髓束之高阁；从社会影响层面论，对思想的践行远比拥有思想更具有社会感染力。邵以正身上体现了元明道教自身理论与实践上知行合一与得道济世的现实品格。

2. 章节安排

本书总体遵循逻辑与历史相统一的论证方法来安排章节。首章围绕明初帝王崇道的社会背景、政府宗教管控政策的频繁调整、道教宗派所面临的传承危机等问题，探究赵、刘、邵一系道脉传承的客观条件及重构宗派道统的主观愿望和客观需求。元季明初各道派从传统的宫观“依谱是传”模式解构成为“惟贤是传”的传承模式，到明初朝廷“三教并用”政策背景下求贤若渴的政治现实导致高道辈出，在全真湮没无闻、正一独领风骚的明初道教内部，各大小道派自身的传统、传承被掩盖而失去自身特色。在这种情况下，一直以忠孝为本的刘渊然曾经嗅到了道派重构的历史契机，但这一使命则最终由邵以正完成。

第二章以历史文献为基础，力求深入挖掘教内外有关邵以正的生平事迹。以官方文献、正史、地方志、宫观志、金石碑文等为主线，力求对明初开始有关赵、刘、邵一系道派史料进行系统整理，并通过其家族渊源、儒学传统及社会历史背景等的全方位梳理，研究邵以正弃儒入道的思想背景和客观原因。此外以时间为主线，理清邵以正从师学道历程及考证其道官生涯中的重大事件，如受敕督校《道藏》等，以突出其宗派领袖的使命感和时代精神。

第三章从正史、方志、金石等史料入手对赵宜真、刘渊然的从道经历、法脉传承等进行梳理，理清其道脉、法脉的归属，从二人的自我认同及他人认同的角度探讨邵以正在承传宗派道统的过程中其道法的多源特色和思想旨趣的净明属性。就明初道教内部借助帝王对道教的政策导向与个人喜好的情况，论述刘渊然对自身道派传播、空间布局与身份谱系建构进行的调整，最终由邵以正加以实施。邵以正的宗派道统重构以收徒传道为根本、以帝王褒崇支持为依凭、以经典道书的刊印流传为手段、以宫观祠庙的修建为基础，为明初净明道的“中兴”① 打造了全方位、立体化的发展框架。

道脉宗续方面，以生前首肯的嫡传方式考察赵、刘、邵的上承和对喻道纯、胡守法等法裔的下传等论述，说明邵以正在明初道教发展史上的上承下启的重要影响和承担明代净明宗派和道统重构重任的嗣派宗师的历史担当。自其徒喻道纯之后，在明代政治中心的嗣法传承似已断裂，尽管在云南有龙泉观通妙真人祠堂的构建且被南滇长春派（金丹符箓派）追认为该派第一代嫡传弟子，但除喻道纯、胡守法之外，派谱上已找不到邵以正法嗣的影子。南滇长春派虽宗刘渊然为祖师，亦以邵以正为宗师，且为刘祖嫡传，但自入道录司任职以后活动范围均在两京及附近地区，因而南滇长春派法嗣中虽然有喻道纯、胡守法等邵以正亲传弟子，但实际上二人与长春派毫无关系，只是后人追溯该派时的历史性叙述，亦即该派已与邵氏无多大关系。

第四章以邵以正的著述为中心，分别探讨其刊刻编集这些著述的意图、版本及内容等，探索邵以正的思想来源。《长春刘真人语录》《净明忠孝全书》《道德经集解》《青囊杂纂》《玄宗内

---

① 净明“中兴”是本书提出的概念。净明道于宋元时期在教团组织、教义教理、科法、信仰、神仙谱系等诸方面均已完备，尤其是黄元吉编集《净明忠孝全书》，致净明道发展已达巅峰。然而，元代中后期开始，随着社会动乱，教团渐趋腐化、教派管理松散、宫观经济受到不同程度影响，致使净明道失去了持续传承的动力，至元末明初，净明道已渐湮没无闻，不仅传教中心未见明显的活动，净明学者亦散入其他道派，尤其是被划归入正一道统一管理，逐渐失去了自身特色。明初重整祀典之时，作为净明道祖庭的西山万寿宫已被明朝廷忽略，可见至明初之时，净明道确已“湮没无闻”，虽然民间亦有零星传承，但尚未出现足以力挽狂澜于既倒的宗派领袖。然而经过赵宜真、刘渊然、邵以正一系的努力，净明道又于明初实现了“中兴”。不仅在道派建设、经典教义的传承、道统重构、宫观建设等诸方面均有较大起色，还使净明道成为明初两大显派（龙虎山正一道与赵、刘、邵一系净明道）之一。无论史志、传记乃至《净明忠孝全书》《净明宗教录》等净明经典均对此给予了肯定，明初净明道之复兴完全得力于该系弟子“振起之力”。鉴于此，本书即对明初赵、刘、邵一系的活动所带来的结果称之为净明“中兴”。

典诸经注》及《经史通用直音》等书籍的次第刊行，不仅体现了邵以正思想的发展脉络，而且彰显了赵宜真、刘渊然、邵以正三代一脉相承的“为善济世”精神。以上诸本以外或有其他书籍之流传，如刘渊然《增注太上感应篇》等书籍，或已成为教内外通行读本，但本书不做讨论。

第五章重点论述邵以正的核心思想。因原创性著述的缺乏，仅能从他人著述对邵以正的介绍、评价等内容及邵以正所作的序、跋等文字材料中探究其思想旨趣。任何历史人物的思想都有其来源，邵以正的思想亦如是。赵宜真、刘渊然等人对诸家道法的融会贯通而最终归本于净明忠孝的思想理路对邵以正的影响极大，作为宗派道统的承传人和体系的重构者，邵以正几乎全盘继承了其师祖、师父的思想精髓，但碍于他们的巨大成就，邵以正并未依循他们著书立说的“言传”传统，而是采取了“身教”及“述而不作”的态度。这是探知邵以正思想的关键。

邵以正的言行自始至终都体现了其对忠孝思想的高度认同和积极践行。其动辄举“都仙”之说，说明其思想与元代净明道核心思想和信仰理念是一脉相承的，故而，探讨其忠孝思想便无法绕开对元代净明道忠孝内涵及外延的宏观和微观解读；探讨其对忠孝思想的践行则可追溯至早期许逊信仰及净明道的济世精神，以及赵宜真、刘渊然、邵以正等历代法裔基于由儒入道的背景而表现出的对忠孝核心思想的认同和传承。刘渊然“由儒入道，凡其所行必依于忠孝，惓惓为国祝釐，以济民利物，凡可以布德施惠，使人得乐”之济世精神曾对邵以正产生了巨大影响，这源于该系人物对“所行必以忠孝仁慈为本，不汲汲于其他”的忠孝思想的长期践行和对“学道者以忠孝为第一事”宗派思想的认同和坚持。

邵以正“惟本于诚”思想成为其宗派构建和修道思想的核心。其“诚者，万事万物之本”的思想不仅是对净明道思想的继承，亦是邵氏曾受理学思想影响的体现。从其思想旨趣看，邵以正已将“诚”的内涵做了本体性的诠释，“诚”可以修身、求道、事君亲、奉神祇，对修齐治平的儒家传统思想进行了宗教哲学诠释，因而对学道者的“克诚”工夫提出极高要求，并通过“克诚”工夫达到心性的净明境界。邵以正“惟本于诚”思想和“克诚”工夫使其宗派理念成为消弭儒、道差异的润滑剂，并对世俗生活层面产生了巨大影响，逐渐抹去了其宗派的神秘性，并昭示了其所具有的普世价值和在世俗社会中所发挥的社会功能。

邵以正的“天心”论也是就“诚”展开的。诚为万事万物之本，而“克诚”工夫则源于心性的修炼，进而使人心合于天心，天心即天理，克诚即使人之所思所行达到至诚境界。人心合天心便不再停留于哲学层面的玄思，而是“克诚”以合天心而不昧心。因而，邵以正从其师祖、师父那里所承传之《天心帙》，犹如净明道的《功过格》之类，被视为“克诚”工夫的必要手段。赵宜真称“人心即天心，欺心即欺天”，已然将人心与天心合二为一，修道即修心，一物不欺，即达净明。这是其宗派中递相传授之要道。

除了“忠孝”“克诚”“天心”“为善济人”等思想，邵以正还关注修身学道中“道心无二”的心性论。他认为，人心乃通玄究微之根本，非心无以见道之奥妙。邵以正极力推崇《阴符经》中的“天性，人也；人心，机也”之思想，天性系于人心，人心的修炼可达至道之境，即《清净经》所阐述的“湛然常寂，寂无所寂”之境界。因而，《玄宗内典诸经注》中所选录之经典，皆是教人修心为本，内丹为用。心性修炼不仅是“克诚”工夫的门径，修悟至道之枢纽，内丹炼养之根本，也是践行忠孝之关键。至于内丹心性炼养而言，“不究至道，渥于丹书，以意猜度”，却不知“阴阳须采自家真，岂可外吾身而求之他人”。《玄宗内典诸经注》体现了邵以正对全真内丹学（尤其是金丹南宗）的深刻理解，而这些思想则与其师祖赵宜真、其师刘渊然的内丹理念是一脉相承的，邵以正自身也对该书给予了“道德之筌蹄，金丹之橐籥”之高度评价。

总之，人物思想的研究不离于史料，史料则是明变、求因、评判的前提。本书对邵以正及其师祖赵宜真、师父刘渊然的史料的搜集整理，尽可能使之系统化和条理化，在尊重正史叙述的前提下，借助前人研究成果的同时，重视新史料的发掘与旧材料的新诠释。本书对邵以正思想的研究，既专注于邵以正本人序、跋等文本中所体现的思想特征，亦兼顾碑记及他人撰述中对邵以正的评价，以及宗派传承过程中所倚重的思想精髓。整体研究力图在以下几个方面有所创获：

其一，通过史料汇集还原邵以正生平及入世事功之历史脉络。学界对邵以正的研究不多，仅是在研究赵宜真、刘渊然或研究明代道教的过程中有所旁及，因而所凭借的史料较为零散，并未形成系统。邵以正于永乐初师事刘渊然并随师四处传道，尤其是永乐初刘渊然谪滇至洪熙元年被召返京，其中十数年间邵以正及刘渊然行踪成谜，但这段历史却未引起学界重视。本书即通过所收集的零星的史料，尝试补足这部分研究的空白。

其二，学界尚无对邵以正的思想进行专门研究者。本书拟在史料论证的基础上，通过金石、传记、他人著述及邵以正刊行书籍的动机和意图，邵氏所作序、跋等文本的解读，将邵以正作为赵、刘衣钵传人和该宗派道统的构建者的历史高度，挖掘其信仰和思想的渊源。赵原阳、刘渊然、邵以正的言传身教、一脉相承的系列著述，思想内容上重效验实修和事功济世，具有极强的可操作性。邵以正的身上所体现的良性结集教义的自觉能动性使该道派徒裔在明初、明中叶政治中心形成了巨大的影响力，与明初高道圈和仕林及王公贵胄之间的交往使邵以正的思想有理学化倾向，但却不失净明忠孝宗旨，其“惟本于诚”思想使他自由出入于儒道，甚至贯穿于心性、内丹、道法等不同方面。本书力求展现邵以正出世修行与入世事功背后的思想脉络和信仰世界。

其三，著述之辨。学界对历史人物的思想评析多依赖于其原创性著述，因其可以直接反映该人物的思想。而作为道派重构的实际执行者，邵以正通过上承赵、刘思想之精髓，下启宗派思想、教义之推广与传播。邵以正编集刊行书籍多种，除《长春刘真人语录》《净明忠孝全书》《青囊杂纂》等常被人提及和论述之外，《玄宗内典诸经注》《道德经集解》《经史通用直音》等书籍则未见学界关注，但这些书籍却是研究邵以正思想不可多得的新材料，如从《玄宗内典诸经注》所引道书、邵以正请陈鉴作序及自己为该书题跋等内容来看，邵以正曾一度对内丹、心性修炼等给予了密切关注，也是对“以澹泊存心，以简静处己，以平易接物”的道风的最佳诠释。《经史通用直音》成书于邵以正督校《道藏》之时，白玢序称邵以正“尝批阅道藏经典，直音难字证于经末，而因谋成书，以便后学”①，是其“为善不专及于一人一家，而及于天下后世”的为善济世精神的体现。

邵以正处于明初政府“三教并用”的政治环境中，皇室对忠孝伦理的推崇和倚重、明代理学的勃兴及三教圆融思潮的影响，使各家在世俗化的过程中淡化了相互之间的分歧进而走向融合。虽然并无任何碑刻或史料证明邵以正与佛教人物有过任何交集，但其思想中不可能没有佛学思想的影响。从其道法的多源性来看，邵以正亦曾积极摄取儒家伦理、佛家的生死解脱等有益资源而最终归本于玄门立场，这种道派思想的开放性和包容性最终体现在道法会通、内炼心性、道体法用的日用济世之上而成为道派赖以传承的灵魂。

① ［明］邵以正撰，［明］喻道纯校正，［明］张道中重校：《经史通用直音》白玢序，成化八年（1474）刊本。

第一章　明初政府的道教管控政策与净明“中兴”

明初净明道的崛起以刘渊然、邵以正受宠为标志，而这一系道派的兴盛与元末明初道教的发展状况与明初政府对佛、道等传统宗教所采取的政策是分不开的。因而，研究赵宜真、刘渊然、邵以正一系道派的发展、法脉的传承、思想的传播等便无法脱离明初道教发展的社会及政策环境。一般而言，元明之际道教逐渐式微，北方全真道屡屡遇冷，南方天师道及各符箓道派凭借其“实用性”而颇受重视，这与明初诸帝对佛、道二教的态度有关。道教诸符箓道派之“实用性”不仅体现在明初诸帝对道教法术的信仰，还在于道教参与、承担了绝大部分国家祭祀与祈雨求晴等斋醮祈福活动。明朝廷对祭祀的倚重使正一符箓道派迅速进入明初政治权力的中心，而“以道法显”也成为高道被征召入选的基本标准。

明初颇引人注目的道教宗派，除了龙虎山一系的正一符箓道派之外，尚有以赵宜真、刘渊然、邵以正一系为主的净明道派。

始创于宋代、以东晋时期的许真君崇拜为主、活动于南昌西山一带的净明道，因其融全真丹道与符箓为一体，注重性命双修，且将禅宗思想纳入其中，而以儒家忠孝思想为其主旨，成立之初便宛如一股清流，为弥漫着荒诞气息的宋代道教注入活力。然而，进入元代，随着各道派思想渐趋融合和北方新兴道派的出现，南方符箓道派并未引起太多重视，净明道亦逐渐失去了活力，无论在义理上还是道派传承、宫观规模等方面均无太大发展，并逐渐与江右的龙虎山一系和其余符箓道派合流而失去了自身特色。元末明初，以赵宜真、刘渊然、邵以正为主的净明道派，虽一直被当作正一派而颇受朝廷褒崇，但于明代中期却实现了净明“中兴”。但从道派认同的角度看，其所坚持的净明道统却与龙虎山正一道派有诸多差异，这种差异性使刘渊然、邵以正为代表的净明道与以龙虎山张氏为代表的符箓道派成为明初备受瞩目的两大道派①。

① 日本学者福井康顺等人所修《道教》卷一称，明朝政府和道教诸派领袖之间仍然保持着密切接触。例如净明道嗣师刘渊然在太祖时任右正一，成祖时入道录司，进而任教团最高行政官职左正一，被提到最高圣职真人的地位。这种圣俗两方面均担任最高职务的领袖，除刘渊然外，最著名的还有正一教的张正常、张宇初等。这不仅反映出正一、净明等有势力的教派领袖深深地介入明朝的宗教行政之中，而且暴露出明王朝在处理高涨的农民抗租、抗粮运动时，利用隐然拥有势力的教派的社会影响力，实行教化政策，作思想教化的迹象。［（日）福井康顺等监修，朱越利等译：《道教》，《海外汉学丛书》，上海：上海古籍出版社，1990 年，第 1 卷第 56 页］以赵宜真、刘渊然、邵以正为主的明初净明道已成为与龙虎山正一道共显于世的主要道派。

第一节　明初诸帝的祭祀活动与多神信仰

《左传》云：“国之大事，在祀与戎。”以儒教为官方意识形态的古代社会中，祭祀一直是封建礼制的主要内容。祭祀是对远逝的祖先神明表达敬意，而国家层面的祭祀活动则有更广的文化内涵，不仅带有对天地神明恩德的感念成分，亦是教化万民、维持伦理纲常的方式。从《周礼》对祭祀的规定看，天子立七祀，故而皇室拥有最大的祭祀权力。明英宗《御制东岳庙碑文》云：“国家祀典于凡山川之神，春祈秋报，即享祀于郊矣！然惟天子得以亲之，而非民庶之所得渎也。”① 祭祀对象与内容亦显得极为丰富。

一

清谷应泰《明史纪事本末》引述朱元璋语曰：“建国之初，先正纲纪，纲纪先礼。”② 又于至正二十六年（1366）十二月，太祖“以国之所重，莫先宗庙郊社，遂定议以明年为吴元年，命有司建圆丘于钟山之阳，以冬至祀昊天上帝，建方丘于钟山之阴，以夏至祀皇土地祇，及建庙社，立宫室”③。因而，明初大

① 《明英宗实录》卷157，第9页。

② ［清］谷应泰撰：《明史纪事本末》卷14，北京：中华书局，2015年，第1册第189页。

③ 同上，第190页。

统初立，“他务未遑，首开礼、乐二局，广征耆儒，分曹究讨。洪武元年，命中书省暨翰林院、太常司，定拟祀典。乃历叙沿革之由，酌定郊社宗庙议以进。礼官及诸儒臣又编集郊庙山川等仪，及古帝王祭祀感格可垂鉴戒者，名曰《存心录》”①。洪武元年（1368）二月，“敕中书省臣定郊社宗庙礼以闻”②。《明史·礼志》亦载：“太常，掌祭祀礼乐之事，总其官署，籍其政令，以听于礼部。凡天神、地祇、人鬼，岁祭有常。”③ 由此可见，明初皇室对祭祀的重视使其成为国家封建思想体系构建的主要内容。

明初皇室的祭祀活动频繁，祭祀对象亦颇为繁杂，由礼部下属太常寺负责掌管。洪武初，朱元璋命礼部“厘正祀典，凡天皇、太乙、六天五帝之类，皆为革除，而诸神封号，悉改从本称，一洗矫巫陋习，其度越汉、唐远矣”④，并将祭祀分为大、中、小三类。《明史·礼志》载：

> 以圆丘、方泽、宗庙、社稷、朝日、夕月、先农为大祀，太岁、星辰、风云雷雨、岳镇、海渎、山川、历代帝王、先师、旗纛、司中、司命、司民、司禄、寿星为中祀，诸神为小祀。后改先农、朝日、夕月为中祀。凡天子所亲祀者，天地、宗庙、社稷、山川。若过有大事，则命官祭告。其中小祀，皆遣官致祭，而帝王陵庙及孔子庙，则传制特

① ［清］张廷玉等撰：《明史》，第1223页。
② ［清］谷应泰撰：《明史纪事本末》卷14，第1册第196页。
③ ［清］张廷玉等撰：《明史》，第1796册。
④ 同上，第1224页。

遣焉①。

上记可知，明初国家规定的祭祀对象极为驳杂，不仅囊括天地日月星辰等自然神、社稷神、各行业神灵，还包括儒、释、道三教神灵。除国家祭祀之外，各府、州、县所祀对象数量有所减少，至于寻常百姓的祭祀则更少，但与《周礼》的规定相比则略显宽松。“各卫亦祭先师。至于庶人，亦得祭里社、谷神及祖父母、父母并祀灶，载在祀典。虽时有更易，其大要莫能逾也。”②

明初，国家级别的祭祀活动多由帝王亲临主持或委托礼部重臣主持，祭祀日期由钦天监先行选定并“书之于版，依时以祭，著为式。其祭日，遣官监祭，不敬失仪者罪之”③。明太祖朱元璋于南京朝天宫建神乐观作为习仪之所，并专门培养乐舞生以备祭祀及各类节庆活动之用。《明史》载：“凡祭祀，先期三日及二日，百官习仪于朝天宫。”④并要求参与祭祀的礼官斋戒，称“沐浴更衣、出宿外舍，不饮酒，不茹荤，不问疾，不吊丧，不听乐，不理刑名，此则戒也。专一其心，严畏谨慎，苟有所思，即思所祭之神，如在其上，如在其左右，精白一诚，无须臾间，此则斋也。大祀七日，前四日戒，后三日斋”⑤。凡大型祭祀活动，则要求百官先期斋戒以示虔诚：“凡祭祀天地、社稷、宗庙、山川等神，为天下祈福，亦令百官斋戒。”⑥

① ［清］张廷玉等撰：《明史》，第1224页。
② 同上，第1226页。
③ 同上，第1239页。
④ 同上。
⑤ 同上，第1240页。
⑥ 同上。

国家祭祀活动除了由天子及礼部重臣主持之外，山川河岳四渎等则定时遣重臣、道士前往祭祀。《明太祖文集》中有《遣功臣等祭五岳列镇四海四渎文》①、《遣功臣等祭北镇医无闾山文》②，皆有道士参与。各府、州、县官方所行的祭祀活动均归属此类，并命地方官到任之时先行祭祀礼，如朱元璋所规定的《到任须知》中第一项即是“祀神”，称：“国之大事，所以为民祈福。各府州县，每岁春祈秋报，二次祭祀，有社稷、山川、风、云、雷、雨、城隍诸祠，及境内旧有功德于民，应在祀典之神，郡厉、邑厉等坛，到任之初，必首先报知祭祀诸神明日期，坛场几所，坐落地方，周围坛垣，祭器什物，见在有无完缺，如遇损坏，随即修理，务在常川清洁，依时致祭，以尽事神之诚。”③ 明朱国祯称“太祖最虔祀事，《到任须知》册，以祀神为第一事。今官府莅位，吏人先投《须知册》，仿此”④。朱元璋首重祭祀，其目的是显而易见的，既需通过祭祀活动突显国家官僚体系的权威性和神圣性，又通过这一祭祀传统使各级地方官员的权力具有合法性，同时“意图通过祀神在精神领域把百姓意

① 文曰：“予自建国以来，年年于此国为新造民，为初安，是不得亲临所在而祀神也。特遣开国功臣某、道士某，以如予行，奉牺牲祝帛于祠下，以报效灵。自今以后，岁以中秋诣词致祭，惟神鉴之。尚飨！”（［明］姚士观编校：《明太祖文集》卷14，文渊阁《四库全书》本，第1223册第4—5页）

② 文曰：“今予自建国以来，十年于此，每望祭神于京师未遂，诣祠而祀。予当亲至，近郊而望祀，奈过为新造，民为初安，是不得亲临所在祀神也。特遣开国功臣某、道士某，以如予行，奉牺牲祝帛于近郊设坛，以报效灵。自今以后，岁以中秋遣官代祭，惟神鉴之。尚飨！”（［明］姚士观编校：《明太祖文集》卷14，文渊阁《四库全书》本，第1223册第5页）

③ ［明］张居正等纂修：《万历明会典》卷9《到任须知》，《续修四库全书》，第789册第156页。

④ ［明］朱国祯撰：《涌幢小品》，《明代笔记小说大观》，上海：上海古籍出版社，2005年，第431页。

识纳入统一框架，增强民众对国家和皇帝的潜意识认同。同时，祭祀本身就是一种象征性潜意识造神行为，通过反复强化，可以逐渐凸显其神圣性。朱元璋将祀神作为地方官执政的首要任务，正是希望通过潜移默化的精神影响提高皇权在基层百姓中的控制力”①。明初朝廷对祭祀活动的重视使传统的儒教礼法得以传承，并使祭祀成为国家政治生活的重要组成部分，也在明初乃至终明一世成为发挥其社会职能的特殊形式。

明代国家祭祀活动所涵盖的神灵极为广泛，其中大部分祭祀对象与道教及民间信仰之神灵交错融合，使祀神成为明初社会风潮，进而影响着明初的信仰格局，不仅皇室的信仰呈现多元化倾向，民间亦然。一部分道教神灵即于明初进入皇家祀典，进而深刻地影响着民间信仰。

明洪武十一年（1378），朱元璋命建神乐观于南京朝天宫，设提点、知观等职，朝廷之祭祀活动均需道士“用以执事”，凡太常寺所属祠庙，均归属神乐观统领。如《明太祖文集》载：“神乐观正官掌领观事，尚缺分理者，部诸乐生以听陈举。今见修道士某可授清净五音，领神乐观事尔。中书吏部如敕施行使往。钦哉！”②《钦定续文献通考》载：“帝以道家者流，务为清净，祭祀皆用以执事，宜有以居之。乃命建神乐观于郊祀坛西。至十二月观成，命道士周元初领观事，以乐舞生居之。帝亲制文立碑志其事。其乐舞生，每岁所给米麦衣布及时节，赉予之数，

① 赵毅、马冲：《明太祖的皇权专制与“皇权下县”——以地方官员〈到任须知〉为中心》，《河南师范大学学报（哲学社会科学版）》2018年第6期。

② ［明］朱元璋：《明太祖文集》，文渊阁《四库全书》本，第1223册第81页。

具刻于碑阴。《职官志》曰：神乐观掌乐舞，以备大祀。”①

洪武时起，道教便与国家祭祀联系在一起，神乐观的设立便是为大型国家祭祀做准备。作为重要的祭祀习仪之所，神乐观成为培养乐舞生的重要场所。《明会典》称“凡乐舞生，洪武初选用道童，后乐生用道童，舞生以军民俊秀子弟为之”②，朱元璋在《敕谕神乐观提点》中称“朕设神乐观，备五音奉上下神祇，其敕居观者，皆慕仙之士，其仙之教也”③，并强调神乐观之设“非仿前代帝王求长生之法而施之”④，而是专门训练祭祀礼仪之乐舞生之用，“乐舞生系道士选充，祖宗成法，因其出家清净，故用之，专习乐舞以事郊庙神灵”⑤，即以备祭祀之用。明人田艺蘅（1524—?）曾言：“国朝祭祀赞礼者，太常寺之道士，奏乐者，神乐观之道士。”⑥ 神乐观乐舞生颇受太祖宠渥，“太祖最重祠敬祭所，赡给神乐观道士甚优，钱粮不刷卷”⑦，王直亦称“国朝于祀事为最重，凡殷荐天地、祖考，皆有乐，而作乐者，必谨择其人，以学老子法者清净淳一可为用，于是慎选其徒，处之神乐观，俾专事焉”⑧。

明成祖以“靖难”登极九五，此后迁都北京，并于永乐十八年（1420）在北京建神乐观，即天坛神乐署，与南京一样，遴选乐舞生在此习仪，以备大祀之用。《金陵玄观志》卷十三

① ［清］嵇璜：《钦定续文献通考》，文渊阁《四库全书》本，第629册第46页。
② ［明］徐溥：《明会典》，文渊阁《四库全书》本，第618册第734页。
③ 《太常续考》，文渊阁《四库全书》本，第599册第3页。
④ ［明］朱元璋：《明太祖文集》，文渊阁《四库全书》本，第1223册第78页。
⑤ ［明］夏言：《南宫奏稿》，文渊阁《四库全书》本，第429册第492页。
⑥ ［明］田艺蘅撰：《留青日札》，上海：上海古籍出版社，1992年，第519页。
⑦ ［明］黄景昉撰：《国史唯疑》卷1，清抄本，第17页。
⑧ ［明］王直撰：《抑庵文后集》，文渊阁《四库全书》本，第1241册第47页。

《神乐观》载：

> 神乐观下辖食粮乐舞生270名，候缺道童270名。按照明初所定的道规条例，神乐观还设掌书、掌籍各一名。凡是本观一应事务，每月朔、望都要赴道录司陈递执结。观中乐舞生和道士岁报册，每年年终都要照道录司之例，造两本，一本留存，一本咨缴礼部。凡乐舞生的选拔，其程序如下：每十年，礼部札付太常寺，转达神乐观，尽将见在道童呈部，当堂考写乐章，能写者照乐舞生名数取足造册，咨礼部，填给各童度牒，再咨回本部①。

永乐年间开始，乐舞生均由道士充任，“其太常乐舞，以宫观道士充之，则自永乐中始”②。乐舞生虽非隶属于道录司管理，但其所习祭祀礼仪、乐词、乐章等多与道教有关。每逢大祀，除了乐舞生参加祭祀仪式，亦有很多道士参加国家祭祀活动，部分祭祀大典甚至由道士主持。

有明一代，由道士参与的国家祭祀活动主要包括祭天、祠山、斋醮、陪祀、分献坛、祈祷、祈雨、祈雪、祠玄帝、主春祈祀典、祀香山神像等。洪武间朱元璋曾两次颁布《命道士祭岳镇还渎》诏书，其一曰：“岳镇海渎之祀，今年秋报之礼，特命尔效仙人等诣神所在，尊以牲醴、祝帛。尔其一乃心志，必欲神交，汝往钦哉！”③ 其二曰：“敕尔诸效仙人等律己修身、道法清虚之玄，去贪嗔、绝望想、一精英，以步昂霄，为斯清净，特命

① 《金陵玄观志》卷13《神乐观》，《续修四库全书》第718—719册，第182页。

② ［清］张安茂撰：《頖宫礼乐全书》，《四库全书存目丛书》，济南：齐鲁书社，1997年，第271册第28页。

③ ［明］朱元璋：《明太祖文集》，文渊阁《四库全书》本，第1223册第62页。

奉神于岳镇还渎。尔其捐洁乃心，供牺牲、祝帛于神座，汝往钦哉！”① 以朝廷之名义命道士负责岳镇海渎祭祀活动，道士也顺理成章地参与国家祭祀活动，这当为道士参与国家祭祀之始。如《礼部志稿》有一则洪武初道士受敕祭海神之记载：

> 洪武元年正月己亥，命道士周原德往莱州，谕祭海神，原得未至前数日，海滨之民间海涛恬息，闻空中洋洋然若有神语者，皆惊异。及原德至，临祭，烟云交合，异香郁然，灵风清肃，海潮响应。竣事，父老皆欣喜相贺，争至德所曰：“海涛不息者十余年矣。今圣人应运太平，有兆海滨之民，何幸身亲见之。”原德还奏，上悦②。

因而，即使是以儒家传统为主的祭祀活动，除了“遣官致祭”之外，亦命朝天宫提点及龙虎山天师等主持。以龙虎山天师所主持大型祭祀活动为例，自洪武二年（1369）起至天顺八年（1464）止，龙虎山天师所主持祭祀活动计四十九次，除纯道教斋醮祈福活动之外，尚有承担儒家传统祭祀仪式的记载，如下表：

---

① ［明］朱元璋：《明太祖文集》，文渊阁《四库全书》本，第1223册第62页。

② ［明］林尧俞：《礼部志稿》，文渊阁《四库全书》本，第598册第208—509页。

明初龙虎山天师承担国家祭祀活动一览表

主坛天师	祭祀时间	地点及坛名	出　处
张正常	洪武十年	敕遣代祠嵩山，分遣大臣与弟子分祭群岳	《皇明恩命世录》，第367页。
张宇初	永乐元年	配祀天坛	《皇明恩命世录》，第370页。
张宇清	永乐十五年	分献西镇坛	《皇明恩命世录》，第374页。
	永乐十九年	分献星辰坛	《皇明恩命世录》，第375页。
张懋丞	宣德四年	配祀太庙	《皇明恩命世录》，第378页。
	宣德五年	分献东镇坛	《皇明恩命世录》，第378页。
		命醮于仁智殿	《皇明恩命世录》，第378页。
	宣德六年	命分献星辰坛	《皇明恩命世录》，第379页。
		命醮于内皇坛	《皇明恩命世录》，第379页。
		命陪祀太庙	《皇明恩命世录》，第379页。
	宣德九年	分献风云雷雨坛	《皇明恩命世录》，第379页。
	正统二年	分献风云雷雨坛	《汉天师世家》，第379页。
	正统四年	分献东镇坛	《皇明恩命世录》，第379页。
	正统六年	分献东镇坛	《龙虎山志》，第114页。
	正统八年	分献星辰坛	《龙虎山志》，第114页。
张元吉	正统十四年	命分献星辰坛	《皇明恩命世录》，第382页。
	景泰四年	分献风云雷雨坛	《汉天师世家》，第441页。
	天顺四年	配祀天坛	《汉天师世家》，第441页。

资料来源：庄宏谊《明代道教正一派》第四章《道教正一派之符箓斋醮》①。

① 庄宏谊著：《明代道教正一派》，台北：台湾学生书局，1986年，第157—165页。

以上所记为龙虎山一系天师所主持、陪祀的祭祀活动，尚不包括其他高道或他系道士陪祀的活动，如龙虎山傅若霖亦曾参加郊祀，获得明太祖格外关心，“每岁乘舆大祀辄拜于前，上必呼曰老仙官。及还，目送者久之，是夏六月，有旨免朝”①；朝天宫提点曹希鸣于洪武二十八年“大祀命分献天下神祇；廿九年，分献南岳；三十年分献历代帝王，岁如式”②。此外，从永乐至天顺间，刘渊然、邵以正、喻道纯一系道士亦曾多次承担大型祭祀及斋醮活动，如景泰五年七月初二，邵以正“奉旨祈雪，以正为坛祷之，比夜雪深二尺，景皇帝异之”③，“凡朝廷有大修建、大祈禳，必命真人（邵以正）主之”④。大凡朝廷大型祭祀活动，他系道士亦多与龙虎山天师一起受敕分献各祭坛，并不包括在宫观举行的庆寿、祈福、祷雨类斋醮祈福活动。至景泰中，斋醮祭祀活动更是频繁。《明实录》载：

户部主事余子俊言……其各寺观逐日秀斋设醮，轻用钱帛，僧道布施，动以万计。一醮之毕，主之者或因致富，枉用民财，全无寸补。伏望陛下俯念民间，减省一分，则民受一分之赐，庶积有赢余而国用不亏，民将给足而邦本可固。不然，则将来之虑，恐非修斋诵经能所了也。诏以斋醮等项已有规定，但令礼部移文光禄寺禁约⑤。

① ［明］张宇初撰：《岘泉集》，文渊阁《四库全书》本，第1236册第440—441页。

② 同上，第437—438页。

③ ［清］黄德溥纂修：《赣县志》卷51《仙释》，《中国方志丛书》，台北：成文出版社，1975年，第282号第2015页。

④ ［明］商辂撰：《龙泉观通妙真人祠堂记》，陈垣编纂：《道家金石略》，第1266页。

⑤ 《明英宗实录》卷248，第10页。

由此大抵可知，除了为国祝釐的金箓、玉箓大斋及祈雨求晴等法事活动之外，明初官方祭祀活动亦多由道教人士承担，道教在明初政治及社会生活中扮演了重要角色。

二

明初皇室频繁的祭祀活动与其驳杂多端的神灵信仰有关。除了传统的天地、日月星辰、社稷、五岳四渎等儒教所祭祀的神灵之外，尚有大批道教俗神被纳入国家祀典。明太祖曾言："夫岳镇海渎皆高山广水，自天地开辟以至于今，英灵之气萃而为神，必皆受命于上帝，幽微莫测。"① 因而明太祖并不否定鬼神之存在，认为视之不见、听之不闻者才为鬼神，但同时又否定鬼神偶像化。陈宝良认为："真正的宗教，大多是放弃现实利益的，是从现世不存在利益的观点出发。但明朝人的宗教信仰始终是以追求现世利益为主体，祈求佛祖神灵满足自己的各种愿望。"② 因而，明初皇室便遍祭天地日月星辰、山川岳渎之神及大批自然神，如洪武年间，明太祖曾多次派遣官员或道士前往泰山致祭；洪武十年，又遣曹国公李文忠及道士吴永舆、邓子方致祭泰山东岳之神；洪武二十六年，又派神乐观道士乐本然、国子监生王济到泰山致祭③。另外，飓风神、大小青龙之神等都是明代才出现的神灵。如大、小青龙之神仙传为二童子所化，一大一小，有祈

① 《明太祖实录》卷53，第1035页。

② 陈宝良著：《明代社会生活史》，北京：中国社会科学出版社，2004年，第489页。

③ ［明］汪子卿纂：《泰山志》卷1《望祝》，明嘉靖刻本。

雨之应，在龙潭上设祠祭祀，并加封号。正统十三年（1448），"上以久旱，遣太师英国公张辅、太保成国公朱勇等官祭告在京寺观祠庙及大小青龙之神、西南龙宫山龙潭之神"①。

明初皇室列入祀典的众神大致可分为天神、地祇和人鬼三类，除天神、地祇之类的自然神之外，人鬼属于偶像崇拜。偶像崇拜又分为正神与邪神两类，正神即列入国家祀典之神灵，可定期接受祭品供奉者；邪神则纯属于民间信仰，其不在朝廷祀典之列，即所谓"淫祀"。明初民间社会"淫祀"泛滥，尤其是地处偏远的地区尤甚。

其一，进入国家祀典之道教神灵。明初列入国家祀典的众神之中，除了洪武初所定祀典中所罗列的"应祀神祇"，如除名山大川之神、历代圣帝、忠烈以及有功于民者之外，尚包括对历代留存之神庙所供奉的神祇。这些神庙含摄儒、释、道三教，因而原先所奉神灵亦在保护之列。如此一来，原先归属于道教信仰的神灵也渐入皇室祭祀之列。明初这种信仰格局持续了一个多世纪，但随着祭祀对象的不断增多，原先属于"淫祀"范畴的民间神灵亦陆续被朝廷所祭祀。这种状况的长期存在使信仰对象驳杂多端、难以厘定。鉴于此，弘治元年（1488）四月，礼科给事中张九功上疏奏请厘正祀典，称："祀典正则人心正。今圣明御极，修明祀典。然而朝廷常祭之外，尚有释迦牟尼文佛、三清三境、九天应元雷声普化天尊之祭，又有金阙真君、元君、神父、神母之祭，诸宫观中又有水官星君、诸天诸帝之祭。非所以示法于天下也，乞敕礼部稽之祀典，尽为厘正，及一切左道惑人

① 《明英宗实录》卷166，第6页。

之事，通为禁止。”①

虽明初曾厘正祀典，“凡天皇、太乙、六天、五帝之类，皆为革除，而诸神封号，悉改从本称，一洗矫诬陋习”②，但明初道教兴盛、民间信仰亦呈现多元化趋势，皇室及民间神灵信仰已渐趋冗杂。因而，明初驳杂多端的神灵中便有源于道教的众多神灵，如三清、应元雷声普化天尊、金阙帝君等为皇室所信仰的道教神灵；宫观及民间则有水官、诸天帝之供奉等。除这些神灵之外，尚有曾被永乐皇帝极力推崇的真武大帝、洪恩真君，以及被民间广泛信仰的文昌帝君、关圣帝君等俗神，并未在上文禁止之列。现对明初进入国家祀典的道教神灵分述如下：

1. 北极中天星主紫微大帝。宋李如篪《东园丛说》载：“北极与南极处天枢之中，两极相对，以运转天体。北极一星，道家所为北极紫微大帝者是也。紫微垣中，北极之旁，华盖之下，勾陈之中，一星曰天皇，道家所为天皇大帝者，是为北辰之至尊，主宰万物，中兴之所拱者也。”③《无上九霄玉清大梵紫微玄都雷霆玉经》称：“北极紫微大帝，统临三界，掌握五雷。”④《道法会元》称中天星主北极紫微大帝“枢纽中天，纲维列宿，掌世人之休咎，握宸极之权衡”⑤。可见唐宋之时已有北极紫微大帝之信仰，但仅为道教所尊奉之神灵，并未见列入国家祀典者。至明代，北极紫微大帝正式列入祀典，成为皇室信仰。倪岳《青溪漫稿》云：

① ［清］张廷玉等撰：《明史》，第1307页。
② 同上，第1224页。
③ ［宋］李如篪：《东园丛说》，文渊阁《四库全书》本，第864册第209页。
④ 《无上九霄玉清大梵紫微玄都雷霆玉经》，载《道藏》第1册，第756页。
⑤ 《道法会元》，载《道藏》第30册，第231页。

> 谨按象纬书有曰：北极五星在紫微垣中，一名天极，一名北辰。其北第五星名天枢，盖极星之在紫微垣，万神所宗，七曜三垣，二十八宿，众星所拱，为天文之正中。又曰：紫微大帝之坐，天子之常居也。即今朝廷宫殿所在，乃其象焉。国朝正统初年建紫微殿一所，于大德观之东设立大帝之像，每遇万寿圣节，正旦冬至，俱遣大臣一员祭告。今议得日月星辰，并曜于天。故古有大明祭日，夜明祭月，幽禜祭星之文。祖宗以来，每岁南郊，大祀内坛，已有星辰坛合祭之礼。今乃像之如人，称之为帝①。

正统间紫微殿之建即与北极紫微大帝信仰有关，以北极星在紫微垣中为万神所宗、众星所拱，象征人间帝王，故建殿设像供奉。明朝廷将其列入祀典，每遇节庆遣官致祭。

2. 雷神。雷神信仰由来已久，源于早期自然崇拜。于国家祭祀而言，雷神为风云雷雨四坛之一，历代均有尊奉。郭璞《山海经》：“雷泽中有雷神，龙身而人头。”② 宋《尔雅翼》亦云：“雷兽，《山海经注》：即雷神也，人面龙身，鼓其腹也。”③自唐宋始，雷神已进入国家祀典，朱熹曾言：“至于雷神，则又唐制所与雨师同坛，共牲而祀者也。国朝礼文，大抵多袭唐故。故今郡国祀典，自先圣先师之外，唯是五者，盖以为二气之良能天地之功，用流行于覆载之间，以育万物，而民生赖焉者，其德

① ［明］倪岳：《青溪漫稿》，文渊阁《四库全书》本，第1251册第121页。
② ［晋］郭璞：《山海经》，载《道藏》第21册，第837页。
③ ［宋］罗愿：《尔雅翼》，文渊阁《四库全书》本，第222册第410页。

惟此为盛。"[①] 明《永乐大典》沿用唐宋旧制，亦将雷神列入祀典[②]。另一种说法则是陈朝时雷州人陈文玉，死后神化，被当地百姓祭祀为雷神。庙中之神，端冕而绯，左右还列侍天将。堂后又有雷神十二躯，以应十二方位，以及供奉雷公、电母、风伯、雨师诸像。显然与道教信仰有关。

道教中之雷神为雷声普化天尊。倪岳《青溪漫稿》载：

> 谨按《传记》有曰：凡阴气凝聚，阳气在内而不得出，则奋击而为雷霆，非如异端所谓龙车斧归鼓火鞭怪诞之难信也。雷声普化天尊者，道家以为玉宵一府，总司五雷，而雷部诸神皆其所主，而又托以六月二十四日为天尊示现之日，故朝廷岁以是日遣官诣大德显灵宫致祭。今议得风云雷雨皆阴阳之妙用，鬼神之盛德，祖宗以来，每岁南郊大祀外坛，已有合祭之礼，而八月望后，山川坛复有秋报之祭，况自二月发声之后，无非雷霆震奋之日，顾乃止，于六月二十四日，于义何取？至于像设名称，礼亦无据，所有祭告伏乞罢免[③]。

显然，明初朝廷将雷神列入祀典，实即将传统雷神信仰与道教雷声普化天尊信仰相结合所致。不仅官方定期遣官致祭，民间亦多建雷神庙。

3. 三清三境天尊。三清为道教最高尊神，为元始一炁所化，即玉清元始天尊、上清太上道君（灵宝天尊）、太清太上老君

① ［宋］朱熹：《晦庵先生朱文公文集》卷第79，《四部丛刊》景上海涵芬楼藏明刊本，第2875页。

② 《永乐大典》卷20425，明嘉靖隆庆间内府重写本，第1页。

③ ［明］倪岳：《青溪漫稿》，文渊阁《四库全书》本，第1251册第121页。

(道德天尊)。《上清灵宝大法》称：

> 三清三境天尊，人孰不知其为玄元始三炁，但炁之聚则为形，散则复为炁，是万化之源，三才之祖，天地之根，不可得而名。议赤明启运，大道流光，或火炼太空，或皇人按笔，真人降世，三洞宣行，故有洞真、洞玄、洞神之部，天宝、灵宝、神宝之称①。

朱权《天皇至道太清玉册》亦称：“三清三境：玉清圣境，元始居之；上清真境，道君居之；太清仙境，老君居之。”② 至明代则将三清列入祀典，先期一日遣官至朝天宫祭告三清三境天尊。至弘治之时张九功奏请“厘定祀典”之时，认为祭祀来自佛道二教的神灵为“左道惑人之事”不合礼制，足见明初对祭祀道教三清之盛况。

4. *关圣帝君*。关圣帝君，即三国时蜀国名将关羽。明代关帝信仰在民间极为兴盛。明人王思任言，“穷乡妇孺，小有灾患，又惟帝是呼是吁”③。明初，朱元璋将关公（关壮缪）列入国家祀典，称“汉前将军”。永乐间，明成祖北征，“本雅失理，经阔滦海，至干难河，击败阿鲁合勒，名擒胡山军前，每见沙蒙雾霭中有神于军前驱，其巾袍刀仗，貌色髯影，果然关公也，独所跨马白。凯旋还京，敕令崇祀祠关公”④。明初关公之祀，盖取其忠义，以为可以暗助王纲，而将其列入祀典，明人蒋一葵称

---

① ［宋］金允中：《上清灵宝大法（二）》，载《道藏》第31册，第370页。

② ［明］朱权：《天皇至道太清玉册》，载《道藏》第36册，第434页。

③ 王思任撰：《杂记·罗坟关圣帝君庙碑记》，载氏著《王季重十种》，杭州：浙江古籍出版社，1987年，第193页。

④ ［明］刘侗、于奕正撰：《帝京景物略》卷3，金陵崇德堂藏本，第52页。

“中间销沮异谋，振发忠义，以助圣化者，其功甚不小也”①。正因为如此，明初始给予关公封谥，并建庙宇专祀关帝。洪武元年，太祖复原封称关公为寿亭侯，洪武二十年，建关帝庙于顺天府正阳门外庸城内②；《明会典》称，洪武二十七年，建庙于鹤鸣山③；永乐元年，成祖朱棣建关帝庙雩都城，宛平县之东，又特颁龙凤黄纻旗一，揭竿竖之，每岁正旦、冬至朔望祭祀④。明初皇家对关公的信仰无疑扩大了关公在民间的影响，致使关庙遍天下。

明刘侗《帝京景物略》卷三称：

> 关庙，自古今遍华夷，其祠于京畿也，鼓钟接闻，又岁有增焉，又月有增焉，而独著正阳门庙者，以门下宸居，近左宗庙右社稷之间，朝廷岁一命祀，万国朝者，退必谒，辐辏者至，必祈祢也。祀典：岁五月十三日祭汉前将军关某，先十日，太常寺题遣本寺堂上官行礼。凡国有大灾，祭告之⑤。

5. 金阙、玉阙上帝。金阙、玉阙上帝，亦称金阙真君、玉阙真君。二真君之祀最早见于福建福州府闽县南之洪恩灵济宫，内祀奉二徐真君，即徐知证、徐知谔。二徐相传为五代时徐温之

① ［明］蒋一葵：《长安客话》卷2《皇都杂记·正阳门庙》，北京：北京出版社，1960年，第23页。

② 《关帝圣迹图志全集》卷3《礼部·封爵考》，敦五堂藏本，乾隆戊子（1768）重刊本，第10页。

③ 张羽新、张双志著：《关帝文化集成》，北京：线装书局，2009年，第32—47页。

④ 《关帝圣迹图志全集》卷3《礼部·封爵考》，敦五堂藏本，乾隆戊子（1768）重刊本，第11页。

⑤ ［明］刘侗、于奕正撰：《帝京景物略》卷3，第51页。

子。二人因曾领兵平定福州，福州乡民感恩其功，图像以祀。《洪恩灵济宫重修碑》载：

> 徐温事吴杨行密，及温养子徐知诰代杨氏有国，封知证为江王、知谔为饶王，尝帅兵入闽靖群盗。闽人德之，为立生祠于闽县之鳌峰，累著灵应，宋高宗敕赐祠额灵济宫。入国朝，灵应尤著。上闻，遣人以事，祷之辄应。至是命立庙皇城之西，赐名洪恩灵济宫，加封知证为“九天金阙明道达德大仙显灵普济清微洞元冲虚妙感慈恩护国庇民洪恩真君”，知谔为“九天玉阙宣化扶教上仙昭灵博济高明宏静冲湛妙应仁惠辅国佑民洪恩真君”①。

明代二徐真君祭祀之盛始于永乐年间。《御制洪恩灵济宫碑文》载：“我皇曾祖太宗文皇帝临御，尝梦二神人言，南处海滨，来辅家国。上异之，明日适有礼官言闽中灵济二真君事，正符所梦。遂专使函香迎神像至于北京，而于宫城之西，得洪恩灵济宫，以奉祀事。因神旧号，加以徽称。”②

另有一说，即相传永乐十五年（1417），成祖偶然染病，百药无效，祷之于二真君，不药而愈。《畿辅通志》载：“永乐十五年，文皇帝有疾，梦二真人授药，疾顿疗。乃敕建宫，祀封玉阙真人、金阙真人，封其配曰仙妃。十年改封真君。”③ 又在北京立庙祭祀，并赐庙额为洪恩灵济宫。正统初年，英宗命修缮该

① ［明］于敏中等编纂：《钦定日下旧闻考》，文渊阁《四库全书》本，第498册，第617页。

② ［明］沈榜编著：《宛署杂记·万字》卷18，北京：北京古籍出版社，1980年，第198页。

③ ［清］陈梦雷编：《古今图书集成·博物汇编·神异典》第279卷《道观部》，第511册，第51页。

庙，并分别晋封二徐真君为金阙崇福真君、玉阙隆福真君。

除二徐真君享受祭祀之外，其父母亦同享祭祀与封号。永乐间，其父徐洪受封翊亮真人，其母为淑善仙妃，随后其父进真君号，其夫人分别为真应仙妃、恭静仙妃。《明史》卷五十所载京师九庙之中，即有洪恩灵济宫，“正旦、冬至圣节，内阁礼部及内阁官各一员祭。生辰，礼部官祭”①，二徐真君列入祀典。与真武大帝的祭祀一样，对二徐真君的祭祀，采用素馐，显然是依循道教斋醮仪轨进行的。

6. *真武大帝*。真武大帝，即真武神。明初真武信仰始于明太祖朱元璋。相传太祖平定天下，曾得真武神暗中护佑，建国后便在南京鸡鸣山建真武庙加以崇祀，并将真武神列入祀典。《太常续考》载：“国初，以天兵所向，神多阴佑，建庙于鸡鸣山以祀。”② 朱棣起兵“靖难”，据说亦多得真武神显灵护佑，便于永乐十三年在京师建真武祠。另外，成祖于永乐初在武当山大兴土木，兴建宫观，《明史》称朱棣“命工部侍郎郭琎、隆平侯张信等，督丁夫三十余万人，大营武当宫观，费以百万计。既成，赐名太和太岳山，设官铸印以守”③。武当山以北极佑圣真君真武大帝为主神。明永乐彩绘《真武灵应图册》中保存了成祖朱棣

① ［清］张廷玉等撰：《明史》，第106页。
② 《太常续考》，文渊阁《四库全书》本，第599册第235页。
③ ［清］张廷玉等撰：《明史》，第7641页。

于永乐十年颁发的修建武当宫观的谕旨①。此后，二真武祠一北一南，均为皇家宫观，岁时春秋及每月朔望，各遣官致祭。《明会典·京都祭典》载：“北极佑圣宫，即真武庙。开国、靖难，神多效应，故祀之。每岁元旦、圣诞、三月三日、九月九日、每月朔望日，俱用素馐，遣太常寺堂上官行礼。国有大事，则告。”②

成祖之后，诸帝均在即位之初遣官祭祀真武之神，如明仁宗皇帝朱高炽即遣官前往武当山祭祀真武，其后诸帝均循此例③。除此以外，但凡遇水旱灾害、盗贼、边警或出外巡幸等大事，明诸帝也遣官武当山祭祀真武神。明代御用监、局、司、厂、库等衙门为了预防水火之灾，也建立真武庙、设玄武像，以奉祀真武④。除了皇家修建的祀奉真武大帝的宫观之外，民间亦较为普遍，尤其是明代中后期，全国各地皆建真武庙，香火鼎盛。

① 该谕旨称：皇帝谕官员军民夫匠人等：武当天下名山，是玄天上帝真武之神备真得道显化去处。历代都有宫观，元末被乱兵焚盗。至我朝，真武阐扬灵化，阴佑国家，福庇生民，十分显应。我自奉天靖难之初，神明显助，威灵感应至多，言说不尽。那时节，已发诚心，要赴北京建立宫观。因为内难未平，未曾满得我心愿。及即位之初，思想武当正是真武应化之处，即欲兴工创造，缘军民方得休息，是以延绥到今。如今起建，如军民去那重创建宫观，报答洪恩。上资荐扬皇考皇妣，下为天下生灵祈福。用工夫不多，至容易不难。特命隆平侯张信、驸马都尉木昕等，把总提调管工员人等，务在抚恤军民夫匠。用工之时，要爱惜他的力气，体念他的勤劳，关与他粮食，休着他受饥寒，有病着官医每用心调治，都不许生事扰害。违了的，都将拿来，重罪不饶。军民夫匠人等，都要听约束，不许奸顽。若是肯齐心出力，神明也保护，工程也易得完成。这件事不是因人说了才兴工，也不因人说便住了工。若自己从来无诚心呵，虽有人劝着，片瓦工夫也不去做。若从来有诚心要做呵，便一年竖一根一根梁，逐岁儿积累，也务要做恁。官员军民人等，好生遵守我的言语，勤谨用工，不要怠惰，早完成了，回家休息。故谕。永乐十年七月廿一日。(王育成著：《明永乐彩绘〈真武灵应图册〉初探》，詹石窗主编：《道韵》第四辑，台北：台湾中华大道出版社，1999 年，第 17—18 页)

② ［明］沈榜编著：《宛署杂记》，北京：北京古籍出版社，1983 年，第216 页。

③ 杨立志：《明代诸帝遣官致祭真武之神表》，詹石窗主编：《道韵》第 4 辑，台北：台湾中华大道出版社，1999 年，第 75—77 页。

④ 寇凤凯著：《明代道教文化与社会生活》，成都：巴蜀书社，2016 年，第95 页。

7. *崇恩真君与隆恩真君*。崇恩真君，姓萨氏，名坚，西蜀人。隆恩真君则是玉枢火府天将王灵官，曾跟随萨真君传授符法。据倪岳《青溪漫稿》载，崇恩真君在“宋徽宗时从虚靖天师张继先及王侍宸林灵素传学道法，累有灵验。崇恩真君尝从萨真君传授符法。另有杭州道士周思德以灵官法显于京师，附体降神，祷之有验，乃于禁城之西建天将庙及祖师殿，宣德中改庙为大德观，封萨真人为崇恩真君，王灵官为隆恩真君。又建一殿，崇奉二位真君，左为崇恩殿，右为隆恩殿。……每节候岁时皆遣官致祭”①。

关于萨真君，道教典籍记载颇多。元赵道一《历世真仙体道通鉴》载：

> 萨真人名守坚，南华人也，一云西河人，自称汾阳萨客。少有济人利物之心。尝学医，误用药杀人，遂弃医。闻江南三十代天师虚靖先生及林、王二侍宸道法之高，欲求学法，出蜀至陕，行囊已尽。方坐石冈，忽见三道人来。萨问此去信州远近，道人问所欲，萨云：“欲访虚靖天师，参学道法。”道人曰：“天师羽化矣。”萨方怅恨，一道人云：“今天师道法亦高，吾与之有旧，当为作字可往访之。吾有一法相授，日间可以自给。”遂授以咒枣之术。曰：“咒一枣可取七文，一日但咒十枣，得七十文，则有一日之资矣。”一道人云：“吾亦有一法相授。”与之棕扇一柄，曰：“有病者则扇之，即愈。”一道人云：“吾亦有一法相授，乃雷法也。”萨拜而受之，用之皆验。一日凡咒百余枣，止取

① ［明］倪岳：《青溪漫稿》，文渊阁《四库全书》本，第1251册第125页。

七十文为日用，余者复以济贫。及到信州，见天师，投信，举家恸哭，乃三十代天师亲笔也①。

上记历述萨守坚学道过程，相传其学道返青城山途中收伏血食恶神王善②，玉帝观其过错十二年，见其已改恶从善，遂命其跟随萨守坚。《王灵官宝诰》称“观过错于一十二年，授命玉帝，积功勋于百千万种，誓佐祖师”③。沈榜《宛署杂记》亦称：“元帅世称灵官，天之贵将也。其神最灵，无远近幽深，遂知来物，祈祷之至，凭人以告。明索几微，审于祸福，决于未然之先，验诸既然之后。我祖皇太宗文皇帝，数遣人试之，靡爽毫发，至于祛邪孽，除灾害，随祷皆应，乃命祀神于宫城之西，荐祭之仪，著有彝典。”④ 成祖在宫城之西建显灵宫以祀王灵官，其像由藤制成，相传为成祖于东海所获，故信奉甚虔，“崇礼朝夕，对如宾客，所征必载”⑤。根据《道法会元》所载，王灵官，

① ［元］赵道一撰：《历世真仙体道通鉴续编》，载《道藏》第5册，第436页。

② 《历史真仙体道通鉴》称：（萨守坚）尝寓某处城隍庙数日，太守梦城隍告之曰：“萨先生数日寓此，令我起处不安，幸为我善遣之。”太守至庙，逐萨使去。萨行数十里，遇人舁豕往庙酬愿，萨以少香附之，曰：“去酬愿毕，为置炉焚之。”其人如诫，迅雷一声，火焚其庙，更不延烧民居。越三年，萨至某渡，无操舟者，举篙自渡，置三文钱于舟中以偿渡金。因掬水洗手，见一人铁冠红袍，手执玉斧立于水中，萨呵之曰：“汝乃何人？速见形。”其人立于侧曰：“我王善，即某州城隍也，昨真官焚我庙，我家三百余口无依，我实无罪，诉于上帝。帝赐玉斧，令我相随，遇直官有犯天律，令得便宜施行后奏。我随真官三年，并无犯律者，今日渡舟，真官乃置钱舟中，则真官无可报之时矣。今愿为部将，奉行法旨。”萨曰：“更相从三年，亦只如是。萨遂奏玉帝，擢为部将。每有行持，报应若响。”（［元］赵道一撰：《历史神仙体道通鉴》，载《道藏》第5册，第436页。）

③ 《太上元阳上帝无始天尊说火车王灵官真经》，载《道藏》第34册，第740页。

④ ［明］沈榜编著：《宛署杂记万字》卷18，北京：北京古籍出版社，1980年，第196—197页。

⑤ ［明］蒋一葵撰：《长安客话·皇都杂记》卷2，北京：北京古籍出版社，1982年，第24页。

原名王善，全称南极火雷赤心忠良猛吏王元帅，其“面红紫色，黄巾红袍，金甲虎须，虎睛绿靴风带，左手雷局，右手执金鞭”①。明代中后期起，崇恩真君与隆恩真君信仰渐普遍，尤其是作为道教护法神将的王灵官更是道教宫观必奉神灵，灵官庙亦随处可见。

8. *梓橦帝君*。梓潼帝君，即文昌帝君，为道教主掌文运之神。关于梓潼帝君，民间大致流传两种说法：一种认为梓潼神“讳姓张，名亚子，其先越嶲人，因报母仇，移居梓潼之七曲山。仕晋战死，人立为庙。唐玄宗、僖宗、宋咸平日屡封至‘英显王’”②。另一种认为，文昌六星在北斗魁前，乃天之六府，主集计天下事，又司禄，主赏功进士。道教认为上帝命梓潼神掌管文昌府事，并兼管人间禄籍。故元代加封“辅元开化文昌司禄宏仁帝君”，天下学校多立祠祭祀③。

梓潼帝君原为地方性神祇，宋人吴自牧《梦粱录》言其“在吴山承天观，此蜀中神，专注禄籍，凡四方士子求名赴选者悉祷之，封王爵曰‘惠文忠武孝德仁圣王’”④，又明人曹学佺《蜀中广记》载：“《华阳国志》云：梓潼县有善板祠，一曰恶子。民岁上雷杼十枚，岁尽不复见，云雷取去。按：即今梓潼帝君也，诵读家奉祀之。”⑤ 宋代以后道教将其纳入神系，成为执

① 《道法会元》，载《道藏》第30册，第494页。

② ［明］林尧俞纂：《礼部志稿》卷84，文渊阁《四库全书》本，第45册第23页。

③ ［清］孙承泽：《春明梦余录》，文渊阁《四库全书》本，第868册第616页。

④ ［宋］吴自牧：《梦粱录》，文渊阁《四库全书》本，第590册第119页。

⑤ ［明］曹学佺：《蜀中广记》，文渊阁《四库全书》本，第591册第766页。

掌文衡的全国性神祇[①]，并出现专祀文昌帝君的宫观。如《延祐四明志》载：“玉清葆仙道院，州东南五十里，宋德祐元年戴行恕建梓潼文昌宫；东北四里，宋景定二年，故漕贡士卢震龙捐资买田筑宫以奉梓潼帝君之像。”[②]随着道教善书的出现，文昌帝君逐步具有赏善罚恶的普世功能[③]。

至明初，梓潼神亦被列入祀典，每年二月初三日致祭，受考学士子信奉朝拜，并出现大批官修文昌祠、文昌阁、文昌宫等专祀梓潼帝君之宫观祠庙。明人周瑛有《文昌祠说》称“今天下郡县学多建文昌祠，祀所谓梓潼帝君者”[④]。朝廷不仅修缮文昌祠，遣官致祭，还命道士管理祭祀事务。明初徐一夔（1318—1382）曾为西湖梓潼帝君庙作疏[⑤]，明后期王思任亦曾亲撰《祭文昌帝君文》[⑥]。其规制大致相同，如《翠渠摘稿》所言：“文

① 参见张泽洪：《论道教的文昌帝君》，《中国文化研究》2005年秋之卷，第1—9页。

② ［元］袁桷：《延祐四明志》，文渊阁《四库全书》本，第491册第649页。

③ 李刚：《〈文昌帝君阴骘文〉试析》，《宗教学研究》1987年第2期。

④ ［明］周瑛：《翠渠摘稿》，文渊阁《四库全书》本，第1254册第872页。

⑤ 徐一夔疏云：“文昌祠在蜀之潼川，实司科举之事。宋南渡后，有祠在吴山之巅，盖蜀士赴举者所创也。自经兵变，颓圮弗治。圣朝更化，首诏科举取士。乃者宾兴，而浙司得人为盛，此皆神明阴佑斯文所致。而揭虔妥灵之地，弗致崇严，庸非斯文之耻乎？用持短疏，遍咨同志之士，共修葺之。伏以英灵发现，肇迹远在东川；神气流通，降祥乃及西浙。属文运方兴之日，应国家急材之需。相我士于棘闱，悉登名于桂籍。嵯峨遗庙，尚左江而右湖；寂寞神栖，乃傍穿而上漏。既蒙阴骘之赐，敢忘昭报之忱。爰务重修，有干同志。白骡数至，定惊栋宇翚飞；黄榜多贤，共贺人材辈出。尚贤灵贶，助我皇家。”（［明］田汝成著，陈志明编校：《西湖游览志》，北京：东方出版社，2013年，第165页。）

⑥ 王思任《祭文昌帝君文》云：“帝德无疆，始于孝友。十七世身，阴功积厚。乃升于天，奎文司斗。感应灵书，化飞及走。惟我稽城，巽当石纽。官斋桥首，一亭为阜，额以通明。奉帝晨西，碧水青山，为帝敬寿。今值诞降，荐以椒酒，如俨师保，如临父母，惟帝胥临，雪骡抖擞。”（［明］王思任撰：《谑庵文饭小品》，《续修四库全书》，第1368册第270页。）

昌宫正中而坐者，为梓潼帝君，帝君左右二童子曰天聋，曰地哑。相传帝君判天禄二籍职贡举，天聋口得言而耳不得闻，地哑耳得闻而口不得言，故其事密秘。”① 此为道教之说，但学士拜文昌、学校祀文昌之风多遭儒家诟病，并有“守正之士尝撤其祠”，认为梓潼帝君所作“大都窃吾儒之绪论，饰异端之学说”，争议颇大②。但在民众心目中，梓潼帝君已然是一位主掌文禄之神。自明代起，文昌信仰已成为流传最广的民众信仰之一。

9. 天妃。天妃，即海神妈祖，于宋代即已获“天妃”封号。妈祖信仰多流行于东南沿海地区。据沈德符《万历野获编》载，天妃为福建莆田林氏女，生于哲宗元祐年间，生而灵异，死后成神③。陆容《菽园杂记》亦云：“天妃之名，其来久矣。古人帝天而后地，以水为妃。然则，天妃者，泛言水神也。元海漕时，莆田林氏女友灵，江海中人称为天妃，此正犹称岐伯、张道陵为天师，极其尊崇之辞耳。或云：水阴，故凡水神皆塑妇人像，而拟以名。”④ 方以智《通雅》：“今以为林氏天妃宫，江淮间、滨海多有之，其女子三人。俗传神姓林氏，遂实以为灵素三女。太虚之中，惟天为大，地次之，故天称皇，地称后，海次于地者，宜称妃耳。盖所祀者，海神也。元用海运，故其祀为重。”⑤ 刘基称“海邦之人，莫不知尊天妃，而天妃之神在百神之上”⑥，可见明初天妃信仰之盛况。

---

① ［明］周瑛：《翠渠摘稿》，文渊阁《四库全书》本，第1254册第872页。

② 同上。

③ ［明］沈德符：《万历野获编》卷14《女神名号》，北京：中华书局，1959年，第357—358页。

④ ［明］陆容：《菽园杂记》，文渊阁《四库全书》本，第1041册第302页。

⑤ ［明］方以智：《通雅》，文渊阁《四库全书》本，第857册第420页。

⑥ ［明］刘基：《诚意伯文集》，文渊阁《四库全书》本，第1225册第236页。

明初的妈祖信仰始于永乐年间。《明太宗实录》载，永乐五年（1407），郑和出使古里、满剌加诸国返回途中，曾向明成祖上言，称其航海途中多得天妃神感应护佑，成祖即下令于南京龙江一带建天妃庙，当年建成，并派遣太常寺少卿朱焯祭告[①]。成祖《御制弘仁普济天妃宫之碑》[②]中亦有类似记载。永乐七年（1409），明成祖下旨封天妃为“护国庇民妙灵昭应弘仁普济天妃”，庙额“弘仁普济天妃之宫”，每年正月十五日与三月二十三日，遣官致祭[③]。天妃信仰正式列入官方祀典。

以上所列诸神仅占进入国家祀典的众多道教神灵中的极少部分，此外，尚有祖师三天扶教辅玄大法师真君（张道陵）、吕祖（吕纯阳）、碧霞元君、药王、三皇、三官大帝、东岳大帝、财神、灶神等神灵，以及众多民间信仰之神灵，如飓风神、大小青龙神、水神、火神、山神、龙王等自然神灵，另有各类忠烈亦在祭祀之列。以上可知，明初皇室的信仰结构是极其庞杂的。朝廷为了巩固其皇权、延续国祚而遍祀天地日月星辰、山川河岳等神祇及佛道神灵，希望通过频繁的祭祀活动为神道设教营造良好的、合乎情理的信仰空间。

---

① 《明太宗实录》卷71，第994页。

② 《御制弘仁普济天妃宫之碑》载：其初使者涉海洋，经浩渺飓风黑雨，晦冥暗惨，雷电交作，洪涛巨浪催山倒岳，龙鱼变怪，诡形异状纷杂出没，惊心骇目，莫不错谔。乃有神人，飘摇云际，隐显挥霍，下上左右，乍有忽无，以妥以侑，旋有红光，如日煜煜，流动飞来舟中，凝辉腾跃，遍烛诸舟，熇熇有声。已而烟消霾霁，风浪帖息，海波澄镜，万里一碧，龙鱼遁藏，百怪潜匿，张帆荡舻，悠然顺适，倏忽千里，云驶星疾，咸曰：“此天妃神显示灵验，默加佑相。”归日以闻，朕嘉乃绩，特加封号曰“护国庇民妙灵昭应弘仁普济天妃”，建庙于都城之外龙江之上，祀神报贶。自是以来，神益显休应，视前有加。（《御制弘仁普济天妃宫之碑》，《金陵玄观志》卷13，第12页）

③ 《明太宗实录》卷87，第1152页。

其二，未进入国家祀典之神灵。明初尚有诸多神灵未被列入国家祀典，但广泛流传于民间，即所谓“淫祀”。洪武初，明太祖曾下诏：“天下神祠，无功于民，不应祀典者，即淫祠也，有司无得致祭。”① 此外规定“其民间合祭之神，礼部其定议颁降，违者罪之”②。甚至僧道建设斋醮之时亦不许进章上表、投拜青词，亦不许塑画天神地祇。也即是说，未进入国家祀典之神灵信仰皆属“淫祀”之类。然而，这些规定实际上名存实亡，很多民间祭祀活动难以禁止，属于“淫祀”的神灵亦层出不穷，难以进行严格限制。

明初属于“淫祀”的神灵众多，拥有广泛的信仰基础。如风神、河神、土地神、树木神、物神等自然神，以及教坊神、二郎神（蹴鞠神）、皮匠神、五道将军等行业神，有娘娘庙、织女祠以及西王母、金华夫人等女神等，不一一枚举。有些神灵虽被定性为“淫祀”范畴，但也有遣官致祭之情形。如正统十二年“五月戊申，遣工部右侍郎王佑祭司工之神，以修东岳庙兴工也”③，又“九月乙卯，以修京都城隍庙毕，遣礼部尚书胡濙祭告都城隍之神，工部侍郎王佑祭司土之神”④；正统十三年（1448）“九月辛卯，遣工部尚书石璞祭司工之神，以兴工修砌南沙等河之神”⑤，这也是明初信仰行业神的最佳体现。这些民众信仰的神灵大多是地方性的，随着时间的推移有增有减，大多用以满足时下民众的信仰需求。这种现象具有明显的农业社会信

① 《明太祖实录》卷53，第1035页。
② ［明］林尧俞纂：《礼部志稿》卷84，文渊阁《四库全书》本，第15页。
③ 赵其昌主编：《明实录北京史料》，第2册第174页。
④ 同上，第179页。
⑤ 同上，第187页。

仰特色。

综上所述，明初皇室及民间信仰驳杂的原因，除了与朱元璋“他务未遑，首开礼、乐二局”的讲礼制、重祭祀之政治取向有关之外，还源于其对儒、释、道三教的态度和民间信仰和民间宗教的勃兴。明初朝廷对三教持开放态度，但为了杜绝民间宗教混迹其中，而对佛、道采取了管控政策，以规范对天下僧道的管理。

对于道教而言，明太祖对身怀奇技异术的高道的倚重和渴求使以符箓法术为主的正一道大显于世，致使明初诸道派逐渐合流，这促进了道教内部的思想及法术的交流。明初重大祭祀活动对道教的依赖亦体现了明朝廷注重宗教的实用性一面。正如包遵彭先生所言，明代宗教与明朝之兴衰隆替互为影响，特别是明初诸帝如太祖、成祖等，屡屡明降诏敕，声言崇正黜邪，实际却信奉佛老，崇尚异端方术①。杨启樵先生亦云：“明代帝君好作夸不实之门面语：方颁诏曰左道无益，宜尽摒绝，而术士适络绎道路，相继入廷；甫降谕曰缁黄蠹民，在所必禁，而剃度正方兴未艾，日炽月烈，其造作虚伪，前后矛盾，往往如此。”②

明初信仰的多元化使祭祀与道教联系起来，尤其是以祈求国祚、祈求冥福、祈雨求晴等一系列官方祭祀活动，大多由道教承担。明朝廷除了在京师设立道录司管理天下道教，亦在各府州县分设道官衙门，并召集道士在此习仪以备祭祀之用。可以说，明初从中央到地方，道教在一定程度上满足了官方祭祀需求。这种

① 陶希圣等著：《明代宗教》，包遵彭主编：《明史论丛》，台北：台湾学生书局，1968 年，第 10 册“导论”。

② 杨启樵著：《明清史抉奥》，香港：香港广角镜出版社，1984 年，第 5 页。

客观现实使明初诸帝对道教只能采取“明贬实褒”的政策，虽然明初采取了一系列宗教政策以规范宗教管理，但很多措施是针对佛教的，这与道教的世俗性和实用性有很大关系。

明初民间信仰的多元化亦使民间社会祭祀之风骤起，这不仅与皇室信仰有关，也与道教神灵信仰对民众的信仰生活的深远影响和长期混俗居住的正一道士的活动有关。实际上，从元代起，北方全真道兴起而南方正一道稍遇冷，致使大部分正一道士火居在家，承担起了民间民俗祭祀、丧葬服务等方面的工作，以非集约化的方式服务于民间社会。加之正一道士无需出家茹素，可娶妻生子，与常人无异。这种分散式的宗教活动虽然不利于政府的管理，但对于道教文化在民间的传播却有积极意义。明立国之初，诸帝重正一而轻全真的策略，不仅为散居民间的正一火居符箓派道士提供了诸多有利条件和机遇，也间接杜绝了其流入民间宗教组织，减少社会不稳定因素。

元末明初，道教教派组织面临着极其严峻的挑战，传统宫观道教的传派系统面临解体，道众的离散，使道派传承方式也不得不从“依谱而传”向“择人而传”过渡。对于处于朝代更替、社会转型期的道教而言，明初朝廷对高道、方士的征聘使道教诸道派不得不自我调整。在学术思想、道法、修炼方式及道派理念的融合过程中，“以道法显”成为明初诸道派发展的重要特征，这也是身处困境之中的道派走出困境的基本方式。

第二节　明初道教所面临的困境及道派合流

元末明初，元室逐渐衰微，政治黑暗，统治阶级内部政局动荡，各地群雄纷起。元朝政府横征暴敛，社会经济衰败，阶级矛盾和民族矛盾不断激化，民间秘密团体蜂拥而起，反抗元朝的组织活动此起彼伏。在这种错综复杂的社会背景下，传统的佛道二教发展亦受不同程度的限制，其所发挥的社会功能则逐渐削弱。道教也逐渐分裂、汇归为全真和正一两大派别，即以内丹修炼、性命双修等为主要特色的北方全真道和以符箓、科教为主要特色的南方正一道。

道教诸道派所遭遇的沉浮与政府的支持程度息息相关，《元史·释老传》称“释老之教，行乎中国也，千数百年，而其盛衰，每系乎时君之好恶”①，北方的全真道经历了金元时期的兴盛，教团发展过于迅猛，教徒素质良莠不齐，上层日渐腐化，教团缺乏有效管理，这些问题使全真道至元末渐趋隐而不显，南方全真道则尚有零星活动。清陈教友曾感慨道：“当明之世，全真之显著者，多出南方，而北方无闻焉。岂元末北方大乱，于时，宫观残毁，徒众星散，遂尔失传耶？”② 南方正一派也呈现出类似的问题。张宇初在《道门十规》称，自元末以来，道教已进入“玄纲日坠，道化莫敷，实丧名存，领衰裘委”③ 的颓废混乱

① ［明］宋濂等撰：《元史》，北京：中华书局，1976年，第4517页。
② ［清］陈教友撰：《全真道教源流》卷7《丘长春后全真法嗣纪略》，第1页。
③ ［明］张宇初撰：《道门十规》；载《道藏》第32册，第146页。

局面，教团上层生活腐化，元末的龙虎山张天师“纵情姬爱，广置田庄，招揽权势，凌烁官府，乃江南一大豪霸”①，不务清修而醉心于权势；一般学法之士亦求声色货利而多以左道惑众，阻碍了教团的良性发展。

张宇初《道门十规》规诫道士不得于传统道法斋法外，行圆光附体、降将扶箕、扶鸾照水等诸项邪说，不得蔽惑邪言，诱众害道，说明在元末明初，此类弊端已极为普遍。他说那些“惟务虚名，奔逐声利，必求参当世显达，为师夸名炫世，不修香火，荒怠修持，佩法纵多，徒若商贾之负贩箓职，贵于高大出处，务于夸昡，耽肆酒食，矜伐怨欲，不异井巷巫觋之徒，未尝留念神明，辄夸符咒之验。呼俦夸类，递相鼓惑，甚则假以谢师犒将，徼索酒食，诚有误于叩祈，且深乖于教范。又辄妄为人师，以盲引瞽，内无功行，外结是非，深为大戒”②。足见元末明初正一道教团内部已渐趋腐化，传统清净道风荡然无存。至元末，虽然南方各符箓道派汇合成为正一道派，但除龙虎山一系尚有公开活动外，其余符箓道派则逐渐转入民间，甚至沦为方士。

元末道教的分裂和合流“并非真正结束了小派的独立活动……正一派形成后，其原有的茅山、清微、净明等派，仍按自己的方式相继传承”③。此外，道派的合流还体现在诸派的传承方式不得不打破原有的门派界限，从“因派传教”向“因人传教”的过渡。因而，元末明初，涌现出一大批杂承各派道法的道士，如赵宜真、刘渊然等，融全真丹法、清微、净明道法为一

① 文渊阁《四库全书》，台北：台湾商务印书馆，1986 年，第 434 册第 881 页。
② ［明］张宇初撰：《道门十规》，载《道藏》第 32 册，第 149—150 页。
③ 卿希泰主编：《中国道教史》，第 3 卷第 382 页。

炉，形成了以道法祈禳为表象、以济世度人为追求、以忠孝诚敬为核心的极具影响力的新净明道派。元末明初的“因人传教”现象使道教发展的重心从宫观教团的集体化向“择师而拜、择徒而授”的个体化转移，进而促进了诸道派之间的交流和融合。这种交流和融合使道教更趋于世俗化、更具实用性，这在新旧朝代更替的特殊历史时期体现得淋漓尽致。

元代统治者极重视道教。元初对北方的全真道、真大道、太一道等进行利用，元末则转为对南方天师道的特别尊崇。至元末之时，很多道士以道术显而颇受朝廷关注，也说明道教的中心由北向南转移，使南方正一道影响力不断扩大，不仅吸引了大批士大夫及文人儒士，对道教义理的发展和道士素养的提升是大有裨益的，同时为明初正一道之受宠奠定了基础。这种转变显然逐渐打破了道教内部固有的门派界限，加之儒释道合流思潮的影响，使诸道派被迫做出自我调整，因而全真道士亦有兼习正一符箓法术者，如清人陈教友所言，一直以全真为主的武当山“自张道贵、张守青后，多兼习清微上道”①，全真教行于北方，南方则唯武当山有全真传承，终元之世，南方道教皆由龙虎山执掌，因而，武当山虽以全真为主，但“不得不修正一清微之法，盖其势然也”②，故而，永乐初武当道士丘玄清被荐于朝，“每逢大祀天地，上宿斋宫，咨以雨旸事，奏对有验，上深惊焉”③，所谓雨旸事，即祈雨求晴之类的清微法术。

正一道士也兼重内丹及心性修炼，并将佛家心性说、儒家的

① ［清］陈教友撰：《全真道教源流》卷7，第17页。
② 同上，第8页。
③ 同上，第17页。

忠孝节义、伦理纲常等皆纳入自己的体系，明初张宇初《岘泉集》中即有众多此方面的论述，尤其是重振于明初的赵宜真、刘渊然、邵以正一系净明道即具有这样的特点。如《岘泉集》卷四“赵原阳传”称赵宜真“初师郡治有道者，曰曾尘外，嗣诸法要，间有阙文，必考述详尽。复师吉之泰宇观张天全，别号铁玄张，师龙虎山今野庵，得金液内外丹诀。后复师南昌李玄一，玄一荐之师蒲衣冯先生，冯亦师野庵”①。赵宜真本身所学颇杂，既受净明忠孝之道，又有北方全真、金丹南宗之传，亦兼清微法术之传，尤以医术济世为人称道，甚至“天师冲虚公深嘉礼之，欲留不可，宫之学者多师焉”②。而作为嗣法弟子的刘渊然亦曾师从多人，得多家道法之传。《江西通志》称刘渊然“初师陈方外，授雷法、呼召风雷有验”③，《江宁府志》则称他“幼为道士，遇赵原阳授以净明忠孝道法”④，同治《贵溪县志》卷十一称其“幼为祥符宫道士，后诣雩都紫阳观师赵原阳，传其法”⑤，《净明宗教录》卷六《长春真人传》亦载：

> 长春刘真人，名渊然，号体玄子。年十六，遂为道士，形全神清，有道缘，于是亲炙赵公，授净明秘奥。刻志锦绣，寒暑不谢。每与同辈处，语及修行，辄举忠孝为之主本。原阳闻之，叹曰：此真良器也。携之归金精山，复授以

---

① ［明］张宇初撰：《岘泉集》卷4《赵原阳传》，载《道藏》第33册第500页。

② 同上。

③ ［清］陈梦雷编：《古今图书集成·博物汇编·神异典》第287卷《方士部》，第512册第28页。

④ 同上。

⑤ 苏晋仁、萧炼子选辑：《历代释道人物志》，成都：巴蜀书社，1998年，第592页。

《玉清宗教》《无极净明》等书，呼风召雷，劾制鬼物，济拔幽爽，无不响应。然于忠孝道法尤大彰显，至今净明学者尊为嗣师[①]。

邵以正刊本《净明忠孝全书》称刘渊然“初许黄冠师陈方为徒，年十六，遂为道士，受符法于胡、张二师，后遇赵原阳于吴有壬书舍”[②]。以上诸记中，以邵以正刊本所记最详，言刘渊然师从陈方外、胡张二师及赵原阳等诸高道。由此可见，无论赵宜真还是刘渊然，皆有诸家法脉传承，而尤以赵宜真为著，刘渊然法脉与道脉之源则为赵宜真，不仅兼全真南北二宗之传，亦兼受清微雷法、净明忠孝道法等，故被清微、净明尊为嗣派祖师。

由此可知，元末明初以各符箓道派已渐趋融合，赵宜真、刘渊然亦曾与龙虎山张天师一系有过深层次互动，故其道法或亦有天师一系正一道法的痕迹。张宇初《岘泉集》中有“赵原阳传”，清代娄近垣《续修龙虎山志》均为赵、刘二人作传，亦表明其二人在龙虎山活动的痕迹，并对其产生过不小的影响。据《龙虎山志》载，赵宜真于洪武初遍历名山，后亲往龙虎山“谒冲虚天师，天师礼敬之，上清学者多师焉”[③]，《岘泉集》称其“游武当，谒龙虎，访汉天师遗迹。时天师冲虚公深嘉礼之，欲留不可，宫之学者多师焉”[④]。足见赵宜真所学虽杂而多端，但已将全真丹法、清微雷法及净明道法融会贯通，与相对较为单一

① ［清］胡之玫撰，陈立立、邹付水整理：《净明宗教录》卷6，南昌：江西人民出版社，2008年，第168页。

② ［明］胡俨撰：《长春刘真人传》，邵以正辑：《净明忠孝全书》，第32页。

③ 《龙虎山志》卷七《刘渊然传》，载《藏外道书》第19册，第486页。

④ ［明］张宇初撰：《岘泉集》，载《道藏》第33册，第232页。

的符箓来说，确有令人耳目一新之感，其道法方面的造诣及优势对龙虎山一系影响颇大，遂有“上清学者多师焉”的情形，甚至天师张正常亦有聘请赵宜真在龙虎山传道之意，但被赵宜真婉拒。

刘渊然的情况亦有些类似。刘于洪武二十六年（1393）被召进京，赐号“高道”，并馆于朝天宫。洪武三十一年（1398）被赐“作寻真之游”，寻访隐仙张三丰，后至龙虎山。刘渊然在龙虎山停留的具体时间不得而知，但在此期间，其道法、道学方面的造诣使其名震江右，甚至曾授张宇初清微雷法，《龙虎山志》亦载此事，称“真人张宇初之道术，其（刘渊然）所授也”[①]，《明史·张正常传》亦载“宇初尝受道法于长春真人刘渊然”[②] 之事，足证刘渊然对龙虎山一系影响颇大，这种影响不仅在于刘已得赵宜真衣钵之传而将诸家道法融会贯通，甚或曾在龙虎山张正常处得正一道法之传，故有授法张宇初之事。清陈教友《全真道教源流》亦曾做此推测：“据此（指《明史》所载之事），是正常于正一法已失，共传渊然，本其师授以全真兼正一，故宇初转学之也。”[③] 就陈教友所言“正常于正一法已失”之事不在此讨论，但赵宜真、刘渊然二人对龙虎山一系的影响是显而易见的。虽然张宇初与刘渊然“相诋讦”而使赵、刘一系净明道于永乐一朝稍受冷遇，但自洪熙元年刘被召入京授“大真人”号起，刘渊然、邵以正一系再受褒崇，隆盛程度几乎与龙虎山一系相比肩。

① 《龙虎山志》卷 7《刘渊然传》，载《藏外道书》第 19 册，第 488 页。
② ［清］张廷玉等撰：《明史》，第 7654 页。
③ ［清］陈教友著：《全真道教源流》卷 7，第 20 页。

明初，除了贵溪龙虎山张天师一系颇受明太祖朱元璋所重外，其余道派则散处各地，混俗于民间。然而，自洪武开始，明代诸帝便崇信方术、褒崇道流，只不过，这种崇信并非针对教团组织，其兴趣仅在于那些“以道法显”的高道。杨启樵言：“明代诸帝之信奉异端方术，早昉于洪武之世……太祖之尚方术，实与其家世、环境有关。”[①] 据《龙兴慈记》所载，朱元璋之父信堪舆术，有葬身龙脉之说：“泗州有杨家墩，墩下有窝，熙祖（太祖王父）尝卧其中，有二道士过，指卧处曰：若葬此，出天子。熙祖语仁祖（太祖父），后果得葬。葬后，土自壅为坟，半岁，陈后（太祖母）孕太祖，皆言此墩有天子气。……仁祖崩，太祖升至中途，风雨大作，索断，土自壅为坟，人言葬九龙头上。”[②] 其外祖父则以巫术行世[③]。为了神化朱元璋的传奇出身，其出生前后家中亦有所谓灵异现象出现，并有道士前来送丹。元至正二十七年，太祖即吴王位，亦有羽士授以真人符、箭靶之梦等，此事未必真有，恐系捏造，以为上帝明命之兆，然由此亦可窥见渠之好尚[④]。无论是对明太祖出身的神化也好，或对“天命大明”的夸诞之辞也罢，均与道士有关，进而为明代诸帝褒崇道流埋下了伏笔。当然，正如上文所述，明初皇室褒崇道流仅限于个别高道，对道教教团组织却采取了严格的管控措施。

综上所述，在元末明初道教教团组织渐趋离散、道派合流、三教融合的社会背景下，道教分为全真、正一两大派别，其中以

---

① 杨启樵撰：《明清史抉奥》，香港：广角镜出版社，1984 年，第 5 页。

② ［明］王文禄撰：《龙兴慈记》，见沈节甫辑：《纪录汇编》卷 13，万历四十五年（1617）阳羡陈氏刊本。

③ ［清］张廷玉等撰：《明史》，第 7660 页。

④ 杨启樵撰：《明清史抉奥》，第 7—8 页。

龙虎山张天师为首的正一符箓道派最受褒崇，北方全真道则渐趋沉寂，即使以全真丹法为主的道士、道派亦兼修正一道法，以获取更多机会。这便是明初道教诸派为顺应时势所做的必要调整。赵宜真、刘渊然、邵以正一系道派兼诸家道法之传，并通过高超的道术、医术济世，以洪武年间刘渊然受太祖朱元璋召见、赐号“高道”为起点而登上明初的政治舞台，与龙虎山一系的正一道一起，成为明代道教的核心力量。刘邵一系的净明道在明代诸帝看来或与龙虎山一系无异，但来自诸帝的褒崇不仅让其探清了帝王崇道的政治意图，也让其嗅到了重构净明道统的契机。

第三节 恩威并施与三教并用政策

有明一代诸帝对道教采取了尊崇的态度，但同时规范了道教的管理，尤其是洪武、永乐、洪熙、宣德、正统、景泰、天顺诸朝，对道教基本上采取了恩威并施的管理政策。洪武初年，明太祖鉴于元末社会状况，将其统治下的臣民重新划分为士、农、工、商四个等级，“尽管他不得不承认释、道二民的存在，但他又通过对佛道势力的严密控制，使其不能与朝廷争夺四民中的‘农’这一民”①，使四民各守本业，不得流动远游。对于明朝廷而言，这是保障国家机器正常运转的根本。因而，尽管明初太祖对佛道二教给予了一定的宽容，并将二教放在“三教并用”的整体框架下，但佛道所发挥的也只是辅助作用。日本学者小林正

① 陈宝良著：《明代社会生活史·绪论》，北京：中国社会科学出版社，2004年，第2页。

美曾言：“无论佛教还是道教，都必须一边向儒教妥协，一边进行活动。这两种宗教为了与儒教和谐共处而采取的办法是，强调自己的宗教和作为世俗意识形态的儒教不存在对立关系，甚至可以说拥有着辅佐儒教的作用。”[①] 有鉴于此，明初开始，朱元璋便开始对道教采取管控政策，褒崇少数高道的同时，又对道教的发展规模进行限制。朱元璋在《御制玄教斋醮仪文序》中称：

> 朕观释道之教，各有二徒。僧有禅，有教。道有正一，有全真。禅与全真，务以修身养性，独为自己而已。教与正一，专以超脱，特为孝子慈亲之设，益人伦，厚风俗，其功大矣哉。虽孔子之教明国家之法，严旌有德而责不善，则尚有不听者。纵有听者，行不合理又多少。其释道两家，绝无绳愆纠缪之为，世人从而不异者甚广。官民之家，若有丧事，非僧非道，难以殡送。若不用此二家殡送，则父母为子孙者是为不慈，子为父母是为不孝，耻见邻里。此所以孔子云：西方有大圣人，不教而治，即此是也[②]。

这显然肯定了道教对于厚风俗、益人伦方面的社会作用。洪武七年（1374），明太祖亲自注疏《道德经》，并称“斯经乃万物之至根，王者之上师，臣民之极宝，非金丹之术也”[③]。明人罗钦训《因知记》亦称“又尝读《御制神乐观碑》有云：长生之道世有之，不过修身清净、脱离幻化、疾速去来使无难阻，是

① （日）小林正美著，王浩月译：《中国的道教》，济南：齐鲁书社，2010年，第238页。

② ［明］宋宗真等编：《大明玄教立成斋醮仪范》，载《道藏》第9册，第1页。

③ ［明］朱元璋撰：《大明太祖高皇帝御注道德真经·序》，载《藏外道书》第1册，第313页。

其机也。于此，又知我圣祖深明老氏之学”①，显示出朱元璋对道教的礼敬之意，并任用二教中出类拔萃者以统领天下二教。洪武八年（1375），“见二教中英俊群然，博才者众，特以二敕谕之”②。“国家崇奖道德之教于天下，郡邑皆置道官，郡有纪，邑有会，皆取老氏之徒任之”③。可见，明太祖对佛道二教采取了开放态度，其目的在于：其一，促进儒释道三教的融合，以儒家为主，佛道为辅，以助王纲；其二，稳定社会秩序，防止释道中人流入秘密社团。

二

明初太祖对僧道的褒崇，实则并非出于对佛教的虚幻世界和道教长生不死的信仰，而是将二教当成去恶从善的工具，使人们“未知国法，先知虑生死之罪，以至于善者多，而恶者少”④。有鉴于此，洪武元年太祖登极，诏龙虎山天师张正常入京朝贺，认为从来就是道士最高地位的天师之号冒犯天子权威而予以废止，改授其“正一嗣教真人，赐银印，秩视二品。设僚佐，曰赞教，曰掌书。定为制”⑤。相对于道录司左正一是具有行政性质的世俗性道官来说，“真人”之号意味着国家对于道教教团最高圣职

① ［明］罗钦训撰：《因知记》，文渊阁《四库全书》本，第714册第298页。

② 张德信、毛佩琪主编：《洪武御制全书》，合肥：黄山书社，1995年，第154页。

③ ［明］杨士奇撰，刘伯涵、朱海点校：《东里文集》，北京：中华书局，1998年，第364页。

④ ［明］朱元璋撰：《释道论》，《明太祖文集》卷10，文渊阁《四库全书》本，第1223册第107页。

⑤ ［清］张廷玉等撰：《明史》，第7654页。

者承认的称号[①]。洪武元年（1368），太祖设玄教院，管理天下道教事务，本院职官皆以道士为之。洪武四年（1371）年革玄教院。洪武五年（1372）十二月，开始向全国发放僧道度牒，“时天下僧尼道士女冠，凡五万七千二百余人，皆给度牒，以防伪滥”[②]。

自洪武初至明中期，除褒崇张陵后嗣之外，明室先后启用了大批正一派道士。洪武十一年（1378），建神乐观，设提点、知观等职，提点从六品，知观从九品。神乐观设立之初，命道士周玄初“领观事，以乐舞生居之，上亲制文立碑志其事。其乐舞生每岁所给米、麦、衣、布，及时节赉予之数，具刻于碑阴”[③]。六年后又从“龙虎山、三茅山、阁皂山选道行之士充神乐观提点，佥推公（傅若霖），应召赴京”[④]。正如明太祖朱元璋在《谕神乐观敕》中所言，其建神乐观乃是“备乐以享上下神祇，所以揆钱粮若干，以供乐生，非仿前代帝王求长生之法而施之。然长生之道世有之，不过修心清静，脱离幻化，速疾去来，使无艰阻，是其机也”[⑤]。并“特命职格神郎、五音都提点、正一仙官，领神乐观事”[⑥]，祝允明《高皇帝敬天》一文称：“高皇帝以天纵之圣，功德广大，金匮之策不可胜纪。草莽臣何敢僭亵以入私编？然剽闻一二，不敢隐嘿，其敬天事神，至于礼乐末节，罔不究心，以乐生不取颛洁，特创神乐观居之，俾从黄冠之列，

① （日）秋月观暎著，丁培仁译：《中国近世道教的形成》，北京：中国社会科学出版社，2005 年，第 160 页。

② ［清］张廷玉等撰：《明史》，第 1416 页。

③ ［明］谈迁著：《枣林杂俎》，北京：中华书局，2006 年，第 308 页。

④ ［明］张宇初撰：《岘泉集》，文渊阁《四库全书》，第 1236 册第 441 页。

⑤ ［明］朱元璋撰：《谕神乐观敕》，《御制文集》，第 117 页。

⑥ 同上，第 118 页。

赡给优厚，所辖钱粮，例不刷卷，曰：要他事神明底人不要与他计较，常膳之外，复益予肉，人若干，曰：无使饥寒乱性，诸武舞执干盾之属，后易楮甲以绘兵其上，防微之意又因以见焉。”①自永乐时起，乐舞生均由道士充任。乐舞生数量庞大，洪武间额定600人，永乐迁都北京，亦未废南京祀事，南、北二京各300名，定都后总数设527名。神乐观之创建体现了朱元璋利用道教为国祈福延续国祚之愿望。

洪武十五年（1382）年，太祖设道录司于京师南京，作为道教的最高管理机构，亦称道官衙门，设官四级，即正一、演法、至灵、玄义；神乐观设提点、知观，龙虎山设正一真人及法官、赞教、掌书等职，阁皂山、茅山设灵官，太和山设提点等职；设官不支俸禄，隶属于礼部统辖，神乐观隶属于太常寺。张桥贵教授称道录司道官“由全真、正一两道派各设左右正一两名，左右演法二人，左右至灵二人，左右玄义二人”②，通常以正一派道士充任正职，以全真派则为副职，甚至到后期均由正一道士担任。其余各府、州、县分设道纪司、道会司、道正司等，各设道官，分管本境道教事务。

洪武十七年（1384），朱元璋下令在冶城山永寿宫旧基上重建宫观，赐名朝天宫，并将道录司设于其中。《金陵玄观志》卷一载：

> 冶城山朝天宫，在都城内冶城山西城地吴王夫差冶铸处，遂名。冶城，今山后有铸剑池见存，晋改西园，又为西

① ［明］祝允明：《前闻记》第1页，［明］沈节甫纂辑：《纪录汇编》卷202，上海：商务印书馆，1938年，第1页。

② 张桥贵、赵慧生：《道观初探》，《世界宗教研究》2005年第4期。

州建冶亭其上。杨吴就建紫极宫，南唐许铉记冶城峻址，西州旧宇卞贞公之遗垅，郭文举之故台，载志可考，宋祥符间改祥符宫，续改天庆观，建炎兵火，淳祐间制守别公之杰重建，元元贞间改玄妙观，又改永寿宫，冶亭改为飞龙亭。国朝赐额朝天宫，百僚朝贺于此习仪①。

朝天宫建成后，凡事遇正旦、圣节、冬至，群臣均在此习朝贺之仪。洪武二十八年（1395），“上以其制度未备，故命重建之（朝天宫），至是成，诏右演法曹希鸣主持”②。元末胡布《元音遗响》有《赠地理曹希鸣》诗一首，诗中有“昔我候云气，力穷芒砀山，因之察地脉，龙虎相蔚盘。玉阳玄星人，白日驾紫鸾，佩我豁落图，借我郁罗斑。指地穴丹屋，回风炼大还，飞光绕阴井，百日造玄关”③ 等字句，则曹希鸣除修炼道法之外，尚精通阴阳地理等玄术，其被征召或亦与此有关。高道刘渊然亦于洪武二十六年被召进京，赐号“高道”，朱元璋于朝天宫一侧建西山道院供其居住。张宇初《岘泉集》称“（赵宜真）其徒有曹希鸣、刘若渊犹入室焉”，因而曹、刘二人同为赵宜真高第弟子。然而，曹希鸣为龙虎山道士，盖赵宜朝谒龙虎山之时，曹希鸣即是“上清学者多师之”的龙虎山道士之一，而且曾得赵宜真道术之传，因而张宇初将曹、刘二人并称为赵宜真的入室弟子。不过，曹、刘二人被召的时间不同，曹希鸣于洪武十五年（1382）被荐为道录司右演法，盖得天师张宇初之力，而刘渊然则于洪武二十六年（1393）方被召进京。由此可知，曹、刘二

① ［明］葛寅亮撰：《金陵玄观志》卷1，第1页。
② 《明太祖实录》卷243，第3535页。
③ ［元］胡布撰：《元音遗响》，文渊阁《四库全书》本，第1369册第616页。

人虽同为赵宜真弟子，但其间并无多大关联。可见明洪武间朱元璋所任用的道流多为道法高超、身怀异术之士，对于那些“以邪妄进”以邀宠之人则并未予采纳。如余继登《皇明典故纪闻》卷五载：“洪武间有道士献道书者。太祖谓侍臣曰：彼所献，非存神固形之道，即炼丹烧药之说，朕乌用此？朕所用者，圣贤之道，所需者，治术，将跻天下生民于寿域，岂独一己之长生久视哉！苟受其献，迂诞怪妄之士必争来矣。故斥之，毋为所惑。”[①]由是观之，朱元璋在任用道流的同时对道教亦采取了理性、审慎的态度。

永乐帝朱棣起兵靖难而夺得帝位，虽因得释教名僧道衍之力不小而其信仰偏向于佛教，“于佛法上多用心”，甚至曾斥刘渊然“该杀的”，及称道教经典“好生纰缪”[②]，但出于三教并用的考虑，对道流亦加以褒宠。这源于其本人对道教的信仰，尤其是对真武大帝、王灵官及洪恩真君等神灵的信仰。《明史·姚广孝传》有成祖朱棣向姚广孝（1355—1418）询问起事时机的记载，姚广孝回答：“未也，俟吾助者至。”曰：“助者何人？”曰：“吾师。”……祭纛，见批发而旌旗蔽天。太宗顾之曰：“何神？”曰：“向所言吾师，玄武神也。”于是太宗仿其像，披发仗剑相应[③]。朱棣成功登基后，为了使其武力夺权之事合法化、神圣化，他亲自撰写《御制真武庙碑》《御制太岳泰和山道宫之碑》等文，大肆渲染真武圣迹，大兴尊崇真武之风气。施显卿《奇

---

① ［明］余继登撰：《皇明典故纪闻》卷5，［清］王灏辑：《畿辅丛书》，光绪五年（1879）定州王氏谦德堂校勘本，第36页。

② ［明］葛寅亮撰：《金陵梵刹志》卷2《钦录集》，《续修四库全书》第718册，第76—77页。

③ ［明］张廷玉等撰：《明史》，第4080页。

闻类记摘抄》亦曾引《闻中古今录》所载“真武助阵”故事如下：

> 洪武末当岁壬午，靖难起兵，势如破竹。南方众至四十余万，宜莫能当，然每两阵相临，南兵遥见空中“真武”二字旗帜，遂皆攻以北。盖圣天子兴，则百灵咸助，非偶然也。既而入正大统，建殿设像，金碧辉耀，祀典崇重，旷古无伦，端有自哉①。

成祖朱棣曾大肆建构祀奉真武大帝之宫观庙宇，遇水旱灾害、“盗贼”边警或外出巡幸等大事，亦遣官或亲自祭祀真武大帝。除此以外，永乐时亦盛行王灵官及洪恩真君信仰。如《孝宗实录》卷十三载：“永乐中以道士周思德能传灵官法，乃于禁城之西建天将庙及祖师殿”②，《万历野获编》亦载：“国朝永乐间，杭州道士周思德居京师，以王灵官法降体附神……因请于上，建天将庙于禁城之西。”③《青溪漫稿》谓：“建天将庙及祖师殿于禁城之西，以灵官附体降神于道士周思德，祷之有应故也。”④ 成祖曾建洪恩灵济宫于北京，以奉五代徐温儿子知证、知谔，并封为金阙、玉阙真人，以其疗疾有功也⑤。在永乐朝所建构的宫观之中，以武当山之道教建筑群最为雄伟壮观。

---

① ［明］施显卿撰：《奇闻类记摘抄》，［明］沈节甫纂辑：《纪录汇编》卷212，第35页。

② 《明孝宗实录》卷13，台北：“中央研究院”历史语言研究所印，1962年，第311页。

③ ［明］沈德符撰：《万历野获编补遗》卷4《释道》，北京：中华书局，1959年，第917页。

④ ［明］倪岳撰：《青溪漫稿》卷11，文渊阁《四库全书》本，第1251册第125页。

⑤ 杨启樵撰：《明清史抉奥》，第27页。

朱棣对道教的兴趣乃在于对身怀高超道法的方士，即“奉神道而任术士”，以及借助道教为皇室建醮祈福。朱棣于永乐初命刘渊然于朝天宫建醮，为明太祖朱元璋和孝慈马皇后举行金箓大斋，并于钟山投简告天，《嘉靖重刊江宁府志》[①] 及甘熙《白下琐言》[②] 曾著录告天文。据二书所载，乾隆四十三年（1778）樵夫在钟山发现两件石刻，其一署洪武三十五年，其一署永乐四年，“皆朝天宫道士刘渊然于钟山朱湖洞天告行，前明追荐设醮祈福之文”[③]。《同治上江两县志》卷三亦载刘渊然投简告天之事，称“中为朱湖洞，一名紫霞洞，道书第三十一洞天也。其上曰茅草凹，有刘渊然告天石刻，名投龙简记，文载《白下琐言》”[④]。《长春刘真人祠堂记》称刘渊然永乐初“迁左正一，建金箓大斋，有醴泉、甘露、鸾鹤之详，而宠睐备至”并于南京紫荆山“埋石告天”[⑤]。以上诸记所指为同一事件，皆颇简略，唯王洪《毅斋集·庆贺醴泉出神乐观表》及杨士奇《圣孝瑞应诗》序所记甚详。王洪《表》云：

伏以，圣人御宇，仁恩普洽于万方；天命垂祥，景贶诞贻于九土。凡在幅员之内，咸沾瑞庆之隆，海宇均欢，神人胥抃。臣闻，惟德可以动天，无远不届；惟诚可以格神，有感必通。祯祥无虚出之符，天人有必至之应。矧兹醴泉之上

① ［清］黄瑞图修、姚鼐纂：《嘉靖重刊江宁府志》卷52，清光绪六年（1880）刊本。

② ［清］甘熙撰：《白下琐言》卷7，南京：南京出版社，2007年，第124页。

③ ［清］陶澍撰：《陶文毅公全集》卷42《朝天宫刘渊然醮坛篆符碣跋》《刘渊然钟山朱湖洞天告行碣跋》，清道光二十年（1840）刻本。

④ ［清］莫详芝撰：《同治上江两县志》卷3，同治十三年（1874）刊本。

⑤ 《灵谷禅林志》载：“洪武三十五年、永乐四年，道士刘渊然在此（南京紫金山上珠洞）埋石告天”的文字。

瑞，实为盛治之休征。钦惟皇帝陛下，天纵圣神，日新德业，垂衣裳而治天下；万国归心，奉圭币以事郊禋。百神受职，仁化弘敷于率土，孝诚昭格于皇天。华夷仰覆载之恩，草木荷生成之惠。是以坤灵协应，水德献珍，懿兹若醴之甘泉出，此事神之福地，庆云甘露光启其祥，白鹤青鸾载昭其应。谨按《鹖冠子》曰：王者之德，上及太清，下及太宁，中及万灵，则醴泉出。《孝经援神契》曰：王者，德至渊泉则醴泉出。《瑞应图》曰：醴泉者，水之精也，味若甘醴，可以养老，饮之令人寿。《礼纬》曰：尧德匪懈，醴泉出山。然则，斯瑞自古所称，祥源允钟于地灵瑞应，实由于圣德氷凝，镜彻味旨，醴甘演庆，流于无疆，跻民生于遐寿，鸿图永固，帝道益隆。臣某等忝班朝著，欣睹祯符，涵泳恩波，颂皇仁于九有，仰瞻天日，祝圣寿于万年①。

杨士奇《圣孝瑞应诗》序曰：

洪惟皇帝陛下以孝治天下，所以教化纪纲之道，一遵太祖圣神文物钦明启运俊德成功统天大孝高皇帝成宪。天下万国之人，承风乡化，熙熙然入于泰和之域矣。陛下圣新，重惟皇考、皇妣陟降在天，瞻待无所，乃于永乐四年十一月庚申，征天下道士咸至京师，即朝天宫、神乐观、洞神宫修举金箓斋法，表孝思也。车驾幸斋坛，圣神虔至，对越在上，肃然有临。壬戌，车驾复幸朝天宫，有宝盖五色光辉奕煜，自正阳门冉冉入于皇城。癸亥，有神人见神乐观。甲子，卿云见朝天宫。乙丑，甘露降于宫树。丙寅，车驾复幸朝天

① ［明］王洪撰：《毅斋集》，文渊阁《四库全书》本，第1237册第438—439页。

宫，卿云覆映坛上，鸾鹤数百翔舞旋绕。既讫事二日，醴泉出神乐观，甘露复降孝陵①。

从以上二记可以看出，尽管成祖朱棣的个人信仰偏好于佛教，但对道教的态度与太祖时并无两样，而且将重大庆祝活动、斋醮祈福等重要的活动交由道教承担。除永乐初刘渊然建金箓大斋等重大斋醮活动之外，根据庄宏谊研究，仅永乐年间，龙虎山天师奉旨于两京朝天宫、洪恩灵济宫、龙虎山上清宫及武当山太和宫等建大型斋醮祈福活动达十五次之多②，达到明初建醮次数之最。

除敕令道士建醮祈福以外，朱棣亦如其父朱元璋对身怀高超道法的道士给予了特别优宠，靖难之时便有相人袁珙、卜者金忠等称其龙形凤姿，必登大宝而成祖为之心动，及其举事，此辈又为之定谋，《菽园杂记》记袁珙事曰："太宗初无入承大统之意，袁珙之相有以启之"③。成祖远征漠北之时亦有术士陪同前往，咨问战事吉凶。"皇甫仲和，睢州人，精天文推步学。永乐中，成祖北征，仲和与袁忠征扈从，遇疑难则命之占卜，多验。后仲和以是得封钦天监。"④ 又有颤士者，亦其道中人，见之于《鸿猷录》，谓："时有颤士，不知何许人，亦亡姓名，佯狂谲诞，语多不伦，然事或奇中，人不识，成祖独心异之，时召与言，多隐语赞成大事意。一日，见张玉子辅背有梁尘；拍其背曰：'如

① ［明］杨士奇撰：《东里集续集》卷54，文渊阁《四库全书》本，第1239册第390页。

② 庄宏谊著：《明代道教正一派》，台北：台湾学生书局，1986年，第158—160页。

③ ［明］陆容撰：《菽园杂记》卷11，文渊阁《四库全书》本，第1041册第6页。

④ ［清］张廷玉等撰：《明史》，第7654页。

此大尘，犹不起耶？’”[①] 这些受宠者均为符箓派道士，而“以道术进”成为明初各道派谋取官方支持的主要方式。

宣宗、英宗、代宗依旧对道教颇为青睐，除了建斋设醮以延续国祚外，还大量发放度牒，亦对身怀道法之道士给予优待。如正统间，第四十五代天师张懋丞曾入京为英宗治疗疾病有功而获赐度牒五百。始于永乐十七年的《道藏》，历二十余年而最终修成，朱棣曾为其作序，正统间由邵以正督校刊印而颁赐名山宫观等等，均体现了皇室对道教的尊崇，尤其是对龙虎山一系正一道和刘渊然、邵以正一系净明道的褒宠，体现了明初皇室对道教的基本态度。

明初诸帝崇信释道二教的结果：一者，道官由道士出任而使其人格异化，在他们身上，“宗教性成分已经减少，而世俗性的因素却在增长，官方利用他们来控制道教所有活动。他们只需要对皇帝负责，而不必为属下的道士尽义务。这就是明太祖道教政策的成功之处”[②]。二者，致使出家人数剧增，游僧、道士云集，更有逃军、逃匠及民间游手好闲之人甚至民间秘密社团的成员混入其中，或大批人私自簪剃向朝廷请求度牒，或以僧道之名游食者，不仅增加了社会不稳定因素，也对社会生产产生了一定的影响，至永乐、宣德、正统、天顺诸朝，这种情形更为突出。如《皇明典故纪闻》卷七所载：

> 永乐间，直隶、浙江军民子弟披剃为僧，赴京请度牒者千八百余人。成祖怒甚曰：皇考之制民，年四十以上始听出

① ［明］高岱撰：《鸿猷录》卷7，［明］沈节甫纂辑：《纪录汇编》卷73，第7页。

② 陈宝良：《明太祖与儒佛道三教》，《福建论坛（文史哲版）》1993年第5期。

家，今犯禁若此，是不知有朝廷矣。命悉付兵部编军籍，发戍辽东、甘肃，因叹曰：朕遵承旧制，一不敢忽下人尚纵肆如此，何况后来？此不可宥，且此辈皆螟螣不可蓄育①。

宣宗时，龙虎山真人张宇清亦曾委托礼部侍郎胡濙代请度牒，宣宗称"僧道给度牒，祖宗有定制，无请求之理。朕不惜玉清，惜其教也。竟不与"②。并下谕胡濙："今僧道行童请给度牒甚多，中间岂无有罪之尔。礼部同翰林院官礼科给事中，及僧道官同考试，能通大经则给予度牒。"③ 又有寺观占用大量田产但不输赋税，贫民则无田耕种，寺观沦为惰民寄居之所。如虞谦任杭州知府时，曾向朝廷上书建议："江南寺院田多，或数百顷，而官府徭役未尝及之，贫民无田，往往为徭役所困，请为定制。僧道每人田无过十亩，余田以均贫民，闻今不复然矣。"④《纪录汇编》卷二十二《天顺日录》载："景泰间，太监兴安崇信释教，每三年度僧数万，于是僧徒多滥。自天顺二年，又如期，天下僧徒复来京师聚集数万。"⑤ 僧道数量的增加，民间崇信佛道风气的弥漫，对社会的稳定性造成了威胁。故宣宗曾下令清查，并说："佛本化人为善，今僧人多不守戒律，不务祖风，往往创造寺院为名，群舁佛像，遍历州郡化缘，所得财物皆以非礼耗费。其申明洪武中禁令，违者必罪之。"⑥ 这种崇尚佛道的风气并非止于京师，全国各地亦然。如《皇明典故纪闻》载：

① ［明］余继登撰：《皇明典故纪闻》卷7，刻本，第11页。
② 同上，卷9，第3页。
③ 同上，第11页。
④ 同上，第15页。
⑤ ［明］李贤撰：《天顺日录》，［明］沈节甫纂辑：《纪录汇编》卷22，第12页。
⑥ ［明］余继登撰：《皇明典故纪闻》卷10，第16页。

今广东、浙江、江西等处寺观，田地多在临近州县，顷亩动以千计，谓之寄庄，止纳秋粮，别无科差，而收养民子弟以为行童，及匿逃军逃民，代为耕种，男女混杂，无异俗居。又有荒废寺观土田报为寄庄，收租入已所在贫民无田可耕，会议取勘僧道寄庄之田，及废寺观田有人耕种者，开报佃人户籍，顷亩多则均分本处无田之民，以供征税。其私置庄所隐逃军逃民、男女杂居者，所载法司严捕治之①。

又如：

宣德间，湖广、荆门州判官陈襄言，各处近有惰民，不顾父母之养，妄从异端，私自落发贿求僧司文凭，以游方化缘为名，遍历市井乡村，诱惑愚夫愚妇，靡所不为所至。官司以其为僧，不之盘诘②。

今年军民之家逋逃规免税徭，为僧道，累以万计，不织不耕，坐食温饱，或有拥妻妾于僧房，育子孙于道舍，败伦伤化莫此为甚③。

正统时，给事中张固奏，释教以慈悲清净为本，为其徒者，当寡欲、持戒，岂期赖贪饕载佛像于街市、乡村，鸣铙击鼓，无端诞说惑世诬民，乞敕巡视御史及五城兵马缉拿究罪④。

景泰时，云南虚仁驿驿丞疏言时政内一欵言：近年以来，释教盛行，浦于京，络于道路，横于郡县，遍于乡村，

① ［明］余继登撰：《皇明典故纪闻》卷10，第23页。
② 同上，第24页。
③ 同上，第27页。
④ 同上，卷11，第38页。

> 聋瞽士民，诱煽男女，廉耻道丧，风俗扫地，呜呼！元气乌得不伤？①

僧道数量的增加，不仅使以传统的农业和手工业生产受到影响，甚至出现无人从军戍边的情况。《明实录》载："方今法玩俗偷，民间一切习为闲逸，游惰之徒半于郡邑。异术方技，僧衣道服，祝星步斗，习幻煽妖，关雒之间，往往而是。……今之末作，可谓繁伙矣。磨金利玉，多于耒耜之夫；藻缋涂饰，多于负贩之役；绣文细彩，多于机织之妇。"② 这段话所描述的虽然是晚明社会现状，但这种"不乐其生"的状况与明初社会大抵相类。有鉴于此，渐有官绅、文人学者开始谏言数陈僧道之弊。如景泰时兵部尚书于谦奏：

> 佛者以清净为本，慈悲为用，其教之行与否，不系于世道之轻重，与其徒之多寡也。今四方多流徙之民，而三边缺战守之士，度僧太多，恐乖本末。一人为僧，则一夫不耕，衣食之费虽不仰给于官府，亦必出自于民间。其度僧之举，亦乞少缓③。

户部尚书金濂言节用粮储事，称"僧道潜住京师，动以万计，虽不费官粮而米价涌贵，实由其冗食所致"④；"以在京观之寺观，动至千百，僧道不可数计，求财索食，沿街塞路，张挂天神佛像，擅言祸福，以盖造寺观为名，务图肥己饮食，酒肉宿歇

① ［明］余继登撰：《皇明典故纪闻》卷7，卷12，第23页。
② 《明神宗实录》卷4，台北："中央研究院"历史语言研究所印，1962年，第167页。
③ ［明］余继登撰：《皇明典故纪闻》卷12，第5页。
④ 同上，第10页。

娼妓，无所不为。又有燃指焚香、刺肤割股，惊骇人目，煽惑人心，不惟饕餮于民，抑且有伤风化”[1]；给事中林聪等呈“汰僧道以去游食”奏书，称：

今京城内外僧行道童皆以请给度牒为名，或居寺观，或寓人家者，动以万计，或有已给度牒而不回，假托游方而来此，皆不耕而食，不蚕而衣，虽朝廷未尝给以粮饷，散以衣布，然其所服食者皆军民之衣粮也。蚕食京师莫此为甚[2]。

以上所奏呈之事主要针对佛教，但道教的情况亦然。

从洪武、永乐之时起，历宣德、正统、天顺诸朝，由于诸帝崇奉佛道，使太祖、成祖时所设立的佛道管理制度形同虚设。虽然明太祖早已于洪武初即开始清整二教，以防微杜渐，但并未被予以有效执行。皇室佞幸僧道的情况依然存在，从而招致大臣们的强烈不满。有言官入谏因忤旨而死者，如《李仕鲁传》载：

诸僧怙宠者遂为释氏创立职官……皆高其品秩，道教亦然，度僧尼道士至逾数万。仕鲁疏言：“陛下方创业，凡意指所向，即示子孙万世法程，奈何舍圣学而崇异端?”章十上，亦不听。曰：“陛下深溺其教，无惑乎臣言之不入也。还陛下笏，乞赐骸骨归田。”遂置笏于地；帝大怒，命武士碎搏之，立死阶下。……数言得失，皆且直，最后忤旨罹罪，投金水桥下死。仕鲁与汶辉死数岁，帝渐知僧所为多不法，有诏清理释道二教云[3]。

---

① ［明］余继登撰：《皇明典故纪闻》卷13，第2页。
② 同上，卷12，第17页。
③ ［清］张廷玉等撰：《明史》，第3989页。

二

明太祖朱元璋于洪武五年曾下“正礼仪风俗”之诏书，其中涉及整治释道二教之意，称“僧道斋醮杂男女，恣饮食，有司严治之”①，以去除释道二教奢侈秽乱之不良风气。洪武十四年（1381），明太祖下令清整释道二教。不过，从现有文献记载看，涉及僧人之记载颇多，且下发《申明佛教榜册》② 等制约细则十条以肃清佛教中之杂秽人等，但却未见针对道教之细则。显然，明太祖“对佛教的约束比道教更为严厉，而他整顿宗教的目标主要是针对佛教”③。为了规范二教的管理，太祖曾颁布了一系列禁令，对僧道度牒的发放、僧道身份的认证识别、出家年龄的限制、创建寺观的数量及规模等均有规定。如《明史》载：

> 洪武五年，给僧道度牒，十一年建神乐观于郊祀坛西……二十四年清理释、道二教，限三年一度给牒。凡各府州县寺观，但存宽大者一所，并居之。凡僧道，府不得过四十人，州三十人，县二十人。民年非四十以上、女年非五十

---

① ［清］张廷玉等撰：《明史》，第 27 页。

② 《申明佛教榜册》称：“今天下之僧多与俗混淆，尤不如俗者甚多，是等其教而败其行，理当清其事而成其宗。令一出禅者禅，讲者讲，瑜伽者瑜伽，各承宗派，集聚为寺，有妻室愿还俗者听，愿离弃者听，僧录司一如朕命，行天下诸山，振扬佛法。”共计列出条规十则，“七月一日，本部官于奉天门钦奉圣旨，凭礼部出批，著落僧录司，差僧人将榜文去，清理天下僧寺。凡僧人不许与民间杂处。”（［明］幻轮编：《释鉴稽古略续集》第 2，《大正藏》，扬州：江苏广陵古籍刻印社，1992 年，第 49 册第 936 页）

③ 李焯然：《明初的宗教政策》，载林徐典编：《学术论文集刊》第 3 集，新加坡国立大学中文系，1990 年，第 198—199 页。

以上者，不得出家。二十八年令天下僧道赴京考试给牒，不通经典者黜之①。

《明太祖实录》亦载：

凡天下府州县宫观、道士名数，从道录司核实，而书于册，申报礼部；各宫观住持有缺，从道官举有戒行、通经典者，送道录司考中，申礼部奏闻方许；道士申请度牒，亦从本司官申送如前考试，礼部类奏出给；负责检束天下道士，使之恪守戒律清规，违者从本司理之；若犯于军民相干者，方许有司惩治②。

明初所建立的僧籍、道籍制度及《周知文册》的颁发，其主要目的是通过登记、核对僧道之籍，以防冒滥，凡是僧道游方则需核对《周知文册》以观其父母籍贯、告度日期，若与册籍不符，即认定为假冒僧道。起初，该制度实施有效地遏制了懒散庸惰、游手好闲之人借道教名义游食而增加社会的不稳定因素。因而，正统中，御史御史彭勖疏言僧道三害，并“请凡僧尼未度者，皆令还俗，丛林不许创立官民之家，不许修斋设醮事，下礼部都察院尚书胡濙等查洪武间禁约条例入奏。英宗命都察院遵例禁约，违者依律罪之。寺观有赐额者听其居住，今后再不许私自创建。”③ 余继登《皇明典故纪闻》卷五中载禁令数条如下：

(洪武六年十二月初一) 上以释道二教近代崇尚太过，徒众日盛，安坐而食，蠹财耗民，莫甚于此，乃令府州县止

① ［清］张廷玉等撰：《明史》，第1818页。

② 《明太祖实录》卷144，第2263页。

③ ［明］余继登撰：《皇明典故纪闻》卷11，第18页。

存大寺观一所，并其徒而处之，则有戒行者领其事①。

洪武二十年八月，诏民年二十以上者不许落发为僧。二十以下请度牒者，俱令于在京诸寺试事三年，考其廉洁，无过者始度为僧②。

洪武二十四年，敕令各府州县寺观虽多，但存其宽大可容众者一所，并而居之，勿杂处于外，与民相混，违者治以重罪。亲故相隐者，留愿还俗者听③。

国初京师百福寺隐囚徒，逋卒往往易姓名为僧，游食四方，无以验其真伪。于是命僧录司造《周知文册》，自在京及外府州县寺院僧名，以次编之，其年甲姓名字行及始为僧年月与所授度牒字号，俱载于僧名之下。既成颁示天下僧寺，凡游方行脚至者，以册验之，其不同者，许护送有司械至京治重罪，容隐者罪如之④。

洪武二十七年，诏僧道不许奔走外方，题疏强求人才，有于崇山深谷修禅学真者，止许一二人，三四人者勿听，仍毋得创庵堂，有妻妾者，许诸人，捶逐，相容隐者罪之，亦不许收民儿童为僧，违者并儿童父母皆坐以罪⑤。

成祖以天下僧道多私簪剃，定制愿为僧道者，府不过四十人，州不过三十人，县不过二十人，限年十四以上、二十以下，行邻里保勘无碍后，得投寺观，从师授业。俟五年后，诸经习熟，然后赴僧录司考试，果谙经典，始立法名，

① 《明太祖实录》卷59，第1537页。

② ［明］余继登撰：《皇明典故纪闻》卷5，第1页。

③ 同上，第2页。

④ 同上，第16页。

⑤ 同上，第17页。

给予度牒，不通者罢还为民。亡命黥刺者不许①。

宣宗闻各监局小内使多为僧人所惑，有长素食者，亦有潜逃削发为僧者，召监局之长论之曰：人立身，自幼常道。为臣必忠，为子必孝。忠孝之人自然蒙福，何必素食诵经乃有福乎？佛只教人存心于善，所论天堂地狱亦只在心，心存善念即是佛。今后汝等戒之。但存心善即是修行，敢有逃为僧者，皆杀不宥②。

英宗召礼部尚书胡濙等谕之曰：洪武以来，寺院庵观已有定额，今年往往四字创建，劳扰军民，其严加禁约，除以前盖造者，遇有损坏，许令修理，今后不许创建，敢有故违者，所在风宪官执问，治以重罪。若纵容不问，一体究治不宥③。

景泰六年夏，命礼部移文天下：今后僧道务要本户丁多，本人持行修洁，不系军匠监灶等籍，里老保结，呈县覆实具申府司，类呈该部，方许收度。如有扶捏诈冒不实者，巡按御史按察司将本人并保送佥书官吏，一体治罪，仍勘各寺院原定额数，如有不及，给予度牒，如有数，多不与出给④。

景泰时，敕礼部将各府州县盖定寺观额，设僧道名数，除已给度牒者，暂令各寺观附籍，其余查无度牒，悉发宁家随住当差，遇有额内缺数，方许簪剃，设有仍前私自簪剃及

① ［明］余继登撰：《皇明典故纪闻》卷7，第26页。
② 同上，卷10，第22页。
③ 同上，第31页。
④ 同上，第34页。

指称行者，道童名色，躲避差役，将本犯并寺观住持悉发充军，其余滥设寺观，尽行拆毁①。

起初，对二教的恩威并施政策显然起到一定的效果，太祖本人也身体力行，其目的并非排斥僧道，而是借这些禁令杜绝“怪诞之士”杂进。《皇明典故纪闻》载：

洪武间有道士献道书者。太祖谓侍臣曰：彼所献，非存神固形之道，即炼丹烧药之说，朕乌用此？朕所用者，圣贤之道，所需者，治术，将跻天下生民于寿域，岂独一己之长生久视哉！苟受其献，迂诞怪妄之士必争来矣。故斥之，毋为所惑②。

明初的道教管控政策亦得到道教界的积极回应，如张宇初、周思德、朱权等人均提出道教内部“清理”方案，及时纠偏补弊，加强对道教内部的管理。张宇初撰《道门十规》，以道教领袖的身份撰写规范十条，以期令道士修炼、斋醮、生活等尽量返本归源，“凡习吾教者，必根据经书，探索源流，务归于正，勿为邪说淫辞之所归”，返归本源，称“虚无自然，道所从出，真一不二，体性湛然，圆明自足，是开立教之源，以为人道之本”③；他还强调道教的辅国济民功用，沿用“内圣外王”“清静无为”等思想，并力倡忠孝之道；他主张整理道教经、箓，对内修、济世度幽等经典作了划分，以便道众修习；针对时下道教界所存在的种种弊端，他提倡内丹性命之学，排斥旁门左道，

① ［明］余继登撰：《皇明典故纪闻》卷13，第2页。
② 同上，卷5，第36页。
③ ［明］张宇初撰：《道门十规》，载《道藏》第32册，第147页。

并力荐擅长符箓法术的正一道亦须修习全真内丹性命之学，对于容易导人于歧途的外丹之术则加以否定和排斥；他还对斋醮仪范等做了相应规定，要求行法道众遵守太祖立成仪范，以“《三箓内文》《金书玉鉴》《道门定制》《立成仪》等书”为本，施行斋醮则“以诚敬斋庄为本”；在宫观管理上，他要求各宫观遵守太祖颁布的禁令，并严格要求道士遵守道教戒律，摒弃圆光附体、降将扶箕、扶鸾照水等诸邪说；云游参访等须“悉遵白祖师、冯祖师、诸师匠堂规、丛林仪范而行，凡有过失，悉依责罚”[①]。这些针对道门内部及学者行为规范等进行的约束与皇室“清整”道教政策上下呼应，收到一定效果。

除张宇初之外，宣德间，大德观道士周思德[②]撰《上清灵宝济度大成金书》，以陆修静、田居实（1134—?）一系传承的灵宝斋法为主，又综合了东华派科仪《灵宝领教济度金书》，对元明之际斋醮科仪规范的芜杂多端的情况，而将上清、清微、灵宝、神霄等诸派斋醮科仪收录其中以消解各派之争。尽管周思德在斋醮科法方面的努力在当时见效甚微，但他四十卷篇幅的《大成金书》传世，却对后世产生了深远的影响。

朱权为明太祖朱元璋第十七子，封号宁王。永乐元年（1403）改封南昌，谥号“献”，史称“宁献王”。他对道教的衰落痛心疾首，“玄风之不振也久矣”，于是参阅道经典籍，按类编排，穷就各事原委编成《天皇至道太清玉册》，于正统九年

---

① ［明］张宇初撰：《道门十规》，载《道藏》第 32 册，第 151 页。

② 周思德（1359—1451），字养真，一字素庵野人，又尝名思德，浙江钱塘人。他一生历经洪武、建文、永乐、洪熙、宣德、正统、景泰七朝，屡任大德观住持，并住持朝天宫，宣德三年（1428）受封为崇教高士，秩跻二品，死后获谥“弘道真人”。

(1444) 撰成付梓刊行。该书卷帙浩繁，内容广泛，“其天地之始分，造化之始判，道统之始起，仪制之式，器用之备，衣冠礼乐之制，天心灵秘之奥，道门仪范之规，立位定制，举道门之所用，皆载此书也”[①]。该书不仅强调返本还原、遵循斋醮行持规定，还对清规戒律进行了规束，其叙述内容与《道门十规》相似，表达了对重整道教寄予的殷切期望。

以上诸人的努力显然是对明初皇室清整道教政策的回应。虽然明初“清理释道二教”的政策主要针对佛教，但其时道教内部确已出现诸多问题，高层已严重官僚化，教内奢靡成风。如朱权称“今世道流多是无告困极，四民不收，始投名进纳黄冠，盖非本心入道，恐轻贱玄文，遗失秘旨，罪罚不赦”[②]，张宇初亦对曾对道教腐化现象深恶痛绝，称其“玄纲日坠，道化不敷，实丧名存”[③]。

道教内部“清理”方案对规范道教斋醮、科仪、修习等诸方面有一定效果。道教内部管理与国家政策是相辅相成的，大多数“清理”条纲与皇权制定的律条相配合，有着较浓厚的政治色彩。经过积极自我改革，正一道更加受到朝廷的重视，全真道则对内丹学、三教合一思想等方面有所创建，陈兵曾言，全真“教风与内炼之学被推广于道教诸派，道士中实践发挥本派内炼之道者尚不无其人，其影响亦及于道教圈子外”[④]。“清理”方案对明初乃至终明一世道教发展都带来了积极影响。

---

① ［明］朱权撰：《天皇至道太清玉册》，载《道藏》第 36 册，第 358 页。

② 同上，第 379 页。

③ ［明］张宇初撰：《道门十规》，载《道藏》第 32 册，第 146 页。

④ 陈兵：《明代全真道》，载氏著：《道教之道》，北京：今日中国出版社，1995 年，第 118 页。

然而，时日一久，这些来自中央朝廷的宗教管控政策逐渐失去其效力，杨启樵先生称这些措施实际上存在与实际行为脱节的问题[①]。自正统之后，佛道寺院、宫观已然成为逃民的避难之所，如宣德十年（1435）四月给事中年富曾奏：“近年军民之家，逋逃、规避税徭，冒为僧道，累以万计。”[②] 游民“奄至京师，非寄迹寺观，即潜住民间，黄冠缁服，布满街市”[③]。这种现象于明代初中期尤为明显。

尽管明初诸帝对二教的整顿不遗余力，但并未改变其崇信方士的初衷，尤以太祖、成祖为著。陆容《菽园杂记》载：“洪武中，朝廷访求通晓历数、数往知来，试无不验者，必封侯，食禄千五百石。”[④] 皇甫庸亦载：“洪武中，求通晓天文历数奇验者，官之；有至侯爵，官千五百石者。”[⑤]

自洪武十五年开始至二十五年，太祖曾遣使寻觅张三丰。《明史·张三丰传》载：“张三丰，辽东懿州人……太祖故闻其名，洪武二十四年，遣使觅之不得……”又于二十五年服食金丹，二十六年征刘渊然入宫、赐高道，其崇道之热忱丝毫未减。正如杨启樵称“所谓清理释道二教者亦徒有其名，其好尚固未

① 杨启樵先生言：“在明代朝廷的宗教政策及其相关政令上，往往存在一个与实际行为脱节的问题。换言之，明代诸帝所颁发的对僧、道的各种禁约、戒律，事实上多成虚文、具文。正如有些学者所言，明代诸帝方颁诏说‘左道无益’，理应尽行摒绝，而事实却是术士络绎道路，相继入廷；才降谕说‘缁黄蠹民’，应该加以禁止，而事实却是帝都方兴未艾，日炽月列。”（杨启樵：《明代诸帝之崇尚方术及其影响》；载包道彭主编《明代宗教》，台北：台湾学生书局，1968年，第205页。）

② 《明英宗实录》卷4，第95—96页。

③ 同上，卷64，第1220页。

④ 陆容撰：《菽园杂记》卷1，第8页。

⑤ ［明］皇甫庸撰：《近峰记略摘抄》，沈节甫纂辑：《纪录汇编》卷193，第1页。

尝转移也”[①]。其之所以清整二教，“所深恶痛绝者，实为当时秘密结社、阴谋颠覆政府之明教、白莲社耳”[②]。明太祖朱元璋加入郭子兴队伍之时亦曾为明教教徒，自其建立明朝、天下大统之后，势必对这些民间秘密教团有所防范，故而“太祖之斥异端，实针对明教徒而发，其对于僧道之种种管制，亦寓有防范明教徒之意”[③]。任继愈亦言：

> 朱元璋对于道教的尊宠，出自信仰的成分使少而又少的，主要还是在于政治的需要，很多措施实际上蕴藏者防范当时秘密结社，阴谋颠覆明朝政府的明教、白莲教等为目的[④]。

由此可知，太祖设立道录司，并颁布种种禁令，看似为僧道而设，实则与戒备明教及其他图谋不轨之人有关。

无论明太祖如何崇奉佛道，其最终目的也是借助二教“暗助王纲”，其执政理念却从未偏离儒家正统，并将儒家忠孝思想作为三教融合的基础。明太祖朱元璋即主张三教融合，他曾在《三教论》中对儒释道三教做过精辟论述：

> 夫三教之说，自汉历宋，至今人皆称之。故儒以仲尼，佛祖释迦，道宗老聃。于斯三事，误陷老子已有年矣。孰不知老子之道，非金丹黄冠之术，乃有国有家者，日用常行有不可阙者是也。……有等愚昧，罔知所以，将谓佛仙有所误

---

① 杨启樵撰：《明清史抉奥》，第14页。

② 同上，第15页。

③ 同上，第16页。

④ 任继愈、唐大潮著：《中国道教史》，南京：江苏人民出版社，2006年，第289页。

国扇（恐为煽之误——笔者注）民，特敕令以灭之，是以兴灭五常。此盖二教遇小聪明而大愚者，故如是。……其佛仙之幽灵，暗助王纲，益世无穷，惟常是吉。尝闻天下无二道，圣人无两心。三教之立，虽持身荣俭不同，其所济给之理一。然于斯世之愚人，于斯三教，有不可缺者①。

在明太祖的政治视野中，儒释道三教是辅助王纲的有力武器，不可或缺，并通过历代帝王因沉迷、佞幸佛道而灭国的历史教训，认为只要善加利用，三教对国家管理和社会稳定是大有裨益的。比如，就佛教而言，他认为“以世俗之说，斯教可以训世；以天下之说，其佛之教，阴翊王度可也”②，又认为“其老子之道，密三皇五帝之仁，法天正而已，动以时而举合宜，又非升霞禅定之机，实与仲尼之志齐，言简而意深”③。所谓上行则下效，明太祖对儒释道三教的态度及对三教关系的深层次理解，使三教融合成为明初主流文化意识形态，是“普遍流行的一般性思想倾向”④，在文人学者中泛起了不小的波澜。袁中道说：“道不通于三教，非道也。学不通于三世，非学也。积习之弊，必溯之于多生之前，而后其旨明。尽性之功，必极之于多生之

① 张德信、毛佩琪主编：《洪武御制全书》，合肥：黄山书社，1995 年，第155—156 页。

② ［明］葛寅亮：《金陵梵刹志》卷 2《钦录集》，天津：天津人民出版社，2007 年，第 60 页。

③ ［明］朱元璋撰：《御制文集》卷 11《三教论》，张德信、毛佩琦主编：《洪武御制全书》，黄山书社，1995 年，第 155 页。

④ （日）酒井忠夫著，刘月兵、何英莺译：《中国善书研究》（增补版），南京：江苏人民出版社，2010 年，第 243 页。

后，而其量满。”① 明初众多文人学者中，倡导三教融合者不在少数，如宋濂、乌思道、张孟兼、陈琏等。

邬思道即大力称颂佛道功能，称“余惟圣天子以先王之道教化万民，学校以先王之道赞天子教，民罔不惟礼法是从。然犹轶礼法而纵焉者，或化于佛氏，免戾于罚，是佛亦赞天子之教化者也”②。张孟兼则主张道教世俗化，以便于更好地与儒家思想相融合：“道家以清静无为为教，所谓太极焉者，岂名其所不可名而一归之于天乎？虽然，圣人有作，治具毕举，将跻亿万生民于仁寿之域。生斯世者，莫不遂其生养作息之期，熙熙皞皞，晏然乐于闾阎井陌间。则太极者，何往而不在乎！以是求之天，无不在矣。”③ 陈琏认为“老氏之教，以清净为本，而未尝以捐绝世务为高”④。皆认为二教当积极入世，而非弃绝尘俗。既然不必捐绝事务，就理应遵循人伦之道，恪守道德纲常，并有功于国家。这种思潮对佛道二教影响甚大，尤其是明诸帝所极力倡导的忠孝思想，渐被纳入二教教义之中。

洪武初年，明太祖曾明文规定僧道须拜父母的法令：“凡僧尼道士、女冠并令拜父母，祭礼祖先，丧服等皆与常人同，违者杖一百，还俗。”⑤ 这种律令的颁行，无疑是将忠孝思想纳入佛

① ［明］袁中道著，周本淳校点：《霞川先生文集》，上海：上海古籍出版社，2007 年，第 612 页。

② ［明］乌思道撰：《春草斋集》卷 6《重建水月观音寺记》，张寿镛辑：《四名丛书》，扬州：广陵书社，2006 年，第 10 册，第 5624 页。

③ ［明］张孟兼撰：《白石山房逸稿》卷 2《太极宫碑记》，《续金华丛书》，1924 年刊本，第 33 页。

④ ［明］陈琏：《琴轩集》卷 4《长春刘真人祠堂记》，文渊阁《四库全书》本，第 1241 册第 1428 页。

⑤ ［明］熊鸣岐：《昭代王章》卷 2《僧道拜父母》，台北：中正书局，1981 年，第 1 册第 544 页。

道二教，使其为统治阶级服务。成祖亦曾言：“闻近俗之弊，严于事佛而简于事其先，此教化不明之过。朕于奉先殿旦夕祇霭，未尝敢慢，或有征恙，亦力疾行。今世人于佛老竭力承奉，而于奉先之礼简略者，盖溺于祸福之说，而昧其本也，率而之正当自朕始耳。”① 甚至对世人所持的“竭诚诵经饭僧可以福利先亲”的佛家所谓的孝道给予了批判：“天子以四海为家，能思天位者，亲之所传大业者，亲之所建天下生民亲之，所保而敬以奉天勤以守业，仁以临民，使万物得所，四夷咸宾，光昭祖宗，传之子孙，可以为孝，何必事佛乃能为孝乎？”② 可见，无论太祖或是成祖，均秉承了忠孝为本的思想，清整二教的目的也在于贯彻忠孝及儒家思想正统。

为了倡导儒家的忠孝思想，成祖朱棣曾于永乐十八年（1420）亲自甄选207个古代孝道故事并对其进行注疏、配以诗赋，编辑成十卷本《孝顺事实》一书。他在序中说：“天经地义莫尊乎亲，降衷秉彝莫先于孝。故孝者，百行之本，万善之原。大足以感天地、感鬼神；微足以化疆暴、格鸟兽、孚草木，是皆出于此理。民彝之自然，非有所矫揉而为之者也。”③ 他在自己的评论中，曾多次提及至诚于孝道则可感应鬼神，如其在《王琳守冢》中所作的评论道：“孝弟本乎天性之自然，不待学而能张者也。然非诚心切至，则随感而应，有不期而然者”④。显然将儒家孝道与道家天人感应思想相结合，并已将佛家的报应思想

① ［明］余继登撰：《皇明典故纪闻》卷7，第6页。
② 同上，卷6，第15页。
③ ［明］朱棣撰：《孝顺事实·序》，明永乐十八年（1420）内府刊本。
④ 同上，第17页。

也融入其中。他还对孝与德的关系做了讨论，认为“孝德之足以通于神明也尚矣。盖孝为德之本，孝德之至则天地鬼神顺之，而草木禽兽之异皆应焉，此非徒然者也”[①]，而行孝道之所以能感格鬼神，其关键在于诚心，“至孝之行能通乎神明者，必起诚心恳切，有以感动之也”[②]。

朱棣严格执行了朱元璋令僧道拜父母、祭祖先之律条，要求释、道二教出家而不绝孝道，并引用《道丕父母》中僧人道丕乞食养亲的故事，认为“人之性一也，奚以所处而有异哉！盖为士大夫，与混迹于释老者，皆受形于父母，而具天地之理矣。则夫所以致孝于亲者，安的有异哉？……孝弟之性得于天者，不可易也”[③]，以阐明孝亲大伦。既然孝亲为人道之大伦，僧、道虽弃绝尘俗，但孝亲之事则不可绝废。成祖朱棣这种认识确定了明代维护统治的过程中以忠孝为本的基调。

明初朝中大臣、文人学者论孝道者颇多，可见尊亲重孝是当时所倡导的核心思想，甚至有人认为释、道二教与儒家只是社会角色不同，于人伦而言则并无区别。如黄润玉在其《海涵万象》中即提出释、道二教亦当首重孝道的主张：“娶妻生子而出家，释迦之教门也。臣周友孔而出关，老聃之行径也。孰谓释老灭绝君臣、父子、夫妇、朋友之伦乎？”[④] 归庄在其《归庄集》中亦称“道不离日用饮食，不必绝俗离世，长住深山也”[⑤]，认为二

① ［明］朱棣撰：《孝顺事实》卷5，第3页。

② 同上，第6页。

③ 同上，第12页。

④ ［明］黄润玉撰：《海涵万象录》，《学海类编》，清道光十一年（1831）六安晁氏木活字本，第36页。

⑤ ［明］归庄撰：《归庄集》卷5《与集勋》，上海：上海古籍出版社，1984年，第309页。

教只是理念上与儒家有别，形式上则未必泾渭分明，尽忠尽孝则可更好地辅助其在宗教与信仰上的追求。一旦儒家忠孝思想成为朝野上下所遵循的社会伦理，释、道二教也不得不对此做出社会伦理上的回应，将忠孝等思想援引入各自的义理之中。如张宇初即曾对净明忠孝道赞赏有加，称“许君尝有净明忠孝之法行世，其说皆本大中至正之理，非他符诀咒步比也。甘君以孝行之著，成仙蹑空，其功与道岂不得之忠孝尤多？矧仙之为超脱凡俗之径，未尝去人道而必独善也。此甘君道既成，事母终而脱去，则可谓两全矣！”① 无论是皇室倡导，还是居于道教核心领导地位的张宇初之理念认同，都为明初新净明道的崛起提供了良好的契机，刘渊然、邵以正一系道士之所以被宠、净明道之所以得以振兴，实际上与明代诸帝力倡忠孝思想有关。

第四节　“以方术进”之弊与净明道统的接续

明初诸帝崇信道教，尤其是对那些颇有影响力的高道更是礼遇有加。其崇道的目的无外乎是以下三种情况：一者，施行三教并用政策，以维护王朝的统治和社会稳定；二者，通过重用高道加强政府对道教的管理；三者，通过颁布一系列律令以规范道教教团管理，以此杜绝民间秘密教会的渗透。因而，洪武元年，太祖便诏令第四十二代天师张正常入朝，并对以龙虎山一系为首的正一道派给予了特别优待，龙虎山一系也因此成为活跃在明初政

① ［明］张宇初撰：《岘泉集》，载《道藏》第33册，第209页。

坛上的极具影响力的道派，不仅张正常受封“大真人”号，其后嗣子孙亦得袭封真人，其荣贵的程度世莫能比。

一

明太祖颇崇信方术，其创业之初便曾得道士、方士相助，如周颠①、张铁冠②等，因此对道教方术一直心存敬畏、深信不疑，致使建国后他便迫不及待地四处征聘天下贤才隐士，其中即包括

---

① 周颠，人称周颠仙，生卒年代无考，形迹疯癫，言未来之事，无不中者。明太祖朱元璋以其为仙人，并亲撰《御制周颠仙人传》。《明史》载：周颠，建昌人，无名字。年十四，得狂疾，走南昌市中乞食，语言无恒，皆乎之曰颠。及长有异状，数谒长官，曰“告太平”。时天下宁谧，人莫测也。后南昌为陈友谅所据，颠避去。太祖克南昌，颠谒道左。洎还金陵，颠亦随至。一日，驾出，颠来谒。问“何为?”曰：“告太平”。自是屡以告。太祖厌之，命覆以巨缸，积薪煅之。薪尽启视，则无恙，顶上出微汗而已。太祖异之，命寄食蒋山僧寺。已而僧来诉，颠与沙弥争饭，怒而不食且月半。太祖往视颠，颠无饥色。乃赐盛馔，食已闭空室中，绝其粒一月，比往视，如故。诸将士争进酒馔，茹而吐之，太祖与食则不吐。太祖将征友谅，问曰：“此行可否?”对曰：“可。”曰：“彼已称帝，克之不亦难乎?”颠仰首睇天，正容曰：“天上无他座。”太祖携之行，舟次安庆，无风，遣使问之。曰：“行则有风。”遂命牵舟进，须臾风大作，直抵小孤。太祖虑其妄言惑军心，使人守之。至马当，见江豚戏水，叹曰：“水怪见，损人多。”守者以告。太祖恶之，投注江。师次糊口，颠复来，且乞食。太祖与之食，食已，即整衣作远行状，遂辞去。友谅既平，太祖遣使往路上求之，不得，疑其仙去。洪武中，帝亲撰《周颠仙传》，纪其事。([清] 张廷玉等撰：《明史》，第 7639 页)

② 张铁冠，即张中，亦称铁冠道人，因其长年头戴铁帽，而人称张铁冠，是朱元璋建国之初极为信任的众多术士之一。《明史》载：张中，字景华，临川人。少应进士举不第，遂放情山水。遇异人，授数学，谈祸福，多奇中。太祖下南昌，以邓愈荐招至，赐坐。问曰：“予下豫章，兵不血刃，此邦之人其少息乎?”对曰：“未也。旦夕此地当流血，庐舍尽毁且尽，铁柱观亦仅存一殿耳。”未及，指挥康泰反，如其言。……帝命从行，舟次孤山，无风不能进。乃以洞玄法祭之，风大作，遂达鄱阳。大战湖中，常遇春孤舟深入，敌舟围之数重，众扰之。曰：“无忧，亥时当自出。”已而果然。连战大胜，友谅中流矢死，降其众五万。……为人狷介寡合，与之言，稍涉伦理，辄乱以他语，类佯狂玩世者。尝好戴铁冠，人称为铁冠子云。([清] 张廷玉等撰：《明史》，第 7640 页)

身怀异术的高道和方士。《明史纪事本末》载：洪武元年（1368）八月，“命学士詹同等十人分行十道，旁求隐逸之士”[①]；洪武三年，“戊子，诏天下有司推访贤才”[②]；洪武二十五年九月，“诏求通晓历数推往知来者，爵封侯”[③]。《菽园杂记》载：“洪武中，朝廷访求通晓历数、数往知来、试无不验者，必封侯，食禄千百五百石。”[④] 又黄甫庸《近峰纪略摘抄》称：“洪武中，求通晓天文历数奇验者，官之；有至侯爵，官千五百石者。”[⑤] 明初太祖闻张三丰名，“洪武二十四年遣使觅之，不得。”[⑥]《罪惟录》载：“邓仲修者，元时入上清宫为道士……遇异人仙岩石上，出《青囊书》，授纵闭阴阳、麾斥鬼物之法。又从隐者金志阳传性命之说，龙虎大丹之秘。洪武初，诏中书征有道六人，仲修与焉。京尹请祷雨，入室凝神，雨随注。”[⑦] 高道刘渊然亦于洪武中被召入京，“洪武二十六年，太祖闻其名，召至，赐号高道，馆朝天宫”[⑧]。可见太祖对有影响力的高道、方士极为褒崇。

明太祖对道士、方士的褒崇往往招来众多邪妄之人，反而带来更多问题。于是，明初诸帝对于那些毛遂自荐进献方书、丹药

① ［清］谷应泰撰：《明史纪事本末》卷14，北京：中华书局，2015年，第1册第200页。

② 同上，第204页。

③ 同上，第220页。

④ ［明］陆容撰：《菽园杂记》卷1，第8页。

⑤ ［明］皇甫庸：《近峰纪略摘抄》，［明］沈节甫辑：《纪录汇编》卷193，第1页。

⑥ ［清］张廷玉等撰：《明史》，第7641页。

⑦ ［明］查继佐撰：《罪惟录》卷26，上海：商务印书馆影印本，1936年，第33页。

⑧ ［清］张廷玉等撰：《明史》，第7656页。

等之方士多拒之不用。如洪武年间，有道士前来献道书，明太祖对侍臣言："彼所献，非存神固形之道，即炼丹烧药之说，朕乌用此！朕所用者，圣贤之道，所需者治术，将跻天下生民于寿域，岂独一己之长生久视哉！苟受其献，迂诞怪妄之士必争来矣。故斥之，毋为所惑。"① 沈德符《万历野获编补遗》卷四："太祖时，刘安寿进书，亦不闻有赐，盖亦尽罢归去。"② 又"洪武四年十二月，陕州人献天书，斩之"③。可见太祖对于道教方术、神仙等并未表现出太多兴趣，或者说，他对高道、方士的礼遇仅止于对道教的利用，而并非出自本人的信仰。

《皇明典故纪闻》卷二载：

> 太祖闻公侯中有好神仙者，谕之曰：神仙之术，以长生为说，又谬为不死之药以欺人，故前代帝王及大臣多好之。然卒无验，且有服药以丧其身者，盖由富贵之极，唯恐一旦身殁，不能久享其乐，是以一心好之。假使其术信然，可以长生，何故四海之内千百年间曾无一人得其术而久住于世者？若谓神仙混物，非凡人所能识，此乃欺世之言，初不可信。人能惩忿窒欲，养以中和，自可延年，有善足称名垂不朽，虽死犹生，何必枯坐服药以求死？万无此，当痛绝之④。

《万历野获编》亦有类似记载："洪武二十二年，河南开封

---

① ［明］余继登撰：《皇明典故纪闻》卷5，第36页。

② ［明］沈德符撰：《万历野获编补遗》，北京：中华书局，1959年，第906页。

③ ［清］谷应泰撰：《明史纪事本末》卷14，北京：中华书局，2015年，第1册第210页。

④ ［明］余继登撰：《皇明典故纪闻》卷2，第30—31页。

府邱县民刘安寿进禁书，其目曰：《五符太乙书》十一种，《景祐太乙书》一十卷，附《淘金歌》（凡三数十种，不具录）。其中必有秘术秘诀，今不知内府尚存此等书否？”[①] 以上可见，仅洪武朝，前来进献方书、丹书者不在少数，但绝非来者不拒，亦未轻易听信妖妄、佞幸、谄媚之词，而是有选择性地试以道术，确有真才实学者重用之，对于以方术邀宠的妖妄之人则一律弃之不用。可见明太祖对人才之选用亦是极其慎重的。

至永乐朝，成祖朱棣亦崇信道教，宠赉高道、方士。永乐初，成祖因“入靖内难，以神游显相功，又于京城艮隅并武当山重建庙宇。两京岁时朔望各遣官致祭，而武当山又专官督视祀事”[②]。永乐中，成祖闻杭州道士周思德习灵官法，乃“于禁城之西建天将庙及祖师殿”[③]，而周之受崇，实因“以灵官附体降神……祷之有验”[④]。成祖信道教方术、方药，致使羽士有借幻术而进者，“方士辈视其弱点而伪途广启矣”[⑤]。其后多有以方术进者，成祖皆弃之不用。如《皇明典故纪闻》载：

> 永乐初，有献道经者。成祖曰：朕所用治天下者，五经。道经何用？斥去之，既而谕侍臣曰：上好正道，则下不为邪，人主好尚，稍不谨慊，人怀侥幸之心者，恣纵妄诞以投所好，苟堕其计，将来流害无穷矣。故不得不斥[⑥]。
>
> 欧宁人有进金丹及方书。成祖曰：此妖人也。秦皇汉武

① ［明］沈德符：《万历野获编补遗》，第906页。
② 《明孝宗实录》卷13，第310页。
③ 同上，第311页。
④ ［明］倪岳撰：《青溪漫稿》，文渊阁《四库全书》本，第43页。
⑤ 杨启樵：《明清史抉奥》，第30页。
⑥ ［明］余继登撰：《皇明典故纪闻》卷6，第11页。

> 一生为方士所欺，求长生不死之药，此又欲欺朕，无所用金丹，令自食之，方书即毁之，勿令别欺人也[①]。

成祖对道教的态度与太祖基本相类，不仅寄希望于道教方术以祈福延祚、消灾禳祸，利用道士设醮以辅国济民、维护王朝统治，又对假托僧道杂进的邪妄之人加以防范、管制。洪武二年(1369) 二月十三日，太祖“欲奏闻上帝，奈无人捧词至干天庭，故差人诣天师门下……（请天师）差精通妙道之师，捧词达天，以申祈祷之情”[②]，而命龙虎山天师张正常致斋三日始，历永乐、洪熙、宣德、正统、景泰、天顺诸朝，朝廷各类大型斋醮活动，大多由道教人士担任。如以下两条大型斋醮活动即由刘渊然主持[③]。

其一：

> 永乐四年修举金箓斋法以荐皇考妣。按《明通记》，成祖永乐四年冬十二月，征天下道士至京师朝天宫神乐观洞神宫修举金箓斋法，荐皇考皇妣，驾幸斋坛七日而毕[④]。

其二：

---

① ［明］余继登撰：《皇明典故纪闻》卷7，刻本，第24页。

② 《皇明恩命世录》卷2，载《道藏》第34册，第789页。

③ 从时间上看，永乐四年并未见张宇初受敕主持斋醮活动之记载，而刘渊然于朱湖洞天埋石告行之事亦发生在永乐四年，《灵谷禅林志》中亦有“永乐四年，道士刘渊然在此（南京紫金山上珠洞）埋石告天”；永乐五年，刘渊然受敕建金箓大斋以资皇考妣冥福，据《龙泉观长春真人祠记》记载，刘氏于永乐初建醮，有甘露、鸾鹤、醴泉之祥，更有醴泉碑等以资佐证，故大抵可知以上两次斋醮活动由刘渊然主持修建。

④ ［清］陈梦雷编：《古今图书集成·博物汇编·神异典》第215卷《道教部》，第506册第56页。

> 永乐五年，敕命道士设醮以资皇考妣冥福。按《大政记》，永乐五年七月丙子，修神乐观，立醴泉碑，敕命道士于朝天宫设醮，上资皇考皇妣冥府。竣事，醴泉出观井中，群臣以为上孝感所致，请立碑以昭灵贶。翰林院侍读胡广制碑文[①]。

有学者统计，仅龙虎山各代天师为明朝廷所举行的斋醮活动达55次之多，其中太祖时4次、成祖时15次、仁宗时1次、宣宗时10次、英宗时20次、景帝时5次[②]。该数据尚未包括由其他派别的高道所主持的斋醮活动。太祖时举行的4次斋醮活动中，祭天、祠山各1次，做斋、祷雨各1次，永乐至天顺间所举行的斋醮活动则并不包括祭天、祠山等儒家传统祭祀活动，反而多偏向于斋、醮等，由此亦可见明中叶以前诸帝对道教的崇信和依赖程度。

明初皇室对道教的崇信，尤其是对龙虎山一系正一派的崇信，使龙虎山天师在朝中身居要职，“掌天下道教”，而其教派规模也日趋壮大，这无疑给教团管理增加了难度。教团内部屡屡出现违法乱纪之事，即使是天师张宇初本人也曾于建文时“坐不法，夺印诰”[③]。据《太宗实录》卷一百二记载，惠帝建文年间（1399—1402），张宇初居乡恣肆，数有言其过者，而被罢去。不过，龙虎山一系影响较大，徒众甚多，尤其受永乐朝特别褒崇而屡屡遣人上京请给度牒，至宣德时此风才稍被禁止。如宣

① ［清］陈梦雷编：《古今图书集成·博物汇编·神异典》第215卷《道教部》，第506册第56页。

② 参见庄宏谊：《明代道教正一派》，台北：台湾学生书局，1986年，第171页。

③ ［清］张廷玉等撰：《明史》，第7654页。

德时，张宇清请求“龙虎山道士八十一人度牒，礼部侍郎胡濙代为之请。宣宗曰：僧道给度牒，祖宗有定制，无请求之理。朕不惜宇清，惜其教也。竟不与。”① 正统以后，入京请度牒之道士人数剧增，甚至出现假借张天师名号坑蒙拐骗的情况，如娄近垣《龙虎山志》称“近闻各处有假借张真人名色，私出符箓惑民取财，甚非道教本源神法之意”②，从侧面反映了道派管理方面存在的诸多不足。因此，英宗曾于天顺间敕谕龙虎山各宫观道士及张氏族人“务要各循礼法，崇重敬信，不许欺侮侵陵生事，如有仍前假尔名色，私出符箓，一体治以重罪。尔宜清心勉学，祇承元范，茂阐宗风，毋坠先业，尚钦承之，毋忽。”③ 可见，至天顺之时，以符箓法术、斋醮祭祀为主业的正一道已呈现出诸多弊端。《明史》对其评价亦甚中肯，称“张氏自正常以来，无他神异，专恃符箓，祈雨驱鬼，间有小验。顾代相传袭，阅世既久，卒莫废去”④。

明中期以前，道教屡获褒崇同时亦屡遭质疑、限制的原因颇多。其一，绝大多数羽流皆“以道术进”，从而诱发了邪妄、奸佞之人混入，或自簪而寄籍于宫观，或诿托游食而逃差役赋税，这不仅大大降低了道士队伍的整体素质，仅以符箓、法术等取悦于时君、时人，对道教义理、道教学术思想、内外丹理论等核心内容亦无更多发挥；其二，随着道教越来越趋于世俗化，对符箓道术的需求也逐渐转向民间，在一定程度上增加了社会的不稳定

① ［明］余继登撰：《皇明典故纪闻》卷9，第3页。

② ［清］娄近垣纂：《续修龙虎山志》卷10《艺文》，乾隆庚申（1740）栖碧堂刊本，第7页。

③ 同上。

④ ［清］张廷玉等撰：《明史》，第7656页。

性，终究与明王朝“厚风俗、益人伦”的治世目标渐行渐远。因而，明初的社会对道教有了更多的期待，“独为自己而已”的全真一系并未成为朝廷关注的对象，但以忠孝为本的净明道则刚好迎合了这种需求。这一历史背景为明初刘渊然、邵以正一系净明道的崛起创造了绝佳的条件。

二

洪武初，为了维护皇权稳固和社会安定，太祖朱元璋采取了三教并用政策，不仅对龙虎山一系正一道进行了扶持，还广征天下高道、方士入京委以重任，其衡量标准即是道术，大凡身怀高超道术之方士羽流，无不力聘。明初高道刘渊然亦因洪武中“以道法显”而被召入禁中“赐号高道，馆朝天宫”，从而成为明初道教界的一股清流，并使“久湮不行”的宋元净明道得以复兴。

刘渊然之被宠，源于他本人具有高超的道术，“颇能呼召风雷”，满足了太祖崇信方士异术的心理，深得太祖器重礼遇。《明史》载：

> 刘渊然，赣县人。幼为祥符宫道士，颇能呼召风雷。洪武二十六年，太祖闻其名，召至，赐号高道，馆朝天宫。永乐中，从至北京。仁宗立，赐号长春真人，给二品印诰，与正一真人等。宣德初，进号大真人。七年乞归朝天宫，御制山水图歌赐之。卒年八十二，阅七日入殓，端坐如生。渊然

有道术，为人清净自守，故为累朝所礼[①]。

刘渊然于洪武朝遇宠，赐号高道，太祖于朝天宫一侧建房屋数十间，总称之为西山道院，作为刘渊然栖居之所，并甄选乐舞生十人随侍。《长春刘真人祠堂记》载："洪武癸西，征赴阙，上深嘉奖，赐号高道，及剑一具，命于朝天宫建西山道院居焉。上尝幸朝天宫，幸道院加抚谕，或入谒则赐坐，论道要，礼遇甚至。"[②] 西山道院即栖真观，"所居西山道院赐名栖真庵，正统间改赐名栖真观"[③]。《明一统志》卷六载："栖真观在府南三十里，正统八年建。"[④] 实际上，该观并非于正统八年新建，实乃由洪武间所建的西山道院改赐额，岳涌称"栖真观应是正统年间建于刘渊然墓前以供守墓之用，属坟寺类道观，与明代官宦在墓前建佛寺以守其墓相类似，这类寺观规模较小，多不见记载"[⑤]，此说较为可信。

自洪武时起，刘渊然备受尊崇，永乐时从驾北京，仁宗时封"冲虚至道元妙无为光范演教长春真人"，给二品印诰，与正一真人等。《明史·张正常传》有改授龙虎山天师"正一嗣教真人，赐银印，秩视二品。设僚佐，曰赞教，曰掌书。定为制。"[⑥] 有明一代赠号真人者为正二品，乃道士中品秩最高者，正一派除了天师为正二品外，道士受真人封号者有刘渊然、范文泰、李伯芳、黄太初、邵元节等五人。刘渊然以道术高妙，能呼召风雷，

① ［清］张廷玉等撰：《明史》，第 7656 页。
② ［明］王直撰：《抑庵文后集》，文渊阁《四库全书》本，第 1241 册 47 页。
③ 同上，第 48 页。
④ 《明一统志》卷 6，台北：台联国风出版社，1977 年，第 528 页。
⑤ 岳涌：《〈长春刘真人祠堂记〉与栖真观》，《中国道教》2017 年第 2 期。
⑥ ［清］张廷玉等撰：《明史》，第 7654 页。

为四十三代天师张宇初之师，而受仁宗封为真人[①]。实际上，刘渊然受崇确与第四十三代天师张宇初推荐有关。

刘渊然卒于宣德七年（1432），卒年八十二，则刘渊然生于1350年，比张宇初年长十岁。张宇初于洪武十年（1377）至永乐八年（1410）年袭天师位，在位三十四年。刘渊然于年十六时，即1366年于江西赣县祥符宫出家为道士。《赣县志》卷十三《寺观》载：“紫极宫，在府城隍庙右，唐时建。宋改大中祥符宫，又改元妙观，明道士刘渊然受法于此，后改祝圣道场，地居高阜，殿宇宏敞，像设三清。”[②] 紫极宫即刘渊然出家之地。《明史》称“宇初尝受道法于长春真人刘渊然”[③]，“正一真人张宇初之术，渊然所授也”[④]。娄近垣《龙虎山志》亦持此说。则张宇初确曾受法于刘渊然，不过具体时间却未见记载。《长春道教源流》卷七言：“正常于正一法已失其传，渊然本其师授以全真兼正一，故宇初转学之也。”[⑤]《长春刘真人祠堂记》称刘渊然“尝游龙虎山，过南昌，值岁旱，为祷雨立应，声闻益彰”[⑥]，然后便有“洪武癸酉，太祖高皇帝召至阙下接对”[⑦] 之事，则可知道刘渊然在受召入京（即洪武二十六年）之前便曾造访龙虎山，因其道法高妙、还应官府之请祷雨有验，故而声名鹊起。刘渊然

---

① 庄宏谊：《明代道教正一派》，台北：台湾学生书局，1986年，第123页。

② ［清］黄德溥等修：《赣县志》，《中国方志丛书》，第282号第359页。

③ ［清］张廷玉等撰：《明史》，第7654页。

④ ［清］陈梦雷编：《古今图书集成·博物汇编·神异典》第287卷《方士部》，第512册第28页。

⑤ ［清］陈教友撰：《全真道教源流》卷7，第20页。

⑥ ［明］王直撰：《抑庵文后集》卷5《长春刘真人祠堂记》，文渊阁《四库全书》本，第1241册第47页。

⑦ ［明］邵以正辑：《净明忠孝全书》，第32页。

授张宇初道法的时间当于此时，其所传之道法乃“本其师授”，其师赵宜真亦曾在龙虎山得天师张正常礼遇，并曾从张学习正一道法，张本欲留其住持龙虎山但被赵宜真所拒，因而在其离开之前，“上清学者多师焉”①。

张正常于洪武十年（1377）年羽化之时，张宇初年仅17岁，三年后受召赴阙，承袭真人爵位、受封号。从时间上推断，张宇初师从刘渊然之时间抑或在1380—1393年间，不可能在张正常之时，其活动范围可能较广，处于云游参访的状态，但其在龙虎山的时间或较长，且可能参与过张宇初于洪武十六、十八年所主持的两次大型斋醮活动。据《皇明恩命世录》载，张宇初曾于洪武十六、十八年受命于紫金山、神乐观分别建玉箓大斋及祷雨②，多次被征召入京。张宇初之被召，实因其为张陵之法嗣，为正一掌教。加之当时太祖求贤若渴，四处征召有道高士及羽士，张宇初盖也将刘渊然推荐给太祖，才有洪武二十六年召刘渊然入京应对之事。实际上，从张宇初《岘泉集》《道门十规》等著作看，其中所阐发的全真丹法、性命说等，盖也有刘渊然对其的影响，才使其思想与龙虎山传统道法思想有些差别。

洪武间刘渊然受召入京应对，太祖对他可谓褒崇至极，如让其住朝天宫，即全国道教管理最高机构所在地，后来在一侧建房数十间作为他的馆舍，并选派乐舞生供其扫洒、驱使之用。永乐初，刘渊然随驾入京，后迁左正一。其提升的速度是非常快的，且开始“领道教事”，这对于身为天师的张宇初极其不利，故有张宇初“与刘渊然不协，相诋讦”和刘渊然于永乐中“因性耿

① ［明］邵以正辑：《净明忠孝全书》，第30—31页。

② 《皇明恩命世录》，载《道藏》第34册，第792、795页。

介，忤权贵”之事。后谪云南三载，虽然谪滇期满，但刘渊然并未被召回，继续留滇传道，至洪熙元年被重新召回，赐“长春真人”号，给二品印诰，与正一真人等。宣德初进号大真人时，其受宠赉的程度已然超过张宇清，于是遭到宇清妒忌，也奏请大真人号，宣宗只能“勉强从之”。《万历野获编》卷二十七《释道》称：“太祖封张正常为真人，以嗣龙虎山之业，其号不过十字，宣宗宠刘渊然，真人封号至十八字而极矣。此后恩渐杀，惟嘉靖间邵元节之封，其真人号亦同渊然，虽一时异数，然两朝滥典，人以为骇，不知宪宗朝亦有之。”① 至宣德七年，宣宗甚至亲作“山水图歌”赐之，“其平生所有貂裘、鹤氅、法衣、法剑，一切道具舆帐，供奉给事之人之类，无一不出朝廷所赐。崇奖之荣，玄教罕比。”②

实际上，刘渊然之被宠，关键不仅在于其曾为张宇初之师，也不仅在于其法术高妙，而是他对于清微、净明、全真南北丹法等研究极深，是明初道教法术、学术等方面的集大成者。再者，明初四方道流杂进、邪佞横生，不仅使道派门风渐趋不良，使道教整体素质不高，尤其是太祖、成祖等多注重斋醮、祈福的实际利益，因此对“以道术进”的方士羽流尤加褒宠，而致使僧道游食京师，带来了很多社会问题。在这种情况下，朝廷对于不仅道法高超，还能戒行精严、清虚自守刘渊然一系道士极为敬佩，加之刘渊然所论多以忠孝、诚敬为本，与明初的主要统治思想不谋而合。这是很多如龙虎山一系的道士力所不能及的。

---

① ［明］沈德符撰：《万历野获编》卷27《释道》，北京：中华书局，1959年，第695页。

② 陈垣编纂：《道家金石略》，第1260—1261页。

其一，洪武初，刘渊然与其他方士、羽流一样，皆“以道术进”。这与太祖及成祖崇信方术、方士有关，如祈雨求晴、斋醮符箓等，龙虎山正一符箓道派正好满足了这些需求，为了得到朝廷恩宠，甚至有部分全真道士也兼修正一法术，符箓成为明代道教的主要特征。正因为如此，终明一世，史书中所录著名方士全真派所占比例甚小，其余全是正一派道士。尤其是永乐时朱棣迁都北京，作为全真丛林之首的北京白云观虽历史悠久，但白云观道士被重用之情形是极少的。明代后期更是如此，活跃在京师的著名方士与高道，如陶仲文、胡大顺、邵元节、蓝田玉、段朝用、龚可佩等，无一来自北京白云观。这或许是因为白云观道士乃是全真黄冠使然。

全真分北、南二宗，北宗主炼养而不重服食，南宗则兼主两家。北宗重内心修养而不论长生久视，从而强调清心寡欲、内心修养，对丹药、方药、符箓等方面则有所欠缺，所以给明太祖留下“独为自己而已”的印象。这是全真并未得到重用的原因。刘渊然虽然曾得全真北派与金丹南宗之传，但引起太祖兴趣的并非其栖神炼气、金火返丹等全真秘术，而是其“颇能呼召风雷”的道术。而且从形式上看，无论曾为张宇初之师，还是祈晴祷雨之类的道法，刘渊然也算是正一符箓派道士。这样，经张宇初等人之推荐，其便顺利登上了明初的政治舞台。

其二，自太祖起，明代每一位帝王无不以重用正一道士为主，对全真则并未表现出太多兴趣。不过，总的来说，明朝廷所在意者是道教中的可堪利用的成分，因此，既希望能最大限度利用道教，通过斋醮为大明王朝祈延国祚，同时也希望这些羽流、方士能安分守己，以减轻社会压力。如此一来，清净自守便成为一种极其珍贵及稀有的品格。在经过半个世纪的国家治理之后，明朝政局逐渐稳定，这样，对佛道二教提出了更高的要求，比如洪武二十年对僧道所提出的要求还是“民二十以上者不许落发为僧，年廿以下来请度牒者，俱令于载京诸寺试事三年，考其廉洁无过者，始度为僧”①。这种要求是极低的，对文化素养等方面几乎毫无要求。行之不久，该款条例即已变成“年二十以上愿为僧者，通经典者始给度牒”②。之后不久，又开始造《周知文册》颁发天下寺观，一者便于僧道管理，二者便于对民间秘密宗教结社进行有效防范，并开始限制僧道人数。从这些措施看来，明代利用佛道二教的目的是显而易见的，不仅想借二教延长王朝国祚、防止社会动乱，同时也希望道教徒能为国家做出贡献，而非变成惰民食客。因而，虽然以方术为主的正一派及符箓道士深得皇帝宠信，诸帝依然注重古代清修道士那种与世无争、清净无为的性格和生活态度。当很多方士、羽流试图通过进献各类方术、幻术、丹药、道书等以邀宠时，一直恪守清净虚无、戒行精严的道士便显得非常弥足珍贵。这也是明中期以前刘渊然及邵以正一系净明道能屡屡得宠的原因。

《明史》称刘渊然“为人清净自守”③，介绍浮屠智光之时亦曾称“渊然辈淡泊自甘，不失戒行”④，仁宗称刘渊然“禀心纯一，凝志静虚，参极玄机，游冲淡自然之域，秒传道秘，显神明不测之功”⑤，即使备受太祖隆遇但依然能“惟坚于素节”，因

① ［明］余继登撰：《皇明典故纪闻》卷5，第1页。
② ［明］林尧俞：《礼部志稿》，文渊阁《四库全书》本，第598册第606页。
③ ［清］张廷玉等撰：《明史》，第7656页。
④ 同上，第7657页。
⑤ 《金陵玄观志》卷1《敕真人刘渊然》，第5页。

此，敕号“冲虚至道玄妙无为光范衍教庄静普济长春真人”，期待“其清净之风，翊我恭和之治”[①]。仁宗皇帝这纸敕书中可以看出太祖、成祖及仁宗等诸帝对刘渊然的基本态度，重用他的原因并非出于其道术，更为关键者，在于其戒行精严的宗师风范。除了官方文献之外，清娄近垣版《龙虎山志》称刘渊然“清净自守，不干世事”，采用了《明史》口吻。由此可见，刘渊然的形象大致是清净自守、戒行精严、淡泊自甘，这与当时的龙虎山一系正一道的奢靡浮华形成了鲜明对比。

刘渊然这种品行受其师赵宜真的影响，赵宜真“绝交处，寡言笑，闻者愿礼不获。其高行伟操，为时所推慕，从游者益众”[②]；同时，这种品行也影响了邵以正，邵以正对刘渊然“简静处己、淡泊自守”的精神几乎进行了严格的践行。《龙泉观通妙真人祠堂记》称邵以正“淡泊存心，以简静处己，以平易接物”[③]，《明英宗实录》称他“廉静谦谨，礼容雍容，缙绅咸重之”[④]。邵以正在其所整理的刘渊然平日语录《长春刘真人语录》序中称其和师父刘渊然素来所坚持、遵循的就是“清寡嗜好，智慧自明”，这无疑是将以符箓道术为主的正一派与专务静修、注重心性修炼的全真派的中和，让刘、邵一系道派一进入明初政治视野便显得与众不同，这对于刘、邵一系净明道形象的竖立具有积极作用。

其三，明初三教并用政策使道教成为明代思想体系中不可或

① 《金陵玄观志》卷1《敕真人刘渊然》，第6页。
② ［明］张宇初撰：《岘泉集》卷4《赵原阳传》，载《道藏》第33册，第232页。
③ 陈垣编纂：《道家金石略》，第1265—1266页。
④ 《明英宗实录》卷343，第6949页。

缺的组成部分，而道教对于明朝廷的价值不仅仅在于其斋醮、符箓、方术等方面的现实利益，还在于其“厚风俗、益人伦”的社会功能。然而，自洪武初期开始，以龙虎山正一道为主的道派在明代社会管理中所发挥的优势越来越小，尤其是私自簪披的人数越来越多、进京请求度牒的道士规模越来越大，无论是明朝廷还是民间社会对道教（包括佛教）都提出了新的功能性要求。在这种情况下，以忠孝伦理为主要思想的净明道完成了这种由纯宗教的存在向社会管理参与者角色的过渡。

净明道在宋代正式形成教团组织并产生过一定的影响，但至元末已“久湮不行”，不仅未出现极具影响力的道派领袖，其教理教义亦未得到较大发展。元季明初，赵宜真从其师金野庵处得净明大道之传，并将清微、全真北宗、金丹南宗等诸家理论融会贯通为新道派，可谓各家道法之集大成者，不仅被清微派、净明道尊为嗣师，也被全真派尊为法嗣，《全真道教源流》专门为其与徒裔刘渊然、邵以正、胡守法等诸人作传。就此看，赵宜真似乎并未明确自己究竟归属于哪一派，但各派道法均在他这里有了较大发挥。

至明初，刘渊然亦通过其高超的道法扩大影响力，但自洪武二十六年（1393）开始，其重建净明道的抱负才得以实现。其所学亦杂而多端，然在净明道法（或称将诸家道法融会贯通形成的新净明道）上多有用心。他不仅继承了宋元以来净明道的主要思想，还将净明法与清微、灵宝、全真北宗内丹、南宗炼养服食等结合起来，内以儒家正心诚意为主，外则以忠孝济世为用。如宣德六年（1431）泥金写本《三元妙经》（《太上太玄女青三元品诫拔罪妙经》）中即有刘渊然本人所作序，称该经“流降于世，使之尊奉忏悔多愆，以忠君孝亲、存心济物、利益存亡为第一义，至矣！尽矣！"[1] 体现了刘渊然对新净明忠孝道法的重构意图。这种净明思想抹去了蒙在传统道教之上的方术类迷信、虚幻色彩，同时与明室所推崇的忠孝仁义主旨相契合，使净明道在明初数十年中一枝独秀。这种净明"中兴"始于刘渊然之被宠，也在于其高徒邵以正及其徒裔的极力推广，使该道派在明代道教史上留下了浓墨重彩的一笔。

邵以正是刘渊然谪滇期间所收的高徒，曾跟随刘渊然四处传道，足迹遍及滇中及滇西地区，为云南道教的兴盛所做贡献巨大。也正因为如此，洪熙元年，刘渊然被召回京不久，邵以正便被召进京，并于宣德初刘渊然辞归南京时因刘举荐而进入道录司任职，之后的数十年间，他继续完成刘渊然宗派构建的遗志，逐渐形成了与龙虎山一系并驾齐驱的全新的净明道派。与其师相比，邵以正的道脉、法脉传承相对单一，刘渊然几乎是他的法脉、道脉的唯一来源，因此，邵氏所继承的道脉、法脉也是经过数次融合之后的新体系，这种体系本身已具有杂而多端的特点。

刘渊然、邵以正之后，尚有其徒裔在各地传承，其中成绩卓著者当数云南境内所传之长春派，据郭武先生所言，该派即源于明代刘渊然、邵以正等所新创的净明道派支派，其中以医济世的传统成为区别云南净明道与传统的江南净明道派的最大特色。这一道派之所以在明中期以前屡屡受宠，其原因不仅在于其以忠孝为本的主旨，以及诚敬、人心合天心等带有儒家伦理色彩的思想，也有内炼心性、外重服食、栖神炼气等丹法方面的内容，更

① ［明］刘渊然撰：《三元品诫妙经重刊序》，《太玄女青三元品诫拔罪妙经》（卷上），宣德六年（1431）辛亥内府刊本。

有清微雷法、炼度等灵宝派道法的影子。

综上所述，在明初诸帝王实行三教并用政策，不断崇尚道流的情况下，形成了明代中期以前道教内部的腐化、教团组织松散、道流杂进的局面。这种情形显然与明代极力推崇的儒家正统格格不入。

一方面，对于皇朝统治而言，尊崇道教的目的是将其改造以为朝廷所用。然而，以符箓、法术为主的正一道派虽然极力凸显其注重世俗伦理的一面，但其缺乏了理论方面的铺垫，因而其在社会管理方面显示出某种欠缺。而净明忠孝道则刚好弥补了这一空白。这是刘、邵一系净明道得以“中兴”的历史原因。

另一方面，刘渊然、邵以正一系之被宠，不仅在于其同样具有高超的道术、法术，还在于其身上所体现的“清净自守、戒行精严”的净明道特征。这也是刘、邵二人为累朝所礼、“为名冠羽流、望隆缙绅，而致远迩敬信，无存殁之间者”[①] 的原因。

明初净明道的崛起，致使该道派的影响力不断扩大，尤其是其以医济世的道派宗旨，使该派广行于民间，其所提倡的忠孝思想对明代社会管理亦起到了一定的作用。如《感应篇》《功过格》[②] 等民间劝善书籍的流传，不仅使道教越来越趋于世俗化，亦体现了其“暗助王纲”方面的伦理化诉求。

然而，作为一个道教宗派，明初的净明道确实有其显著的道教特征。比如，从道法、方术，祈雨求晴等道法运用方面看，无

① 陈垣编纂：《道家金石略》，第1265—1266页。

② 郭武先生称《功过格》为净明道之发明，“明清时期中国社会流行的记录日常行为善恶之《功过格》，亦是净明道的发明”。[见郭武：《明清净明道与全真道关系略论——以人物交往及师承关系为中心》，载赵卫东主编：《全真道研究》（第1辑），济南：齐鲁书社，2011年，第142页。]

论是刘渊然、邵以正还是之后的诸多徒裔均有所发挥；从道教修炼及道统重构等方面看，即使明代净明道的道法呈现出多元化，道脉、法脉的传承多呈现个体差异性，但净明道的道统却已经历了重构，这从邵以正所整理、编辑、刊行的一系列著述中可以看出。有学者质疑过赵宜真、刘渊然、邵以正等人的道派属性，但从净明道统重构这一角度看，三人所传者均系净明法脉。

综上所述，在明初三教融合的背景下，诸道派逐渐趋向于合流。明太祖朱元璋从宗教的社会功能的角度将道教分为正一和全真两派，并以“厚风俗、益人伦”作为征选道士的基本标准，道士官秩及封号亦以正一为主①。在“惟才是用”的政策影响下，一大批身怀高超道法的高道被征招入京。而这些被征招的高道均属符箓道派，全真道则沉寂无闻。尽管明初朝廷采取了一系列对道教的管控政策，皇室对正一道士的褒宠却逐渐暴露了其弊端，请求度牒的人数不断增加，道教教团内部亦有不同程度腐化，对符箓道法的过度追求使大量道士“不务祖风”，专以符箓法术为务而鲜见恪守清虚自守的道风者。张宇初编撰《道门十规》之目的之一即在于肃清不良风气，乃是当时其以道教领袖的身份，针对教内存在的实际状况和适应社会发展需求，对道教义理、道观管理体制、道士的规范管理等所提出的整体规范条例。而其《岘泉集》中已出现大量谈论内丹学的痕迹，亦可以看出其对全真之学在正一符箓道法修炼中的补益作用的重新

① 清人钱谦益《牧斋初学集》卷七十一载：“高皇帝即位，首崇正一封号，而周玄初、邓仲修咸得召见，此皆上述老子下袭张陵有功世教者也。”（钱谦益撰：《牧斋初学集》卷71，《四部丛刊》上海涵芬楼藏崇祯癸未刊本，第1555页）因而，明初太祖立国，设道录司管理天下道教，道秩设“正一”“演法”“至灵”“玄义”，皆与正一道有关。由此亦可知明代优崇道士之情况。

认识。

赵宜真、刘渊然、邵以正一系净明道士，兼清微雷法、全真南北宗丹法、净明法于一身，不仅因符合明初朝廷对高道“以道法显”的征召条件而屡屡承担为朝廷祝釐的祈福重任，同时通过对忠孝的信仰与践行拉近了与官宦儒士之间的距离，这对于“久湮不行”的明初净明道派而言，无疑是一种历史机遇，同时也是赵、刘、邵一系的弘道策略和部署。作为赵宜真、刘渊然净明道脉、法脉的承传者，邵以正活跃于宣德、正统、景泰、天顺诸朝，不仅完成了《正统道藏》的校订工作，其道秩亦由右演法提升为左正一，执掌京师道教，其后屡屡获赐高士号、银印及剑，并于景泰时获赐真人号，字数达二十字之多，其权力及影响力即于此时达到了巅峰。

明初诸帝的崇道行为使诸符箓道派逐渐汇归为正一道派，以内丹为主要特征的内炼道派则渐趋沉寂，为了获得官方的认可和支持，部分全真道派亦兼行符箓法术而带有符箓道派的特色。道派的合流使诸道派逐渐失去了自身特色，道派归属渐趋模糊，这对于以派谱传承为主要形式的道派而言是极为不利的。因而，自洪武、永乐时起，刘渊然便开始了净明道统重构，至邵以正之时方才初步完成宗派构建，并使其道派在明初政坛及道教圈取得了一席之地。邵以正几乎没有原创著述传世，但从他人著述、碑刻、传记中可管窥其思想主旨，其净明宗派道统的重构过程也是其对净明忠孝思想的信仰和践行过程。

第二章　邵以正生平及事迹考

邵以正是中国道教史上极为重要的人物。在政治风云变幻莫测的明初政坛上，邵以正得其恩师刘渊然举荐，于宣德初被召入京，历道录司左玄义、右至灵、右演法、左正一等道职，获封高士号，并于景泰、天顺间两次获封真人号，领道教事，“其见任用、被宠遇亦以此尔”[①]。他于正统九年（1444）受敕督校《道藏》，号召天下高道齐聚京师，正统十年（1445），《正统道藏》督校完成，邵氏因督校有功而进左正一，誉满京师，成为天下黄冠羽流之楷模。

邵以正自幼“丰神秀颖，警悟过人”，而深得刘渊然的器重，尽得渊然真传，其道法、思想皆本于其师，而以阐扬净明道教为己任，是为道门翘楚。邵以正道法精湛，备受宠渥，“凡朝廷有大修建，大祈禳，必命真人主之”[②]。他交往权贵，出入禁中，以广道教，但“澹泊存心，以简静处己，以平易接物，迹

① 《明英宗实录》卷343，第6949页。

② ［明］商辂撰：《龙泉观通妙真人祠堂记》，陈垣编纂：《道家金石略》，第1266页。

其所为，非有离世绝俗之异，亦惟本于诚焉”[①]。邵以正上承刘渊然净明、全真南北宗、清微法脉，传授弟子多人，如喻道纯、胡守法等，皆为明代道教领袖人物。邵以正于天顺六年（1462）八月卒，“敕葬京城西五华山之阳”[②]。

关于邵以正之身世，史料记载不多，他亦未曾留下任何原创性著述。本章即试图从他人著述及碑刻、地方志的零星记载中，还原邵以正的身世及生平事迹。

第一节　邵以正身世考

史籍对于邵以正的记载较为简略。《明史》称刘渊然“其徒有邵以正者，云南人，早得法于渊然。渊然请老，荐之，召为道录司左玄义。正统中迁左正一，领京师道教事。景泰时赐号悟玄养素凝神冲默阐微振法通妙真人。天顺三年，将行庆成宴。故事，真人列二品班末，至是，帝曰：‘殿上宴文武官，真人安得与？’其送筵席与之，遂为制。”[③]《明史》有载，说明邵以正确曾在明初政坛上有一定的影响力。不过，关于邵以正的身世及出生年月，却为史料所不载。

《龙泉观长春真人祠记》曾提及邵以正之事，称：

方真人被召还京师，得封长春真人，七年之后，告老乞

---

① ［明］商辂撰：《龙泉观通妙真人祠堂记》，陈垣编纂：《道家金石略》，第1266页。

② 同上。

③ ［清］张廷玉等撰：《明史》，第7656—7657页。

> 归先朝所赐朝天宫之西山道院以终其余年也，即荐以正代领祝釐之事于朝。诏召以正擢道录司至灵。真人既没，以正历迁演法、正一，赐号守玄冲靖高士，诰命领道教事，今封守玄冲靖秉承专确至道衍教妙悟静虚弘济真人，掌道录司如故。复得赐诰，宠遇隆厚，鲜与为俪①。

仅提及邵以正被召入京之事，但未载其先世姓名字号。另《龙泉观通妙真人祠堂记》所录亦较为简洁：

> 真人姓邵氏，讳以正，别号止止道人，又号承康子。天顺初元，赐号悟玄养素凝神冲默阐微振法通妙真人，领道教事。越六载，化去，敕葬京城西五华山之阳。滇南龙泉山龙泉观乃真人遇长春授道之所。观故有长春祠，盖真人所建。而真人祠在三清殿侧，则钦差镇守太监钱公暨总戎黔国沐公所建者也。……真人先世家姑苏，洪武中，父母徙滇南，感梦玉桃之异而生真人②。

该记未明邵氏出生年月，亦不见载其先世姓名字号，只言“真人先世家姑苏，洪武中，父母徙滇南，感梦玉桃之异而生真人”。清杜绍先纂修康熙《晋宁州志》卷四《仙释》载：

> 邵以正，初名璇，仁子。将诞时，母感梦玉桃之异。自幼封神秀韵，超然物表。时长春真人寓滇，遂往师之，尽得其秘，被召，赐号弘济真人③。

① ［明］陈循撰：《龙泉观长春真人祠记》，陈垣编纂：《道家金石略》，第1261页。
② ［明］商辂撰：《龙泉观通妙真人祠堂记》，陈垣编纂：《道家金石略》，第1266页。
③ ［清］杜绍先纂修：康熙《晋宁州志》卷5，第140页。

此载与《龙泉观通妙真人祠堂记》略同。则大抵可知，邵以正初名璇，出生地为昆明以南的晋宁，时称晋宁州。邵以正出生之时，其母“感梦玉桃之异”而生真人。这是对历代高道“生而神异”的传统叙述方式。

邵以正之父的情况亦所载不多。康熙《晋宁州志》卷四《隐逸》载：“邵仁，字仲仁，端重信义，有善行，侍讲王英为之序。子以正。”① 粗略可知邵以正之父名邵仁，字仲仁，重信义，有善行。另有“侍讲王英为之序”之语。王英（1376—1449），字时彦，号泉坡。江西省金溪县兴贤坊人，明朝宿儒，官至礼部尚书。永乐二年（1404）进士，选庶吉士，与曾棨等28人同入文渊阁读书，与王直掌机密文字，参修《太祖实录》，授翰林院修撰，进侍读。为明初政坛上的重要人物。此记中所提及的序或为应邵以正之请而作。

关于邵以正之父邵仁之事，明杨士奇撰《东里文集》有《邵仲仁墓表》叙述颇详：

> 仲仁，讳仁，姓邵氏，世为姑苏士族，曾祖宏，祖明之，父珤皆隐居有行，母顾氏。仲仁生有令质，器宇凝重。稍长，卓卓自立，嗜文学，事亲奉养，葬祭克致。其孝于兄弟，相敬爱于朋友，重信义，教子有道，睦亲姻，厚乡里，有恩乡之人，率重之号长者。仲仁未尝自足，而益励不懈。尝名其居曰“乐善”，乡人遂以乐善称之。未壮坐累，徙滇南，虽艰难旅琐中，凡所以行义不减在乡时，故滇南之人皆

① ［清］杜绍先纂修：康熙《晋宁州志》卷5，第138页。

重之如其乡人焉。[①]

此记较为翔实，可知邵以正之父邵仲仁，祖上为姑苏士族，曾祖邵宏、祖父邵明之、父邵珁皆“隐居有行”，因而受家传儒学影响而“嗜文学，事亲奉养，葬祭克致，孝于兄弟，相敬爱于朋友，重信义，教子有道……”体现了其深厚的儒学背景。

《邵仲仁墓表》称邵仁“未壮坐累，徙滇南”。关于“未壮”之说，《礼记注疏》有“二十成人初加冠，体犹未壮，故曰弱也”[②]之语，故大抵可推知，邵仲仁约于二十岁因“坐累”而全家被谪配云南，途中义行不改、乐善好施，而深受滇南乡民厚爱。

另据康熙《晋宁州志》载：“邵忠，仁弟，为人温厚，诚信，子玘。”[③]邵忠为邵仲仁胞弟，邵以正叔父，或即于洪武中随兄至滇。关于邵忠之事，清范承勋《云南府志》卷十三《人物五》“隐逸方技附”有载：

> 邵忠，赋性高雅，遁迹丘园，好吟咏，有昏夜，向来曾化盗。清溪老去，尚流荡之句，年八十余卒，学士刘翊挽之[④]。

可知邵忠曾“遁迹丘园，好吟咏”，且以善言义语“化盗”，可知其家传士族精神对其产生的影响。不过，该志却不载邵父仲

---

① ［明］杨士奇撰：《东里集》，文渊阁《四库全书》本，第1239册第74页。

② ［汉］郑玄注，［唐］孔颖达疏：《礼记注疏》，文渊阁《四库全书》本，第115册第33页。

③ ［清］杜绍先纂修：康熙《晋宁州志》卷5，第138页。

④ ［清］范承勋、张毓碧修，谢俨纂：《云南府志》卷13《人物》，清康熙三十五年（1696）刊本，台北：成文出版社，1946年，第359页。

仁之事。

据《邵仲仁墓表》所载，邵以正为“仲子璇”，可知其上尚有一兄，不知名号。此外，其家族中有据可查者，尚有其堂弟邵玘，入仕途，曾官至四川乌撒同知。《晋宁州志》载，邵玘于“正统十二年（1446）丁卯科，中式第八名，官四川乌撒同知”①。但万历《四川总志》及《威宁县志》均未见邵玘在“乌撒军民府”担任同知之事，不知孰是。其他人则难以考证。

据杨士奇《邵仲仁墓表》所载，邵父仲仁“年三十有九卒，永乐戊子三月十九日也，葬金马山之南”②。考“永乐戊子”年号为明永乐六年（1408），虽《邵仲仁墓表》未载其出生年月，但其中言“年三十有九卒”，则可知邵仲仁生于洪武二年（1369），若按虚岁计，则生于洪武元年（1368）。周永慎编著《历代真仙高道传》言邵以正生卒年为“约1368—1463”③，显然有误。因考杨士奇所撰《邵仲仁墓表》所载年岁，1368年当为邵以正之父邵仲仁之出生时间，而非邵以正之出生年。邵仲仁“未壮坐累，徙滇南”的时间约为明洪武二十一年（1388）。至于邵仲仁卒葬之地“金马山之南”，《景泰云南图经志》卷一《云南府·建制沿革》载：“金马山，在郡城东十里许，山不甚高，而绵亘于东南数十里。有长亭，其下为关曰金马关，旧传有金马隐现其上，因与碧鸡起名。今城南三市街有碧鸡、金马二坊，盖表其为一方之胜也。”④ 正德《云南志》亦载：“金马山，

① ［清］杜绍先纂修：康熙《晋宁州志》卷5，第682页。

② ［明］杨士奇撰：《东里集》，文渊阁《四库全书》本，第1239册第74页。

③ 周永慎编著：《历代真仙高道传》，北京：中国社会科学出版社，2003年，第377页。

④ 《景泰云南图经志》卷1，景泰甲戌年（1454）刻本，第4页。

在府治东二十五里，西对碧鸡山，中隔滇池。山不甚高，而绵亘西南数十里。麓有归化佛寺，下有金马关。相传昔有金马隐见其上，故以名山。”① 以上二记所载稍有差别。笔者曾亲自前往勘察，据称金马山曾有明代古墓数座，但今已不存。不过，从邵父葬地来看，金马山位于今云南省昆明以东十公里之地，与晋宁县相隔近六十公里之遥，据此可推测邵父仲仁逝世之时，或已举家迁至昆明，故有方志称邵以正为“昆明人”，这样才能解释邵以正求道龙泉观时，“其居距长春住所凡三涉水，日以为常”在空间上的可能性问题。

因史料阙如，邵以正的具体出生年份难以考证，史籍、方志所记多为“生于洪武间”。洪武为明太祖年号，即 1368 年—1398 年。据前文所考，邵以正之父邵仲仁约生于洪武元年（1368）或洪武二年（1369），并约于洪武二十一年（1388）至滇，而邵以正的出生时间或于 1389—1390 年之间。

刘渊然于永乐中（1403—1424）中谪滇，《金陵琐事》“刘渊然”条载：“永乐时谪往云南三载。”② 龙泉观于洪武二十九年（1396）由镇守云南的“西平王沐公”沐晟为追荐其先黔宁王沐英而捐建，《龙泉山道院记》款识为“洪武二十九年岁次丙子冬月阳至之日括苍王景彰撰”③，故该观建于洪武二十九年。《龙泉观长春真人祠记》云：“龙泉观在滇南商山之东北，长春真人刘渊然为正一谪滇时栖息处也。其徒姑苏邵氏以正于此得传其道，

---

① ［明］周季凤纂修：正德《云南志》卷 1《志》，方国瑜主编《云南史料丛刊》，第 6 卷第 124 页。

② ［明］周晖撰：《金陵琐事》卷 4，据明万历三十八年（1610）刊本影印，台北：成文出版社，1983 年，第 449 页。

③ 陈垣编纂：《道家金石略》，第 1249 页。

迄今四十有五年矣。”[1] “四十有五年”亦未必确切，但所差不多。该记落款为“大明景泰七年岁次丙子春三月初吉住持陆守真立”[2]，说明该祠于景泰七年（1456）建成。据该《记》所载，邵以正最晚于永乐九年（1411）始学道于此，而此时刘渊然已开始传道于昆明龙泉观。岳涌根据长春真人刘渊然墓志中所录，认为刘渊然当于永乐六年（1408）徙居于昆明龙泉观[3]，故刘渊然谪滇三年之时间即1408年至1411年，与邵以正投师刘渊然的时间基本吻合。

《龙泉观通妙真人祠堂记》载：

> 真人先世家姑苏，洪武中，父母徙滇南，感梦玉桃之异而生真人。自幼丰神秀颖，警悟过人。比长，志向卓越，昭然物表，遂白二亲，去从高道王云松。云松一见，惊异曰：“是子不凡，岂可使处弟子列？”因逊避之。时长春刘渊然倡道于滇，真人更往从之[4]。

若此前关于邵以正出生的时间较接近于史实，则邵以正事师刘渊然时约十八至二十岁。其父卒于永乐六年（1408）三月十九日，则邵以正应在永乐七年（1409）左右开始投师刘渊然，

---

① ［明］陈循撰：《龙泉观长春真人祠记》，陈垣编纂：《道家金石略》，第1260—1261页。

② 同上，第1261页。

③ 参见岳涌：《明长春真人刘渊然墓志考》，《中国道教》2012年第2期。

④ ［明］陈循撰：《龙泉观长春真人祠记》，陈垣编纂：《道家金石略》，第1260—1261页。

最迟也不超过 1411 年[①]。上《记》中所谓王云松“因逊避之，时长春刘渊然倡道于滇，真人更往从之”的历史叙述与邵以正“遂白二亲，去从高道王云松”的说法自相矛盾，因而，王云松“逊避之”之前，邵以正或已跟随王云松学道，只不过王云松久闻刘渊然名声而荐邵以正“更往从之”而已。

刘渊然于永乐六年谪滇居龙泉观一事无争议。明王直《抑庵文后集》卷五《长春刘真人祠堂记》载刘渊然于“永乐初迁左正一，建金箓大斋，有醴泉甘露鸾鹤之祥，而宠赉备至。未几被谪贬至龙虎山，后谪至昆明，居龙泉观。滇南之民有旱疫求祷，无不应化大行。仁宗即位，遣内臣召还，封冲虚至道元妙无为光范演教真人。”[②] 永乐年号始于 1403 年，刘渊然谪滇居龙泉观三年，并于仁宗即位之时召还，则刘渊然于 1425 年即被召还京师，“进号大真人，与正一真人等”。此《记》虽语焉不详，但“谪滇三年”结束，至洪熙元年被召还京师，其间十数年，其行踪难以考述，邵以正是否随刘渊然四处传道，亦未可知。

《金陵玄观志》卷一《敕护西山道院》载成化十三年（1477）九月十二日普济真人喻道纯奏书云：“思臣师祖刘渊然与师通妙真人邵以正，及臣忝列早职，三代真人祖居道院，今经八十余年”[③]，则可推知，自邵以正投师渊然门下之后，当一直

---

① 根据儒家传统孝道，双亲逝，子女须守孝 3 年，实际上只需守孝 25 个月，即到第三年，守孝期满，便可参与各类活动。若按此传统，邵父卒于永乐六年三月十九日，若守孝 25 个月，则至少到永乐八年四月期满。若此时邵以正才开始拜师刘渊然，则当是永乐八年，即 1410 年。由此看来，《龙泉观长春真人祠记》中“四十有五年”的表述也是合乎情理的。

② ［明］王直撰：《抑庵文后集》卷 5《长春刘真人祠堂记》，文渊阁《四库全书》本，第 1241 册第 47 页。

③ 《敕护西山道院》，《金陵玄观志》卷 1，第 718 册第 8 页。

随刘渊然学道，并于朝天宫一旁的西山道院侍奉刘渊然，直至刘渊然羽化，其后其主要活动范围当在南京、北京二地。从邵以正所收门徒的籍贯来看，喻道纯为长沙清浏人，李希祖、汤与庆为南京人，胡守法为嘉定（今上海）人，唯其侄邵希先为滇人。《徐霞客游记》卷十下《西南游日记十八》载徐霞客游腾越州宝峰山所记："目界甚爽，其后为三清殿，则邵道所栖也。"[①] 张泽洪对此进行了考证，认为"此邵道即指邵以正，他曾栖居三清殿修道"[②]，但此说不确，因邵以正与徐霞客生活的时代相差近两百年，游记中有徐霞客与"邵道"的对话，因此该"邵道"并非邵以正，而是在宝峰山修行的邵姓道士[③]。但邵以正或曾到过此地亦未可知。不过，三清殿一侧的山崖上有"忠孝神仙"石刻（见附录图6），当为净明道传播至此的证据。

以上分析，可对邵以正身世做如下总结：

邵以正约生于洪武二十二年（1389），祖籍苏州，祖父邵珤，祖母顾氏，父邵仁，一叔名邵忠。邵以正在家中排行老二。另有一堂弟邵玘，正统十二年任四川乌撒军民府同知。邵以正之兄有子名希先，自幼好道，曾跟随邵以正学道，并侍奉邵以正多年，或亦曾在道录司任职。其余则难以考证。

邵以正曾受士族精神的影响，而自幼志向卓越，有出尘之志。

---

① ［明］徐霞客著：《徐霞客游记》，北京：线装书局，2015年，第919页。

② 张泽洪：《多元文化背景下的明代云南道教》，《云南师范大学学报（哲学社会科学版）》2007年第4期。

③ 《徐霞客游记》卷8《滇游日记》载："令顾奴汲水太极下箐东以爨，二黄冠止之，以饭饭余。仍坐虚亭，忽狂飙布云，迨暮而月色全翳。邵道谓虚亭风急，邀余卧其榻。"（第917页）又"二十一日，饭后别邵道，下纯阳阁，东经太极崖。其处若横北箐而上，半里而达宝峰寺。"（第919页）由此可知，该邵道乃是当时于宝峰山修行之道士，而非邵以正。

宣德初，邵以正得刘渊然所荐入道录司任道官之职，历左玄义、右至灵、右演法、左正一，并曾受赐“守玄冲靖高士”及银印，并曾两次受封真人号。天顺六年（1462）八月二十日卒于京师，约享年73岁，“遣官致祭”，“敕葬京城西五华山之阳”。

第二节　邵以正学道生涯考述

有关邵以正学道生涯的情形，除了《龙泉观通妙真人祠堂记》及《邵仲仁墓表》中有零星记载，其余志书所载多引述二记且语焉不详，致使邵以正投师刘渊然到被举荐召为左玄义这十数年间，其行踪几乎一片空白。不过，邵以正的从道生涯可以永乐七年（1409）为界线粗略地分为两段：即投师王云松和投师刘渊然。

据本章第一节粗略考证，邵以正大约出生于洪武二十二年（1389），邵以正之父邵仁“年三十有九卒，永乐戊子三月十九日也，葬昆明金马山之南”（见《邵仲仁墓表》），卒于1408年，其时邵以正约18—20岁，因自幼慕道，志向卓越，昭然物表，“遂白二亲”而投于王云松门下。不过，除了《邵仲仁墓表》及《龙泉观通妙真人祠堂记》之外，并无邵以正师从王云松的记载。相对较早的云南地方志正德《云南志》也只说“时长春寓滇，真人遂往师之，尽得其传”[①]。因而，邵氏师从王云松之事就只是孤证而难以站住脚跟。若此事为真，则投师王云松之时邵

---

① ［明］周季风撰：正德《云南志》卷35《仙释》，方国瑜主编：《云南史料丛刊》，第6册第441页。

以正父亲尚在人世，因而有“遂白二亲”之说。据此分析，至少在刘渊然谪滇之前，邵以正已经从学王云松了，而绝非如《龙泉观通妙真人祠堂记》所云“云松一见，惊异曰：‘是子不凡，岂可使处弟子列？’因逊避之”[①]，恐为后人误记所至。

邵以正生于昆明以南的晋宁州，隶属于云南府。元季明初，晋宁境内并无道观及道士活动的记载，但寺庙颇多。景泰《云南图经志》载：晋宁州“北至滇池十五里，东北到昆明县九十里”，又“法轮寺在阳城堡，宋时建。万松寺，距州东五里。具足禅院，在州东五里，旧名盘龙寺。归正寺，在呈贡县南一里城子村。元亨寺，在成功西市村。遍照寺，在归化县南白邑村。”[②]从该志可以看出，距离晋宁城最近者为万松寺与盘龙寺，香火旺盛，尤其是盘龙寺，至今如此。因而，《龙泉观通妙真人祠堂记》中“师从高道王云松”的叙述实无从查考，可能的情况是：

其一，邵以正并未投师王云松，此说只是一种历史叙述。邵以正自幼有出尘之志，但除了受家族传统的影响，可能曾与附近寺庙中的高僧交游。自明代起，盘龙寺便开始三教融合，寺中建玉皇阁、真武阁等道教色彩教浓的殿宇。因而，邵氏所师的“高道王云松”或即在此修行。邵以正或未曾拜师王云松，仅是交游甚密而已，后听闻刘渊然阐道于龙泉观而“更往从之”。

其二，王云松可能是在昆明近郊的道观修行的高道。洪武、永乐时，昆明境内已有道观，如真庆观、真武祠，以及北郊的龙

① ［明］商辂撰：《龙泉观通妙真人祠堂记》，陈垣编纂：《道家金石略》，第1265—1266页。

② ［明］陈文纂修：《景泰云南图经志书》，方国瑜主编：《云南史料丛刊》，第6册第20—21页。

泉观等。如上一节分析可知，邵父卒葬金马山之南，说明至少在永乐年间，邵以正可能已从晋宁迁至昆明居住，故有“昆明人邵以正”之类的历史叙述。自幼慕道的邵以正或已在附近道观中随“高道王云松”参学，但永乐六年刘渊然谪滇居龙泉观收徒传道，王云松亦有耳闻，故有“逊避之”之说。

以上仅是推测，不过，“师从”王云松期间，邵以正必有所学，且已具备一定的道学功底，加之其聪颖过人，志诚勤恳，以至当他转投刘渊然门下之时渊然尽传其道术秘奥，并发出“吾道有所属矣”① 之叹。

邵以正何以转投刘渊然门下？史书未载，方志未录。然而，据资料可知，刘渊然于洪武庚午（1390），参访贵溪龙虎山，路经南昌应邀祈雨成功，太祖高皇帝闻其道行，将其召至阙下，赐号“高道”，命其暂住朝天宫，并在一旁建西山道院作为刘渊然住所。自是，刘渊然声名鹊起、道价日隆。刘渊然于永乐四年升左正一，建金箓大斋，致有“醴泉、甘露、鸾鹤之瑞”，备受宠赉。后与天师张宇初“不协”而谪龙虎山，又因“忤权贵”②

① ［明］商辂撰：《龙泉观通妙真人祠堂记》，陈垣编纂：《道家金石略》，第1265—1266页。

② 有学者认为，刘渊然“忤权贵”实与永乐皇帝有关。黄吉宏先生认为：建文与永乐期间，刘渊然玄门内外的荣辱升降，触忤权贵，很可能与高祖殁后的权力争夺、靖难之役后的政治形势息息相关。加之永乐帝朱棣的移情偏好，导致1403年到1407年期间，刘渊然与张宇初个人矛盾的激化，刘渊然此后谪至龙虎山、再居云南。然具体远置云南的时间，约为永乐七年（1409）年前后。对此，在另一则佛教史料中，发现刘渊然被“中以他事”，还与永乐帝在位期间一度偏袒佛教的帝王态度有关。广州南海宝象林沙门弘赞在参编《解惑编皇明护法集》中载“道家有《太上实录》谤佛”一事，提到刘渊然并未忠实地执行收缴类似经籍的上意，“向年间着收来，还也不曾，这刘渊然该杀的”，迁怒于刘渊然整肃道经不力。（黄吉宏著：《赵原阳、刘渊然道脉研究》，北京：宗教文化出版社，2018年，第85—186页。）

谪滇居龙泉观。谪滇期间，刘渊然收徒传道，“收徒百余人”，“凡滇民有大灾患者，皆往求济，无不得所愿”①。就在此时，邵以正亦听闻其名而“更往从之”②，开启了他第二阶段求道之旅。

立于景泰七年（1456）的《龙泉观长春真人祠记》云：“龙泉观在滇南商山之东北，长春真人刘渊然为正一谪滇南时栖息处也。其徒姑苏邵氏以正于此得传其道，迄今四十有五年矣。”③《刘渊然真人墓碑》虽然残缺不全，但有刘渊然于永乐六年（1408）徙居于昆明龙泉观之证，大抵表明邵以正于永乐九年（1411）之前已投师刘渊然门下。该时期从学者众，颇有名望者如蒋日和、芮道材等，蒋日和当在邵以正之前即已师从刘渊然，而芮道材大抵与邵以正同时。根据《中国道教大辞典》：

> 蒋日和，明朝江宁人。自幼出家，事师朝天宫谢无为提点，后又师从刘渊然真人。《真庆观兴造记》载，日和游历至云南，住持昆明真庆观。六年间，香火鼎盛，道业兴旺。明仁宗洪熙元年（1425）赐封明真显道弘教法师④。

据《续云南通志稿》载：

> 芮道材，大理人。少事儒业，后从长春真人刘渊然，受栖神炼气之术，殄峨莨孽龙，除蒙化妖怪，大理道法始此，

① ［明］周季风撰：正德《云南志》卷35《云南志·仙释》，方国瑜主编：《云南史料丛刊》，第6册第441页。

② ［明］商辂撰：《龙泉观通妙真人祠堂记》，陈垣编纂：《道家金石略》，第1265—1266页。

③ ［明］陈循撰：《龙泉观长春真人祠记》，陈垣编纂：《道家金石略》，第1261页。

④ 胡孚琛主编：《中国道教大辞典》，北京：中国社会科学出版社，1995年，第190页。

以寿终①。

可知芮道材当在刘渊然谪滇期间从习道法，并于宣德元年（1426）明宣宗召见内廷，赐都纪，刘渊然奏请立云南、大理、金齿三道纪司②，“宣宗从之，命其徒为道纪，阐化南诏”，即令芮道材回大理担任都纪一职。从时间上看，芮道材或与邵以正先后被召入京并获赐道职，皆归功于其师刘渊然。

刘渊然于1408至1411年间谪滇，宣德元年（1425）被召还，然而，1411—1425年这十四年中，其踪迹成迷，学界亦鲜有论说。邵以正的情况大抵相似，其于1409年投师刘渊然，《赣县志》言其于宣德二年（1427）被召入京，而1411—1427年间其行踪亦难以追述。据萧霁虹《刘渊然与云南道教》一文认为，这段留白与长春派的创建历史密切相关，但未被载入史册。根据其对长春派第十八代道士王道遵和第十九代道士岳大德的采访，在洪熙元年被召回京之前，刘渊然于昆明长春观“自立门户，开宗立派”，利用废弃的珉王宫（原元梁王宫）为基础，经过修葺粉饰成为长春观，于明永乐十九年（1421）完成了开宗立派的大业，将所创的教派称为长春派，道教界称其为全真金丹符箓派，立下二十字道谱曰：“日道大宏，宣宗显妙，真崇元和，永胜正教，绍述仙踪”，并与其弟子蒋日和、邵以正、徐日暹、芮

① ［明］周季风撰：正德《云南志》卷35《云南志·仙释》，方国瑜主编：《云南史料丛刊》，第6册第441页。

② 刘渊然借其在朝中的威望及权势，奏请立昆明、大理及保山三道纪司，但这三个道纪司并非同一时间所设。据《云南史料丛刊》所载：“宣德五年（1430）八月丙申……设云南府道纪司，置都纪、副都纪各一员。”（方国瑜主编：《云南史料丛刊》，第6册第512页）又，“宣德七年（1432）三月丙寅……设云南金齿军民指挥使司及大理府道纪司，各置都纪一员。”（同上）

道材等重新择地，在五华山下秃杉箐（今文庙）外重新建立了长春观，并将其作为长春派的活动中心①。

这些口述史尽管生动有趣，却缺乏史料佐证。现存昆明真庆观的明代应履平《重修真庆观记》碑刻亦载："明永乐十六年(1418)之后，当时统治云南的西平侯沐晟下令对真武祠进行了再度扩建……便请蒋日和主持和重修真武祠，为时六年，到明洪熙元年（1425）方告结束。"② 这些活动或与刘渊然、邵以正有关。

此外，史书虽然只说"谪滇三载"，其后刘渊然及其徒众的活动则未见正史记载，仅宫观碑刻及方志略有提及。在此期间，刘渊然与其徒众或于昆明、大理及金齿（保山）境内传教，经过十数年的努力，培养了一大批弟子，为云南道教的发展做出卓越贡献。如据《永昌府志》所载，刘渊然曾"抵金齿，神术屡显，凡水旱有祈必应。卒葬城西北象头山，郡人立庙于仁寿门外祀之。康熙三十九年，总兵周化凤同文武重修其庙"③。此说或有待商榷，因刘渊然于宣德七年以老请辞返回南京朝天宫，八月八日卒。《龙泉观长春真人祠记》谓："诏遣行人吴惠谕祭，工部营域于江宁县安德乡园子冈之原。明年（1433）三月六日葬焉。"2010年12月，考古发现刘渊然墓并出土随葬器皿数种，岳涌、南京市博物馆等曾发文对此加以考证，更进一步表明刘渊然卒后葬"安德乡之园子冈"，而不可能"卒葬（保山）城西北

① 参见萧霁虹：《刘渊然与云南道教》，《云南社会科学》2008年第4期。

② ［明］应履平撰：《重修真庆观记》，庄毓纹主编：《昆明诗词楹联碑刻集粹》，昆明：云南人民出版社，2006年，第152页。

③ 上海图书馆编：《上海图书馆藏稀见方志丛刊》，北京：国家图书馆出版社，2011年，第226册第661页。

象头山”，该刘渊然墓只可能是其徒裔为其立的衣冠冢。熊海明曾于保山市田野调查时发现一块位于保山市隆阳区黄纸坊村后山麓的“刘祖墓”，墓碑上有“大明洪武十八乙丑年（1385）其来金齿司，原籍北京顺天通州三河县人。……大明永乐丁亥卒于西山其地”① 字样，而民国年间宾川李培炎所识《重修明刘真人衣冠冢墓记》称：

> 先君子墓下西南有古冢，无碑志，世传为刘真人之衣冠墓。按真人讳渊然，封长春，明季栖龙泉观，有道术，能致甘露鸾鹤，为民间祈禳无不验。朝廷重之，领天下道教事。后奉召入都，寻羽化。徒众思之，葬其衣冠于此②。

此为龙泉观内刘渊然衣冠冢之事，盖亦为其徒裔为追念真人所立，与保山的衣冠冢情况相同。不过，熊文所录“刘祖墓”碑文中对刘渊然祖籍之叙述似与实史不协。熊文称刘渊然“原籍北京顺天通州三河县人”，但各碑记所称“其先为赣州路总管”并以此为信史，故“刘祖墓”所载或并不可靠。虽然如此，郡人“立庙于仁寿门外祀之”之事尚且可能。《永昌府志 · 祠祀 · 寺观附》亦载：

> 长春真人殿，在城西仁寿门外，永乐年间建，康熙三十六年总兵周化凤、游掣、姚龙重修后殿，千总高翔重修前殿③。

① 熊海明：《明初净明道初探——以刘渊然为背景的考察》，中国道教学院研究生论文，2012 年。

② 萧霁虹：《明代高道刘渊然在滇碑刻辑录》，《西南古籍研究》（2011 年总第 9 期），昆明：云南大学出版社，2012 年，第 271 页。

③ 上海图书馆编：《上海图书馆藏稀见方志丛刊》，第 226 册第 466 页。

《续云南通志稿·寺观（下）》所载较《永昌府志》更详：

> 长春真人殿，在城仁寿门外，明时建。国朝康熙间总兵周化凤、游击姚龙、千总高翔重修。咸丰十一年毁，士民重修①。

此皆抄录前述诸本。但令人疑惑的是，时间距离相对较近的景泰《云南图经志》中则未录“长春真人祠”之事，且上述诸本皆称长春真人祠（殿）建于永乐年间，熊文所录碑文称其“于永乐丁亥卒于西山其地”，所录卒年亦与各碑记不符，未晓是《永昌府志》杜撰或所据何本。另有一种可能，即景泰《云南图经志》成书于景泰甲戌年（1454），其时刘渊然高徒邵以正在京位高权重，且朝中矛盾突出，为了避嫌而未录入长春真人祠。而长春真人祠之事则出现在清代编修的志书中，恐为后人增补之。不过，《大明一统名胜卷·永昌府志胜》卷十六提及明代金齿道纪司所在地太保山三清观之事，并附沈杲诗云：“栋宇翚飞十二楼，晴霞遥映宿囱收。双松覆地不知暑，万竹吟风只似秋。仙乐未归丹灶冷，洞房深锁碧葱幽。拔跻已愧羁尘鞅，翻笑刘郎忆故秋。”② 诗中所谓“刘郎”或即指刘渊然，则为刘氏传道金齿（保山）的另一佐证。

以上诸记虽出于地方志，且记载多语焉不详，但足以说明刘渊然谪滇三年之期结束后，其曾四处传道，尤其是在宗教文化较为发达的大理、保山等地传道“以植其教”，并且已经形成一定

① ［清］王文韶修，［清］唐炯纂：《续云南通志稿》卷66《祠祀志·寺观下》，清光绪二十六年（1900）刻本，第194册第19页。

② ［明］曹学佺撰：《大明一统名胜志》，日本内阁文库馆藏明崇祯三年（1630）刊本，第6页。

规模。明清地方志中所载道教人物多以神异道术显，与刘渊然、邵以正一系宗罗诸家道法于一身的宗派特色及“以道法显”的弘道模式基本一致。至今为止，大理、保山境内尚有宗刘渊然为祖师的南滇金丹符箓派（其自称灵宝净明派）传承。

刘渊然于洪熙元年被召回京之后往返于两京，且年事已高，便再也没返回云南，因而他“植其教”的大量工作即是在1411—1425年间完成的。此期间，其多在昆明、大理、保山、楚雄等地弘道。作为刘渊然“悉以道秘授之”的邵以正或即随师四处传道。这种推测较为合理，原因如下：

刘渊然谪滇期间“收徒百余人”，但以蒋日和、邵以正、芮道材及徐日暹最为优秀且深得刘渊然器重。为根植其教派，刘渊然令蒋日和主持真庆观、徐日暹主持龙泉观、芮道材回大理建栖霞观，但并未让邵以正主持任何宫观，因为邵是自己所选定的衣钵传人，意欲让他多些历练的机会，故而带其四处传道。这也是符合逻辑的。

以上分析可知，谪滇至洪熙改元被召回京之前的十数年间，刘渊然即在云南境内传教，邵以正亦然，不过以事师、学道为主。这十数年的学道生涯使邵以正身上具备了宗派领袖的品质，最终使其成为继赵宜真、刘渊然一系净明道统的关键人物。

第三节　邵以正道秩考

明太祖洪武元年（1368），朱元璋依照元代旧制，设立玄教院，管理全国道教事务，本院职官皆以道士为之。洪武四年革玄教院。洪武十五年（1382）设道录司以掌其事。道录司是主管全国道士的最高管理机构，官设玄义、至灵、演法、正一四个等级，各级按左、右分正副职。明代所设道教管理机构中，神乐观主要掌乐舞，“以备大祀天地、神祇及宗庙、社稷之祭，隶太常寺，与道录司无统属”①。所有职官中，以龙虎山正一真人品级最高，秩正二品，明代赐封“真人”号者皆获二品诰命。道录司诸道官品秩由玄义始，其后为至灵、演法、正一，政绩卓著者封“高士”“真人”，至“大真人”止。明初得封“大真人”之号者为数甚少，如刘渊然、张宇清等皆封大真人，已至道官品秩之巅峰。

除道录司之外，朝廷尚设立以下道教管理机构，“各府道纪司掌本府道教事……各州（设）道正司道正一员……各县设道会司道会一员，各掌本县道教事”②。最初，规定道司衙门道官“全依宋制，官不支俸”③，但自洪武二十五年（1392）年起，改定道录司各官依品级支取俸禄，各府、州、县级道官则不支俸。道官的选拔亦很严格，一般通过举荐的方式，候选道官必须品学兼优，既须精通道教诸经典，又须道风纯正、戒行精严，“俱选精通经典、戒行端洁者为之”④。

根据史志、传记所载，刘渊然于洪武二十六年（1393）“太祖闻其名，召之既至，入对便殿，赐号高道”⑤ 才崭露头角。洪武三十年（1397）正月初一，明太祖驾幸朝天宫，后刘渊然

① ［清］张廷玉等撰：《明史》，第1817页。
② ［明］幻轮编：《释鉴稽古略续集》卷2，《大正藏》第49册，第931页。
③ 《明太宗实录》卷144，第2263页。
④ 同上。
⑤ ［清］陈教友撰：《全真道教源流》卷7，第20页。

“随至内府，帝御右顺门赐坐，与茶三日，遣中使斋，敕命游名山洞府，行至湖广驿，召回京师，高帝命建金箓斋，居西山道院，升道录司右正一”[①]。明成祖于永乐三年（1405）升刘渊然为左正一，统领天下道教。永乐中从驾至北京，洪熙元年（1425），仁宗皇帝即位，召渊然至北京，封长春真人，赐正二品银章，获赐“冲虚至道元妙无为光范衍教庄静普济长春真人”，宣德初进号大真人，已至道士封号之最。七年后的宣德七年（1432）八月八日，刘渊然坐化于南京朝天宫西山道院。刘渊然虽经历了“谪居龙虎山，寻徙滇南”的变故，但于洪熙元年被召还京师，再次受皇帝恩宠，“凡有请无不从。其所服用，皆出上赐”[②]。也于此时，他不仅乘机奏请朝廷准立道纪司于云南、大理、金齿三地以发展、弘扬其道派，其高足邵以正的道官之途也正式开始。不过，不同的是，邵以正的起点并非如其师一样高，而是从最低的玄义这一级开始的。

《明英宗实录》卷三百四十三载，邵以正因“渊然荐之，召至京，授道录司玄义，累升至真人，至是卒，遣官致祭。以正廉静谦谨，礼度雍容，其见任用被宠遇亦以此尔”[③]。天启《滇志》称邵以正“被召，历至灵、演法、左正一，赐号弘济真人”[④]，《龙泉观长春真人祠记》只说“以正历迁演法、正一，赐号守玄

---

① 《敕护西山道院》，《金陵玄观志》卷 1，第 8 页。

② ［明］王直撰：《抑庵文后集》卷 5《长春刘真人祠堂记》，文渊阁《四库全书》本，第 1241 册第 47 页。

③ 《明英宗实录》卷 343，第 6949 页。

④ ［明］天启《滇志》卷 17《仙释》，苏晋仁、萧链子选辑：《历代释道人物志》，第 1034 页。

冲靖高士，诰命领道教事"[①]，《龙泉观通妙真人祠堂记》稍详，称"已而长春入京，领天下道教，而真人亦被召自道录司右至灵、历右演法、左正一、进守玄冲静高士，而至今封"[②]。以上诸记皆称邵以正的官职自"至灵"始，惟《明史》中有"左玄义"的记录。《明史·刘渊然传》载："其（刘渊然）徒有邵以正者，云南人，早得法于渊然。渊然请老，荐之，召为道录司左玄义。"[③] 此记的可靠性较高。由此可知，邵以正经刘渊然举荐而开始其道官之途，历任左玄义、右至灵、右演法、左正一，后受封"守玄冲靖高士"及先后获赐"弘济真人"和"通妙真人"封号。以下即是对邵以正履职情况做的考察：

其一，左玄义之职。洪熙元年（1425），仁宗皇帝朱高炽遣使召刘渊然回京，是年正月初四日封其为"冲虚至道玄妙无为光范衍教庄静普济长春真人"[④]，给二品印诰，与正一真人等，"七年之后告老乞归先朝所赐朝天宫之西山道院，以终其余年，即荐（邵）以正代领祝釐之事于朝。诏召以正擢道录司至灵"[⑤]。即邵以正于宣德七年（1432）渊然请老之时被举荐而开始担任道录司右至灵之职，也说明在此之前，邵以正已担任左玄义之职，或因"代领祝釐之事于朝"有功，而寻获诏晋升为右至灵。只不过，邵以正于何年始担任左玄义之职呢？

① ［明］陈循撰：《龙泉观长春真人祠记》，陈垣编纂：《道家金石略》，第1261页。

② 同上。

③ ［清］张廷玉等撰：《明史》，第7656页。

④ 《金陵玄观志》卷1《敕真人刘渊然》，第719册第6页。

⑤ ［明］陈循撰：《龙泉观长春真人祠记》，陈垣编纂：《道家金石略》，第1260—1261页。

据史料记载，刘渊然曾两次“请老”。第一次为宣德二年（1427），但未获准，刘渊然荐邵以正为道录司左玄义，即如《明史·刘渊然传》所载：“渊然请老，荐之，召为道录司左玄义。”① 胡孚琛《中华道教大辞典》：“长春入京领天下道教，以正亦被召入，授道录司左玄义。”②《明英宗实录》卷三：“渊然荐之，召至京，授道录司玄义。”③ 黄德溥纂修的《赣县志》有邵以正于“宣德二年（1427）召至京，授道录司右正一”④，及《雩都县志》卷十《仙释》亦载：

> 宣德二年，钦召（邵以正）至京。七年，钦授道录司右（正一），正统十二年，钦升左正一，景泰二年，敕赐号守玄冲靖高士，五年七月初二，奉旨祈雪，以正为坛祷之，是夜雪深二尺，景皇帝异之，封“守玄冲靖秉诚专确至道演教妙悟静虚弘济真人”，时上衮巨卿如胡俨、黄淮杨浦、高谷王直、陈循、王英诸公皆造庐咨问，大书小序以赞之。其受知列圣，见重公卿如此，一时，赵氏两弟子（指刘渊然与邵以正）哗然名动京华，于是以正请于朝，乞作观以祀其师。朝廷允其请，敕建于紫阳观之东，赐名紫霄观⑤。

以上二记恐误刊，“正一”为道录司四阶中之最高职级，尽管刘渊然于洪熙元年已封真人，次年（宣德元年）进大真人号，身居要职，但不可能将邵以正直接升为右正一之职。此处“右

① ［清］张廷玉等撰：《明史》，第7656页。

② 胡孚琛主编：《中华道教大辞典》，北京：中国社会科学出版社，1995年，第192页。

③ 《明英宗实录》卷343，第6949页。

④ ［清］黄德溥纂修：《赣县志》卷51《仙释》，第282号第2015页。

⑤ ［清］卢振先修：《雩都县志》卷10，第3页。

正一”恐为“右（左）玄义”之误，否则与多处“宣德初升左玄义”之记载相抵牾。由此可知，邵以正当于宣德二年（1427）年开始担任左玄义之职。

其二，右至灵之职。邵以正担任该职始于刘渊然第二次请辞时的举荐。刘渊然“以老辞，乞还朝天（宫）以终余年”，事在宣德七年（1432）二月，“真人乃留弟子邵以正，仍居洞阳（观）以代祝釐，以正遂授道录司右至灵”[①]。《龙泉观通妙真人祠记》亦载：“邵以正因此得召入京，历任道录司右至灵、右演法、左正一等职。”则知在渊然二月请老至八月逝世这几个月之间，邵以正即由左玄义升为右至灵。《邵仲仁墓表》中亦有类似记述：“天子书问渊然：‘弟子孰贤？’举以正对。遂召至京入见，命为道录司右至灵，陞右演法，住持灵济宫。”[②] 此事当在宣德七年，只不过“升右演法”是几年之后的事情。邵氏的“演法”一职则当在刘渊然羽化之后。《龙泉观长春真人祠记》载：“真人既没，以正历迁演法、正一。”

其三，右演法之职。邵以正担任“右演法”之职的具体时间不明，但此期间邵以正最重要的事情便是督校《道藏》。据《明英宗实录》卷一百二十二载：“（正统九年）丁未，命道录司右演法邵以正点校道藏经于禁中。”[③] 正统十年，《道藏》成，共计5305卷。明英宗于1435—1449年及1457—1464年两次在位，《万历野获编补遗》卷四载：“宣德元年（1426），从礼部尚书胡濙请，进封正一嗣教清虚冲素光祖演道崇虚守净洞玄真人张宇清

---

① ［明］邵以正辑：《净明忠孝全书》，第33页。
② ［明］杨士奇：《东里集》，文渊阁《四库全书》本，第1239册第74页。
③ 《明英宗实录》卷122，第2443—2444页。

为大真人，领天下道教。盖宇清以刘渊然已为大真人，意欲与之并，上不得已勉从之，且示训于其号中。”[①] 盖刘渊然备受仁宗所崇，赐号大真人并领天下道教事，次年仁宗崩，宣德改元，张宇清委托胡濙奏请赐大真人号并领天下道教，此时刘渊然所任何职尚未得知，而“领天下道教”的实权已转入张宇清之手，且因张宇清奉命继其兄张宇初纂修《道藏》之重任，历十数年方成，上敕命邵以正督校，增所未备。至少此时，邵以正已充任右演法之职。

其四，左正一之职。陈国符《道藏源流考》称，邵以正于“英宗正统中升左正一，领京师道教事”[②]，则邵以正当在1436—1449年间擢升左正一之职。正统十年（1445），邵以正因偕其徒众“督校《道藏》，增所未备”，完成《正统道藏》的校勘工作。顾寿芝纂修的《雩都县志》云：“邵以正正统十二年（1447）升左正一。”《皇明恩命世录》卷六《颁赐藏经旨》提及颁赐《道藏经》之事并标明其时间为“正统十二年（1447）八月初十日”，盖因《道藏》功成宣告竣工而对参编、督校之人有所颁赐，邵以正即于此时由右演法擢升左正一，统领京师道教事。

其五，获赐“高士”“真人”封号。左正一为道官的最高等级，但邵以正的职权范围仅限于京师。《明英宗实录》卷二百三十四《废帝郕戾王附录》第五十二载：“（景泰四年冬十月）丙

---

① ［明］沈德符撰：《万历野获编补遗》卷4《道释》，北京：中华书局，1959年，第914页。

② 陈国符著：《道藏源流考》，北京：中华书局，1963年，第174页。

戌，赐守玄冲靖高士兼道录司左正一邵以正诰命。”① 景泰四年为1453年，是年邵以正在左正一之外，又获赐“守玄冲靖高士”之号。左正一即为道录司最高职位，无以复加，只能通过赐号以显其位，故有是赐。另《明英宗实录》卷二百四十八《废帝郕戾王附录》第六十六又载：“（景泰五年十二月）丙申，赐守玄冲静真人邵以正银印。”但景泰五年（1454）十二月则赐其为“守玄冲靖秉承专确志道衍教妙悟静虚弘济真人”②，此时，邵以正任左正一、获真人封号及银印，“列于祭酒班之次”，此职级及殊荣一直持续至天顺元年（1457）。是年，经过“土木之变”的邵以正“以老辞职”，但未被批准，同年八月，英宗复其为“悟玄养素精神冲默阐微振法通妙真人”。《龙泉观通妙真人祠堂记》云：“天顺初元，赐号悟玄养素凝神冲默阐微振法通妙真人，领道教事。越六载，化去。”③ 邵以正卒于天顺六年八月，则可知该封号为天顺元年所赐。然而《金陵玄观志》卷一有《敕左正一邵以正》诏书并署名日期为“天顺二年（1458）五月二十五日”，诏书称：“兹特封尔为悟玄养素凝神冲默阐微振法通妙真人，领道教事，于虖（乎）。”④《金陵玄观志》所载时间与《明英宗实录》与《龙泉观通妙真人祠堂记》所载相差一年，恐误抄。但出现了两个真人号，据岳涌《〈长春刘真人祠堂记〉与栖真观》一文考证，邵以正道号的变化缘起于明英宗复辟之事，“弘济真人”号仅行于景泰五年（1454）十二月至天顺元年

① 《明英宗实录》卷234，第5101页。

② 《明英宗实录》卷284，第8844页。

③ ［明］商辂撰：《龙泉观通妙真人祠堂记》，陈垣编纂：《道家金石略》，北京：文物出版社，1988年，第1261页。

④ 《金陵玄观志》卷1，第5页。

（1457）二月间[1]，英宗复位之后即颁赐“通妙真人”号，该封号一直持续至天顺六年（1462）八月。

以上可知，邵以正约于永乐七年（1409）投师刘渊然，后一直随师学道，四处传教。宣德二年（1427）被召入京，诏赐左玄义之职，宣德七年（1432）擢升右至灵。至于其充任右演法之时间尚无法确定，但当在英宗时期，即1435年至1447年间。正统十二年（1447），《道藏》颁行，邵以正以其督校之功而擢左正一，领京师道教事。景泰四年（1453），邵以正获赐“守玄冲静高士”号。景泰五年（1454）获赐弘济真人号并赐银印。天顺元年（1457）获赐通妙真人号。直至天顺六年（1462）羽化时止，邵以正近三十五年的道官生涯方才宣告终结。

邵以正自1427年被召入京以来，其活动范围多在江浙及燕京一带，因其一直在道官任上，且于正统间受敕召集天下高道至京校勘《道藏》，忙于教务，多与朝中官宦往来，名声显赫，因而无暇著述。经历了“夺门之变”后，邵以正曾向英宗请辞而未予准许，而在天师张元吉之保奏之下，进“真人”号。但此时的邵以正或积劳成疾，大约于英宗年间罹患中风之疾。此事《明史》不载，《通妙真人祠堂记》亦未提及，唯钱谷所撰《明故太医院御医致仕张公墓志铭》曾提及此事：

> 天顺初，征天下名医近百人萃京师，拔其尤者止七人，而公居首，遂入禁，近擢御医，赐敕命，锡赉骈，蕃誉望赫奕一时。名公巨卿往往相亲以图康济，而公则以年当休致，日就龙钟，屡疏乞身，久而得请。南辕之日，都下相知，靡

① 岳涌：《〈长春刘真人祠堂记〉与栖真观》，《中国道教》2017年第2期。

不失望。及其悬车乡之故旧，则又莫不欢欣庆幸，而四方求请者益众，公亦不以倦勤拒焉。盖公平生学术济时活人者不可数计，而计其术之精妙者，则不可逸而不书。公在京时，通妙邵真人求公诊脉，公惊曰：不出六日，法当中风。时邵固无恙。越六日，如其言①。

根据该《墓志铭》，张御医于天顺初应诏进京，“擢御医，赐敕命、赐赉骈，蕃誉望赫奕一时”。邵以正前往求张御医诊脉，言其六日后中风。“越六日，如其言”。故大抵可知，邵以正晚年向朝廷请辞之原因大致有二：其一，经历“夺门之变”后，邵氏有请辞以保全自己之考虑；其二，邵以正或因罹患中风之疾而向英宗请辞以养年。此事载入墓志，一者说明张医术精湛，二者说明邵以正名望颇高，其求诊之事很多人知晓。墓志中有张御医为其他名人诊病之著名案例记载，大致可看出“名公巨卿往往相亲以图康济”的状况。邵以正中风后行动不便，虽也在左正一任上，但其已无实权。天顺三年（1459），“将行庆成宴。故事，真人列二品班末，至是，帝曰：‘殿上宴文武官，真人安得与。’其送筵席与之，遂为制。”② 很多学者认为，英宗复辟之后，许多重臣纷纷疏辞，邵以正也在其列。“疏辞之事是必然的，昔日宠遇，黯然失色，只落得个‘左正一间住’，还得天师张元吉奏保。”③ 邵以正政治势力受挫、威望大减，因而处在尴尬的境地，故而庆功宴上亦不得列二品班末，只“送筵席

① ［明］钱谷撰：《吴都文粹续集》卷40，文渊阁《四库全书》本，第1386册第310页。

② ［清］张廷玉等撰：《明史》，第7657页。

③ 冯千山：《邵以正生平、〈道藏〉及其他》，《宗教学研究》1992年第Z1期。

与之”。但本书认为，此次仅“送筵席与之”的原因之一可能是他因中风、行动不便而告假请辞。

基于以上原因，行动受限的邵以正于 1457 年开始渐渐从教务中抽身出来，将精力转到丹经典籍、医书仙方等整理刊行上，但书稿尚未付梓刊印，邵以正即于天顺七年（1462）羽化，葬于“京城五华山之阳”。

第四节　邵以正与《正统道藏》

明初道教的发展以正一派最为鼎盛，以斋醮法术见长的法派及高道皆被归入正一道，在道录司充任道职者亦多为正一道士。不过，终明一世，诸派对道教教义、理论、哲学思想等方面并无太大推进，唯一对后世具有史学价值的便是《道藏》的编修。担任《正统道藏》督校的邵以正亦因此进入明代中期政治权力的中心，为其宗派构建及道派的发展奠定了基础。

《正统道藏》的编修问题，史料记载不多，《皇明恩命世录》提及永乐皇帝朱棣谕敕第四十三代天师张宇初编修道教书之事，而对于邵以正受敕督校《道藏》之事亦仅“命道录司右演法邵以正点胶道藏经于禁中”一语，记载极略。不过，督校《道藏》乃是整个编修、刊板过程中极为重要的工作，不仅涉及类目的编排、文本的取舍、文字的校订，还涉及刻工、印刷、装帧等一系列工作，尤其是类目编排、经文取舍等直接影响后世对道教文献的浏览阅读。从邵以正受敕总理《道藏》督校工作一事来看，邵氏确曾受到英宗特别褒宠，同时也说明此时的邵以正已经进入道教领导的核心和明初政治权力的中心，其影响力已渐与龙虎山一系相并驾齐驱。

由于史料匮乏，学界对邵以正督校《正统道藏》之事论述不多。郭武称“明王朝对邵以正极度重用，曾诏令他主持编修《道藏》；邵以正感恩知遇，率弟子喻道纯等人广搜道经，详加订正，最终刊成了《正统道藏》这一大型的道经丛书。《正统道藏》共收录道经5305卷，是唯一完整地流传至今的官方组织编刊的道经丛书，其刊成在道教发展史上有着巨大意义。”[①]《名山藏典谟记》云：正统九年甲子“颁释道大藏经典于天下寺观”[②]，是正统九年将刊《道藏》，乃诏邵通妙督校；故至十月即可颁《道藏经》于天下宫观也。“所谓督校者，盖刊板之际，主持校对耳。许彬谓重加订正，增所未备。邵氏所订正，必甚鲜也。”[③]根据陈国符考证，前后参与编修《道藏》之道士较多，有据可考者如永乐中有涂省躬，正统中有喻道纯、汤希文等[④]，今上海白云观所藏《正统道藏》，每函卷首刊有三清及诸圣象，卷末有护法神像，卷首并有正统十年十一月十一日御制题识。足证《正统道藏》雕版当于正统十年告成，但正统九年已先有颁赐，盖藏经刊板于正统九年迄工，而每函卷首卷末图版乃十年所增刊也[⑤]。

以上陈国符所论即涉及《正统道藏》之完成及颁赐时间，

① 郭武：《关于道教全真派传入云南的几个问题》，《思想战线》1994年第6期。

② 《金陵玄观志》卷十三引明钱溥《玄真观兴造记》，谓正统八年敕赐道经一藏于玄真观。盖误，当作九年。

③ 陈国符著：《道藏源流考》，第174页。

④ 同上，第175页。

⑤ 同上。

与邵以正受敕督校道藏及由右演法升任左正一的时间相吻合，其道秩升迁有论功行赏的成分。然而，对于《正统道藏》之具体编修时间及刊刻情况，却极少有人深入讨论。光绪《江西通志》卷一百二十三引张宇初《紫霄观记》云："永乐四年夏，予承旨纂修道典。"① 《皇明恩命世录》卷三《命编进道书敕》载，永乐四年十一月十九日，明成祖再次"敕真人张宇初，前者命尔编修道教书，可早完进来，通类刊版"②。朱越利称，"可惜宇初领命后仅三四年即于永乐八年去世。其弟宇清嗣其天师位，是否继续修藏不得而知。随着永乐二十二年成祖去世，仁宗、玄宗对修藏没有表现出兴趣，明初开始的修藏工作即中断未行。直到明英宗继位，追承其曾祖父永乐帝先志，于正统九年诏通妙真人邵以正'督校大藏经典'，才重加订正，增所未备，锓梓以传。……继而又于正统十年，又增刊每函卷首三清及诸圣像图和卷末护法神像图。"③ 据此，则邵以正受敕校订《道藏》之时，又新增入三清及诸圣像及护法神像图，这算是《道藏》刊版之前的最后工作。然而，在明代刊刻技术不甚发达的明代，《道藏》的刊版往往历时较长，因而，完成于正统十年、颁赐于十二年的《道藏》，编修工作或许早已完成，并于永乐二十年便交由明内府经厂刻板刊印④，明天启年间太监刘若愚《酌中志》卷十八《内板经书纪略》即将《道藏》列入当时宫中尚存的内府

① 光绪《江西通志》卷123，光绪六年刊本，第26页。

② 《皇明恩命世录》卷3，载《道藏》第34册，第792页。

③ 朱越利著：《道经总论》，沈阳：辽宁教育出版社，1995年，第155页。

④ 明成祖在迁都北京后，于司礼监下增设经厂专司宫廷刻书、印书和板片收藏。(向功晏：《明代经厂本浅析》，《故宫博物院院刊》1985年第2期)

经版[①]。

针对该问题的研究，虞万里及冯千山二人研究颇为深入，尤其是虞万里根据2000年由故宫博物院编、海南出版社出版的《故宫珍本丛刊》第526册中的《大明太宗集》残本收录的《道藏经序》这一新发现，对《正统道藏》的编修情况进行了研究，极具学术价值。冯千山亦对《正统道藏》进行了深入研究，只不过对邵以正所参与的部分未进行深入探讨。

根据虞万里《正统道藏编纂刊刻年代新考》一文，《故宫珍本丛刊》第526册所录《道藏经序》原文如下：

> 朕惟大道无名，非言不足以显其妙；圣神设教，非言不足以广其传。粤自问道崆峒，著书函谷，立言垂范，其来远矣。故灵文隐诀，启妙道于无穷；洞箓天经，历浩劫而无坏。惟真文之所在，实玄范之攸存。宝笈琅函，发云篆太虚之秘；瑶编玉牒，纪洞玄灵宝之篇。虽云道不在书，舍其书则道将安究？譬犹迹出于履，弃其履则迹竟何求？爰自汉唐以来，真诠荐举，秘义弘敷。其变化不测，有以察至道之精；其清净自然，有以赞无为之化。然而琼书填委，玉检浩穰，求之者似以管而窥天，探之者如以蠡而测海。虽众说悉臻于微妙，而群言莫遂于会通。朕嗣抚洪图，心存至道，仰虚玄之妙法，启元始之真文。乃于万几之暇，爰集道流，重加纂辑，以永乐己亥五月二十一日为始，至壬寅冬十月□日毕工。合道藏诸品凡五千一百三十四卷，计四百六十四函。

① 转引自尹翠琪：《〈道藏〉扉画的版本、构成与图像研究》，台湾大学艺术史研究所：《美术史研究集刊》第43期，2018年。

> 汇编有次，锓梓以传。由是万派同归，一原统会。其光华焕发，足以比日月之照临；其神化无方，足以究天地之终始。普遍十方而无外，大周三界而弗遗。济度群生，超凌亿劫。朕仗此功德，上报皇考妣罔极之恩，下冀四海生灵无穷之福。华夷一统，咸臻福庆之详；海宇清宁，永乐永熙之治。用题篇首，以示方来。谨序①。

据朱棣《道藏经序》，《道藏》编修工作始于永乐己亥五月二十一日，即永乐十七年（1419），至永乐壬寅年冬月，即永乐二十年（1422），历时三年多，共计编成五千一百三十四卷，计四百六十函，“汇编有次，锓梓以传”。以上所录时间较为确切。大抵可知，《道藏》于永乐二十年编修完成便开始刊版，至英宗正统初刊版完成，历时近二十年。

北京白云观现有一块明正统十三年（1448）八月皇帝赐经之碑，碑额篆书“赐经之碑”（见图9）。碑正文右为皇帝圣旨，左为时任翰林院修撰的先祖襄敏公撰写印经、赐经之经过：

> 臣彬仰惟太宗文皇帝（按即成祖）临御之日，尝命道流合《道藏》诸品经，纂辑校正，将锓梓以传；而功未就绪，奄忽上宾。肆今皇上，以至圣之德，统承天位。体皇曾祖（按即成祖）之心，以天下生民为念，追尊先二志，于是重加订正，增所未补，用寿诸梓。

为何汤希文传略之中提及汤氏修《道藏经》？修与校是两种截然不同的概念，由此大致可以探知，邵以正于正统九年受敕督

① ［明］朱棣撰：《大明太宗皇帝御制集》卷4，故宫博物院编：《故宫珍本丛刊》，海口：海南出版社，2000年，第526册第16页。

校道藏经之时，不仅是对永乐时便已完成的经典进行校订，甚至还在此基础上增入了不少经文。致使施舟人认为邵以正可能是《道法会元》前55卷清微部分的编辑者[①]，并可能是全书的编辑者，甚至提出邵以正最有可能是整部《道法会元》的编辑者[②]，而《道法会元》编入《正统道藏》或与邵以正有关。邵以正究竟增补了哪些内容，《正统道藏》按三洞四辅分类之法是否邵以正最终督校之时所确定？这些问题皆有待进一步理清。

《正统道藏》刊成于正统初年，《英宗实录》又于“九年冬十月丁未命道录司右演法邵以正点校道藏经于禁中”，《茅山志后编·道秩考》载“汤希文，永乐间由副灵官，宣德、正统间历授道录，至灵官钦取修《道藏经》，升左演法”。既然道藏经已经编修完成，何故还敕令邵以正督校？且令邵以正“增所未备”？永乐年间编修完成的道藏经卷数为五千一百三十四卷，但正统十二年颁赐天下宫观的数量则为五千三百五卷，即正统十年邵以正奉旨督校完成的《道藏经》卷数量比永乐编撰完成的数量多出了171卷。这些多出来的经卷是否即是“增所未备”的内容？

针对以上问题，虞万里认为，《正统道藏》较之永乐初完成的《道藏》多出来的一百七十一卷十六函便是邵以正“增所未备”的具体经卷书，也是邵氏奉诏“修《道藏经》”和“点校道藏经于禁中”的主要工作之一。他将原来篇幅短的道经或二

① Master Chao I—chen 赵宜真（？—1382）and the Ch'ing—wei 清微 School of Taoism，第719页。

② 见 Kristofer Schipper & Franchiscus Verellen. Ed. *The Taoist Canon：A Historical Companion to the Daozang*，Vol. 2，Chicago：the University of Chicago Press，2004，p. 1106。

经、或三经乃至六经、七经合为一卷；加之从首至尾没有卷第，所以今见《正统道藏》之卷次已难以和文献吻合。虞万里将张宇初《岘泉集》以前内容归为永乐十七年至二十年由任自垣[①]主持纂辑的部分，而将《太上大道玉清经》以下视作邵以正正统九年十月奉诏点校时“增所未备”的道经，从邵以正整理、校核、刊刻的时间上考虑，这173卷的字数约在100万字，以内服道藏刊字匠73名，一年可以竣工，少于73人，则一年多也可以完成。[②] 据以上分析，虞氏认为邵以正在正统九年十月二日奉诏后所做的工作主要有二：

其一，校核、补刻前此所刻的5134卷道教中经版错伪，将短卷道经视字数、版片多寡予以合并，使每一函厚度大致相等。陈国符先生亦称，正统九年督校、重加订正道藏经，实即对永乐版道藏“所收道书，已重行分类；原有道书短卷，则数卷并为一卷。系梵夹本，是为《正统道藏》”[③]。邵以正受敕校订工作当在正统九年十月二日诏敕下达之后即开始施行，至正统十年校订完毕便锓梓刊刻，并于正统十二年（1447）竣工后始颁赐天下名山宫观，许彬《赐经之碑》（见附录图10）已言明经过。从刊板所需时间上看，近一年半时间将增补部分雕版刊印成藏尚有可能。

---

① 任自垣（？—1431），武当山玉虚宫提点。明王英《送提点任先生还武当序》提及任自垣参与编修《道藏》之事，称“皇上在御之二十年冬十二月，武当玉虚宫提点任先生自垣，以所修《道藏》经成，将还于山中。而中书舍人王公利用、姚公宗礼言于予曰：‘初，任先生自武当来，适有诏购天下名山所藏道书，集学道之修洁博习者校正类聚，会合而归藏焉，遂以先生总之。而为之书者，悉举中外精于楷法之士，则予二人领袖之。至是经成，进之于朝，俱获赐赍，而先生则还于武当焉。’”（[明] 任自垣：《太岳太和山志》，卷15，《藏外道书》第32册第1017页）

② 虞万里：《正统道藏编纂刊刻年代新考》，《文史》2006年第4期。

③ 陈国符著：《道藏源流考》，第172页。

其二，搜辑、整理并增刻永乐时遗漏或事后陆续搜集到的119种173卷道经，以及函首的神像和御制题辞等。搜集工作虽在奉诏后即可实施，具体整理、甄别、校刊亦可流水作业，但寻访、搜集则需要一定时间，所以刊刻很可能以每函神像上御题吉日为始，而至正统十二年二月雕毕。

邵以正为了使自己"增所未备"的内容与永乐间编成的《道藏》顺序保持一致，"客观上也突出正统十年新刻的业绩，他没有将刻成的5134卷《道藏》加上自己辑校、整理所刊道经按三洞四辅重新编排，而是置于《岘泉集》之后，所以形成前大后小的两橛，大量洞真、上清道经缀于最后而不得其所的格局"[①]。

据《道藏全书总目》所言："明白云济撰《道藏目录详注》四卷，以道家指数分三洞四辅七部，与《云籤七签》同。七部之中又分十二子目，以千字文为次，一字当一函，'天'字至'群'字，为旧藏（即《正统道藏》）之目，'英'字至'将'字为明人新续（万历《续道藏》）之目。"[②] 亦即永乐十七年至二十年任自垣所编之道藏经由"天"字始至"群"字，以《道藏经目录》卷一至四收尾，而张国祥所编万历续道藏则字"英五"开始接续，至"缨"字。也就是说，以张宇初《岘泉集》为分水岭，其后内容为邵以正于正统九年督校道藏经时增入[③]，即自第1018卷"转"字始，至第1057卷"群"字终，具体如

① 虞万里：《正统道藏编纂刊刻年代新考》，《文史》2006年第4期。

② 《道藏全书总目》，载《藏外道书》第24册，第841页。

③ 施舟人先生认为：正统九年（1444）受敕校订道藏经，其所增入的张宇初《岘泉集》成为分水岭，其后所安排的内容即是邵氏"增所未备"的内容。（见：Kristofer Schipper & Franchiscus Verellen. Ed. *The Taoist Canon: A Historical Companion to the Daozang*, Vol. 2, Chicago: the University of Chicago Press, 2004, p. 32）

下表：

表 1　《正统道藏》中邵以正所增入文本内容一览表

（数据来源：涵芬楼《正统道藏》《道藏经目录》及白云济《续道藏目录》）

卷　号	分　类	千字文次号	篇　目
1018 卷	正乙部	转上（转一）	岘泉集，卷一
1019 卷	正乙部	转下（转二 ~ 转五）	岘泉集，卷二 ~ 五
1020 卷	正乙部	疑上（疑一 ~ 疑四）	岘泉集，卷六 ~ 九
1021 卷	正乙部	疑下（疑五 ~ 疑七）	岘泉集，卷十 ~ 十二
1022 卷	正乙部	星上（星一 ~ 星三）	太上大道玉清经，卷一 ~ 三
1023 卷	正乙部	星中（星四 ~ 星六）	太上大道玉清经，卷四 ~ 六
1024 卷	正乙部	星下（星七 ~ 星十）	太上大道玉清经，卷七 ~ 十
1025 卷	正乙部	右上（右一）	洞真高上玉帝大洞雌一玉检五老宝经
1026 卷	正乙部	右中（右二 ~ 右三）	洞真太上素灵洞元大有妙经（右二）；洞真上清青要紫书金根众经卷上（右三）
1027 卷	正乙部	右下（右四 ~ 右五）	洞真上清青要紫书金根众经卷下（右四）；洞真上清太微帝君步天纲飞地纪金简玉字上
1027 卷	正乙部	右下（右六 ~ 右八）	洞真上清开天三图七星移度经卷上下（右六 ~ 七）；洞真太上三元流珠经（右八）
1027 卷	正乙部	右下（右九）	洞真西王母宝神起居经
1028 卷	正乙部	通上（通一 ~ 通二）	洞真太上八素真经精耀三景妙诀（通一）；洞真太上八素真经修习功业妙诀（通二）

卷　号	分　类	千字文次号	篇　目
1028卷	正乙部	通上（通三～通四）	洞真太上八素真经三五行化妙诀（通三）；洞真太上八素真经服食日月皇华妙诀（通四）
1028卷	正乙部	通上（通五～通六）	洞真太上八素真经登坛符札妙诀（通五）；洞真太上八素真经占侯入定妙诀（通六）
1028卷	正乙部	通上（通七）	洞真上清龙飞九道尺素隐诀
1029卷	正乙部	通下（通八～通十）	洞真太上三九素语玉精真诀（通八）；洞真太上八道命籍经卷上下（通九～十）
1029卷	正乙部	通下（通十一）	太上九赤班符五帝内真经
1030卷	正乙部	广上（广一～广二）	洞真太一帝君太丹隐书洞真玄经（广一）；洞真上清神州七转七变舞天经（广二）
1030卷	正乙部	广上（广三）	洞真太上紫度炎光神元变经
1031卷	正乙部	广下（广四）	《洞真太上神虎玉经、洞真太上神虎隐文》二经通卷
1031卷	正乙部	广下（广五～广六）	《洞真太上紫文丹章、洞真太上金篇虎符真文经》二经同卷、洞真太微金虎真符（广六）
1031卷	正乙部	广下（广七）	《洞真太上太素玉箓、洞真八景玉箓晨图隐符》二箓通卷
1031卷	正乙部	广下（广八）	《洞真太上仓元上箓、洞真太上上皇民籍定真玉箓》二箓同卷
1031卷	正乙部	广下（广九～广十）	洞真太上紫书箓传（广九）、洞真黄书（广十）

卷　号	分　类	千字文次号	篇　目
1032 卷	正乙部	内上（内一～内五）	洞真太上说智慧消魔真经　卷（一～五）（内一～四）、洞真太上道君元丹上经（内五）
1033 卷	正乙部	内下（内六～内七）	洞真金房度命绿字回年三华宝耀内真上经（内六）、洞真太上上清内径（内七）
1033 卷	正乙部	内下（内八～内九）	洞真太上丹景道精经（内八）、《洞真太上青牙始生经、洞真三天秘讳》二经同卷
1033 卷	正乙部	内下（内十）	洞真太上飞行羽经九真升玄上记
1034 卷	正乙部	左上（左一～左四）	洞真太上太霄琅书　卷（一～五）
1035 卷	正乙部	左下（左五～左九）	洞真太上太霄琅书　卷（六～十）
1036 卷	正乙部	达上（达一～达三）	上清道宝经　卷（一～三）
1037 卷	正乙部	达下（达四～达十）	上清道宝经　卷（四～五）（达四～五）、上清太上开天龙跻经　卷（一～五）（达六～十）
1038 卷	正乙部	承上（承一～承二）	上清太上玉清隐书灭魔神慧高玄真经（承一）、上清高上灭魔玉帝神慧玉清隐书（承二）
1038 卷	正乙部	承上（承三～承四）	上清高上灭魔洞景金元玉清隐书经（承三）、上清高上金元羽章玉清隐书经（承四）
1039 卷	正乙部	承下（承五～承六）	上清丹景道精隐地八衍经卷上下
1039 卷	正乙部	承下（承七）	上清九天上帝祝百神内名经、上清七圣玄纪经，二经同卷（承七）

卷号	分类	千字文次号	篇目
1039卷	正乙部	承下（承八～承九）	上清太上回元隐道除罪籍经（承八）、上清太极真人撰所施行秘要经（承九）
1040卷	正乙部	明上（明一～明三）	上清天关三图经（明一）、上清河图内玄经卷上下（明二～三）
1040卷	正乙部	明上（明四）	《上清回神飞霄登空招五星上法经、上清化形隐景登升保仙上经》二经同卷
1040卷	正乙部	明上（明五）	《上清回耀飞光日月精华上经、上清素灵上篇》二经同卷
1041卷	正乙部	明下（明六～明八）	上清高上玉晨凤台曲素上经（明六）、上清外国放品青童内文卷上下（明七～八）
1041卷	正乙部	明下（明九～明十）	上清诸真人授经时颂金真章（明九）、上清无上金元玉清金真飞元步虚玉章（明十）
1042卷	正乙部	既上（既一～既三）	上清太上帝君九真中经卷上下（既一～二）、上清太上九真中经绛生神丹诀（既三）
1042卷	正乙部	既上（既四）	上清金真玉光八景飞经
1043卷	正乙部	既下（既五～既六）	上清玉帝七圣玄纪回天九霄经（既五）、上清太上黄素四十四方经（既六）
1043卷	正乙部	既下（既七～既八）	上清明堂玄丹真经（既七）、上清九丹上化胎精中记经（既八）
1043卷	正乙部	既下（既九～既十）	上清太上元始耀光金虎凤文章宝经（既九）、上清太一帝君太丹隐书解胞十二结节图诀

卷　号	分　类	千字文次号	篇　目
1044 卷	正乙部	集上（集一～集二）	上清洞真天宝大洞三景宝箓卷上下
1045 卷	正乙部	集中（集三～集四）	上清大洞三景玉清隐书诀箓（集三）、上清元始高上玉皇九天谱录（集四）
1045 卷	正乙部	集中（集五～集六）	上清金真玉皇上元九天真灵三百六十五元录（集五）、上清高圣太上大道君洞真金元八
1046 卷	正乙部	集下（集七～集九）	上清洞天三五金刚玄箓仪经（集七）、上清琼宫灵飞六甲箓（集八）、上清曲素诀辞箓
1047 卷	正乙部	坟上（坟一～坟二）	上清元始变化宝真上经九灵太妙龟山玄箓　卷（上中）
1048 卷	正乙部	坟下（坟三～坟四）	上清元始变化宝真上经九灵太妙龟山玄箓卷下（坟三）、上清高上龟山玄箓（坟四）
1048 卷	正乙部	坟下（坟五～坟七）	上清大洞九微八道大经妙箓（坟五）、上清河图宝箓（坟六）、四斗二十八宿天帝大箓
1049 卷	正乙部	典上（典一～典五）	大乘妙林经　卷（上中下）（典一～三）、太上元宝金庭无为妙经（典四）、上清黄庭养神
1050 卷	正乙部	典下（典六～典八）	太上黄庭中景经（典六）、上清黄庭五藏六府真人玉轴经（典七）、上清仙府琼林经（八）
1050 卷	正乙部	典下（典九～典十）	上清太极真人神仙经（典九）、长生胎元神用经（典十）
1051 卷	正乙部	亦上（亦一～亦二）	太上灵宝芝草品（亦一）、洞玄灵宝二十四生图经（亦二）

卷　号	分　类	千字文次号	篇　目
1052 卷	正乙部	亦下（亦三～亦四）	玉清上宫科太真文（亦三）、太上九真明科（亦四）
1052 卷	正乙部	亦下（亦五～亦六）	洞玄灵宝千真科（亦五）、洞玄灵宝长夜之府九幽玉匮明真科（亦六）
1053 卷	正乙部	聚上（聚一～聚四）	太上元始天尊说北帝伏魔神咒妙经卷（一～五）
1054 卷	正乙部	聚下（聚五～聚八）	太上元始天尊说北帝伏魔神咒妙经　卷（六～十）
1054 卷	正乙部	聚下（聚九～聚十）	北帝伏魔经法建坛仪（聚九）、伏魔经坛谢恩醮仪（聚十）
1055 卷	正乙部	群上（群一）	北帝说豁落七元经、七元真诀语驱疫秘经，二经同卷
1055 卷	正乙部	群上（群二～群三）	七元璇玑召魔品经、元始说度酆都经，二经同卷（群二）、七元召魔伏六天神咒经
1055 卷	正乙部	群上（群四）	七元真人说神真灵符经、太上紫微中天七元真经，二经同卷
1055 卷	正乙部	群上（群五）	枕中经、太清元道真经、太上老君太素经，三经同卷
1055 卷	正乙部	群上（群六～群七）	灵信经旨、福寿论，旨论同卷（群六）、太清道林摄生论（群七）
1055 卷	正乙部	群上（群八）	侍帝晨东华上佐司命杨君传记
1056 卷	正乙部	群下（群九～群十二）	长春真人西游记卷上下（群九～十）、道藏阙经目录卷上下（群十一～十二）

卷　号	分　类	千字文次号	篇　目
1057 卷	正乙部	英全（英一～英五）	道藏经目录　卷（一～四）（英一～英四）

《正统道藏》类目编排方面的问题给后世研究带来诸多不便，文本、篇目取舍、分类等多混淆凌乱，正如《道藏全书总目》所言：

旧目之弊病，经中常有符，符又以经名。本书类有劝诫等经，戒律又复称经。于是经、符、律三类相混。谱录类有记传，记传又有符箓。方法类有众术，众术类有方法。灵图类有方法，又有符箓。玉诀类有方法，亦有众术。此六类界限多混乱。后四部中所收各书，若由本部移归他部，亦无丝毫区别，实未见有分部之必要。书名之下，大半不列作者姓名，或有姓名而无朝代，书的名字多与原本不同①。

这里所说“旧目”乃是就《正统道藏》与《万历续道藏》二者而言，实际上从邵以正校订《道藏》、将文本分为三洞四辅十二类并按千字文排序而编成道藏经，万历时张国祥再续《道藏》之时，对此格局并未做任何调整。《道藏全书总目》所录种种“旧目之弊病”，盖由邵以正编辑、校订文本的过程中将某些篇幅短小的经卷进行整合所致，后期所增入的篇目亦未对已经刊成的永乐版道藏经重新分类，只在该版基础上继续增入新搜集的经卷文本，故而从整体上看，明版《道藏》类目及内容编排确有混乱之感。

① 《道藏全书总目》，载《藏外道书》第 24 册，第 840 页。

从新增入经卷文本看，邵以正所“重加订正”的部分增加的经卷中，仅上清系经典便达46种计61卷，这种安排似乎与邵以正本人的宗派意识有一定的关系。邵以正与其师祖赵宜真、师父刘渊然一样，在祈雨求晴等斋醮仪式上表现出了其雷法的极大优势，这迎合了明初朝廷的实际需要，因而可以说明邵以正在校订《道藏》过程中新增入的经卷及类目选择等方面并未受到皇室的干涉。再者，邵以正综承清微、净明诸派法术及全真北派、金丹南宗等诸派丹法，其法脉来源虽具多源性，但以雷法见著，其内丹方面则偏向于金丹南宗，但从入世事功的方面看则多偏向于净明。无论其法术来源有都驳杂，邵以正的宗派道统重构并未依附于以雷法见长的清微派或内丹心性修炼为主的南北内丹派，而是选择了以道法、医术济世活人为目标的净明派，可以看出邵以正的宗派构建和弘道策略不仅迎合了当时皇室的现实需要，也体现了他本人对道教的社会功能的独特理解。

邵以正的这种宗派意识还体现在绘于经卷扉页的三清神像、诸圣象及护法神将的安排之上。香港中文大学尹翠琪曾对《正统道藏》扉页图像进行了专门研究，并发表了《〈道藏〉扉画的版本、构成与图像研究》一文，认为：“《道藏》扉画是在明初官方主导结集和刊刻宗教经典的风潮下产生的作品。它的设计，糅合佛道两教的视觉传统，以图像的方式确立《道藏》作为道教权威经典。它的构图，展现了明初官刻宗教版画对元代佛藏扉画的继承；而画中仙圣的组合、布局和造型，不仅反映继承自元永乐宫三清殿等传统道观壁画的布局方式和人物形象，其中部分仙真的选取，更显示出它与最终完成《道藏》编纂工作的道士邵以正有密切关系，而且跟明初皇室特别重视神霄、清微派雷法有关。"[①] 尹氏的研究极具参考价值。

尹翠琪认为，就构图而言，《道藏》扉画显然是受到内府刊刻佛藏和佛经的文化影响。其选用对称式构图，并在版幅上较《永乐北藏》增加两面，使朝谒三清的众神数目大大超越了后者。这些举措，显示《道藏》扉画的设计者很可能是希望借选用佛藏的传统构图建立《道藏》作为宗教权威经典，并通过扩大版幅和增加神祇数量，为《道藏》扉画营造超越佛藏的气势[②]。《正统道藏》扉页有"诸圣谒三清"图，通版四折八面，画占7面，外加龙牌（如图11）。图中有左、右二图，黑白二色，左图源自尹翠琪《〈道藏〉扉画的版本、构成与图像研究》正文前图一，图片标题"'乙本'扉画：《道藏》'天'字函第一卷，清印本，上海图书馆藏"[③]，图右由《正统道藏》第一卷《灵宝无量度人上品妙经》（卷一）首页扉页画组合而成[④]。

尹氏研究之价值在于，其通过对图像构成、人物形象的分析理清了图像中朝谒三清的诸天神圣的大致身份，尤其是画中诸道派祖师的安排及《道藏》扉画的种种特点，体现了"《道藏》扉画并非单纯依照传统的朝元图来绘画，而是按着明皇室指派的主事者所理解的道派正统而构成，反映出十五世纪上半叶明室所认同的道教神谱"[⑤]。实际上《道藏》扉画中诸神像的布局正好体现了邵以正的思想，同时也表明其宗派意识与明皇室是一致的，

① 尹翠琪：《〈道藏〉扉画的版本、构成与图像研究》，台湾大学艺术史研究所：《美术史研究集刊》第43期，2018年。

② 同上。

③ 同上。

④ 《道藏》第1册，第1页。

⑤ 尹翠琪：《〈道藏〉扉画的版本、构成与图像研究》，台湾大学艺术史研究所：《美术史研究集刊》第43期，2018年。

其极力构建的净明道统已然将清微雷法、全真南北丹法及净明道法融会贯通，并以净明宗派领袖的身份活跃于明初政坛，其综罗各家的宗派特征使其对宗派归属的选择有某种随机性，但在明初政局动荡不安、势如累卵的情况下，他选择净明道作为其信仰归宿，无论是净明道提倡的入世事功、济世度人的修行理念，还是邵以正本身的清虚自守、克己奉道的修为，都在明皇室及朝野上下获得了极其丰富的政治资源，这对于其重构、弘扬其宗派是有积极意义的。

尹翠琪认为，《道藏》扉画神像的安排布局与邵以正对全真派南北宗和清微派雷法有关，扉画上丘处机和白玉蟾出现于全真派祖师群，以及雷部十二神像列于三清座前，显然都并非随意安排，而是表明了明初皇室对邵以正的导学修养持肯定态度，且对于他所归属的清微派和全真派亦有所认同，以至于两派祖师、神将出现在御制的《道藏》扉画上，与各天界圣众并列。透过整合道教神谱图像的方式，明初皇室确立上述道派的正统性，并借着《道藏》的刊印和颁赐，使得这个获皇室认可的道教神谱，得以在各大宫观和信众间传播①。

尹氏以上言论有诸多可取之处，亦有其合理性。然而就邵以正的道派归属问题，诚如本书第三章所论，学界的研究多从赵、刘、邵一系“以道法显”作为切入点，以及通过对该系道士各自的雷法方面的求学经历来讨论其法脉归属，这有明初征招天下高道的政治需要和元季明初各道派高道为了寻求政府支持而做出的自我调整，同时也是全真与正一两大道派逐渐走向融合的标

---

①　尹翠琪：《〈道藏〉扉画的版本、构成与图像研究》，台湾大学艺术史研究所：《美术史研究集刊》第43期，2018年。

志，如第四十三代天师张宇初即有内丹、心性等方面的讨论和关注。明初被征招之高道多凭借道法受到皇室青睐，其中有迎合皇室口味的考虑，因而在正一道发展明显超越全真道的情势下，道法方面的修为和成就几乎成了道士被征招和举荐的唯一标准，而道派认同与各道派之间的差别并未成为皇室关注的内容。在这种情况下，道派的认同乃至宗派道统的重构仅是道士们的宗派意识，相较于明代以前的宫观道派而言，明初很多道派逐渐失去了派谱的维系和宫观道派的支撑而相继没落。

净明道在明初的状况即是如此，祖庭的神圣性和号召力渐失，流散各地的高道或融入其他道派，或隐而不显，使净明道统逐渐失去振兴的动力。赵宜真、刘渊然、邵以正一系在明初的显贵和受宠使净明道统的重构获得了历史性机遇，即使该系有清微雷法、全真南北宗的传承，但无论从其传记、行道作风还是从刘、邵二人对净明道的坚持与弘扬，于宗派构建而言都体现出某种自觉性。邵以正于宣德、正统、景泰、天顺四朝深受褒宠，不仅得益于其师刘渊然的福荫，亦在于其学识渊博、道学造诣高深及入世事功的精神，还在于邵以正的道教思想和宗派意识与明皇室是相一致的，因而受敕承担了督校《道藏》的重任。

重启《道藏》修订编撰工作对于时任右演法的邵以正而言，不仅表明了其得到皇室的青睐与褒宠，亦突显了邵氏深厚的道学功底和克己清虚的行道作风。《道藏》刊刻工作完成于正统五年，而此时的邵以正正在右演法任上，而当时嗣天师位并在道录司担任左正一、领道教事的是第四十五代天师张懋丞。张懋丞（1388—1445），字文开，号九阳，其父张宇埕乃是第四十三代张宇初及四十四代天师张宇清的胞弟，于宣德四年（1429）锡诰授正一嗣教崇修治道葆素演法大真人、领道教事，正统十年，张懋丞卒而张元吉嗣天师位，获封真人号，领道教事。从《皇明恩命世录》的记载看，张懋丞自宣德四年嗣位天师，至正统十年卒，在位十六年，其曾承担大小斋醮活动多次，亦深得皇室器重。而《道藏》自永乐二十年（1422）修成便开始刊印，虽无任何历史记载显示《道藏》的雕版刊印工作由谁主持，不过，正统初刊版完成，并曾进行过少量颁赐，如南京玄真观便于正统八年获颁赐《正统道藏》一部，这显然在邵以正受敕督校《道藏》“增所未备”之前。现在的问题是：既然《道藏》经乃由张宇初领命编修，虽然被推迟多年，但在张宇清任上得以具体落实并完成了编修工作，按理说，这一成果当由第四十五代天师张懋丞继续其两位叔父未完成之业，但因史料未详，我们难以找到张懋丞与《道藏》之编纂有关联的证据。正统九年却命邵以正校订《道藏》，而此时的张懋丞无论从年龄、阅历、权力、地位等诸方面均比邵氏更具优势，但最终并未让张懋丞完成其叔父的遗志，甚至只字未提张懋丞，确实耐人寻味。另外，正统初年，《道藏》已刊版完成并已有零星颁赐，但不久即被叫停，至正统九年又重启《道藏》校订工作，并要求邵以正“增所未备”，至少说明该版道藏经确有未尽之处。

张懋丞于宣德和正统二朝中所承担的祈雨求晴、斋醮法事等方面的记载甚多，且均已记录于《皇明恩命世录》之中，其中便有正统“七年，上御文华殿召见，赐宴殿中”① 之事，赐宴原委不得而知。文华殿始建于明永乐十八年（1420），为太子东宫

① 《皇明恩命世录》卷5，载《道藏》第34册，第798页。

与经筵之所。文华殿曾一度成为“太子视事之所”，即储君办公场所，又是经筵讲习之所，因而朝中重大庆祝活动或“庆成筵”多在此举行。不过令人奇怪的是，《皇明恩命世录》中关于张懋丞的记载多与斋醮、法事，即使他于宣德九年为（1434）为英宗朱祁镇治病的“神异之事”亦未记载（因避皇家讳），仅记载“敕给部牒五百，俾度羽士”[①]，是为对其治病之功的奖赏，但唯有正统七年于文华殿赐宴之事却与斋醮法事无关。但根据以上所述，我们可以做如下推测：

赐宴之事或与其督校永乐版道藏经的功绩有关，此后便有《道藏》的零星颁赐，如正统八年南京玄真观获赐《道藏》一部[②]，这与张懋丞在文华殿被召见赐宴之事在时间上也相吻合。只不过，至正统九年便出现重新校订《道藏》之事，大略可知永乐版道藏经有诸多缺陷，虽然刻板已成，但英宗朱祁镇最终决定暂停颁赐该经，并重新委任德高望重的邵以正进行督校。若张懋丞确曾于宣德、正统间负责刊刻永乐版道藏经之事，那么颁赐活动刚开始便被叫停，也可以解释朱祁镇未让张氏继续校订《道藏》，而是委任邵以正负责《道藏》的校订、增补并最终刊版。《正统道藏》完成于正统十年，“乙丑，颁释道大藏经典于天下寺观”[③]，当年便开始小范围颁赐经书于天下名山宫观，而该年张懋丞卒，其年幼的侄儿张元吉嗣天师位。这一客观历史事实给予了邵以正绝佳的机会主政道录司，并于正统十二年升任道录司左正一、领京师道教事，寻即被封为“高士”、赐银印、封

① 《皇明恩命世录》卷5，载《道藏》第34册，第798页。
② 高叶青：《陕西明版道藏存佚考》，《中国道教》2020年第3期。
③ 《明英宗实录》卷122，第2452页。

"弘济真人"，字数达二十字，为道士中"最宠渥者"。

《正统道藏》的督校、修订是使邵以正真正开始崭露头角的标志性事件，不仅表明邵以正具有极强的领导力和号召力，亦拥有深厚的道学修养和与明皇室相一致的思想理念，还一如其师一样保持了廉静谦谨、清虚自守的道风。因而，自正统间升任左正一、领道教事以后，宠遇日隆，不仅继承了赵宜真、刘渊然的遗志，对明初以来的净明道统进行重构，并通过经典刊印、宫观建设、广收门徒等一系列工作构建全新的净明道统，并为"久湮不行"的净明道在明初实现了短暂的"中兴"，这与邵以正的积极努力是分不开的。

第五节 邵以正之宗派构建与弘道部署

邵以正是继承了元季明初赵宜真、刘渊然道统、法统的关键人物。赵宜真求学多方，"凡道门奥旨，皆缀辑成书"①，融汇清微、净明、全真南北二宗道法为一身，有《原阳子法语》《灵宝归空诀》《仙传外科秘方》等著作传世，除了表达济世度人的初衷，也带有重振道派（在赵宜真的思想中，其所欲重振的道派亦未必是净明道）的意味。刘渊然于洪武以道法显，于洪武二十六年被召进京，在短短数年之中将其师著述编辑刊行，同时也刊印了《净明忠孝全书》《太上感应篇》《仙传外科集验方》等书籍数种，甚至有《道德经集解》等思想性较强的著作刊行。

① ［明］张宇初撰：《岘泉集》卷4《赵原阳传》，载《道藏》第33册，第232页。

更有甚者，刘渊然于永乐中谪滇居龙泉观并收徒传教，其巨大的影响力直接或间接地导致长春派（南滇金丹符箓派）的形成，其宗派构建方面的努力可见一斑。而真正完成宗派构建任务的却是邵以正，他如其师一样，不仅广收门徒、刊印经典及其师语录，还重新辑校《净明忠孝全书》并将赵宜真、刘渊然二人像、传、赞增入书中，直接确立了赵宜真、刘渊然在净明道中的嗣师地位。此外，他还构建宫观祠庙，从传道场所的构建以恢复早期净明道的传道模式，以稳定道派根基、巩固宗派构建成果。本节即从宫观祠庙构建方面了解邵以正在弘扬净明道派方面所做的部署。

明代云南道教兴盛，大部分道教宫观祠庵于这一时期建成，这与明代卫所制度的推行有很大关系。随着卫所制度的推行，大批汉族移民自江南涌入云南，也将道教信仰带入云南，如吕祖、真武、玉皇、文昌等不仅是官方信仰，亦广泛普及于民间，因而这一时期涌现的道教宫观多以吕祖阁、真武祠、玉皇阁、文昌阁等居多。道教宫观的兴造，除了普通信众的自发兴建以延续信仰，尚有入滇传道的道教宗派领袖积极倡导、主持修建宫观者。刘渊然谪滇期间亦曾修复宫观，但因史料不足，难以具考，而其高足邵以正自幼生长在昆明，青少年时期即跟随刘渊然学道，且因刘渊然推荐历任左玄义、右至灵、右演法、左正一等道职，并获封“高士”“真人”等号及获赐银印，已然被推上了宗师的位置。他继承刘渊然遗志，将其毕生精力投身于其宗派道统的构建之上，因而，他在处理道教事务、弘道传道之余，亦曾致力于道教宫观的修复、兴建工作，因为宫观是宗派传承的基础。

明代道录司初设在南京朝天宫，“靖难”之后，京师迁北京，建灵济宫，道录司即设在灵济宫内，宣德八年（1433）建朝天宫于阜成门内而将道录司迁于此，至天启六年（1626）始迁入东岳庙。邵以正在左玄义任上，叙事多以刘渊然为主，且其官微而不显。至担任至灵之职时，邵以正曾应其师之请而“代为祝釐”，即主持一些规模不大的祈福活动。而在右演法、左正一任期内，其活动范围多在北京，但其担任右演法期间，因无实权，因而不见其有太大作为，仅承担一些建醮祈祷之类的工作，点校《道藏》经完成并颁行之后，才得以升任左正一之职，统领天下道教事。至代宗景泰之时，邵以正才真正踏上道官品秩的巅峰。景泰七年，邵以正已担任道录司左正一之职并获赐“守玄冲静秉诚专确志道衍教妙悟静虚弘济真人”号，达二十字，可谓位高权重，“宠遇隆厚，鲜与为俪”①。从正统十二年（1447）至景泰七年（1456）这八年中，邵以正才有大展拳脚的机会，“凡朝廷有大修建，大祈禳，必命真人主之。”② 可以说，邵以正的政绩几乎都是在左正一任上（或英宗复辟）之前完成的，其宗派的构建、部署，宫观等宗派传播根据地的修造、建设也多在此期间完成。或者说，代宗在位的八年中，邵以正完成了宗派硬件建设的基本部署，“荷崇累朝，大倡其道于斯世”③，昭示了邵以正曾经对净明道统重构做出了重大贡献。

邵以正兴造道教祠观之事，有据可考者为三处：云南昆明龙泉观内的长春真人祠（或长春祠）；修复北京白云观长春殿，增塑丘处机及十八大师、祖师赵宜真及其先师刘渊然像；建雩都

① ［明］陈循撰：《龙泉观长春真人祠记》，陈垣编纂：《道家金石略》，第1261页。
② 同上，第1266页。
③ ［明］邵以正辑：《玄宗内典诸经注》陈鉴序，载《藏外道书》第7册，第2页。

(今于都) 紫霄观。其余则为邵氏命其高徒主持修建。现分述如下:

其一,建长春真人祠于昆明龙泉观。龙泉观为西平候沐公于洪武二十七年 (1394) 年即《记》所称“甲戌”年所建,碑记《龙泉山道院记》撰立于洪武二十九年 (1396)。永乐六年 (1408) 至永乐九年 (1411),高道刘渊然因忤怒权贵而被谪至滇,居龙泉观 (时称龙泉道院),传道授徒,成为有明一代推动云南道教发展的重要力量。邵以正于永乐七年 (1409) 师从刘渊然学道,成为邵以正从道生涯中的重要转折点。邵以正得刘渊然之传,以诚意为本、忠孝为先,且继承了刘渊然道统,意欲完成先师遗志,广大其教派。故刘渊然辞世之后,其或许早有建祠立祀之心,但至其升任左正一之时才了此愿。

《龙泉观通妙真人祠堂记》载:“滇南龙泉山龙泉观乃真人遇刘长春授道之所。观故有长春祠,盖真人所建。”[①] 长春祠乃是祠祀长春真人刘渊然之所。渊然卒,邵以正感念其传授之恩,“不忘报本”[②],拿出朝廷所赐之物,委托当时镇守云南的沐璘、郑颙代为主持,以资建祠祭祀。《龙泉观长春真人祠记》:

> 以正拜命之后,追念其师传授恩德无以报称,乃悉出其平昔所受上赐金帛诸物,遣人赍告镇守滇南宗戎沐公璘、参赞佥都御史郑公颙,求与主持,市材鸠工,建祠于观之左以奉其师长春之祀,而侈朝廷崇奖之恩于无穷焉[③]。

① [明] 陈循撰:《龙泉观长春真人祠记》,陈垣编纂:《道家金石略》,第 1261 页。
② 同上,第 1260—1261 页。
③ 同上,第 1261 页。

该碑记由通议大夫工部左侍郎赵荣书就，于“大明景泰七年（1456）岁次丙子春三月”由时任龙泉观住持的陆守真所立，陆守真其人事迹不详，大抵与邵以正同时，或为邵以正之徒亦未可知。该碑刻中没有任何关于长春祠初建时间的记载，不过，该祠的构建当不早于正统十二年（1477），于景泰七年（1456）前已建成。

其二，修复北京白云观长春殿。北京白云观始建于元代，旧名天长观，为“邱真人藏蜕之所”，洪武二十七年（1394）由明太宗文皇帝重建，宣德三年（1428）太监刘顺建三清殿，正统三年（1438）道士倪正道建玉皇阁，正统五年（1440）建处顺堂祀奉长春真人丘处机，正统八年（1443）建衍庆（长春殿）殿、重修四师殿及山门等，正统九年（1444）邵以正在殿内立石碑一方，并作《重建白云观长春殿碑略》以记其事。《钦定日下旧闻考》卷九十四《郊坰西》四云：“白云观在天宁寺西北，前为王历长春之殿，庭树四碑：一为礼部尚书胡濙所撰，一为翰林修撰许彬撰，一为天顺中东吴邵以正撰，一为小直沽天妃宫住持李得晟立。”① 《钦定日下旧闻考》抄录邵以正所撰《重建白云观长春殿碑略》如下：

> 都城西南，观曰白云，邱真人仙蜕在焉。旧有殿曰长春，乃清和尹宗师所构，以覆遗蜕而奉真人者也。日就倾圮，念真人与先师刘真人偶同长春之号，而学祖赵真人又受北派金丹之传于真人，而以正宝嗣派之云孙也。乃谋新之殿

① ［明］于敏中等编纂：《钦定日下旧闻考》卷94《郊坰西》，文渊阁《四库全书》本，第498册第7页。

三楹，既像真人于其中，复图十八大师暨祖师、先师之像于其壁。经始于景泰丙子，落成于次年①。

文中有“经始于景泰丙子，落成于次年”字样，则知此次兴造工作始于景泰丙子年，即景泰七年（1456），于景泰八年竣工。邵以正的徒玄孙李得晟于正德四年（1509）拜谒并修复长春殿，并作《长春殿增塑七真仙范纪略》亦云：“景泰丙子，我师祖通妙邵真人，撤堂拓地，备勒贞珉”②，则确有邵以正建长春殿之事。

邵以正修复白云观长春殿的原因大致有两个：其一，邵以正于正统十二年（1447）升任道录司左正一，领天下道教事。除亲自承担建金箓、玉箓等斋醮活动之外，宫观修复、建设等也是其分内之事，也是积累政绩、领导道教的必要工作。其二，白云观为全真道龙门派祖庭，虽然全真道的发展较元代日渐式微，但作为明代两大教派之一，全真道依旧发挥着重要作用，白云观亦是京师道士聚集最多的道观，因而作为道录司左正一的邵以正必然对白云观予以特别重视。其三，从师承的角度看，邵以正得其师刘渊然衣钵之传，刘渊然则师承于赵宜真，赵宜真则曾得北派丹法之传，赵、刘均自认为得传全真丹法。邵以正亦云：“念真人与先师刘真人偶同长春之号，而学祖赵真人又受北派金丹之传于真人，而以正实嗣派之云（当为玄——引者注）孙也。”③ 李得晟《长春殿增塑七真仙范记略》亦云：

① ［明］于敏中等编纂：《钦定日下旧闻考》卷94《郊垧西》，文渊阁《四库全书》本，第498册第7页。

② 同上。

③ 同上，第13页。

若夫原阳赵真人受北派金丹之传者，及门受业也，长春刘真人封号相类，异世同符者也。至如通妙邵真人，普毅杜真人，下及得晟，滥厕妙应真人，皆嗣派云孙蒙其余泽者也①。

盖根据邵以正碑文抄录，李养正《新编北京白云观志》亦据《旧闻考》编入此事②。许蔚《赵宜真、刘渊然嗣派净明问题再探讨》一文则认为，《旧闻考》中关于邵以正于白云观塑像、立碑之事“如果是原文，应看作是一种应景的文学表达，目的是为在龙门祖庭白云观绘像立碑，将赵、刘塑造为全真宗师的行为提供合理的依据”③，其也可算为一说，将在后文中加以论述。

其三，建雩都紫霄观。雩都紫霄观，位于紫阳观一侧。紫阳观初建于隋代，《雩都县志·外志》载：“紫霄观，在东城外一里。紫阳观，县东一里，紫霄观之右，隋时建，旧名精华道院，唐景云间改今名，正德间以城内学地易观地，嘉靖间复四旧学，今观名如故。”④ 有明一代称紫阳观，赵宜真曾在此地修炼，且刘渊然亦在此投师于赵，同治《贵溪县志》卷十一称其“幼为祥符宫道士，后诣雩都紫阳观师赵原阳，传其法。”⑤ 赵宜真约为元明间人，“长春真人刘渊然尤入室焉”⑥，得赵宜真衣钵之

① ［明］于敏中等编纂：《钦定日下旧闻考》卷94《郊坰西》，文渊阁《四库全书》本，第498册第13页。

② 李养正编著：《新编北京白云观志》，北京：宗教文化出版社，2002年，第19页。

③ 许蔚：《赵宜真、刘渊然嗣派净明问题再探讨》，《宗教学研究》2016年第1期。

④ ［明］许来学修，［明］袁琚纂：《雩都县志》，明嘉靖刻本。

⑤ 苏晋仁、萧炼子选辑：《历代释道人物志》，成都：巴蜀书社，1998年，第592页。

⑥ ［明］邵以正辑：《净明忠孝全书》，第31页。

传，洪武十五年（1382）年五月三日坐化（见《原阳赵真人传》），葬之紫阳观后山。《雩都县志·外志》云："（赵原阳）葬于（紫阳）观之后山。（赵原阳）授其徒刘渊然，渊然传于邵以正，二人皆为真人。邵以所赐金帛请于朝，作观祀之，赐名紫霄。"① 这便是紫霄观之来历。

《紫霄观碑》载：

> 守玄冲静秉诚专确志道衍教妙悟静虚弘济真人邵公以正，谓原阳之道传之长春，长春则以传于我，水木本源实有端绪。以正无似，不能大有所立，徒窃其绪余以事列圣、微玄功而褒封加焉，皆师荫所及也。若又不能崇教基、严祀事，岂非所谓忝厥祖哉？乃具其传道本末闻于上，而请以所赐金币作观宇。上嘉其义，许之，赐名紫阳观。乃作正殿以奉道祖太清道德天尊，殿后为堂亦奉祖师原阳真人，翼以廊庑，周以门垣，总之为屋若干楹，经幄神栖、香花钟鼓、斋厨寝室，小大毕具②。

由此可知，此时邵以正仍用"弘济真人"封号，而该封号仅行于景泰五年十二月至天顺元年二月之间，则紫霄观当于此前业已建成。《雩都县志》亦载："（邵）以正请于朝，乞作观以祀其师，朝廷允其请，敕建于紫阳观之东，赐名'紫霄观'；景泰六年，赠'崇文广道纯德原阳赵真人'。"③ 以上各志中未详紫霄观的具体建造时间，仅有"景泰六年，赠'崇文广道纯德原阳

① ［明］许来学修，［明］袁琚纂：嘉靖《雩都县志》，明嘉靖刻本。
② ［明］王直撰：《抑庵文后集》，文渊阁《四库全书》本，第1242册第62页。
③ 康熙《雩都县志》卷10《仙释》，《北京图书馆古籍珍本丛刊》第32册，北京：书目文献出版社，2000年，第1003页。

赵真人’”字样，则可推知该观当于景泰六年（1455）建成并追赠赵宜真谥号，依然在邵以正的道录司左正一任内，则是确然无疑的。

除以上三座祠观由邵以正亲自兴建之外，昆明真庆观及长春观兴造亦与邵以正有关。据《真庆观兴造记》所载：“云南郡城之巽维，旧有真武祠，不知其创始，而殿宇凋敝，神物故暗。永乐初，郡人发心网募众作新之，亦既屹立于林木之表矣。”① 即该观在永乐初即开始修复，并经云南前卫镇抚刘志与中耆士新建真庆阁，才使真武祠颇具规模，并礼请蒋日和担任住持。隆庆《云南通志》载：“遂命耆民诣长春观，请今长春观刘真人弟子、道士蒋日和主之。日和至揭处妥灵，夙夜不懈，募材鸠工，经营劬勤中建真武殿，而峙真庆阁于其后。”② 即蒋日和游滇之时，亦曾住长春观，真庆观的兴建乃是蒋日和应邀主持。《真庆观兴造记》又云：“当是时，长春刘真人在云南，日和尝得法于坐下，由是道日益滋，行日以茂，而于建阁之功，条件规画，劳勤居多。”③ 从“劳勤居多”的表述看，该观或在蒋日和游滇期间主持修建，且已形成“规模宏远而祈禳归向者益以众……晨香夕灯，祝釐讲道”④ 的局面。观成，自然由德高望重的蒋日和担任住持。刘渊然于永乐六年（1408）至永乐九年谪滇，便随遇而安，在滇传道，亦在此期间，蒋日和“得法于”刘渊然座下。不过，此《记》立于正统九年（1444），所述之事当与《重建真

① 陈垣编纂：《道家金石略》，第1257页。

② ［明］邹应龙修，［明］李元阳纂：隆庆《云南通志》卷13《寺观志》第9，明隆庆六年（1572）刻本。

③ 陈垣编纂：《道家金石略》，第1257页。

④ 同上。

庆观记》为一事。

然而，《重建真庆观记》并未提及邵以正参与真庆观修建方面的事情，盖因修建真庆观之时邵以正尚未投师刘渊然，故而仅在十数年后，刘渊然被召入京师授真人号之后委托他请人作记，《记》云："又六年，真人（即刘渊然）遂命邵以正、范勤裕来谒予，具道夫兴造之由，与易名之故，请为之记"，即礼请"翰林修撰庐陵周叙撰并书丹"。据《明史·周叙传》载，周叙，字公叙，吉水人。永乐十六年进士，选庶吉士，授编修、南京侍讲学士等，曾屡屡上疏言事，深得皇上赏识。真庆观竣工，刘渊然命邵以正、范勤裕拜谒周叙并请其作记，可见刘渊然与周叙关系非同一般，也可推知邵以正于宣德六年（1431）已在北京道录司任职，并为了此事拜谒了周叙。该记末尾款识为"宣德六年辛亥秋九月望日"，蒋日和立石，且蒋已授"明真显道弘妙法师"之号，而据《重建真庆观记》载："洪熙改元，真人还朝受封，兼领天下道教，以是祠为真庆观，复加日和明真显道弘教法师之号。"① 蒋日和或即在刘渊然还朝受封之际，因兴建真庆观及传道祝釐有功而推荐朝廷颁赐封号，并奏请改真武祠为真庆观，龙泉道院为龙泉观。只不过，宣德六年才作《记》立碑，而此时的邵以正在道录司仅担任玄义之职。

至于长春观的修建则晚于真庆观。明隆庆《云南通志》卷十三《寺观志》载："习仪道纪司长春观，在云南治南，景泰三年，右佥都御史郑颙、总兵官沐璘合议，创建殿宇，翼以两庑，

① 陈垣编纂：《道家金石略》，第1257页。

仪以重门，每遇庆贺，习仪即焉。”[①] 长春观于正统己巳（1449）春毁于火，而于景泰元年（1450）年倡修，但于景泰壬申（三年）“徙而新之，落成于明年八月，命道纪司都纪凌崇道以典祀事，遂不改旧名。……自永乐中，刘公渊然以道法显，仁宗皇帝召用之，赐长春真人之号，而观因名之”[②]。《云南史料丛刊》卷七录有太子少保兼翰林院学士萧镃所撰《重建长春观记》言，该记本由长春观道士委托邵以正作，“乃寓书京师，属真人邵公以正图之”，而“邵公以请予”，转请萧镃为之，故而，长春观建成之时，邵以正已在京师充任道职，“邵公得长春之传，今上所崇擢已非一日，至是，又锡以守玄冲靖秉诚专确志道衍教妙悟静虚弘济真人之号，俾领道教事，眷礼优厚，而斯观适成，是观之益盛也”[③]。

方国瑜《重建长春观碑记概说》一文引景泰《云南志》卷十云：“云南长春观，旧在府城崇正门东，《图经》（去书）不载其所始。既而邵公（以正）得长春之传，今上所宠，锡以（通）妙真人号，俾领道教事。”[④] 又《碑记》载明初道士刘渊然、邵以正居长春观，且设道纪司于长春观，设道纪司都纪一人，提点一人，并以长春观为弘道之所。云南设道纪司始于“宣德初”[⑤]。据《明实录云南事迹纂要》所载：“宣德五年（1430）八月丙

① ［明］邹应龙修，［明］李元阳纂：隆庆《云南通志》卷13《寺观志》第9，明隆庆六年（1572）刻本。

② 同上。

③ 正德《云南志》卷44，方国瑜主编：《云南史料丛刊》，第6卷第508页。

④ 方国瑜识：《重建长春观碑记概说》，方国瑜主编：《云南史料丛刊》，第7卷第248页。

⑤ ［明］王直撰：《抑庵文后集》卷5《长春刘真人祠堂记》，文渊阁《四库全书》本，第1241册第48页。

申……设云南府道纪司，置都纪、副都纪各一员。”① 此时，道纪司即设于长春观，盖因刘渊然谪滇三年间或返京之前曾长期于长春观传道，邵以正则随身伺候，故有是说，而刘渊然返京之时，邵以正也一同入京，并在宣德二年（1407）经刘渊然举荐而初获左玄义之职。由此看来，景泰三年重修长春观一事，在左玄义任上的邵以正忙于道录司事务无暇顾及，道纪司都纪凌崇道欲请邵以正作《记》，但邵则转请萧镃为之，其中原因不明，或因历代碑记皆由文人儒士且在朝中担任要职者为之，而邵因职务方面的考虑而未亲自作记。

除此以外，邵以正曾命其徒李希祖于南京栖真观建长春刘真人祠堂。王直《长春刘真人祠堂记》载：“南京栖真观，新修长春刘真人祠堂成，盖守元冲靖秉诚专确志道衍教妙悟静虚宏济真人邵公以正命其高第弟子、道录司元义李希祖为营建。”② 该《记》不注明撰写时间，不过，其中提及“弘济真人”号，说明南京栖真观长春刘真人祠堂当建于景泰年间，为邵以正授命其弟子而建。邵氏建刘渊然真人祠堂之目的大致有二：其一，之前邵以正已建紫霄观以祀其师祖赵宜真，故也在栖真观一侧建长春真人祠堂，奉其祀以表慎终追远之意，也是净明道忠孝精神的体现；其二，作为刘渊然的衣钵传人，邵以正继承其师遗志，极力构建其宗派道统，并将宫观、祠庙建设作为传道的手段，使其道派有所依托。于栖真观建长春真人祠堂，亦有将栖真观作为其道派祖庭之意。南京长春刘真人祠堂与龙泉观长春真人祠的构建时

① 《明宣宗实录》卷69，第1631页。

② ［明］王直撰：《抑庵文后集》卷5，文渊阁《四库全书》本，第1241册第48页。

间相差不远，皆在景泰间，邵以正的宗派构建部署意在其中。

综上所述，邵以正经其师刘渊然举荐而走上道官之路，但因长年活动于京师，且无更多权力及能力兴造宫观，因此，在其升任左正一之前并未见关于其倡导或主持兴造宫观方面的记载。正统间升任左正一之后则致力于修建宫观，但仅三处，即北京白云观长春殿、昆明龙泉观长春祠及紫霄观，这三处宫观的营造皆与其师刘渊然及师祖赵宜真有关。有学者认为，这三处宫观的兴造，实为邵以正竭力构建其宗派道统的应运之作，但从侧面反映了邵以正想正本清源之决心。只不过，由邵亲自出资兴造的三处宫观均完成于景泰七年（1456），次年“夺门之变”后英宗复辟，政治风云变幻，邵以正上疏请辞。可见邵在1447—1457年左正一任内颇受皇帝恩宠，也给了他大有作为的机遇，类似兴建宫观这种既体现政绩又能流芳百世的事情，邵以正自然会顺势而为的。

净明道经历了宋元时期的繁盛，无论其教派教义、伦理思想、宫观规模，还是教徒数量、学术思想等诸方面均已趋完备。然而，由于元季明初社会动荡、领袖人物的缺失、道派传承模式的变化等因素，净明道活动中心玉隆万寿宫一度陷入沉寂，及至明代中后期方见复兴迹象。明初一个多世纪玉隆万寿宫的沉寂并不足以给净明道贴上没落的标签，反而赵宜真、刘渊然、邵以正一系以“教外别传”的方式相继进行了净明道统的接续和重构，尤其是邵以正最终完成了明初净明道统的构建，使该道派于明初实现了中兴，不仅为明中后期净明道的荣盛做好了准备，并从一定程度上奠定了后世净明道的宗派叙述模式和发展方向。经过邵以正的努力，以刘渊然、邵以正一系为主的净明道派（即后世所谓长春派或南滇金丹符录派）在云南昆明、大理、保山、楚雄一代造成巨大影响，从清道光间昆明真庆观所立《真庆观历代羽化仙真表》碑刻来看①，其在重构道派方面的努力是卓有成效的。

① 《真庆观历代羽化仙真表》对真庆观历史做了概述，除开山道人沈通止为龙门派之外，自刘渊然起，后有邵日云（邵以正）、蒋日和、喻道纯、徐道广、李道如、金道清、张道宏等均为刘、邵一系道派，其活动范围均在真武祠、长春观、龙泉观、真庆观、虚凝庵等。（萧霁虹主编：《云南道教碑刻辑录》，北京：中国社会科学出版社，2013 年，第 332—333 页）此外，箫霁虹《道教长春派在云南的历史和现状》一文亦曾根据 1963 年《昆明道教历史资料草稿》的档案，录出长春派创派经过的口述史料：长春始祖刘渊然出家于江西宁洲府彩寿宫，他本人原是龙门的子孙，因受北派金丹，故由龙门分出一派曰长春，传其徒邵日云。后因改北斗擢滇，传其徒蒋日和，蒋后又传徐道广、俞（喻）道纯、张道宏、黑道明四道。因皇上召刘真人降雪解暑，复职加封“护国大真人”，连在滇门人皆有封号。明洪武年间长春入滇，字派有二十个字：“日道大宏，玄宗显妙，真崇元和，永传正教，绍述仙踪”。（昆明市档案馆藏，昆明市宗教事务处档案，档案号 20－1－102；另见萧霁虹、董允著：《云南道教史》，昆明：云南大学出版社，2007 年，第 182 页）其在文中录出该派字谱：开派祖师刘渊然，其后，“日”字辈：蒋日和、邵日云（以正）、徐日暹，“道”字辈：芮道材、徐道广、喻道纯、张道宏、黑道明、凌道崇、沈道宁、巩道岩、李道云、金道清；“大”字辈：谢大用。其后“宏”字至“崇”字辈缺，自“元”字之后则大有其人，是明中期以来经过百数年沉寂之后的复兴。（萧霁虹：《道教长春派在云南的历史和现状》，《中国道教》2011 年第 6 期）

第三章　邵以正的道脉及法脉归属

关于邵以正的道派归属问题，已有多位学者进行过深入讨论。一般认为，邵以正所承传者为净明道法脉，这不仅与其师祖赵宜真及其师父刘渊然所传承的法脉有关，也与其努力重建净明道统方面所做的努力有关。然而，因赵宜真、刘渊然的法脉传承较为驳杂，且其并未明确地表明对某一道派的自我认同，因而学界尚有诸多争议。

本章所探讨的道脉是指道教门派或教门内的分支及其传承脉络，即根据不同的修行理念、修持方法、信仰内容形成的不同体系、谱系或派别。不同道派之间的区别或大或小，但各有侧重，且在传承过程中形成了各自的谱系、经典、字辈等以区别于与其他道派。法脉即道教中法术、修持方法、修持理念、经典等的传承脉络，其所传承的内容比一般信徒更秘密、核心、专业，且极具门派特色和标志性，其流传有其严密性。道教法术重师承，因此法脉也成为道教秘术传承过程中极为重要的凭据。

邵以正的道脉及法脉归属具有模糊性，这种模糊性源于其师祖赵宜真及其师父刘渊然驳杂多端的师承关系。从自我认同的角度看，赵宜真、刘渊然之间的道脉传承具有净明属性，因而邵以正所传者亦为净明道；然而，从法脉传承的情况看，赵、刘二人曾得清微雷法、净明法、全真北派及金丹南宗的传承但各有侧重，使邵以正所继承的法脉也具有驳杂的特征。鉴于此，本章将从邵以正的道派认同和法脉归属这两个方面加以探讨。

第一节　邵以正的净明道派认同

邵以正为赵宜真、刘渊然一系嫡传，这一问题在众多史志资料中已较为明确。《净明忠孝全书》称赵宜真"弟子益众，长春真人刘渊然尤入室焉"[①]。明嘉靖《雩都县志》称赵宜真"其徒渊然，渊然传于邵以正，二人皆为真人"[②]，清道光《雩都县志》则称其"徒虽众，得其传者，惟刘渊然、邵以正"[③]，基本明确了邵以正的法脉来源。正如赵宜真一样，刘渊然亦曾承清微、全真、净明派法脉，且被净明道奉为六祖，因而，作为刘渊然法脉的直接传承人，邵以正继承了净明道法脉是确然无疑的。然而，邵以正在京授徒传道之时，则多以清微雷法为主，如驱雷、祷雨等，且多有应验，因而邵以正所传承者当有清微法脉。至于全真丹法方面，因记载不多，且邵以正一直忙于教务，故而未见其传承丹法方面的记载，但其所言所论则多与"诚敬""忠孝"等，似多与净明忠孝思想有关。从道教门派的角度看，无论从各类传

① ［明］邵以正辑：《净明忠孝全书》，第30—31页。
② ［明］许来学修，［明］袁琚纂：嘉靖《雩都县志·外志》，明嘉靖刻本。
③ ［清］卢振先修：道光《雩都县志》卷10，清刻本，第3页。

记、史料记载还是从刘渊然、邵以正的自我认同看，邵以正当属净明派。

一　赵宜真的净明道脉辨正

关于赵宜真的道派归属问题，有学者曾做过专门讨论。施舟人先生认为赵宜真当归属清微派，赵氏擅长清微法并被清微派奉为祖师，而且《道法会元》中有多篇赵宜真本人的序跋，如卷五《清微符章经道》、卷七《上清洞冥谢神五应大法》、卷十四《玉宸登斋内旨》、卷十七《玉宸经法炼度内旨》等均出自赵宜真之手，可看作赵宜真的宗派叙述。《道法会元》卷四十六《上清神烈飞捷五雷大法》所召请神将中，不仅有“浚仪原阳赵真人宜真”，且列出清微派历代祖师，其中即包括其师曾尘外（贵宽）及著名的清微雷法集大成者黄雷渊等[①]。曾尘外是赵宜真所拜的第一位师父，曾所授者为清微雷法。赵宜真有深厚的儒学功底，从其师曾尘外处“嗣诸法要，间有缺文，必考述详尽”[②]，因而对清微派贡献尤大，由此看来，就道派的角度看，清微道派将赵宜真列为嗣师，也成为赵宜真清微派归属的依据。作为《原阳子法语》作者，赵宜真并未透露任何关于道派归属的信息，故而其属清微派之说当为后人追认，并非赵氏本意。

从赵宜真从师历程记述及本人著作看，其先后投师清微、净明、全真诸派学者，均得各派法要。清康熙《江西通志》卷四

① 刘忠宇主编：《道法会元》（分册），张继禹主编：《中华道藏》，第36册第263页。

② ［明］张宇初撰：《岘泉集》卷4《赵原阳传》，载《道藏》第33册，第232页。

十二载："赵原阳，名宜真，安福人，幼颖敏，博通经史。梦神人曰：'汝神仙中人，何望世贵？'遂从曾尘外游，复师李元、张天全结茅匡山居之，绝意人间事，所至学其术者，从之如云。"①《赣州府志》："师曾尘外，授清微诸法；师张天全，得金蓬头金液内外丹诀；又师李全，得白玉蟾之学。"② 赵宜真不仅被清微派和净明派宗为嗣师，也得到全真派认可，并将其传记录入《全真道教源流》之中。然而，从赵宜真本人在医学方面的成就及济世度人的宗教情怀可以看出，赵宜真将诸家法要融会贯通，不仅是对早期净明道理念的认同，也是对净明道理念的践行。如《太上灵宝净明法序》云：

> 净明者，无幽不烛，有尘不污，愚智皆仰之为开度之门，升真之路，以孝悌为之准式，修炼为之方术，行持为之秘要，积累相资，磨砻智慧而后道炁坚完，神人伏役，一瞬息间可达玄理③。

其意已明，净明道不仅重孝悌，亦重方术等外在修炼、行持等内在修炼，还注重行善积德、行医济世，这无疑是对赵宜真的最佳注脚。盖建民先生称，"在刘玉所重建的净明道传人中，尤以第四代传人赵宜真对医术最为精通"④，另外"赵宜真刊集医

---

① ［清］于成龙、安世鼎等修，杜果等纂：康熙《江西通志》卷42《仙释》，康熙二十二年（1683）刻本，第33册第48页。

② 天启《赣州府志》卷17《仙释》，《北京图书馆古籍珍本丛刊》第32册，北京：书目文献出版社，2000年，第424页。

③ ［清］金桂馨、漆逢源撰：《逍遥山万寿宫志》卷10《太上灵宝净明法序》，杜洁祥主编：《道教文献》，台北：丹青图书有限公司，第6册第23页。

④ 盖建民著：《道教医学》，第177页。

方书与净明道以‘忠孝’为核心的教义有直接关系”[①]，日本学者窪德忠亦认为“继承徐慧的是得到正一、全真的南北两宗之教义的原阳子赵宜真……当时已经濒临灭绝的净明道经过他的努力再度复兴”[②]，故而其道脉归属是最接近净明道的。原因如下：

其一，赵宜真曾花很多时间进行著述，其中即有相当数量的医书、医方传世，且“犹以医济人”，《净明忠孝全书》称其“尤好济人，至于医药，靡不研究，所著方论为多”[③]。这与净明道的济世精神是极其吻合的。以医济人是早期净明道的优良传统，因为该道派“乃是在民间许真君信仰基础上发展起来的一个新道派。而许真君信仰形成的一个重要因素使由于许真君具有符咒治病的神异医术，其原型乃是晋代道医许逊”[④]。他曾以“神方拯济，符咒所及，皆登时愈。至于沉疴，亦无不愈者。传闻于他郡，有疾者连路而求疗，日以千计”[⑤]。净明道重要典籍《太上灵宝净明洞神上品经》卷下有“救治百病篇三十三”云：“救治疾病谓之道力，以力行道谓之细积，以法行道谓之达道，以孝行道谓之上道。道中有上中下三品，此其下也。然救治百病，愈人疾苦亦可得仙。”[⑥] 可见在早期净明道即有以医济人的传统，并将救治百病视为净明道法三品之一。但宋元之际，净明道传承不明而渐趋没落，至元代，净明忠孝道的建立使净明道得以延续，尤其是从南宋净明道的符水治病的神秘方式到医术、医

---

① 盖建民著：《道教医学》，第179页。

② （日）窪德忠著，萧坤华译：《道教史》，第259页。

③ ［明］邵以正辑：《净明忠孝全书》，第30—31页。

④ 盖建民著：《道教医学》，第173页。

⑤ 《古今图书集成医部全录·医术名流列传》，北京：人民卫生出版社，1991年，第12册第114页。

⑥ 《太上灵宝净明洞神上品经》卷下，载《道藏》第24册，第610页。

方治病的实质性转变，使净明道一直倡导的济世精神得以去神秘化，而更易于接受。

赵宜真将所收集的医方整理成《仙传外科秘方》（亦称《仙传外科集验方》）用以传世。序云："余尝闻先哲云：为人子者，不可不知医。于是遇好方书，辄喜传录，累至数十帙。见有偶疾者，如切己身，常制药施与。一日先君子训曰：施人以药，不若施人以方，则所济者广。从而有已验之方，必与乐善之士共。"①外科集验方原为杨清叟②所遍述，后为赵宜真所得，乃授其徒以方药济人，临终前嘱咐其徒将所授秘方编次为一卷，刊行天下，其目的在于以医药济世，便于为人子者也能据此方药来尽孝。③这种以医济人的精神经刘渊然、邵以正嫡传弟子们的大力倡导，而使赵、刘、邵一系的净明道派不仅"以道法显"，还通过医术、医方等济世利人，在当时"以道术进"的巫风之中，宛如一股清流，成为明代道教的一大流派，刘、邵等上承赵宜真遗志，以医方、医术济世，颇受官绅士大夫景仰。

其次，无论邵以正《净明忠孝全书》版《原阳赵真人传》，还是张宇初《岘泉集》所录《赵原阳传》，抑或《明史》及赵宜真《原阳子法语》中的《日记题词》等诸书皆提及赵宜真授予刘渊然、而后又由刘渊然授予邵以正《天心帙》一事。《日记题辞》称赵宜真从师李玄一学道时，得授日记一册，"令每日但

---

① ［元］赵宜真撰：《仙传外科集验方·序》，张继禹主编：《中华道藏》，第22册第709页。

② 杨清叟，元代医学家，生卒年未详，禾川（即今江西吉安）人，精于医学，尤其擅长外科，曾著《外科集验方》（亦称《仙传外科秘方》），专论痈疽诸症，由其后代辗转经萧倪之手刊印之。赵宜真曾得《外科集验方》刊本，珍而贵之，并集解成册，未刊而羽化，遂嘱咐其徒刘渊然刊行以终其济世度人之志。

③ 盖建民著：《道教医学》，第178页。

有举意发言、接人应事，皆书于帙中。其不可书者，即不可为，既为之，不问得失，必当书之。合于理则为合天心，背于理则为欺天心。……盖吾师之意，谓人心即天心，欺心即欺天，故以‘天心’标其帙。”[①] 根据赵氏所述，《天心帙》所论与净明道的“功过格”有些相类，并将其作为炼心入道、修行处世之标准，“佩奉无释，检束身心”。而他也将《天心帙》传于徒众。

王直《龙泉观长春真人祠堂记》云：“初，赵真人得《天心帙》于其师，举以授长春曰：‘人心即天心，欺心即欺天，日之所为皆书之，其不可书者，勿为也。’长春复以授守元，而举以自代此，其相传之要道，盖与吾儒合……”[②] 甚至赵宜真“以法嗣属之”刘渊然，《净明宗教录》称其“时净明之道久湮不行，今复大显于世者，实赖真人振起之力也。由是净明学者宗之，尊为嗣师云”[③]。只不过，无论是《净明宗教录》还是《净明忠孝全书》均未论及“天心”之说，故该炼心之法有仿功过格的地方，但赵宜真并未停留在“功过”等个人修持层面，而是将其上升到“人心合天心”的高度，并将其与雷法联系在一起成为

① ［元］赵宜真撰：《原阳子法语》卷下，张继禹主编：《中华道藏》，第27册第773页。

② ［明］王直撰：《抑庵文后集》卷5《长春刘真人祠堂记》，文渊阁《四库全书》本，第1241册第47页。

③ ［清］胡之玟撰，陈立立，邹付水整理：《净明宗教录》卷6，第168页。

“正一天心雷奥”①，显然是赵宜真独创的内炼方法，经过刘渊然、邵以正等的传承而纳入净明道学说体系，而成为净明道法的一部分。邵以正版《净明忠孝全书》增入《原阳赵真人传》及《长春刘真人传》，显然有邵以正重构净明派道统的意图，但“人心合天心”说也成为赵、刘、邵一系的净明道脉标志。

其三，赵宜真在《真道归一偈》中倡导三教合一，其中有大量如“慎独”“执中”“至诚”“明德”等儒家内容，与净明道素来所倡三教圆融思想最为接近。这种三教融合的思潮是宋元以来道教发展的大方向，北方全真亦多偏向于此，而以龙虎山天师道为代表的正一道派也开始关注心性修炼、内丹修炼等问题，并将其与儒家伦理思想渐渐融合。不过，这种变化以净明道最为显著。赵宜真著作中虽极少提及忠孝等思想，但刘渊然从师期间，“每与同辈处，语及修行，辄举忠孝为之主本”，才有“真良器也”之叹，从侧面可见赵宜真对净明道理念还是持肯定态度的。

综上所述，从道派（道脉）角度看，赵宜真虽从未表明自己究竟属于哪个门派，但其已将各派道秘熔为一炉，因而失去了

① 正一天心法多之天心派所擅长之符箓法术。天心派为正一派支脉，形成于北宋时期，以传授及施行天心正法为职事。邓有功《上清天心正法序》言，淳化五年(994)，饶掘地而得金板玉篆之“天心正法”，后经谭紫霄“点化”，顿悟玄理，遂广施符法，祈禳水旱，啸命风雷，役神使灵，就人利物。又订正《上清骨髓灵文鬼律》三卷，力倡护气希言，绝利声色，立功为上，谢过次之，救人疾病灾荒水旱为上功，忠孝和顺仁信为本行。(卿希泰主编：《中国道教思想史》第3卷，北京：人民出版社，2009年，第28—29页）可见早期的天心正法亦强调祈禳、驱雷等，不仅以济世利人为其主要特色，还强调忠孝、和顺、仁信等传统伦理思想，与净明道思想核心极其相似。由是观之，赵宜真所学之“度精爽”之类的正一天心雷奥，或即与此有关，虽然难以判定其来源的唯一性，但说明赵宜真所学已将各家之长融而为一了。

某个具体门派的特征。但从被反复提及的、其传授刘渊然的“人心合天心”的炼养理念，及其以医济人的宗教情怀来看，赵宜真或有过重振净明道的愿望。元版《净明忠孝全书》或即由其编集整理而成。鉴于此，无论是后来的净明道学者追认也好，还是邵以正出于构建全新的净明道统而作的历史陈述也罢，赵宜真的道脉传承当为净明道。

二　刘渊然的净明道脉及自我认同

刘渊然为赵宜真的嗣派弟子，不仅完整地承袭了赵宜真的道脉、法脉及医术，还将所学发扬光大，是赵氏道法的集大成者。刘渊然，赣县人，年十六入道，从陈方外学符法。但此后不久，赵宜真见其“形全神清，真良器也，吾法嗣无过此”而将其留之座下，“授以诸阶元秘”，“既而探其志存忠孝，喜曰：‘真良器也’”①，不仅体现了赵宜真对净明道法的认同，也可探知刘渊然在赣州祥符宫学道之时亦曾深受净明道之影响。其后，赵宜真携其归金精山，并授其“玉清宗教、社令烈雷、玉宸、黄箓、玉箓等书及金火返丹之诀，栖神炼气、呼召风雷、驱役鬼神（之术）”②，这些传承已经囊括了其师赵宜真所学，看似与清微雷法有关，实则已将清微、净明、全真北派、南宗等诸法融为一体。

① ［明］陈循撰：《龙泉观长春真人祠记》，陈垣编纂：《道家金石略》，第1261页。

② ［明］王直撰：《抑庵文后集》卷5《长春刘真人祠堂记》，文渊阁《四库全书》本，第1241册第47页。

刘渊然亦如其师，综罗各派道法为一体，并将其作为道派传承的主要内容。作为宗刘渊然为祖师的南滇长春派祖庭的龙泉观，曾是刘渊然谪滇之时的居所及传道之所，但龙泉观中所供奉神灵中即包括南宗五祖白玉蟾（见图10）、亦有全真宗师丘处机、吕洞宾、张三丰，以及龙虎山张天师等，甚至明初即建有天师殿①，可见在滇流传的长春派从一开始便具有综罗众家之传的特点，至今流传于昆明、大理、保山等地的符箓道派亦多自称“长春灵宝派”，皆为刘渊然道派之余绪。

刘渊然所继承的是经过赵宜真融会贯通而成的新净明道脉，这从赵宜真的自我认同可见一斑。又据《古今图书集成·博物汇编·神异典》第二百八十七卷《方士部》载：“按《江宁府志》，渊然幼为道士，遇赵原阳授以净明忠孝道法。”② 刘渊然在从师学道期间，“每与同辈处，语及修行，辄举忠孝为之主本”，显然刘氏已将忠孝思想作为修行之根本，可见其在主观上是认同净明道理念的。刘渊然继承了赵宜真的道脉，形成了一种全新的

---

① 《龙泉山道院记》载：“岁甲戌，肇于泉之旁构祠，择地之高亢构道院一区以为之镇。院之东堂曰栖真，宾游之所也。西轩曰超玄，休偃之所也。北为重堂以奉天师像。”又称：“既成，命道士徐日暹主之。”（陈垣编纂：《道家金石略》，第1248页）该记由王景彰作于洪武二十九年（1396），道观既成，而由徐日暹主之。《重修龙泉观记》又称该观：“创于胜国，旋罹兵燹，再造于永乐甲戌（1404）西平候沐公。时则有若长春刘真人者，实谪滇而寓居焉。……遂经始于嘉靖甲申之三月，落成于今年己丑之九月，非缓也，欲以裕于财而厚其成也，其又深得于勿急之意者欤？公之处此，信有道矣。凡观之宜有，如前所谓玉皇阙、佑圣殿，以及天师堂、刘邵而真人祠，与所名东堂西轩者，不宁克复。”（陈垣编纂：《道家金石略》，第1278页）该记作于嘉靖九年。可知明洪武间龙泉观初建之时已有专奉天师张道陵之天师堂，足见至明初，天师道早已在云南境内传播，刘渊然寓滇住龙泉观传道之时，并未对该观做任何改变，后景泰该观重修并增加长春真人祠，成化间建通妙真人祠，南宗白玉蟾及全真祖师之像或即于此时增入，不过嘉靖九年重修龙泉观时对此并未提及。

② 陈梦雷编：《古今图书集成》，第512册第29页。

净明修学理念，作为构建赵、刘一系净明道统的初步尝试。这种新净明修学理念是基于其师赵宜真及自己的法脉传承的多源性，既可归属于任何一家，亦不完全归属于任何一家，这种法脉的模糊性在明初是极为常见的，因而刘渊然的法脉究竟归属于何派，仅可以其自我认同的角度进行判断。不过，开始逐渐步入皇朝政治中心的刘渊然深得太祖器重，无疑为他提供了构建宗派的历史契机。

第一，刘渊然已于明初进入明朝政治中心，为其宗派构建取得了权力和地位上的保障。金至正十二年（1360）朱元璋即已向信州龙虎山发出招聘榜文，其后至洪武元年，数年间第四十二代天师张正常与朱元璋即多有往来。明立国，张正常入京朝贺，授大真人号。洪武元年，沿元旧制设立玄教院，洪武十五年设道录司衙门，以左正一为最高官阶，统领天下道教。左正一之上，又有高士、真人、大真人等封号。考《皇明恩命世录》《汉天师世家》及其他典籍，龙虎山天师除自动袭封"真人"号之外，并未见其承担左正一之类的官职，而明初除龙虎山一系袭封真人之外，他系道士获封真人号者并不多，获封大真人号者则更是寥寥无几。洪熙元年，刘渊然获封大真人号，实际上其权力已经超越了龙虎山天师张宇清，这种情况在明初道教界可谓绝无仅有。虽然仁宗皇帝应胡濙之请勉为其难地赐张宇清大真人号，但从仁宗朝开始至宣德七年羽化的近八年中，刘渊然在皇朝政治中心及道教界的地位已与龙虎山一系相等同，甚至在其之上。

从其权力及地位的提升可以看出，明皇室或并未将刘渊然视为龙虎山一系的正一道士，而是默认了他的宗师身份；从奏请立云南、大理、金齿三道纪司的意图看，刘渊然也借助其在朝中的权势构建宗派，“以植其教”。从宗派构建的角度看，“语及修行，辄以忠孝为本”① 的刘渊然显然已将净明道作为其道派归属，这比重新开宗立派更具可操作性。明初净明道虽一蹶不振，但仍然被张宇初认定为明初“四大显派”② 之一，加之自己的从学经历多与净明道法有关，修行理念也与净明道较为契合，因此重振净明道也成为刘渊然及其徒裔所肩负的历史使命。至少在明初道教圈，刘渊然的努力是卓有成效的，胡俨《长春刘真人传》即称他“弟子数百人，得其传者皆为道官，余散处四方，道化之及人者广矣”③，不仅在政治权力中心有其徒裔充任道职，尚有为数众多的徒裔分散各地，已然形成了一定的道派规模。日本学者秋月观暎亦称，皇室“赋予他跟继承汉代以来传统权威的张天师同列的地位，委以统辖不仅是净明道教团、而且是整个道

① ［清］胡之玟撰，陈立立、邹付水整理：《净明宗教录》卷6，第168页。

② 张宇初在《道门十规》中称：“其元始、灵宝乃混沌之初，玄元始三气化生，其本则一，后之阐化则有祖天师、许真君、葛仙翁、茅真君诸仙之派。世降之久，不究其源，各尊派系，若祖师之曰正一，许君之曰净明，仙公之曰灵宝，茅君之曰上清，此皆设教之异名，其本皆从太上而授。凡符箓经教、斋品道法之传，虽传世之久，各尊所闻，增减去取，或有不同而源委则一。”（［明］张宇初撰：《道门十规》，载《道藏》第32册，第249页）张宇初已然将净明道与正一、灵宝、上清并列为四大道派，实际上是以明初对道教派属的划分为参考，而这些道派均为符箓道派，活跃于南方，归属龙虎山正一派统一管理。卿希泰则称，张宇初总结符箓道法诸派源流，分为正一、净明、灵宝、上清、清微、神霄诸派，一一略述其传承，认为“派虽不同，其源则一”，皆出于太上。（卿希泰主编：《中国道教史》，第3卷第455—456页）此划分方法仅是对“四大显派”的细化。只不过，相对于其他宗派，净明道除了符箓法术之外，其修炼方法及教义等方面则带有更多全真及儒家色彩。但张宇初将净明道列入四大道派（或曰四大显派，因明初征选道士的基本取向即是“以道法显”，而祈雨求晴、驱雷治邪之类的法术则恰好是以上诸派道法的最大特色）之一，不仅说明净明道的活动中心—玉隆万寿宫与贵溪龙虎山相隔不远、相互影响，也说明净明道曾拥有过极大的影响力，同时也与赵宜真、刘渊然访道龙虎山天师府时对龙虎山正一道产生过的影响有关。

③ ［明］邵以正辑：《净明忠孝全书》，第24页。

教的最高权限，这却是确实的”[1]。

第二，刘渊然于洪武年间刊行著述，为其净明宗派构建做了必要的理论准备。刘渊然于洪武年间于龙虎山、南昌一带访道过程中即以道法显而“声闻益彰”，这是其于洪武癸酉年（1393）受召赴阙并获赐号“高道”的原因，对于刘渊然来说，这是一个弘扬其净明道法的天赐良机。重构宗派道统是一个极其庞大的系统工程，不仅需要得到官方的政策支持，尚需一定数量的著述以阐发宗派理论和教义。实际上，自赵宜真羽化后，刘渊然四处访道、传道，洪武庚午（1390）入龙虎山授道张宇初，他在那里感受到宗派构建和教团建设的必要性。以西山万寿宫为主要活动中心的净明教团在明初已然一蹶不振，我们虽无法考证赵宜真羽化前给刘渊然留下什么嘱托，但某种使命感在刘渊然心中油然而生。于是，一贯谦约自守的刘渊然“道过南昌时，岁大旱，藩臬诸官邀之致雩，即日雨如澍”[2]，遂声名鹊起，声名远播。由此引起太祖重视，将其“召至阙下”。朱元璋虽求才若渴，但其所看重的是真才实学，因而对刘渊然曾进行再三试探：“履问天人相与果何所感，真人具以实对，深契宸衷”[3]，即问天人感应之理，刘渊然虽然“具实以对”，但内容不得而知，无外乎“人心合于天心，欺人即欺天”之类；“试之符法，无不验者”，

① （日）秋月观暎著，丁培仁译：《中国近世道教的形成》，北京：中国社会科学出版社，2005 年，第 160 页。

② ［明］杨荣：《长春刘真人传略》，《金陵玄观志》卷 1，第 21 页。

③ 同上，第 22 页。

这也是太祖征聘高道的基本条件①，但凡通晓阴阳术数、星算占卜、奇技异术之人，一概征聘入京。刘渊然之被召亦如此，虽然或亦与当时嗣天师位的张宇初推荐有关，但刘受到太祖褒崇，不仅得法剑②（如图13及14）之赐，亦得“高道”之称，虽并不属于朝廷对道士的赐号，但可以看出朱元璋对其极为重视，在朝天宫一侧建房屋数十楹令其居住，眷待甚隆。太祖赐刘渊然法剑的意义在于，太祖对刘渊然道行、法术高度认可，或已将他当作宗师对待。

一般而言，明初被征召至京的高道皆得授官爵及俸禄，刘渊然虽于洪武二十六年（1393）被赐号“高道”及法剑，但并无

① 明人陆容《菽园杂记》载：“洪武中，朝廷访求通晓历数、数往知来，试无不验者，必封侯，食禄千五百石。”（陆容：《菽园杂记》，见［明］高鸣凤辑：《今献汇言》，1937年上海商务印书馆涵芬楼景印明刊本）《近峰纪略摘抄》亦谓：“洪武中，求通晓天文历数奇验者，官之；有至侯爵，官千五百石者。”（皇甫庸：《近峰记略摘抄》，［明］沈节甫纂：《纪录汇编》卷193）

② 关于刘渊然得赐“法剑”之事，史料及碑刻材料均以为在洪武二十六年（1393），并以此为其受明太祖褒宠之始。然而，一直未有实物相佐证。德国慕尼黑民俗博物馆藏明代御赐高道刘渊然法剑一柄，*Stephen Little Taoism and the Arts of China* 一书中对该剑做了详细介绍，其原文如下：“Toaist Ritual Sword：Sword，Ming Dynasty，Yongle Reign，dated 1403；Scabbard possibly Qing Dynasty，Qianlong reign（1736－95）；steal，gold and jade；L. 73.5cm；Staatliches Museum für Völkerkunde München（19－5－2）”（Stephen Little. Taoism and the Arts of China，the Art Institute of Chicago and the University of California Press，2000：pp. 216－217）该剑玉柄，长1.35米，剑身上错金铭刻“永乐元年正月敕赐高道刘渊然”，双面错金刻南北二斗。玉柄上篆刻“扐雷电，运玄星。摧凶恶，亨利贞。乾降精，坤搜灵。日月象，岳渎形”二十四字。剑柄头部一面刻“日”，一面刻“月”。剑格一面刻南斗，一面刻北斗。该剑为永乐元年（1403）赐予刘渊然之物，剑鞘为乾隆剑所配，并非原赐。从该剑所赐时间可以做如下推测：刘渊然于洪武间确受太祖褒崇，但仅得赐“高道”之赐，未有赐剑之说。靖难之后燕王朱棣登基，对刘氏褒崇有加，且多次请其主持大型斋醮法会，并“埋石告天”，其影响力日增，且于永乐初建金箓大斋，有“醴泉、甘露、鸾鹤之祥”而得赐法剑，从时间上看，此推测颇符合逻辑，而洪武中赐剑之说或为错讹，或因避刘渊然与朱棣之罅隙而故意改为洪武间所赐亦未可知。

其他官爵之赐，他谢绝之，具体缘由史料不载，但从其后的五年中，刘渊然的活动并未见载，至洪武三十一年（1398）五月朔，朱元璋“驾幸朝天宫，至道院，面加抚慰，命随入内廷，赐坐右顺门咨询，移时方退”①。但第二天便诏命其游名山洞府，寻访神人，此次“右顺门咨询”或即寻访仙人张三丰之事。由此大抵可知，自洪武二十六年至三十一年之间，刘渊然并未接受任何职位，而是在朝天宫西山道院广收门徒，并静心整理著作，尤其是赵宜真所传之医方、偏方以及各类道书，包括《原阳子法语》《道德经集解》《仙传外科集验方》《净明忠孝全书》《增注太上感应篇》等诸书，皆整理成册付梓刊行。可以说，馆居西山道院的这五年为其净明宗派构建作了理论上准备。“寻真之游”至武当山被召还之后，即“擢右正一”②，永乐中奉敕建金箓大斋七昼夜，并于永乐四年钟山朱湖洞埋石告天③，遂升左正一，领天下道教。

此时的刘渊然屡受皇室褒崇，其势力及影响力已与张宇初相当，但后来因何被贬至龙虎山及滇南，史料未载，或与其卷入政治权力斗争有关。刘渊然虽曾居龙虎山，并以道术授张宇初，但其重振净明道的使命感及“素性耿介，不合于人”的性格使他放弃了融入龙虎山体系的打算，而是“另立门户”，延续并振兴净明道统。随着其在朝中声望的增加，至永乐初，以刘渊然为中

① ［明］杨荣：《长春刘真人传略》，《金陵玄观志》卷1，第21—22页。

② ［明］王直撰：《抑庵文后集》，文渊阁《四库全书》本，第1241册第47页。

③ 陶澍《朝天宫刘渊然醮坛篆符碣跋》文：“明成祖命道士刘渊然建醮朝天宫，渊然刻石为小碣，篆符于其阴。犹称洪武三十五年十月。其时成祖甫入，革除建文年号也。碣藏玉皇像座中，五百年来无人知者。道光十三年十二月初九日乙巳重修朝天宫像得之，复加整理藏内焉。”［陶澍：《陶文毅公全集》卷42《朝天宫刘渊然醮坛篆符碣跋》《刘渊然钟山朱湖洞天告行碣跋》，清道光二十年（1840）刻本］

心的净明道派势力日渐壮大，成为当时仅次于龙虎山一系的第二大道派，朝廷赋予的"为国祝釐"的祭祀权力亦渐向刘渊然一系倾斜。根据《皇明恩命世录》所载，龙虎山一系自永乐元年受敕陪祀天坛之后，至永乐五年才有张宇初在朝天宫"建荐扬玉箓大斋"的记录，而中间近五年的时间并未见他参与任何大型祭祀、斋醮活动的记载，尤其是永乐四年所建的金箓斋醮及埋石告天这样的大型活动已由刘渊然主坛。可见张、刘各自道派之间权利的变化，或即因此引起张宇初的不满。但史书仅言其二人"不协，相诋讦"，又言刘渊然"忤权贵"① 而被谪至滇南龙泉观。

尽管被谪至龙泉观，刘渊然亦未改其重振宗派之初衷，继续收徒传教，"滇南自永乐中，刘公以道法显"②，滇民一切灾患皆往来求济。刘渊然在昆明龙泉观、真庆观、长春观传道，收徒百余人，邵以正便是在其谪滇期间收得的高徒。其后刘渊然曾携邵赴大理、保山等地传道。洪熙元年刘被召回京，宠赉备至，宣德初请立昆明、大理、金齿三道纪司"以植其教"，获得恩准。由此亦可看出，刘渊然谪滇期间已初步完成了构建宗派道统的外围部署并取得了相应成效。

---

① 黄吉宏在其《赵原阳、刘渊然道脉研究》一书中称，建文与永乐期间，刘渊然玄门内外的荣辱升降，触忤权贵，很可能与高祖殁后的权利争夺、靖难之役后的政治形势息息相关。加之永乐帝朱棣的移情偏好，导致1403年到1407年期间，刘渊然与张宇初个人矛盾的激化，刘渊然伺候谪置龙虎山，再居云南。而另一则佛道史料中，刘渊然"中以他事"还与永乐帝在位期间一度偏袒佛教的帝王态度有关，提及刘渊然并未忠实地执行收缴类似《太上实录》等含有谤佛言论的经籍，迁怒于刘渊然整肃道经不力。(黄吉宏著:《赵原阳、刘渊然道脉研究》，北京：宗教文化出版社，2018年，第186—187页)

② ［明］萧镃撰：《重建长春观记》，萧霁虹主编：《云南道教碑刻辑录》，第27页。

第三，“内炼心性、外用道术”的净明精神迎合了皇室的需要。所谓“内炼心性”，即指刘渊然对内丹、心性炼养等全真之术的坚持和践行，及其清虚守静、戒行精严的行道作风，故仁宗称他“禀心纯一，凝志静虚，参极玄机，游冲淡自然之域，妙传道秘，显神明不测之功”[①]，这也符合明初任命道官时“选精通经典，戒行端洁者为之”[②] 的要求。虽然龙虎山张宇初博学多才且袭天师位及真人封号，但亦曾于建文中“坐不法，削真人号，夺印诰”[③]；另外，当时的正一派道士多以符箓法术为主，且多故弄玄虚，其身上已很难找到清虚自守的道士影子，如“时同受渊然法者，贵溪正一真人张宇初为最显，然皆恃符箓祈雨祛鬼，间有小验”[④]，足以说明一个事实：由于历史原因，明初诸帝虽然宠赉龙虎山一系，但对刘渊然、邵以正这样能克己奉道、戒行精严的高道还是颇为敬重。刘渊然馆居南京西山道院约十年，确实树立了一代高道的形象，不仅得到皇室恩宠，在公卿士大夫中威望很高，“光荣之盛，卓冠当时”，“弟子数百人，得其传者皆为道官，余散处四方，道化之及人广矣”[⑤]。

“外用道术”乃是指刘渊然精通道术，所传承法脉较为驳杂，既包括源于龙虎山一系的道法，又有清微雷法，甚至有全真北派内丹及金丹南宗的从学和行道经历，因而于洪武中祷雨有验而深得太祖宠赉，又于永乐初建金箓大斋而有“醴泉、甘露、

① 《金陵玄观志》卷1《敕真人刘渊然》，第6页。

② 《明太祖实录》卷144，第2263页。

③ ［清］陈梦雷编：《古今图书集成·博物汇编·神异典》第287卷《方士部》，第512册第29页。

④ ［清］戴䌹孙纂：《昆明县志》卷6《方外》，清光绪二十七年（1901）刊本，台北：成文出版社，1967年，第126页。

⑤ ［明］胡俨撰：《长春刘真人传》，［明］邵以正辑：《净明忠孝全书》，第23页。

鸾鹤之祥”，从某种程度上，刘渊然已于永乐初渐渐取代了张宇初在为国祝釐、斋醮、祭祀方面的权力。

明初，朱元璋将道教分为全真、正一两派，认为正一道可以“益人伦，厚风俗”，而全真则“务以修身养性，独为自己而已”①，因而出现了明初正一派一枝独秀的现象。正一派以江西龙虎山天师为代表，以符箓、法术、斋醮等为其特色，当时张氏一系龙虎山天师颇受皇室恩宠。北方的全真道则因“无补于教化”而一度遇冷。尽管如此，皇室对道士的期待具有多重性，既要求其具有符箓法术方面的造诣，又希望其保持清虚自守、克己奉道的道风，还寄希望于其在教化人心、规范人伦甚至济度世人方面的社会效用。

纵观明初道教诸派的发展状况，正一道以符箓、科教为主，且明初符箓派出现诸多弊端，如行圆光附体、降将扶箕、扶鸾照水之类的“诸项邪说”，多遭非议；全真道谦约自守、清静无为，但明初多隐于山野民间，且不擅长符箓科教，未得重用。在这种情势下，刘渊然极力构建净明道统，将正一与全真之术相糅合，不仅可以承担祈雨求晴、斋醮符箓、为国祝釐等祭祀任务，个人修行方面又秉承全真道固有的清净无为、谦约自守的道风，太祖对其特加褒崇之原因，除了其高超的道法，还在于对其道风的认可；他不仅以医术、药方等济世度人，且宣扬忠孝伦理思想，与明初政治意识形态高度吻合。这也是刘渊然，乃至其徒邵以正，甚至邵以正嫡传弟子喻道纯及其徒裔得到皇室恩宠的根本原因，其净明宗派道统亦得到皇室的高度认可。

---

① ［明］朱元璋撰：《御制玄教斋醮仪文序》，载《道藏》第9册，第1页。

颇具全真高道风范的刘渊然受明室褒崇，虽然刘氏也有降雨、禳灾等道术方面的表现，但其言行、道风则类属全真，净明道在明初已趋于湮没而不显，致使官绅士大夫都误认为刘渊然为全真道士。如王世贞曾做如下评述：“当是时，全真之教遍天下，割张氏所谓正一之半，而观之瑰丽深靓，危嵬宫掖，盖与元相终始，明兴而其道始小屈。以刘渊然之见崇，焦奉真之为幻，不能尽复其盛。”① 正因为明代全真道所遭遇的状况，清人陈教友在《全真道教源流》中也认为刘渊然当属全真派而兼正一法术：“然自是而后，宗派混淆，稽之载籍，鲜有明揭其为全真者，间有揭者，汇录之不能详也。盖至是而全真之学微矣。”② 又说：“渊然为宜真弟子，然则宜真、渊然全真派也。”③ 不过，虽刘渊然的修行类属全真，但这是否为刘本人的道脉追认呢？显然也不是。

有明一代，龙虎山一系较得朝廷褒崇，而融汇诸家法要为一身的刘渊然虽道法高深，“深究玄学、笃信力行”，“禀心纯一，凝志静虚，参极玄机，游冲淡自然之域，妙传道秘，显神明不测之功”④，《御制山水图歌赐长春真人刘渊然归南京》序称他“阐玄元之妙，着感通之功，摅恭秉诚，老而逾笃”⑤，可见在龙虎山一系势力极强盛而且朱元璋开始对“以道术进”的情形进行严加控制的情况下，刘渊然依然保持戒行精严、清虚自守的高

① ［明］王世贞撰：《弇州四部稿》卷8，文渊阁《四库全书》本，第1282册第805页。

② ［清］陈教友注：《全真道教源流》卷8，第16页。

③ 同上，第19页。

④ 《金陵玄观志》卷1《敕真人刘渊然》，第5页。

⑤ 《金陵玄观志》卷1《御制山水图歌赐长春真人》，第8页。

道形象。张萱《西园见闻录》卷一百六《老》载："洪武二十八年（1395），有道士以道书进献，侍臣请留观之。上曰：'彼所献书非存神固气之道，即炼丹烧药之说。朕焉用此？'"① 刘所坚持的净明道虽融摄诸家，但与以符箓法术为主的龙虎山正一道显然是有区别的，这种情势对刘渊然构建净明道统具有决定性作用，也对净明道的新理念奠定了基础。清胡之玫《净明宗教录》称"今皇帝嗣等大宝，宠眷益隆，尝召至内廷，赐法衣宝剑，于是命其徒，宣演净明宗教之旨"②。虽然刘渊然已将正一、清微的道术与修心炼性的全真北派和金丹南宗融为一体，但仍能不失戒行，并无时无刻不在阐扬净明道思想，"以忠孝为之主本"并将其作为净明道的新派风。这种坚持也是刘渊然对净明道脉的自我认同。这种新的教派作风被邵以正完整地继承了下来，并最终将其发扬光大。这也是学界认为真正将元明净明忠孝道发扬光大的是刘渊然与邵以正的原因。

第四，刘渊然继承了赵宜真以医济人的净明忠孝传统，因而其在医方的整理方面、传播等方面做出了重大贡献。早期净明道将"济人"作为其教义之根本内容，济人的方式除了符法，还有以医术、医方活人。元季明初，赵宜真处处切心于济人，刘渊然所整理刊行的赵宜真遗作中，即有《仙传外科秘方》十二卷，吴有壬序称，赵宜真"处心切于济人，以平昔所获奇异方书，汇聚成帙，中经兵火散失，惟外科验方仅存"，其志未遂而羽化，并"遗命嘱其徒刘渊然终其志"，刘渊然亦如其师，"屏绝

① ［明］张萱撰，周骏富辑：《西苑闻见录》卷106《老》，哈佛燕京学社民国二十九年（1940）铅印本，第7页。

② ［清］胡之玫编撰，陈立立、邹付水整理：《净明宗教录》卷6，第169页。

俗纷，独拳拳笃于济人”，将医方次第编集成书，用以刊行[①]。这种对净明精神的践行使赵宜真、刘渊然获得了极高的声望。刘渊然虽于永乐间被谪至滇，但并未放弃其以道术、医术济世度人的净明精神和信仰追求。

刘渊然于永乐八年谪滇，至洪熙元年被召回京，其时间跨度达十七年之久。然而，除了《净明忠孝全书》称其“谪云南，居龙泉观三载”之外，其余十数年间，刘渊然行踪成谜。但据云南地方志所载，在此期间，刘渊然或曾在昆明、大理、保山等地活动，传播其净明忠孝道法。《景泰云南图经志》载重建真庆观事，称该观由刘渊然高第弟子蒋日和主持督造，蒋当时住长春观，称“耆民诣长春观，请今长春刘真人弟子道士蒋日和主之”[②]，真庆观“既成也，刘真人久寓云南，适赴仁宗皇帝召入京师，尝因对次，请改其旧所住龙泉道院为龙泉观，是祠为真庆观”[③]。可知刘渊然当时亦在长春观传道。该志又称“日和之勤于其教，亦讵克尔耶？”[④] 可见刘渊然在昆明收徒传教，传播其净明学说，其弟子蒋日和等人已成为中坚力量。据乾隆《云南通志》卷十八载，晚明时期昆明人夏诰“自幼究心圣学，意在化导愚民，常以净明忠孝倡为会，而耳食者以‘净明’二字毁之，几陷于罪，幸见雪。督学陈善素重之，晚益精心性学，称竹牖先生。”[⑤] 另据明代云南曾有自称净明派的道门人士从事经典

① ［元］赵宜真：《仙传外科秘方》，载《道藏》第26册，第659页。

② ［明］陈文，王谷纂修：景泰《云南图经志》卷1《云南布政司·寺观》，国家图书馆藏明景泰刻本，第19页。

③ 同上。

④ 同上。

⑤ ［清］鄂尔泰：乾隆《云南通志》卷18《乡贤》，文渊阁《四库全书》本，第569册第587页。

刊行活动，如万历四十五年云南刻本《高上玉皇本行集经》署"嗣净明忠孝后学弟子"。嘉庆云南刊本《净明忠孝全书》尚供奉张氲、胡惠超、郭璞、刘玉、黄元吉、徐慧等净明宗师，《净明宗教录》未列[①]。则大抵可知刘渊然之净明道在昆明的传播情况。

另据《永昌府志》所载，刘渊然亦曾"抵金齿，神术屡显，凡水旱有祈必应。卒葬城西北象头山，郡人立庙于仁寿门外祀之。康熙三十九年，总兵周化凤、同文武重修其庙"[②]。此说不太确切，刘渊然于宣德七年以老请辞返回南京朝天宫，半年后卒葬朝天宫侧，因此，不可能"卒葬城西北象头山"，郡人立庙于人寿门外祀之尚且可能。但同书《祠祀·寺观附》亦载："长春真人殿，在城西，仁寿门外，永乐年间建，康熙三十六年总兵周化凤、游击姚龙重修后殿，千总高翔重修前殿。"[③]《续云南通志稿》卷六十六《寺观（下)》所载较《永昌府志》更详："长春真人殿，在城仁寿门外，明时建。国朝康熙间总兵周化凤、游击姚龙、千总高翔重修。咸丰十一年毁，士民重修。"[④] 皆抄录前述诸本。不过，这些记载足以说明刘渊然曾在保山一带传道，其徒邵以正或亦与其随行传道。进而至今为止，保山境内尚有长春派流传。该派即以刘渊然为祖师，且素有以医济人的传统。这也是刘渊然曾经为了构建全新净明道统所做努力的体现。

以上可见，虽然刘渊然本人所学颇杂，其道术亦被人称道，

---

① 许蔚：《赵宜真、刘渊然嗣派净明问题再探讨》，《宗教学研究》2016年第1期。

② 上海图书馆编：《上海图书馆藏稀见方志丛刊》，第226册第661页。

③ 同上，第466页。

④［清］王文韶修，［清］唐炯纂：《续云南通志稿》卷66《祠祀志·寺观下》，清光绪二十六年（1900）刻本，第194册第19页。

但其从未降低全真道的内炼、静修及戒行等方面的自我要求，虽然他也多提及丹道，但这仅是他在重构净明忠孝学说和净明道统方面所做的努力，他的“惟本于诚”“诚敬”及“天心”思想几乎贯穿了其学说的始终。其高徒邵以正不仅完全继承了刘渊然的思想，甚至费尽心机致力于重构净明道统和净明学说，进而为明初净明忠孝道的发展做出了巨大贡献。

三　邵以正的净明道脉重构

邵以正的净明道脉传承是极为清楚的。他投师刘渊然之前虽曾从高道王云松学，但因无史料记载王云松事，且听闻刘渊然在龙泉观收徒传道，邵氏便转投刘渊然门下。师从刘渊然后，几乎没有史料显示邵以正曾师从他人，因而他所承传者即刘渊然的新净明道脉。这不仅体现在刘、邵亲传之事有大量碑刻记载作为佐证，甚至《明史》亦为其作传，说明这种道脉的传承是得到官方认可的。

邵以正大约在宣德二年（1427）被召至京师。《长春刘真人祠堂记》载：“宣德之初，眷待益隆，赐之剑，（宣宗）问曰：‘此剑当传谁？’（渊然）对曰：‘臣法得之于浚仪赵原阳，继者惟邵以正耳。’即遣中使召（邵以正）还，使继其后。”① 而《赣县志》有“宣德二年召至京师”② 之语，故大抵可确定其入京时间即宣德二年，任道录司左玄义之职。《明史》载：“其（刘渊然）徒有邵以正者，云南人，早得法于渊然。渊然请老，

① ［明］王直撰：《抑庵文后集》，文渊阁《四库全书》本，第1241册第48页。
② ［清］黄德溥纂修：《赣县志》卷51《仙释》，第282号第2015页。

荐之，召为道录司左玄义。”[①]《龙泉观长春真人祠记》载：“方真人被召还京师，得封长春真人，七年之后，告老乞归先朝所赐朝天宫之西山道院以终其余年也，即荐以正代领祝釐之事于朝。诏召以正擢道录司至灵。”[②] 宣德七年刘渊然请老，遂举荐邵以正替自己“为国祝釐”，即为明朝皇室祈求福佑，于是邵以正升任右至灵之职。以上诸记略有差异。玄义为道录司道官最低职位，且不支俸，而渊然请老时举荐邵氏为右至灵，可知邵以正在随师返京之后几年中即已在道录司担任玄义之职。不过，关于邵以正的传述均未提及其担任左玄义之事，而多从右至灵开始。《龙泉观通妙真人祠堂记》称：“已而长春入京领天下道教，而真人寻亦被召，自道录右至灵，历右演法、左正一，进守玄冲静高士至今封。”[③] 邵以正在道录司担任职位的问题，已在本书第一章有充分论述。

从构建宗派道统的意图看，刘渊然于洪熙元年被召至京，赐大真人号，实际上其权力及影响力已超越龙虎山天师张宇清，为了借机培植自己的道派势力，他进行了一系列部署：其一，举荐邵以正进入道录司任职以培养接班人；其二，奏请立昆明、大理、保山三道纪司，并命其徒担任道纪司都纪之职[④]，盖因三地皆为刘氏道派势力所及；第三，在栖真观建祠祭祀赵宜真，有以紫霄观作为该派祖庭之意。明王直曾作《紫霄观碑》一文，称

① ［清］张廷玉等撰：《明史》，第 7656 页。

② 陈垣编纂：《道家金石略》，第 1261 页。

③ 同上，第 1265 页。

④ 昆明道纪司由蒋日和担任都纪，大理道纪司由刘渊然高徒芮道材创建并担任都纪，保山道纪司都纪一职所载不详。但据史志记载，三处道纪司并非同一年所立，昆明道纪司设立于宣德五年（1430），而大理及保山道纪司则设立于宣德七年。

赵宜真于紫阳观羽化后，其徒刘渊然“欲建祠冢旁，有志未遂，亦化去”[①]。刘渊然于宣德间开始做准备，他或于宣德七年二月请辞归南京之时便计划建祠祭祀其师，但八月即羽化，故紫霄观或即在其逝后不久由邵以正向朝廷奏请而建，宣宗嘉其孝诚，准其奏并赐名紫霄观。《雩都县志》亦载此事，称邵以正“请于朝，乞作观以祀其师，朝廷允其请，敕建于紫阳观之东，赐名‘紫霄观’”[②]。宣宗准其奏，并追封赵宜真“崇文广道纯德原阳赵真人”，间接承认了赵、刘、邵一系的道脉传承。这也是邵以正继其师志重构净明道统的开始。

邵以正为刘渊然嫡传嗣法弟子，自永乐中投师刘渊然起，深得器重。邵氏随师学道、传道多年，不仅精进勤勉，悟性极高，刘所授学皆“研几极微，一一领解”，而刘有“吾道有所属矣”之叹。宣德初，刘渊然以老请辞，宣宗赐其剑并问及其道当传何人，刘称“臣法得之浚仪赵原阳，继者惟邵以正耳”，即确认邵以正为其道脉的唯一继承人。以法剑、印信作为道教宗派的传承依据，是道教初创之时形成的规矩。如永寿二年，天师张道陵于屈亭山“出三五斩邪雌雄剑二、阳平治都功印一，授嗣天师衡，使世世相传”[③]，以剑、印作为嗣派凭证。因而，宣宗赐剑之事表明刘渊然的净明宗派构建已得宣宗认可，并将其当作宗师。刘氏称唯一可堪继其道脉之人为邵以正，不仅对邵氏寄予厚望，也借宣宗之力为邵氏的宗派构建扫清障碍并获得皇家支持，这在龙

① ［明］王直撰：《抑庵文后集》，文渊阁《四库全书》本，第1242册第62页。

② 康熙《雩都县志》卷10《仙释》，《北京图书馆古籍珍本丛刊》第32册，第1002页。

③ 《汉天师世家·序》，载《道藏》第34册，第815页。

虎山正一派“独霸天下”的明初政坛上，“另起炉灶”与正一派“分甘同味”原本就困难重重，由此可见，刘氏借助仁宗、宣宗之宠而重振净明道派的构想已初见成效，而宗派构建的重任便自然落到邵以正肩上，这不仅是刘渊然的心愿，也是以刘、邵为中心的明初净明道振兴之路的必然选择。

首先，邵以正从道录司玄义、至灵、演法至升任正一之职，其在朝中影响力逐渐扩大。尤其是在演法任上，邵以正曾受敕召集天下高道督校道藏经。《明英宗实录》卷一百十七载：“丁未，命道录司右演法邵以正点校道藏经于禁中。”① 本次督校道藏经，参与人数较多，高道云集。邵以正在总理督校道藏经编修过程中曾收得高徒数人，如喻道纯、胡守法等，皆成为道教界较有影响力的人物，尤其是喻道纯在推广净明学说方面出力最多、贡献最大。从这一点看，在督校道藏经过程中，邵以正的重构净明道统的目的已相当明显。

其次，正统十年（1445）道藏经督校完成，十二年敕颁道藏经于天下名山道观，邵以正以督校之功擢升道录司左正一，领京师道教事。此时嗣天师张元吉年仅十二岁，尚不足以统领天下道教，因而邵以正从右演法直接升任左正一这一最高职衔，或许不仅源于邵以正督校道藏经之功，也有对邵以正特别恩宠的考虑。名义上邵以正的职权范围仅限于京师，但实际上其已成为统领天下道教的高道。

作为继承其师遗志重振净明道统的部署，自正统十二年至景泰七年之间，邵以正不仅积极处理道录司要务，还广收门徒并积

① 《明英宗实录》卷122，第2443—2444页。

极修缮宫观，为其师刘渊然建祠立祀，使净明道的传播有了根据地。刘渊然祠堂有二，一在南京西山道院一侧，一在云南昆明北郊之龙泉观，均建于景泰间。《龙泉观长春真人祠记》云：

> 以正拜命之后，追念其师传授恩德无以报称，乃悉出其平昔所受上赐金帛诸物，遣人赍告镇守滇南宗戎沐公璘、参赞佥都御史郑公项，求与主持，市材鸠工，建祠于观之左以奉其师长春之祀，而侈朝廷崇奖之恩于无穷焉①。

该碑立于景泰七年（1456），则龙泉观长春真人祠或即该年建成。其实，自宣德初奏请设立昆明、大理、保山三道纪司“以植其教”便以看出刘渊然构建净明系统的意图，但七年后，刘渊然坐化，该重任便自然落到“所至不异乎已（刘渊然）”的邵以正身上，只不过当时邵以正在道录司所担任的职位级别较低而难以开展具体工作，而在其擢升道录司左正一之后，其首要任务就是建长春真人祠，这也说明其重构净明系统时机已然成熟。

此外，据正德《云南志》，《重建长春观记》亦由邵以正请太子少保兼翰林院学士萧镃所作，谓“乃寓书京师，属真人邵公以正图之。而邵公以请予”，“滇南自永乐中刘公渊然以道法显，仁宗皇帝召用之，锡以长春真人之号，而观名适合，是观之始盛也。”② 该《记》载：“云南长春观，旧在郡城崇正门内之东，《图经》不载其所始。正统己巳春，毁于火。皇上即位之三年，是为景泰壬申之岁，总戎都督同知沐公璘、参赞军务兼巡抚右佥都御史郑公颙相谓曰：‘长春为观实古迹，况为国家祝釐之

① 陈垣编纂：《道家金石略》，第1261页。

② 正德《云南志》卷44，载方国瑜主编：《云南史料丛刊》，第6册第508页。

所，废而弗修，是为缺典。'"[①] 方国瑜先生认为，按长春观之始建，明《一统志》卷八十六《云南府》曰："元至大初建。"为道观之较早者。初在城东，景泰间迁地重建，后废，犹有长春坊地名，今为长春路，观应在路之西头[②]。故当时道观确以长春命名[③]。该观于正统十四年（1449）春毁于火，景泰三年（1452）徙而新之，落成于明年（1453）八月，"命道纪司都纪凌道崇以典祠事，遂不改旧名，而盛概壮观视昔百倍"。另碑记载"设道纪司于长春观"，万历《云南通志》卷五《建设志云南府职官》称"道纪司都纪一人，提点一人"[④]。此外，《碑记》又载明初道士刘渊然、邵以正居长春观，则大抵可知刘渊然谪滇之时初住长春观，后徙居龙泉观，但长春观、龙泉观及真庆观等已成为他传道的中心，也为后期重振净明道奠定了基础。

其三，从正统十二年至天顺元年的十二年是邵以正道秩生涯的巅峰时期。邵氏如平步青云，从左正一开始，至英宗时赐号

---

① 正德《云南志》卷44，载方国瑜主编：《云南史料丛刊》，第6册第508页。

② 方国瑜识：《重建长春观碑记概说》，载方国瑜主编：《云南史料丛刊》第7册第248页。

③ 有学者称昆明长春观之命名与刘渊然有关，因刘渊然得赐长春真人之号，故该观称长春观。方国瑜先生引景泰《云南志》所记称："自永乐中，刘公渊然以道法显，仁宗皇帝召用之，赐以长春真人号，而观因名之。"（《云南史料丛刊》卷7，第248页）实际上此说有其根据。长春观为梁王宫改建而成，且于洪熙元年（或宣德初）已建成，故其长春观之名当始于当时，刘渊然亦于洪熙时获赐长春真人，而该观即冠名以长春。正统间长春观毁于火，景泰三年由右佥都御史郑颙会同总兵官沐璘重新之，加盖两庑以重门，占地面积较之前大，于是至期率众官员习仪于此。"选任道崇者领其徒，修其教以主之，署其门曰长春观，盖寓无疆之祝，而亦不改其旧额云。"（《云南史料丛刊》第6册第13页）据此可知，至少洪熙、宣德间该观建成之后便已称为"长春观"，而经景泰三年重修殿宇，但未改旧额。则长春观确为刘渊然在云南的传道之所，也是云南净明道的活动中心。

④ ［明］邹应龙修，李元阳纂：万历《云南通志》卷5《建设志·云南府职官》，载方国瑜主编：《云南史料丛刊》，第6册第523页。

“守玄冲靖高士”，景泰五年“赐守玄冲靖真人邵以正银印”①，《金陵玄观志》则载，天顺改元，“朝廷赐邵法剑银印，且问之曰：朕所赐者，日后付之何人？对曰：臣固无似，臣徒虽多，而可托者喻道纯耳。”② 自洪武间刘渊然被召入京，曾获赐银印，邵以正亦获赐银印，乃至其嗣法弟子喻道纯亦获银印之赐，足以说明刘、邵一系净明宗派已逐渐打破了长期以来龙虎山一系的一枝独秀局面，至少在景泰间，统领道教及为皇家祝釐祈福的实权已转移到邵以正一系手中。邵以正于景泰五年（1454）获赐长达二十字的“守玄冲靖秉承专确志道衍教妙悟静虚弘济真人”③封号，即说明了这一点，该封号不仅超过了仁宗赐刘渊然的封号，也超过了明初朝廷颁赐龙虎山一系天师的封号。

统领道教实权的转移，往往从国家斋醮祭祀的主坛道士身份及主坛次数可以看出。如洪熙元年（1425）至宣德七年（1432），即刘渊然深得皇室褒崇的七年间，龙虎山正一天师主坛大型祭祀活动仅 8 次，虽然洪熙元年“张宇清奉命建荐扬大斋，有瑞应，赐敕嘉奖”④，而且举行该次建醮活动之时，仁宗尚未登基改元，另外七次分别为张懋丞奉命于宣德四年（两次）⑤、五年（两次）、六年（三次），而这些斋醮活动并未在朝

① 《明英宗实录》卷 248，第 5374 页。

② ［明］周洪谟撰：《普济喻真人志略》，《金陵玄观志》卷 1，第 22 页。

③ 《明英宗实录》卷 248，第 5844 页。

④ 《汉天师世家》卷 3，载《道藏》第 34 册，第 836 页。

⑤ 宣德四年，张懋丞奉“命进太上延禧箓，仍命建延禧醮”；宣德四年四月，张懋丞奉命“陪祀太庙”；宣德五年，张懋丞奉“命分献东镇坛”“命醮于仁智殿”；宣德六年，张懋丞奉“命分献星辰坛”“命醮于内皇坛”；宣德六年（1455）四月，奉“命陪祀太庙”（以上引文出自《皇明恩命世录》卷 5，载《道藏》第 34 册，第 797—798 页）。

天宫进行，足见其规模不大。但从刘渊然请老归南京时请“以正代为祝釐”的表述看，此时朝廷所敕建的斋醮活动多由刘渊然承担。由此可以看出龙虎山正一道与刘、邵一系的净明道之间斋醮、祭祀主坛权力的变化。

正统十二年至景泰七年之间，邵以正几乎承担了绝大多数朝廷的斋醮祈福及皇家祭祀活动，“凡朝廷有大修建、大祈禳，必命真人主之”①。正统十年（1445）张懋丞仙逝，年仅十岁的张元吉承袭天师位；正统十二年（1447）年邵以正升左正一之后，由张元吉主坛的斋醮祭祀活动为8次，其中朝天宫两次、大德观和灵济宫各一次，为规模相对较大的斋醮祈福活动。然而，景泰年间朝廷祭祀活动频繁，而大多数斋醮活动的主坛重任便落到邵以正头上。如景泰五年七月初二，邵以正“奉旨祈雪，以正为坛祷之，比夜雪深二尺”②。查阅《明实录》，则景泰间祈雪祷雨之记载甚多。如，景泰元年（1450）三月丁卯，“以天久不下雨雪，分遣大臣于京都各祠庙寺观祈祷，从太子太傅礼部尚书胡濙请也”③；景泰四年五月癸酉，“以久不雨，命少傅兼太子太师礼部尚书胡濙等二十人遍祷于在京寺观”④；景泰五年三月戊寅，“以久不雨，遣太保宁阳侯陈懋等遍祷在京寺观及龙潭之神”⑤；景泰六年十二月甲寅，“以是冬无雪，令百官致斋三日。分遣大臣以香帛祷于天地、社稷、山川及诸宫观寺庙”⑥。

---

① ［明］商辂撰：《龙泉观通妙真人祠堂记》，陈垣编纂：《道家金石略》，第1266页。

② ［清］黄德溥纂修：《赣县志》卷51《仙释》，第282号第2015页。

③ 《明英宗实录》卷190，第3923页。

④ 《明英宗实录》卷229，第5009页。

⑤ 同上，第5222页。

⑥ 同上，第5584页。

正统、景泰间斋醮、祭祀主坛权力的转移，标志着邵以正一系的势力及影响力不断扩大，至景泰五年获封“弘济真人”号时达到巅峰。这对于他在京师培植自己的道派势力是极为有利的，除正统间督校道藏经时收的部分徒众之外，在景泰年间所收门徒亦多，皆因慕其名所致。虽然天顺元年经历“夺门之变”而颇受小屈，但从张元吉为其保奏而很快便“复真人号，掌道教如故”①，但此真人号并未沿用景泰间所赐之号，而是“悟玄养素凝神冲默阐微振法通妙真人”，为天顺元年八月所赐②。天顺元年即景泰八年，因而关于邵氏的金石、传记等皆称“通妙真人”号为景泰间所赐，实则所指即天顺元年。邵以正虽然从景泰间的“列祭酒班次”下降为天顺时的“只送宴馔与之”，但其影响力仍然未减，此时年迈且身患痛风之疾的邵以正开始将重心放在了著述的刊行之上。可以说，邵以正的净明道派构建即于景泰年间完成的。

其四，在其权力及影响力达到巅峰的景泰年间，邵以正开始整理著述，作为道派传承的理论支撑。虽然《长春刘真人语录》完成于此前（正统八年，即1443年），但尚未刊行，而“夺门之变”后邵以正失势。虽然他仍居左正一之位并复真人号，但其实权已渐失，其活动也相对减少，只是专心整理著作，如《净明忠孝全书》《青囊杂纂》《道德经集解》《玄宗内典诸经注》《古今经史通用直音》等一系列书籍，有的书籍虽未在邵氏在世时得以刊行，但这些弘道方面的部署实际上从正统间即已开始。

---

① 苏晋仁、萧链子选辑:《历代释道人物志》，第1034页。

② 《明英宗实录》卷281，第6036页。

邵以正于右演法任上已经开始整理《长春刘真人语录》，以便于使其师的思想可以流传。虽然邵氏校订道藏经时出于各方面的考虑未将该书收入《道藏》，但已经考虑到理论著述对于宗派的传承的重要性，尤其是其他在点校道藏经过程中，在永乐道藏的基础上，增入一百多种道书，即从张宇初《岘泉集》开始的道书均为邵以正重新校订时增入。但作为明初可堪与龙虎山一系相抗衡的刘、邵净明宗派，除了元版《净明忠孝全书》等少数净明道书及其师祖赵宜真《原阳子法语》等进入道藏经之外，并无更多道书入编《道藏》，尤其是其师刘渊然并无原创性著述传世，更是遗憾。虽然刘渊然曾于洪武末年整理刊行其师著作，亦曾校刊《道德经集解》《增注太上感应篇》《净明忠孝全书》等书籍，但被收录于道藏经中的版本并非刘渊然本，因而，大致可做如下推断：邵以正督校道藏经之时，这些著述尚未刊行，因而无法收录。这种尴尬的局面使邵氏感到著述对于宗派传承的重要意义，这也是他在景泰、天顺间不遗余力地刊行著述的原因。

宗派理论的构建有赖于宗派道书的刊行，尤其是阐明净明宗旨的书籍，以便于从理论上构建净明体系。《净明忠孝全书》的刊行便是邵以正构建宗派道统意图的最佳体现。邵以正在元版《净明忠孝全书》基础上增入赵宜真和刘渊然像传，显然已将赵、刘、邵一系当成净明正统，只不过，这并非邵以正本人的凭空想象，而是该道派在仁宗、宣宗及景泰诸朝的影响力使其宗派道统的重构已被皇室默认，也得到与其交往甚密的公卿士大夫的广泛认可，“缙绅咸重之”①。大学士商辂所撰《龙泉观通妙真人

① ［清］戴䌹孙纂：《昆明县志》卷6《方外》，清光绪二十七年（1901）刊本，台北：成文出版社，1967年，第126页。

祠堂记》即称“其阐扬宗教，阴翊皇度之功多矣！”[①] 英宗称他“衍教皇都，游心养素”且“丕振宗风”[②]，虽然所旌表的是他于景泰间所取得成绩，但无异于默认了刘、邵一系净明宗派的合法性。又成化十三年九月十二日《敕护西山道院》一文称“凡官员军民诸色人等，勿得仍前侵占，以沮其教”[③]，此时西山道院已然成为刘、邵一系净明宗派祖庭，宪宗敕谕中已将其默认为教派。宪宗于成化甲午（即成化十年，1474 年）亦赐喻道纯银印、癸卯年赐玉带图书及《御制山水图诗》，喻道纯弟子、“扶教真人”杨志贤继喻道纯任道录司左正一，亦得《御制山水图歌》之赐，也说明刘、邵一系净明道派于成化间仍然十分活跃。

由是观之，邵以正刊行《净明忠孝全书》的最大的目的，即是使其道派的传承有理论上的依据和宗派道统的合法性。此举所带来的直接结果是，赵宜真、刘渊然均被后世清微派和净明派尊为嗣师。虽然邵以正因“其道法不纯属于哪一派”（郭武语）而未进入嗣师之列，但无论从邵以正自身为净明道所做的努力和贡献，还是从这些经典的流传情况来看，作为赵、刘嫡传正宗的邵以正都已将自己定位为净明嗣师，实际上也是净明派嗣师，而后世净明道的发展与邵以正的努力不无关系。

综上所述，邵以正的净明宗派认同是显而易见的。自刘渊然奏请设立云南、大理、保山道纪司开始，刘氏已在为重构净明道统而努力。其后，邵以正不断获得升迁，影响力也逐渐扩大，为其重构净明道统提供了有力保障。虽然其所构建的净明系统大多

---

① 陈垣编纂：《道家金石略》，第 1266 页。
② 《金陵玄观志》卷 1《敕左正一邵以正》，第 5 页。
③ 《金陵玄观志》卷 1《敕护西山道院》，第 8 页。

在云南境内传承和传播，但其在净明道的核心理念、修学体系的构建、传道场所的兴建等诸方面使其成为明代初、中期赫赫有名的宗派领袖，并使净明道拥有足够的影响力与贵溪龙虎山一系分庭抗礼，净明道的发展也达到了鼎盛时期。

第二节　邵以正的法脉来源

《龙泉观通妙真人祠堂记》载，邵以正“自幼丰神秀颖，警悟过人。比长，志向卓越，昭然物表”①，盖指邵以正自幼聪颖过人，且祖上亦属于江南名门，受书香熏陶，故或亦曾读儒书，出入于《四书》《五经》。其父邵仲仁亦德高望重，素有善行，对其影响颇大，但《晋宁州志》并未见关于邵以正参加科考方面的记载，因而其“志向卓越”所指的，是他的出尘学道之志。比长，他“遂白二亲，去从高道王云松”，但王云松“逊避之”，未收其为徒。这段碑文所述者未必是史实，何况《晋宁州志》又云：“长春真人寓滇，遂弃诸生往师之”之语。

如本书第一章所论，王云松“逊避之”的可能性大致有三：其一，邵以正从王云松学道，但因刘渊然谪滇，并已于龙泉观收徒传道，进而邵以正慕名转投刘门下；其二，邵以正确实才华过人，王云松恐误人前程，而且因当时高道刘渊然已被贬至滇，并已在昆明龙泉观授徒传道，王云松亦风闻刘渊然名声，转而推荐邵以正投师刘渊然；其三，因王云松的真实性不可考，且邵以正

① 陈垣编纂：《道家金石略》，第1266页。

少年时期所处的晋宁州境内并无道观，而寺庙居多，故而跟随王云松学道之事恐为杜撰，或仅是与高僧、高道交游甚厚而已，故而，不存在“转投”刘渊然门下之说。

不论是何原因，邵以正每日前往昆明龙泉观跟随刘渊然学道，“其居距长春所凡三涉水，日以为常”[①]。邵以正所居之所或即在城内，距离当时的龙泉道院十多公里，途经盘龙江等河流，因而所谓“三涉水”，或乃略数，盖特指其道心坚定而已。邵以正勤奋好学，且聪敏过人，因而深得刘渊然赏识。碑记称“长春嘉其勤恳，悉以道秘授之。真人研几精微，一一领解”，进而邵氏成为刘渊然众门徒中的佼佼者。邵以正法脉所承有自，从赵宜真“以法嗣属之”刘渊然，到刘渊然“悉以道秘授之”邵以正，则邵氏的法脉来源可追溯到元季明初的赵宜真身上。

一　赵宜真的法脉来源

要理清邵以正所承法脉，则须追溯至其师祖赵宜真，因为赵宜真、刘渊然、邵以正一系的道统、法统是一脉相承的。《江西通志》称赵宜真“其徒甚众，缵承道脉者，刘渊然一人而已。”[②]赵宜真见刘渊然“深究玄学、笃信力行……以法嗣属之”[③]，《长春刘真人传略》亦称“谒原阳于雩都紫阳观，尽得全真秘妙之

① ［明］商辂撰：《龙泉观通妙真人祠堂记》，陈垣编纂：《道家金石略》，第1266页。

② ［清］谢旻等修，陶成、恽鹤生纂：雍正《江西通志》卷104《仙释》，雍正十年（1732）刊本，第4页。

③ ［明］王直撰：《抑庵文后集》卷24《紫霄观碑》，文渊阁《四库全书》本，第1242册第62页。

术”，刘渊然得其师道法之传，在滇收得高徒邵以正并以其为衣钵传人。从赵宜真到刘渊然，再从刘渊然到邵以正，其间的传承关系是明确的。《紫霄观碑记》载：“守玄冲静秉诚专确志道衍教妙悟静虚弘济真人邵公以正谓原阳之道传之长春，长春则以传于我，水木本源实有端绪。”① 邵以正在道脉传承上的确认不仅出于其对净明道统构建方面的需要，更在于理清其所传承的道法渊源即赵宜真。

赵宜真所传承的法脉较为驳杂，这与其师从多位师父有关。卿希泰先生称赵宜真“初师清微派道士曾贵宽（号尘外，黄舜申嫡传），嗣清微法；继师道教南宗和全真道士，得南、北派内丹之学；又师徐异，得净明忠孝之道。师承多途，所传亦杂，但他对上述诸派的理论多有所阐扬。如他曾据师传，再补以他书，对清微雷法、斋法，加以整理，疏解，并对其理论加以阐发，作《玉宸登斋内旨》《玉宸经法炼度内旨》等篇。”② 大抵对赵宜真法脉师承情况做了简单介绍。

由赵宜真本人所撰、刘渊然编集的《原阳子法语》中有《纪学》诗一首，大抵记述了其所传法脉的情况。诗云：“寿昌仙伯铁玄翁，曾于圣井师金公。……继后从游李夫子，闻有蒲衣冯外史。亦师金祖绍仙宗，驻鹤龙沙明至理。翩然蹑屩往问之，万法归一一何归。外史于时方燕坐，雷霆迅厉虚空破。”③ 另《日记题辞》亦载赵宜真少从李尊师问道，得师授《天心》帙。从自记内容

① ［明］王直撰：《抑庵文后集》卷24《紫霄观碑》，文渊阁《四库全书》本，第1242册第62页。

② 卿希泰主编：《中国道教》（二），上海：知识出版社，1994年，第124页。

③ ［元］赵宜真撰：《原阳子法语》，载《道藏》第24册，第84页。

看，赵宜真大抵师从铁玄翁张天全、李玄一、蒲衣冯外史等人。只不过，记录甚简，其师承内容及先后顺序等较为模糊。

张宇初《岘泉集》卷三载：赵宜真“初师郡之有道者曰曾尘外，嗣诸法要，间有缺文，必考述尽详；复师吉之泰宇观张天全，别号铁玄，张师龙虎山金野庵，得金液内外丹诀；后复师南昌李玄一，玄一荐之师蒲衣冯先生，冯亦师野庵云”①。邵以正版《净明忠孝全书·原阳赵真人传》则称赵宜真“从郡之尘外曾真人受清微诸阶雷奥、净明忠孝道法，间有阙文，悉加订正，参考详尽。复师广济张真人，得长春丘真人北派之传；师李玄一真人，得玉蟾白真人南派之学，深契玄妙，会南北而一之。”②以上二记略有差异，《岘泉集》所述较略，赵宜真首先师曾尘外，受清微雷法及净明忠孝道法，即张宇初所言之“诸法要”。这一点在赵宜真访晋匡仙遗址并在此结庐授徒时有所印证，其“所授致雷雨、度精爽，屡有异感”，致雷雨所指即清微雷法，度精爽所指即南宗及净明道法，为高道曾尘外所传③。此其一也。

---

① ［明］张宇初撰：《岘泉集》，文渊阁《四库全书》本，第1236册第447页。

② ［明］邵以正辑：《净明忠孝全书》，第30页。

③ 根据卿希泰先生主编《中国道教》之说，清微派自称出于清微天玉清元始天尊，故以清微为名。清微派亦以行雷法为事，其雷法理论，亦类于神霄派。仍主天人合一，内（炼）外（法）结合，而以内炼为基础。强调诚于中，方能感于天；修于内，方能发于外。《清微斋法》卷上云：“盖行持以正心诚意为主。心不正，则不足以感物；意不诚，则不足以通神。神运于此，物应于彼，故虽万里，可呼吸于咫尺之间。”又：“将吏只在身中，神明不离方寸。”将吏、神明，皆指施行雷法时所劾召的鬼神。意谓能劾召鬼神，全在于心诚意正和深厚的内炼工夫。元代清微派，仍以黄舜申一系所传最盛，他的弟子分为两支向南、北发展，一支以福建建宁为中心，传行于南，一支以武当山为中心，传行于北，从而使清微道法很快传播于大江南北。南传一系为黄舜申弟子西山熊道辉（号真息），道辉传安城彭汝励（或作砺），汝励传安福曾贵宽（号尘外），贵宽传浚仪赵宜真（号原阳）。［参见卿希泰主编：《中国道教》（二），第124页］即已清楚赵宜真从曾贵宽处得清微雷法之传。

不过，赵宜真从曾尘外处“嗣诸法要”或受“清微诸阶雷奥、净明忠孝道法”之事，所言甚略。《紫霄观碑》称赵宜真从曾尘外处“得清微、灵宝诸阶雷奥，补其遗阙，发其旨趣，清微久不行，至是大显”[①]。由是而知赵宜真曾得清微雷法及净明法之传，该《碑》志中“清微久不行，至是大显”所指者或即龙虎山学者师从赵宜真之事。张宇初《赵原阳传》中确有赵宜真谒龙虎山的记载：“壬辰兵兴，携弟子西游吴蜀，即还，游武当，谒龙虎，访汉天师遗迹。时天师冲虚公深嘉礼之，欲留不可，宫之学者多师焉。”[②] 赵宜真访龙虎山天师府之时，深得张天师礼遇，天师府学者多从其学，然而，张宇初未写明赵宜真所授者为何派道法。陈教友《全真道教源流》云：“赵宜真又通正一天心雷奥，正一之学源于江右，且元时张宗演后裔世为掌教，宜真故兼习之也。”[③] 则赵宜真从曾尘外处所学者或即“正一天心雷奥”。

除此以外，赵宜真曾游历各地，如江西吉安白鹤山永兴观、四川峨眉山、湖北武当山、江西龙虎山、江西雩都紫阳观等，且于龙虎山拜谒冲虚天师张正常并得礼敬。白鹤山为清微派传播中心，龙虎山则为正一派传播中心，故赵宜真曾得清微雷法、正一天心雷奥等道法传承。至于其全真北派丹法及金丹南宗之传，与其拜师张天全、李玄一等人有关[④]。

据《岘泉集》所载，赵宜真曾投师泰宇观张天全，但未详

① ［明］王直撰：《抑庵文后集》，文渊阁《四库全书》本，第1242册第62页。
② ［明］张宇初撰：《岘泉集》，载《道藏》第33册，第232页。
③ ［清］陈教友撰：《全真道教源流》卷7，第19页。
④ 参见盖建民著：《道教金丹派南宗考论》（上），北京：社会科学文献出版社，2013年，第608页。

是否得道法之传，只说张天全师龙虎山金野庵，得金液内外丹诀。但《净明忠孝全书》则称其从广济张真人（张天全）处得全真北派之传，即张宇初所谓“金液内外丹诀”，但未提及金野庵。二记所记差别略大。

金野庵，即金蓬头，永嘉人，名志阳，号野庵，“幼果敢，有大志不羁，甫长知慕道，弃世虑，遂师全真李月溪，月溪白紫清徒也”①。赵道一《历世真仙体道通鉴续编》则称金野庵“生而不群，自幼果敢，大志不羁。甫长，慕道弃世，虑若焚溺，遂师全真道士李月溪。月溪乃真常李真人之徒，真常又长春丘真人之高弟也”②。

以上二记皆称金蓬头曾投师全真道士李月溪门下，但对李月溪的道脉问题的叙述不尽相同。《岘泉集》称李月溪乃白玉蟾之徒，因而金蓬头实受金丹南宗之传；《历世真仙体道通鉴续编》则称李月溪曾拜师丘处机高徒李真常，故金野庵乃得全真北派之传。对于北派李真常的情况，张宇初仅说金蓬头“参先德李真常，益有省”。其所谓的参师，或未正式拜师，而仅是参访受学而已。以上两记的混乱，大抵说明了李月溪兼得全真北派、南宗之传。进而言之，金蓬头所传者或兼全真北派及南宗，到了赵宜真这里已经融汇北派、南宗丹法为一身，因而《岘泉集》称他从张天全处“得金液内外丹诀”，《净明忠孝全书》直称他“会南北而一之”，其实，这种融汇的情况大概自金蓬头那里便已经开始。

张宇初《岘泉集》及邵刊本《净明忠孝全书》皆提及张天

① ［明］张宇初撰：《岘泉集》，载《道藏》第33册，第231页。

② ［元］赵道一撰：《历世真仙体道通鉴续编》，载《道藏》第5册，第447页。

全之名，前者记录较略，仅称赵宜真“复师吉之泰宇观张天全，别号铁玄张”①，但未明张天全之道派属性；后者称“复师广济张真人，得长春丘真人北派之传”②，则张为全真派。清陈教友《全真道教源流》引《豫章书》称赵宜真“通全真之旨，则亦出于张（天全）”③，默认了张天全的全真北派属性。然而《历世真仙体道通鉴续编》卷五称金蓬头“所受弟子则劳养素、郭处常、李西来、张天全、殷破衲、方方壶，皆以道闻于世”④，则知张天全为金蓬头之徒。

据《岘泉集》所载，金蓬头曾游历武夷山，命其徒于峰顶建天瑞庵，后隐居武夷山紫清之止止庵。止止庵位于一曲中溪北，大王峰山麓，初为白玉蟾所建以为隐修之所，年久顷圮，至南宋嘉定间重修，延请白玉蟾入主之，后隐居于此终老一生⑤。止止庵为当年道教金丹派南宗五祖白玉蟾修道传道讲经之所，而且白玉蟾一生中最重要的一段时间就是在这里度过的⑥，是白玉蟾金丹南宗的活动中心之一⑦，至元代，这里仍然是金丹派南宗较为活跃的修道之地。由是观之，金蓬头或即在此获南宗之传。盖建民先生称金志扬（蓬头）为白玉蟾再传弟子，亦曾师事全

① ［明］张宇初撰：《岘泉集》，载《道藏》第33册，第232页。

② ［明］邵以正辑：《净明忠孝全书》，第30页。

③ ［清］陈教友注：《全真道教源流》，卷7，第19页。

④ ［元］赵道一著：《历世真仙体道通鉴续编》，载《道藏》第5册，第448页。

⑤ 参见盖建民著：《道教金丹派南宗考论》（下），第925—926页。

⑥ 同上，第927页。

⑦ 盖建民先生所著《道教金丹派南宗考论》（下）载：“武夷山作为道教第十六动天‘升真玄化之天’，道观林立，历史上曾有冲佑、升真、会真、天游、灵峰、天壶、清微洞等七大道观；还有云龙、元元、清真、丹枢、碧霄、和阳、石鼓、犹龙等十大道院；并有常清、止止、万春、复古、赤霞、崇真、仙掌、三元等三十九庵。”［盖建民著：《道教金丹派南宗考论》（下），第923页］

真道士李月溪，同时也拜李月溪师傅李真常为师，而李真常乃丘处机徒裔，元世祖至元十年（1273）隐居武夷山一曲溪边的复古洞及止止庵[①]。由此可见，金蓬头已宗承全真北派和金丹南宗之传。

金蓬头曾受全真北派及金丹南宗之传，但其隐居武夷山传道之时，张天全或未随其至福建，因而其所传承的丹法或仍然是北派丹法，而赵宜真从张天全处所受的丹法或也以北宗为主，故有“得邱长春北派之传”之叙述。这也解释了《岘泉集》中赵宜真在张天全处得“金液内外丹诀”之事，一般而言，内丹为全真北派所重，南宗则内外丹合炼[②]。邵以正《净明忠孝全书》称赵宜真“师李玄一真人，得玉蟾白真人南派之学”[③]；清代《逍遥山万寿宫志》卷五《赵宜真仙传》则称他“复师张广济得长春丘真人北派之传，师李玄一得紫清白真人南派之学”[④]；同治《雩都县志》卷十《方外志》称他“又师李全究白玉蟾之学”[⑤]，以上三记均确认了李玄一的南宗法脉。因而，尽管赵宜真曾师张天全，真正传其南宗丹法的或许是李玄一。《岘泉集》中提及赵

① 盖建民著：《道教金丹派南宗考论》（下），第940页。

② 盖建民先生称，白玉蟾创立的南宗除了修炼内丹外，还坚持修炼外丹，以内外丹合修并炼为修炼指针。“金丹”一词既包括内丹也包括外丹，白玉蟾创立的南宗实际上是以内外丹合修为修道之基本原则。内丹和外丹配合修炼，内外兼修，这就是金丹派南宗的一个重要修道思想方法，即内外丹合修。[盖建民著：《道教金丹派南宗考论》（下），第817页]

③ [明]邵以正辑：《净明忠孝全书》，第31页。

④ [清]金桂馨、漆逢源撰：《逍遥山万寿宫志》卷5，清光绪戊寅（四）年南昌铁柱宫刊本，杜洁祥主编《道教文献》第6册，台北：丹青图书有限公司，第305—307页。

⑤ 同治《雩都县志》卷10《方外志》，载《北京图书馆古籍珍本丛刊》第32册，第1002页。

宜真“后复师南昌李玄一，玄一荐之师蒲衣冯先生，冯亦师野庵云”①，此处大致说明赵宜真曾投师李玄一门下，经推荐又师金蓬头的弟子蒲衣冯先生。李玄一与蒲衣冯先生师承金蓬头，即兼承全真北派及南宗丹法。由此可知，宗承南、北丹法的情况从金野庵便已开始，至张天全、李玄一等人身上亦有类似的情况，这种道法上的交叉融合是元季明初较为普遍的现象。

综上所述，因道脉来源驳杂，无论张天全或是李玄一均受过南、北二派的丹法，只不过各有侧重。赵宜真所传法脉大体如下：他从曾尘外处得传正一清微雷法及净明忠孝道法，从金蓬头、张天全一系得传全真北派丹法，而从李玄一处得传南派丹法。但不可否认，赵宜真已将各家道法融会贯通，而其所传刘渊然者，正是清微雷法、净明道法、金丹南宗、全真北宗丹法等。

二　刘渊然的法脉来源

刘渊然是赵宜真的嫡传弟子。关于赵宜真与刘渊然二人之间的师承情况，《净明忠孝全书·长春刘真人传》所载最详：

> （刘渊然）生逾月，得惊疾，医不治，总管醮于玄妙观，即醮坛许黄冠师陈方外为徒，年十六遂为道士，受符法于胡、张二师，后遇赵原阳于吴有壬书舍，大奇之，谓吴曰：“此子形全神清，有道缘，非寻常”，于是得亲炙赵公，授以诸阶秘奥，刻志进修，寒暑不懈。每与同辈处，语及修行，辄举忠孝为之主本。原阳闻之叹曰：“此真良器也”，

① ［明］张宇初撰：《岘泉集》，载《道藏》第33册，第232页。

携之归金精山，授以玉清宗教社令、烈雷、玉宸、黄箓、玉箓、太极净明等书①。

根据该传，刘渊然不仅从赵宜真处得“诸阶秘奥”及“玉清宗教、社令、烈雷、玉宸、黄箓、玉箓、太极、净明等书”之传，尚提及“受符法于胡、张二师”之事。其余诸记则极少提及胡、张二人，而直称其学法于赵宜真，如大学士杨荣所撰《长春刘真人传略》② 即是，盖因赵将平生所学授予刘渊然并将其选为衣钵传人，进而有此渲染。不过，从刘渊然及邵以正相关记载来看，刘渊然得赵宜真传净明道法，尔后再传邵以正，该系的传承较为清楚，也为后世所公认，尤其是《净明忠孝全书》将赵宜真、刘渊然列为旌阳公五传、六传而尊为嗣师，已为最好的证明。然而，刘渊然师赵宜真之前，尚师陈方外及胡、张二人，且称其曾受符法之传，史书多不载。

刘渊然于十六岁出家，正式师从胡、张二师学符法，《龙泉观长春真人祠记》亦称刘渊然“受符法于胡、张二师，复师赵原阳”。《江西通志》有所不同，称“渊然初师陈方外，授雷法，呼召风雷有验”③。《赣县志》卷五十一《仙释》亦称刘渊然“初拜陈方外为师，授雷法”④。按《净明忠孝全书·长春刘真人传》所载，刘渊然“生逾月，得惊疾，医不治”然后才寄名陈方外为徒，至十六岁正式出家，其符法由胡、张二师所授。那

① ［明］邵以正辑：《净明忠孝全书》，第32页。
② ［明］杨荣撰：《长春刘真人传略》，《金陵玄观志》卷1，第146页。
③ ［清］陈梦雷编：《古今图书集成·博物汇编·神异典》第287卷《方士部》，第512册第28页。
④ ［清］黄德溥纂修：《赣县志》卷51《仙释》，第282号第2015页。

么，刘渊然的符法究竟是由陈方外所授？还是胡、张二师所授呢？可惜的是，陈方外、胡张二师史书、方志并不见载，当为元末明初赣县玄妙观道士。《赣县志》卷十三《寺观》载："紫极宫，在府城隍庙右，唐时建。宋改大中祥符宫，又改元妙观，明道士刘渊然受法于此，后改祝圣道场，地居高阜，殿宇宏敞，像设三清。"① 可见，刘渊然在赣州元妙观（即祥符宫）或曾受雷法之传，后亦从赵宜真处得清微雷法之奥。

刘渊然大约在元妙观受符法期间遇赵宜真，赵收其为徒，"留之座下，授以诸阶元秘，携归金精山，复授以玉清宗教社令、烈雷、玉宸、黄箓、玉箓等书，及金火返还大丹之诀，栖神炼炁，呼召风雷，驱役鬼神，济拔幽显，动有灵验"②。故而，在祥符宫学法期间，刘渊然不仅从陈方外处学得雷法，还得胡、张二师指点。赵原阳所授的"诸阶元秘"盖即赵从其师曾尘外处所学之"清微诸阶雷奥"③。赵将刘渊然带回金精山，继续传授刘渊然清微雷法秘本《玉清宗教社令》《烈雷》及《玉宸》

---

① ［清］黄德溥纂修：《赣县志》卷51《仙释》，第282号第359页。

② ［明］王直撰：《抑庵文后集》卷5《长春刘真人祠堂记》，文渊阁《四库全书》本，第1241册第48页。

③ 《道藏》第4册收录《清微神烈秘法》，中有《雷奥秘论》云：夫清微者，以象言之，乃大罗天上，郁罗箫台，玉山上京，上极无上，大罗玉清，诸天之中之尊也。肇自混沌溟涬，我鸿蒙未判之先，大梵太初之境，即元始至尊之所治也。乃一炁开明祖劫，是谓天根。且清微法者，即神霄异名也，实道中之妙法。道乃万法之祖，雷乃诸雷之尊，非法中之法也。故秉元始之炁，统御万灵，复有梵清景三炁之殊……下品灵书则应世世总是心心相授，口口相传，与天长存，祈天福国，弘道化人，役使雷霆，坐召风雨，斩灭妖邪，救济旱涝，拯度幽显，赞助皇民，即今人间清微雷法妙道是也。(《清微神烈祕法》，载《道藏》第4册，第135页。）清微法师派以魏华存为祖师，其派有李少微、南毕道、黄顺申、叶云莱、张道贵、张守清、张守一等诸人，张道贵、张守清、张守一等皆于武当山演法。而赵宜真亦曾携弟子游武当，或与学清微雷法有关。

《黄箓》《玉箓》等典籍，还亲授“金火返还大丹之诀”、栖神炼气、呼召风雷之术，以及驱疫鬼神、济拔幽显之术。实际上，从赵宜真所传典籍及法术、丹法，大致已囊括赵宜真平生所学。“诸阶雷奥”即指清微雷法，《玉清宗教社令》及《烈雷》等书盖即清微雷法秘本，而《玉宸》《黄箓》《玉箓》等为举行大型斋醮活动仪轨，金火返还大丹之诀、栖神炼气之术即全真南宗、北派丹法，驱疫鬼神、济拔幽显之术或即祈雨求晴等法事中所使用的净明忠孝道法。据《吴中金石新编》，郭宗衡“初师朝天提举陈渊然，继师长春真人刘渊然，得清微、灵宝、净明、神霄诸法之传”[①]，则知刘渊然所承者即清微、灵宝、净明、神霄诸派法术。

清微派为符箓三宗（茅山上清箓、阁皂山灵宝箓和龙虎山正一箓）分衍的支派之一，大抵形成于南宋，流传于元至明初，清初间有传承。该派自称出于清微天玉清元始天尊，故以清微为名。又谓其教在元始天尊传法后衍而为真元、太华、关令、正一四派，至十传乃由祖舒元君会四派而为一，始立清微宗派。道教诸宗派中，修行雷法的宗派主要为清微派、神霄派、天心派。清微法脉比较正统，多以“祈天福国，弘道化人，役使雷霆，坐召风雨，斩灭妖邪，救济旱涝，拯度幽显，赞助皇民”[②]的驱雷祈雨、书符念咒等法术见长。在云南“以道法显”的高道刘渊然所传承的法脉之一便是清微法。

这些法术的传承使刘渊然声名鹊起。《续文献通考》称“渊然师赵原阳于金精山，得授诸阶符箓，及金火大丹之诀，久之灵

① ［明］陈暐撰：《吴中金石新编》，文渊阁《四库全书》本，第683册第201页。

② 《清微神烈祕法》，载《道藏》第4册，第135页。

应响达"[①]。他曾应南昌官署之邀祈雨，甚为灵验；其在龙虎山期间，张宇初亦转投其名下学习清微雷法，"正一真人张宇初之术，渊然所授也"[②]。《明史·张正常传》亦称张宇初"道法则受之于长春真人刘渊然"[③]。《全真道教源流》称"正常于正一法已失，共传渊然，本其师授以全真兼正一，故宇初转学之也"[④]。此记认为刘渊然的正一之法为张正常所传。然而，其师赵宜真亦曾习正一之学，"赵宜真又通正一天心雷奥，正一之学源于江右，且元时张宗演后裔世为掌教，宜真故兼习之也"[⑤]。但因赵宜真所传法脉繁杂，已将各派之学融会贯通为一，因而，刘渊然访龙虎山之目的，主要在于印证其师所传的正一之学，但深得张正常礼敬，不仅授其正一法，还令其子张宇初亦从之学。张宇初跟刘渊然所学的内容或非正一法，因为作为张正常的天师嫡传，其不可能未曾接受过正一之传，陈教友所提及张正常恐正一法失传而兼传刘渊然之事是有可能的，但张宇初的正一之学乃"转学之"的情况可能性不大。张从刘所学的，除了清微雷法之外，或尚有全真北派丹法。

实际上，自晚唐以来，内丹修炼形成热潮，至宋元间，道教诸派几乎无不谈内丹，尤其是兴起于北方的新教派。南方天师道虽以符箓、科教、法术为主，但并未忽视内丹修炼在符箓法术中的作用，并深受其影响。《中国道教史》称"正一天师中，自三

---

① ［清］陈梦雷编：《古今图书集成·博物汇编·神异典》卷287《方士部》，第512册第28页。

② 同上。

③ 同上，第29页。

④ ［清］陈教友撰：《全真道教源流》卷7，第20页。

⑤ 同上，第19页。

十代张继先起，即学习内丹，以内炼为符法之本。至张宇初，对内丹修炼更为重视，他曾从得全真北派内丹之传的刘渊然学道，通晓内丹，纂辑古今内外丹经诗诀为《丹纂要》一书，今只存序”①。从《岘泉集》中对内丹的讨论可以看出，张宇初确实对北派丹法有深刻理解，这与刘渊然的传授有很大关系。

综罗各家之长并将其融会贯通，刘渊然的法术既具有正一、清微的特色，又保持了清净自守的全真道风，还彰显了净明道济世度人的宗教情怀。刘渊然曾多次受敕登坛建醮、祈雨有验，如“永乐初迁左正一，建金箓大斋，有醴泉、甘露、鸾鹤之祥，大见幸宠”，乃至于成为其在滇中以道法显的根本，“凡滇南民有大灾患者，咸往求济，无不得所愿欲”。②

然而，后世对赵宜真、刘渊然的法脉归属问题的叙述不甚明确，各家所说不能统一。按《江宁府志》，渊然幼为道士，遇赵原阳授以净明忠孝道法。净明道亦将赵、刘奉为嗣师，并且其间递相传授之至道之要则以忠孝为本，因而认为其法脉归属净明道。而且赵宜真、刘渊然与邵以正之间有传《天心帙》之说，如《长春刘真人祠堂记》载：“初赵真人得《天心帙》于其师，举以授长春曰：人心即天心，欺心即欺天，日之所为皆书之，其不可书者，勿为也。长春复以授守元，而举以自代此……予观元阳之授长春，长春之授守元，其所告语者，惟曰心，曰天，与其所行必以忠孝仁慈为本，不汲汲于其他。”③ 但无论赵宜真、刘

① 卿希泰主编：《中国道教史》第3卷，第453页。

② ［明］陈循撰：《龙泉观长春真人祠记》，陈垣编纂：《道家金石略》，第1261页。

③ ［明］王直撰：《抑庵文后集》卷5《长春刘真人祠堂记》，文渊阁《四库全书》本，第1241册第48页。

渊然还是邵以正，皆淡泊自甘、不失戒行，而且所传丹法兼南、北二宗，其呼吸吐纳、栖神炼气等术又多类全真，因此，陈教友称“要其所宗主者，全真也，后之学道者，其亦守全真之教”，《全真道教源流》亦专门为赵宜真、刘渊然、邵以正乃至邵以正嫡传弟子胡守法立传，称其不仅宗承全真北派之传，又兼南方正一符箓法术。也就是说，北方全真派认为赵宜真一系当为全真派，只不过兼修正一而已。

明大学士杨荣所作《长春刘真人传略》则称“真人氏刘讳渊然，号体玄子，世居徐州萧县，谒原阳于雩都紫阳观，尽得全真秘妙之术”①，大抵表明刘渊然曾得全真北派丹法之传。不过，刘渊然、邵以正、胡守法或喻道纯等多以道法显，其身上的全真丹法痕迹已渐消失，故陈教友才有“盖至是而全真之学微矣”②之叹。全真之学渐微的原因在于当时道士多以“道法”显以邀宠，以内丹修炼为主的全真之学失去了优势，因而有明一代鲜见全真道士被褒崇者，活跃于南方的天师道及净明道等则不然，如张三丰等身怀仙术的全真道士亦以道法见宠，形成了明代道教的一大特色。天启《滇志》载：“嘉靖以还，天子益褒崇道流，方士之术杂进，如徐道广、布张皆号能书符咒水，除邪祟，役使鬼神，禳灾祈雨，亦渊然之流亚也。”③

许蔚《赵宜真、刘渊然嗣派净明问题再探讨》认为，刘渊然从赵宜真所受为清微法，但个人似乎又涉猎净明法。从自我认同来看，他未言自己是嗣派清微，还是嗣派净明，但显然对净明

---

① ［明］杨荣撰：《长春刘真人传略》，《金陵玄观志》卷1，第22页。
② ［清］陈教友注：《全真道教源流》卷8，第16页。
③ 苏晋仁、萧链子选辑：《历代释道人物志》，第1034页。

抱有亲近之心。从他者认同来看，长春派的宗派叙述将他作为清微嫡传祖师，邵以正曾一度将他尊为"净明嗣师"，虽不知何故又予放弃，但已被明清以来净明派的宗派叙述所接受。从个人认同及他者认同来看，邵以正将他尊为"净明嗣师"在一定程度上是符合事实的。至于邵以正通过增补重刊《净明忠孝全书》将赵、刘明确定为净明正统的行为，无论从主观意图还是客观效果来看，都已将自己列为净明嗣派正统，而明万历以降奉行的"净明运动"中出现的宗派叙述也确实存在将邵以正列为净明嫡传祖师之一的情况①。因而，后世大多认为刘渊然、邵以正一系所传者为净明法脉。本书亦认为，尽管赵、刘、邵师承多源，但鉴于明初错综复杂的政教关系及道教本身所处的实际状况，他们已自觉地将自己的宗派归属为净明道，以其宗派为明初净明正统并加以弘扬。

三　邵以正的净明法脉传承

关于邵以正的法脉、道脉传承问题，大抵从其编集、刊行的著作典籍及其意图可知。邵以正编辑并刊行的《净明忠孝全书》《新刻长春刘真人语录》为其宗派内部读本，显然是其门派传承的核心，也符合邵氏本人的叙述理路。从其所收集刊行的《玄宗内典诸经注》《道德经集解》等诸书亦可以看出，邵以正不仅以净明道嗣师身份自居，并已将清微、净明、丹派南北二宗进行了融会贯通，作为本门派所传法脉的主要内容，既有清微、净明

---

① 许蔚：《赵宜真、刘渊然嗣派净明问题再探讨》，《宗教学研究》2016 年第 1 期。

法“以道法显”的部分，又有基于内丹、心性修炼的修行、悟道的理论，还有《青囊杂纂》等医书的编集刊印以继承赵宜真、刘渊然的济世度人精神。可以说，邵以正所极力构建的净明道统已不再是单一的道脉和法脉，而是集众家之长、撮各派修行之要而形成的新的道统，在他这里已无明显的法脉界线。这对于邵以正本人构建净明道统是有积极意义的。

（一）邵以正的净明法脉传承

关于邵以正的净明道法脉的问题，学界已有很多研究。日本学者秋月观暎沿袭《逍遥山万寿宫志》旧有叙述，认定赵、刘二人为净明嗣师①，因而作为衣钵传人的邵以正所承者为净明法脉。任继愈、卿希泰各自主编的道教史则提出赵宜真兼传各派之说。郭武对此进行过深入研究，他根据邵氏相关传记中“学道者以忠孝为第一事”及“惟本于诚”之类的叙述，认为邵以正之信仰归宿应为净明道。然而，“无论《逍遥山万寿宫志》还是《净明宗教录》，却都未将邵以正纳入净明道‘嗣师’甚至‘宗派’之列。究其原因，邵氏并非道术不精、学识不博，亦非地位不高、影响不大；其志所以未能被纳入宗派，盖与诸书的选择标准有关……作为整个道教经典总集之《道藏》的主编，邵以正的言行或有‘不纯同’于某一道派之处。”② 实际上，邵以正法脉这种“不纯同”于某一道派的情况在赵宜真、刘渊然身上已有充分体现。

赵、刘二人所传法脉较为驳杂，赵宜真不仅被列入净明嗣师之列，也被列入清微派祖师行列，从《道法会元》卷 15、卷

① （日）秋月观暎著，丁培仁译：《中国近世道教的形成》，第 155—164 页。

② 郭武：《赵宜真、刘渊然与净明道》，《世界宗教研究》2011 年第 1 期。

23、卷32有以赵宜真列入祖师的仪式文书为证。此外，无论邵以正本《净明忠孝全书》还是《灵宝净明宗教录》中，赵宜真与刘渊然都被尊为净明嗣师。这种净明道派身份的追尊与邵以正确立净明道统的政治意图有关，但与赵宜真、刘渊然自己的道脉身份叙述及道派认同有一定的差别。许蔚认为，无论是从他者认同的角度，还是自我认同的角度，赵宜真都只能是"清微嗣派"。但《净明忠孝全书》则认同赵宜真受清微雷法之事实，且有赵从曾尘外受"净明忠孝道法"以及"净明学者宗之，尊为嗣师"的记述。这只能看作邵以正构建净明道统过程中的增饰或叙述，并非赵宜真本人的自我认同。

然而，从邵以正的叙述方式看，他甚至完全继承了其师祖赵宜真、师父刘渊然的思想及道法，并致力于构建赵宜真、刘渊然、邵以正一系的净明道统，该道统已将清微、净明、北派及南派丹法熔为一炉。根据胡濙《净明忠孝全书序》、邵以正《净明忠孝全书后序》所述可知，邵以正是"有意将赵宜真、刘渊然塑造为净明嗣师，从而将自己列为净明嗣派正宗的"①。胡濙在其序中称：

> 敕赐守玄冲靖高士兼道录左正一邵君以正谒予于南宫，出《净明忠孝全书》一帙，征予序于卷首，且曰：是书乃旌阳许真君所传之秘，其来远矣。旌阳传之玉真刘先生，再传于中黄黄先生，至丹扃道人而是书始行于世。师祖赵原阳、先师刘长春相继嗣续，复阐之旧，板历岁弥远毁不复

① 许蔚：《〈净明忠孝全书〉的刊行与元明之际净明统序的构建——以日本内阁文库藏明景泰三年邵以正序刊本为中心》，《古典文献研究》第17辑上卷，南京：凤凰出版社，2014年，第135页。

存，大道之妙几湮没，每临帙而感焉[①]。

从行文看，胡濙序乃是经邵以正授意而作，其中亦体现邵以正重刊《净明忠孝全书》的迫切之情，也敲定了邵氏重建净明道统的基调。而邵氏后序中的净明道统重构意图则更加明显：

> 昔者，太上授之（净明道法）日月二君，二君授之旌阳祖师，越若干年，玉真祖师应龙沙之谶亲授旌阳之传，为八百真仙之师，匠以大阐斯道于垂绝，再传至丹扃祖师，辑为是书，以诏学者。厥后，我师祖原阳赵真人、先师长春刘真人，上承仙绪，实振扬而昌大之学者，宗为师焉。以正猥以庸陋，仰荷师传于忠孝之旨，虽尝窃幸，预有闻焉，犹愧未能上窥净明阃奥之万一[②]。

不仅表明他所重构之道统乃净明正统，是在净明大道几近"垂绝"的情况下，以丹扃道人整理成书作为标志，再以赵原阳、刘渊然为该道之传承"仙绪"并将净明道"振扬而昌大"，作为赵、刘的支系传人，邵以正亦"仰荷师传于忠孝之旨"，加之其本人在朝廷中位高权重，将自己定位为重建净明道统的嗣师，也是重构道派正统的最佳时机。王直《紫霄观碑》亦称"守玄冲静秉诚专确志道衍教妙悟静虚弘济真人邵公以正，谓原阳之道传之长春，长春则以传于我，水木本源实有端绪"[③]。实际上，连邵以正本人皆自称"嗣派弟子"，虽然未被后世净明派

---

① ［明］邵以正辑：《净明忠孝全书》，第1页。
② 同上，第37页。
③ ［明］王直撰：《抑庵文后集》卷24《紫霄观碑》，文渊阁《四库全书》本，第1242册第62页。

列入嗣师之列，但其构建门派道统的意图是显而易见的，其贡献也是有目共睹的。因而，邵以正所传道脉主要为净明道。

邵以正的净明道脉除了其自己叙述之外，在各类碑刻或他人著述中亦有所体现。王直《长春刘真人祠堂记》载："予观元阳之授长春，长春之授守元，其所告语者，惟曰心，曰天，与其所行必以忠孝仁慈为本，不汲汲于其他。"① 亦即赵宜真、刘渊然、邵以正一系之传承主要内容为"心""天"以及"忠孝仁慈"，皆为净明道思想。《天心帙》的传承情况大抵如下：

> 初赵真人得《天心帙》于其师，举以授长春曰：人心即天心，欺心即欺天，日之所为皆书之，其不可书者，勿为也。长春复以授守元，而举以自代此，其相传之要道，盖与吾儒合，非如世之所谓遊方外、出人间、腾九霄而隘六合者也②。

此《天心帙》是类似于《功过格》的劝善书。净明法之核心思想之一即是"诚"，《龙泉观通妙真人祠堂记》中载："虽然真人亦澹泊存心，以简静处己，以平易接物，迹其所为，非有离世绝俗之异，亦惟本于诚焉。"③ 实际上，赵宜真、刘渊然、邵以正之间递相传承的《天心帙》中所谓"天心"说及"克诚"工夫论显然属于净明道理论。《净明忠孝全书》所载胡惠超所述《净明大道说》中即有关于"天心"之论述：

---

① ［明］王直撰：《抑庵文后集》卷5，文渊阁《四库全书》本，第1241册第48页。

② 同上。

③ ［明］商辂撰：《龙泉观通妙真人祠堂记》，陈垣编纂：《道家金石略》，第1266页。

> 净明者，无形大道先天之宗本也。在上为无上清虚，在天为中黄八极，在人为丹元绛宫。此三者，同出而异名，同谓之玄，玄之又玄，众妙之门。明此理者，净明也。清则清虚，而明无上清虚之境，谓之净明。中黄八极，天心也。丹元绛宫者，人心也。故立中黄八极而报无上之本，人当忠孝而答君亲之恩，忠孝，大道之本也①。

即净明道以中黄八极为天心，以丹元绛宫为人心，最后推忠孝为大道之本。而净明只是通过人心通达天心之方法和最终达到之境界。对于“天心”之说，该书云：

> 真君昔告我曰：“中天九宫之中，中黄太一之景，名曰天心，又称祖土，乃世间生化之所由，万理之所都也，其实只是混沌开辟之后积阳之气上浮盘亘。其广八十一万里，是道理之主宰。世人身心功过被此光明之所洞照，纤芥圭黍所不能逃，散在人身中，谓之丹扃，所以曰人心皆具太极。一切善恶因果所不能逃，如影随形者，盖于上界实相关系故也。”所以，学道者必先穷理尽性以致于命。明理之士，自己心天光明洞彻，自是不昧，言行自然不犯于理，丝毫碍理之事断断不肯为，只为心明故也。心明则知本性下落矣。既知本性，复造命源。当是时，污习悉除，阴滓普消，升入无上清虚之境、极道之墟，水火风灾之所不及，方得名为超出阴阳易数生死之外②。

由此看来，“天心论”是赵宜真根据《净明忠孝全书》中关

① ［明］邵以正辑：《净明忠孝全书》，第41页。
② 同上，第48页。

于净明思想的论述文字中撷取的内容，将其编辑成册，“以《天心帙》标帙”，并将其传于刘渊然，表明天心乃是净明道法之大要，“道法之要，不外乎此心，而道即此心也、神也，我之主宰，一身开张，万法莫不由之”①，而刘渊然亦同样将其授予邵以正及诸弟子，“诚者，天之道，克诚则天地可动、鬼神可感。天心相孚，在一诚耳，其存储中、行诸外，显微无间，如此而济世利物，悉有明效，奇验不可殚纪”②。皆论“天心”与“诚”的关系。由此，则邵以正之净明道脉传承问题便已清楚，邵氏所整理刊行的《长春刘真人语录》中即有对天心的专门讨论，详见后面章节。

（二）邵以正的清微法脉问题

从关于刘渊然的传记及碑记等资料看，邵以正师从刘渊然时已“尽得其传”，亦即邵氏不仅从刘渊然那里传承了净明法脉，亦得清微雷法等法术的传承。明初刘渊然“以道法显”，其所行者即清微法，永乐初进左正一，奉旨建金箓大斋，千祥云集而崇赉备至，谪滇之后，“滇南之民有旱疫，求祷无不应，（教）化大行”，其教化大行的根本原因并不在于以忠孝为本的净明思想，而是其玄妙莫测的清微雷法。“嘉靖以还，天子益褒崇道流，方士之术杂进，如徐道广、布张皆号能书符咒水，除邪祟，役使鬼神，禳灾祈雨，亦渊然之流亚也。”③

邵以正师从刘渊然之原因也与清微法有关，故而不难看出邵

① ［明］王直撰：《抑庵文后集》卷5《紫霄观碑》，文渊阁《四库全书》本，第1242册第62页。

② 同上。

③ 苏晋仁、萧链子选辑：《历代释道人物志》，第1034页。

以正从刘渊然处所传承的法脉当为清微法，以至于邵以正随刘渊然进京担任道录司玄义之后，便有代刘渊然为国祝釐、斋醮祈雨等记载。《龙泉观长春真人祠记》称，刘渊然告老乞归之时“即荐以正代领祝釐之事于朝”①，而《龙泉观通妙真人祠堂记》则称“凡朝廷有大修建、大祈禳，必命真人（邵以正）主之”②，王直《紫霄观碑》中亦称，邵以正谓“原阳之道传之长春，长春则以传于我，水木本源实有端绪。以正无似，不能大有所立，徒窃其绪余以事列圣、徼玄功而褒封加焉，皆师荫所及也”③。隆庆《云南通志》卷十三《寺观志》第九载：“邵以正，宣德二年召至京，授道录司右正一，景泰五年七月初二，奉旨祈雪，以正为坛祷之，比夜雪深二尺，皇帝异之，奉守元……弘济真人。”④ 也明确承认了其师所授“玄功”，即清微法。

除此以外，邵以正的清微法脉也可以通过其亲授弟子的传记等资料得知。周洪谟《普济喻真人志略》称：

> 真人姓喻氏，讳道纯，长沙清浏人，闻通妙邵真人在京师领道教事，天下学道者皆云集，遂谒。邵见而奇之，授以清微诸阶符法、净明礼斗禳星炼度、玉清混元五云金箓火符之秘，无不晓畅⑤。

---

① ［明］陈循撰：《龙泉观长春真人祠记》，陈垣编纂：《道家金石略》，第1260页。

② 同上，第1266页。

③ ［明］王直撰：《抑庵文后集》卷24《紫霄观碑》，文渊阁《四库全书》本，第1242册第62页。

④ ［明］邹应龙修，［明］李元阳纂：隆庆《云南通志》卷13《寺观志》第9载林超民主编：《中国西南文献丛书》第21卷，2003年，第296页。

⑤ ［明］周洪谟撰：《普济喻真人志略》，载《金陵玄观志》卷1，第22页。

此说较为详细且清楚，即邵氏所授予其高徒喻道纯之法术中，即有“清微诸阶符法”。喻道纯是邵以正高徒，大约于京师督校道藏经时拜师邵以正门下，并在邵以正构建净明道统过程中起了重要作用，因此确认了喻道纯为法嗣，“臣徒虽多，而可托者喻道纯耳”[①]。而喻道纯于成化年间“京师夏旱，上命祷之皆雨……凡大醮事，必命主行”，与刘渊然、邵以正所发挥的作用是一样的。

此外，汤与庆、丁月渊、胡守法等亦曾学法于邵以正。“汤与庆，明中叶人，字如愚。九岁，从季父学道于崇禧万寿宫，既而随通妙邵真人学清微秘法。”[②] 常州人丁月渊与汤与庆为同门，曾于正统间学法于邵以正，得“清微诸阶雷奥道法、金火返还之旨与栖神炼气之术”[③]。胡守法亦“学于通妙邵真人，尽得其术。成化见大旱，命祷雨，雨随至。明秋又旱，祷亦应”[④]，而且“尤以谦约自守，颇精于术，而尤本之以诚意，以故用之有验”[⑤]，“宣德间上京师受度，后学于通妙邵真人，尽得其道术之妙”[⑥]，也从侧面证实了邵以正传承了清微法这一事实。

（三）全真北宗、金丹南宗法脉

邵以正的全真丹法传承，不仅从其在北京白云观立碑及其所编集的《玄宗内典诸经注》可为佐证，亦从其师刘渊然处“尽

---

① ［明］周洪谟撰：《普济喻真人志略》，载《金陵玄观志》卷1，第23页。

② 胡孚琛主编：《中华道教大辞典》，第194页。

③ ［明］王偁撰：《思轩文集》卷23《道录司右玄义月渊丁公传》，明弘治六年（1493）刻本，第6—8页。

④ ［清］陈梦雷编：《古今图书集成·博物汇编·神异典》第287卷《方士部》，第512册第31页。

⑤ 同上。

⑥ ［明］徐溥撰：《胡公守法墓道碑》，载《焦太史编辑国朝献征录》卷118，《续修四库全书》第530册，第690页。

得其传”的情况可见一斑，不仅是邵氏极力构建净明道统方面所做的努力，也与其一直坚持的“清净自守”的道风分不开。

据《白云观志》所载，邵以正“领京师道教事”期间，曾在白云观新建三清殿并立碑一方，历述立碑原委，作为追认其全真法脉的凭据，虽然有学者认为此碑是邵以正修缮白云观时的“应景之作”，但从其极力构建全新净明道统的意图看来，邵以正确实在极力追认自己的全真内丹法派正统。《钦定日下旧闻考》卷九十四《郊坰西》载：“白云观在天宁寺西北，前为王历长春之殿，庭树四碑：一为礼部尚书胡濙所撰，一为翰林修撰许彬撰，一为天顺中东吴邵以正撰，一为小直沽天妃宫住持李得晟立。殿右有儒仙之殿，中有塑像，颓面黑髯，幞头团花，袍玉带衮。”[①] 邵以正所撰之《重建白云观长春殿碑略》云：

> 都城西南，观曰白云，邱真人仙蜕在焉。旧有殿，曰长春。乃庆贺尹宗师所构，以覆遗蜕，而奉真人者也。日就顷圮，念真人于先师刘真人，偶得长春之号，而师祖赵真人，又受北派金丹之传于真人，而以正实嗣派之云孙也。乃谋新三殿三楹，既像真人于其中，复图十八大师，暨祖师（赵宜真）、先师（刘渊然）之像于其壁，经始于景泰丙子，落成于四年[②]。

邵以正徒孙李德晟亦称“景泰丙子，我师祖通妙邵真人撤

① ［清］于敏中等编纂：《钦定日下旧闻考》，文渊阁《四库全书》本，第498册第466页。

② （日）小柳司气太编：《白云观志·白云观小史》，载《藏外道书》第20册，第555页。

堂拓地，备勒贞珉”①，并于正德年间修复，其时尚有刘渊然像。李德晟《长春殿增塑七真仙范记略》中亦承认邵以正、普毅杜真人、李德晟等“皆嗣派云孙，蒙其余泽者也”。这一叙述模式也带有追认全真一系法脉的意图。《白云观志》亦载此事，可惜的是，邵以正所撰之碑现已无存，但邵以正修复长春殿并像其师祖、师父于其中，当确有其事，可以看作邵以正自己的宗派认同。除此以外，《全真道教源流》中收录赵宜真、刘渊然、邵以正及其徒胡守法等诸人传记等亦可为佐证。

邵以正在宗派道统重构方面的努力效果显著，甚至影响了后世宗派叙述模式。《全真道教源流》卷七称赵宜真“于正一天心雷奥、全真还丹之旨多所发挥……其徒甚众，继承道统者刘渊然一人而已”②，陈教友称刘渊然“本其师授以全真兼正一”，认为刘渊然确曾受全真之学，明徐有贞《重建苏城福济观记》云：“郭宗衡，字昆邑，师长春真人刘渊然，居两京，侍祠行宫，久之乃领是观，作二翼宇，一祠纯阳及南五祖、北七真，一祠长春诸师。据此则渊然仍守全真之学，正一之术系所兼习，非以是为宗主者。”③ 只不过，陈教友并未确定刘渊然所学偏于全真。而在“邵以正传”中并未提及邵氏兼全真之学，只说“然刘渊然辈，史别为之传，且特称其淡泊自甘、不失戒行，夫刘渊然、邵以正亦何尝不兼通正一之学？要其所宗主者，全真也，后之学道者，其亦守全真之教”④。作为坚持全真正统之学的陈教友将赵、

---

① ［清］于敏中等编纂：《钦定日下旧闻考》，文渊阁《四库全书》本，第498册第469页。

② ［清］陈教友撰：《全真道教源流》卷7，第18、19页。

③ 同上，第20页。

④ 同上，第22页。

刘、邵一系列入全真法嗣之列，因为“呼召风雷”“祈雨求晴”之术需要以“栖神炼气”等丹法修炼作为根本，因此带有明显的全真内丹色彩，即使是以“天心”“克诚”等净明忠孝学说亦带有一些全真思想，抑或曰，净明与全真在儒释道三教合一这一点上也具有共通性，故而陈述其传记时对净明之学只字不提，反而以全真为主。

陈教友对刘、邵一系的全真属性的判定，大抵基于以下原因：

其一，邵以正曾于景泰年间重修白云观长春殿。按：白云观为全真龙门派祖庭，邵氏修复长春殿并图其师祖、师父像于全真十八子之后，且立碑陈述修缮原委，邵氏徒孙李德晟所撰《长春殿增塑七真仙范记略》亦重申此事，表明其确有追认全真正统的意图，因而以赵、刘、邵为全真法嗣。

其二，邵以正于正统、景泰年间刊成《长春刘真人语录》《玄宗内典诸经注》等书，两书皆论内丹心性修炼方面的问题，尤其是《玄宗内典诸经注》中所选录书籍皆为丹经典籍，因而认为邵以正在其宗派构建过程中，仍然以全真南、北丹法为宗主，故而将其列入全真法嗣之列。

其三，邵氏刊行《玄宗内典诸经注》，透露了他对金丹南宗的自我认同。邵以正的金丹南宗法脉传承问题史料无载，但从其师祖赵宜真金丹南宗方面的求学经历可以看出，赵、刘、邵一系确有“栖神炼气”等南宗丹法的痕迹。陈教友称“自赵宜真，至守法真人，递相传授皆全真派也，然兼南宗及正一之学”①。

① ［清］陈教友撰：《全真道教源流》卷7，第131页。

邵以正本《净明忠孝全书》中“原阳赵真人传”称赵宜真除“师广济张真人得长春丘真人北派之传”之外，又“师玄一李真人得玉蟾白真人南派之学”①。此说较为明确，加之《紫霄观碑》及《龙泉观长春真人祠记》所述，邵以正认为赵宜真丹法兼得南、北二派之传，但《赵原阳传》中则未提及此事，《长春刘真人传》在叙述道法、丹法的师承传授时兼论清微、净明法，实乃邵以正构建净明正统的意图表达，但据此可知邵以正本人确实承认赵、刘、邵一系曾得全真南宗丹法传承。不过，至邵以正之后，邵氏所构建的净明道统中已逐渐摒弃了全真丹法南、北二派（尤其是南宗丹法）的内容。邵以正的弟子喻道纯在回答“大道”问题时曾言：“大道本于心，人能清净其心，则天地鬼神无感不通，况于人乎？彼吐纳导引、烧炼金石，皆妄为耳！”②而逐渐回归“天心”“克诚”等净明道的修行工夫上来。这种变化不知是邵氏门人的自我调整，还是净明道统的自我创新，其原因不得而知。但从邵氏本人的自我认同来看，邵以正确曾认为自己构建的净明道统中有全真丹法的元素，其所编集刊行的《玄宗内典诸经注》中所收录的历代丹法典籍，即可为证。

该书选录了丹经典籍十一种，即《阴符》《清净》《洞古》《大通》《消灾》《定观》《胎息》《心印》《五厨》《入药镜》及《青天歌》等。张宇初《道门十规》称：“若原始说经，当以《度人上品》为诸经之首；灵宝说经，当以《定观》《内观》为要；太上立教，当以《道德》《日用》为规。内修而已，则《虚皇四十九章经》《洞古》《大通》《生天》《清净》诸经最为捷

① ［明］邵以正辑：《净明忠孝全书》，第30页。

② ［明］周洪谟撰：《普济喻真人志略》，载《金陵玄观志》卷1，第23页。

要。外而济世度幽，则《黄帝阴符经》《玉枢》《北斗》《消灾》《救苦》《五厨》《生神》诸经，《玉枢》《朝天》《九幽》诸忏，皆入道之梯航，修真之蹊径。”① 邵以正所选录的经典中，除了《胎息》《心印》《入药镜》《青天歌》并未出自张宇初“书单”之外，其余均与《道门十规》同，其中关于内修之书为《洞古》《大通》《清净》三部，关于济世度幽之书则有《阴符》《消灾》《定观》《五厨》四部。亦可知邵以正的修道思想中，内修与济世为其思想主旨。内修即内丹心性修炼，融北宗、南宗为一体，但以南宗为主，尤其推崇以李道纯为主的中派丹法。

净明道派虽然形成于宋元时期，但因其修炼方法乃汲取各家而成，其以全真之内炼为本，外则清微、灵宝等诸符箓道派的法术为主，修行理念则偏向于儒家，因此其派别属性甚为模糊。至明初赵宜真、刘渊然、邵以正一系的奋力弘扬，才使净明道作为一种道派拥有了系统的教派思想和完整的宗派体系构建。在这一宗派体现中，全真北派丹法及金丹南宗也便是其中的重要组成部分。这也是陈教友《全真道教源流》卷七“邱长春后全真法嗣记略”将赵宜真、刘渊然、邵以正等列入法嗣之列的原因，然而《金盖心灯》及《白云仙表》则未提及该系的全真法脉传承之事，盖为后来追认。全真诸书不载之原因，正如塑胶洞主陈教友所言：“宜真诸人，通诸派为一，岂此意耶？然自是而后，宗派混淆，稽之载籍，鲜有明揭其为全真者，间有揭者，汇录不能详也。”② 该系传承杂而多端，虽有全真的痕迹，但事实上已逐渐失去了道派归属的单一性。

---

① ［明］张宇初撰：《道门十规》，载《道藏》第 32 册，第 147 页。
② ［清］陈教友撰：《全真道教源流》卷 7，第 131 页。

《玄宗内典诸经注》收录内炼、观心、悟道方面的经典，试图阐明其所承续的净明道法并未抛弃传统丹法，而是与清微、净明法相辅相成、相得益彰。从这一点看，即使该派自赵宜真开始以“以道法显”为主要特征，但至少到邵以正之时还保持了以全真丹法为本的思想。后世净明道逐渐摒弃这些核心内容，而追求道术，尽管极力坚持“天心”“克诚”等道法思想，也未挽回渐渐衰落的命运。

综上所述，自赵、刘、邵一系所传承的法脉从赵宜真开始便出现了杂而多端的情形，不仅所承法脉混乱，各派道法兼容并蓄，使其承续难以归入某一个具体派别。至明初，刘渊然以高超的道法名冠羽流、显著于当时，该派的道统问题才被重视。赵、刘的净明派属性并非自我认同，而是邵以正构建净明道统之时的一种历史性追认，净明道也在刘、邵二人手上得以发扬光大，然而这一道派的性质已与宋元时期的净明道有了极大差异。明代，赵、刘、邵一系的净明派显然已成为与龙虎山一系正一派相比肩的道派，而且龙虎山一系道派更具包容性，含摄了清微、灵宝、净明、全真南北二宗及儒家等各家之所长，故深得皇室褒崇。该系法脉、道脉传承所呈现出来的杂而多端的特点，也使明代净明道逐渐失去了传承的核心力量。虽然明代以后云南境内有以刘渊然为祖师的长春派的零星传承，但在过去数百年中，其影响力已微乎其微。

第三节 邵以正法嗣及其传承

无论从赵宜真、刘渊然的道派及法脉承续，还是从邵氏的自我认同来看，邵以正都已将净明系统的构建作为其目标，这不仅是其师刘渊然的遗志，也是他作为道派宗师所具有的责任和担当。在道录司任职期间，尤其是担任演法一职之时，邵以正便已开始了这种努力，至正统九年受敕督校道藏经，使其名声大显、威望日增。就在这一时期，他广收门徒，笼络人才。在其众多弟子中，喻道纯、胡守法为其门中最为显要者。继邵以正之后，其高徒喻道纯、喻道纯高徒杨志贤皆任道录司左正一、受敕真人号，属该系最受宠渥者。其余高第弟子如汤与庆、丁月渊、张道中、李希祖等，皆充任道录司要职。邵氏一系净明派与贵溪龙虎山一系正一派在宣德、正统、天顺等数朝几乎形成势均力敌之势，净明道大显于世，这不仅得益于其师刘渊然的努力，还归功于邵以正对净明道法的全方位继承，以及其徒裔的不懈努力。

一 普济真人清渊喻道纯

在邵以正众多弟子中，得其衣钵之传者当属喻道纯。喻道纯，长沙清浏人，约生于永乐十二年（1414）[①]，于正统甲子年（1444）投师邵以正，景泰三年（1452）拜道录司右玄义，景泰六年进左玄义之职，顷之升右正一；成化三年（1467）受敕祷雨有验，赐法冠三、玉简一，升左正一，领道教事。成化十年，诰赐“体玄守道安恬养素冲虚湛默演法翊化普济真人”，仍领道教事。成化十一年春赐银印，十九年赐玉带图书及《御制山水图诗》。成化二十年卒，享年七十。

据明王献之撰《升冲观铭》所载，喻道纯于“正统丙辰（元年）来游于京师，礼……邵真人为师”[②]。明周洪谟《普济喻真人志略》载：

> 真人姓喻氏，讳道纯，长沙清浏人，闻通妙邵真人在京师领道教事，天下学道者皆云集，遂谒。邵见而奇之，授以清微诸阶符法、净明观斗禳星炼度、玉清混元五云金箓火符之秘，无不晓畅。正统甲子，邵奉诏督校大藏经典，真人乃预校雠，由是所学者以博洽。景泰壬申春拜道录司右玄义，丙子进左玄义，顷之升右正一。天师改元，朝廷赐邵法剑银印，且问之曰：朕所赐卿者，日后付之何人？对曰：臣固无

① 《御制山水图歌赐普济真人》则称所赐时间为成化二十年（1484）十一月，但《御制山水图歌赐辅教真人》中亦署“成化二十年十一月”，盖《金陵玄观志》抄录有误。辅教真人杨志贤为喻道纯高第弟子，或《御制山水图歌》所赐喻道纯与杨志贤皆在成化二十年，给予喻道纯者为追赐。二赐发生于同一年的可能的原因是，宪宗拟赐普济喻真人《御制山水图歌》，但未及赐而喻道纯卒，便赐其高徒杨志贤，因而有两篇诰文，时间则相同。另外，各记并未载明喻道纯卒于何年何月，仅称“年七十卒”。若以上给予喻道纯的《御制山水图歌》为追赐，则喻道纯很可能即卒于该年，即成化二十年。由此推之，则喻道纯当生于永乐十二年（1414）。

② ［明］王献芝撰：《升冲观铭》，载［明］王汝惺修，褚景忻纂：《浏阳县志》卷22《艺文》，清同治十二年（1873）刊本，第66页。

> 似，臣徒虽多，而可托者喻道纯耳。成化丁亥壬辰，京师夏旱，上命祷之皆雨。癸巳赐法冠三，玉简一，凡大醮事，必命主行。尝召问以大道，对曰：大道本于心，人能清净其心，则天地鬼神无感不通，况于人乎？彼吐纳导引、烧炼金石，皆妄为耳！上纳此言。甲午赐诰封体玄守道安恬养素冲虚湛默演法翊化普济真人，仍领道教事。乙未春，赐银印并敕命赠其父母从子曰昱曰经，皆以为中书舍人。癸卯，赐玉带图书及御制山水图诗：南京西山道院实天祖师刘长春棣真之所，及都城西昭应观皆圮，且芜，乃为重构，临终说偈而逝，享年七十。讣闻赐赙甚厚，遣官谕祭者，再命工部营葬事①。

该《志》所记喻道纯之事甚详。《明英宗实录》卷一百二十二载："（正统九年十月）丁未，命道录司右演法邵以正点校道藏经于禁中。"② 则大致可知，喻道纯与邵以正于正统九年末初会于京师，乃因邵以正奉诏征召天下高道赴京参与点校《道藏》，天下学道者云集京师，喻道纯闻邵以正名而前往京师拜谒。"邵见而奇之，授以清微诸阶符法、净明观斗禳星炼度、玉清混元五云金箓火符之秘，无不晓畅。"此传派叙述模式与赵、刘、邵有惊人的相似之处，于净明法之传承方面尤为明确。

从法术传承方式看，该系传派方式具有"惟贤是传"的人本主义色彩。赵宜真称"此子（刘渊然）形全神清，真良器也"，然后"以法嗣属之"；刘渊然"嘉其（邵以正）诚恳，遂

① ［明］葛寅亮撰：《金陵玄观志》卷1，第22—23页。
② 《明英宗实录》卷122，第2444—2444页。

以道秘授之”；邵以正“见（喻道纯）而奇之”，然后授以诸道法要。这或即元季明初宗派传承过程中所采用的“惟贤是传”模式。

《雩都县志》卷十《方外志》记载：

> 喻道纯者，以正弟子。以正授以升玄之术，及雷门诸阶之秘，能领师旨。为民请祷，祛禳道行，闻于京师。成化二年召见便殿，上问道以何为先，而后可以格天地、致雷雨、感鬼神？道纯对曰：“诚意正心，入道之门，纯亦不已，无人自亲，于此修炼无不应也。”授体玄守静悟法高士。成化十一年后，封安恬养素冲虚湛然靖化普济真人，领道教事。既而命代郊祭，赐二品银章①。

根据该志，邵以正授喻道纯“升玄之术”② 及“雷门诸阶之秘”，前者多偏于性命炼养之诀，后者指清微雷法，乃是赵刘邵一系明初净明宗派传承之重要内容。从邵喻二人道法之授受关系来看，亦未脱离“惟贤是传”的模式。

从衣钵授受方式看，该道派谱系已得到官方认可，并有剑、印等作为宗承凭证。赵宜真“以法嗣属之”刘渊然，而刘渊然传衣钵予邵以正之时，便有“（宣宗）赐之剑，问曰：‘此剑当

---

① 故宫博物院编：乾隆《雩都县志》卷10，《故宫珍本丛刊》第117册，2001年。

② 此处所提及的“升玄之术”，《道藏》及史籍并无专述，但包含“升玄”之文则较多，概指性命双修之术。苗善时《纯阳帝君神化妙通记》载：师笑，于袖中出《灵宝升玄消灾护命经》一卷付真人，再嘱曰：“此经乃师东华帝君授受，中言真空重玄之妙。剖劈有五色声妄幻。子当熟味，吾不久回，珍重珍重。”象章曰：“谷神不昧，曰灵；元炁融中，曰宝；彻入玄关登上境，曰升玄。心息混融，保合太和，曰护命。”（苗善时：《纯阳帝君神化妙通纪》，载《道藏》第5册，第708页）则已提及“升玄”所指为性命同修、升仙成真之法。

传谁？’（刘渊然）对曰：‘臣法得之浚仪赵原阳，继者惟邵以正耳’。遂遣使召还，使继其后”[①] 之说；同样，邵以正传衣钵于喻道纯时亦有类似记录：“朝廷赐邵法剑银印，且问之曰：‘朕所赐卿者，日后付之何人？’对曰：‘臣固无似，臣徒虽多，而可托者喻道纯耳。’”[②] 除此以外，喻道纯还获赐“银印、玉带图书及御制山水图诗”[③]，其高徒杨志贤亦有《御制山水图歌》[④]之赐，其受礼遇褒崇之至，与其师祖刘渊然、师父邵以正同。

从以上诸记可以看出，赵、刘、邵一系综罗诸家法脉、道脉，传法不拘一格，但大抵以忠孝为纲，以诚敬为其思想核心，以祈晴祷雨、医术济世等为该派特色，从邵以正向喻道纯授以诸阶法箓便可见一斑。除此以外，亦有传全真丹法者，如胡守法等即得全真丹法之传，致使明王世贞、清陈教友等人将赵、刘、邵、胡列入全真法嗣之列，但并未列入喻道纯。盖因喻道纯师事邵以正之前已有他派法脉传承，邵以正亦并未授其全真之旨；或其他原因，尚不得而知。《金陵玄观志》卷一有喻道纯所奏《奏西山道院文》，从其叙述模式可以看出，喻道纯对赵、刘、邵一系法脉的认同是自觉的。该文云：“思臣师祖刘渊然与师通妙真人邵以正，及臣忝列早职，三代真人祖居道院，今经八十余

---

① ［明］王直撰：《抑庵文后集》卷5《长春刘真人祠堂记》，文渊阁《四库全书》本，第1241册第48页。

② ［明］葛寅亮撰：《金陵玄观志》卷1，第718—719页。

③ 《御制山水图歌》称：“普济真人喻道纯，志存虚静，道乐无为，契妙参玄，精勤笃厚，体愈健而神愈清，年弥高而德弥广，感通著绩，事朕有年，朕甚嘉焉。因绘《山水图》，题诗以赐，寓朕眷顾老成之意云。”（《金陵玄观志》点校本，南京出版社，2011年，第10—11页。）

④ ［明］葛寅亮撰：《金陵玄观志》卷1，第718—719页。

年"[①]，所阐明者，喻道纯曾驻西山道院，西山道院似已被认定为该宗派祖庭，并标明喻道纯对该系道统的认同。

邵以正与喻道纯之间的法脉传嗣问题，亦可从喻道纯极力辅助邵以正构建道统所做的努力中看出。有明确记载者，如明成化年间刊本《经史通用直音》（四卷本）即署名"通妙邵真人编纂，清浏喻道纯校正"，收入清杨守敬《日本访书志》；喻道纯曾申请构建龙泉观通妙真人祠，并请大学士商辂作《龙泉观通妙真人祠堂记》[②]勒石立碑等。不过，从《普济喻真人志略》的叙述看，喻道纯本人除了雷法、净明法以及"诚"等思想之外，似乎并不认同丹法，或"栖神炼气，吐纳导引"等南派丹法、烧炼金石等外丹之说。他说："大道本于心，人能清净其心，则天地鬼神无感不通，况于人乎？彼吐纳导引、烧炼金石，皆妄为耳！"无论这是喻道纯的应景之说，还是其本人并不认同内外丹法之辞，但其"诚"的思想主旨却与邵以正是一脉相承的。

二　守法真人嘉定胡守法

除喻道纯之外，尚有胡守法为邵以正高足。焦竑《国朝献征录》载，胡守法（1415—1491），明嘉定人，字浩然，号充庵，一号纯和子。少年因病入道，师从孙应元之徒陆炼师，后又从邵以正学道术，"经龙虎山张真人之举住持城南东岳庙，寻从诏旨偕天下高道校道藏经"[③]，因受礼部尚书胡濙举荐，任神乐

① ［明］葛寅亮撰：《金陵玄观志》卷1，第718—719页。
② 陈垣编纂：《道家金石略》，第1266页。
③ ［明］焦竑撰：《国朝献征录》，台北：台湾学生书局，1965年，第5256页。

观提点，后历任左演法、左正一之职，并受封“玄志守静清虚高士”“冲虚静默悟法从道凝诚衍范显教真人”，弘治间授右正一，掌道录司事等。胡孚琛《中国道教大辞典》载，胡守法：

> 自幼多病，遇道人，劝以入道，疾病亦愈。师事孙应元真人、邵通妙真人，尽得其术。因龙虎山张天师举荐，为东岳庙住持。未及，奉诏偕天下高道收集、校定《道藏》经文。其后，礼部尚书胡濙推荐，擢升为神乐观提点。天顺元年（1457）擢升为道录司左演法，兼朝天宫住持。成化九年（1473）迁左正一，十年奉为“玄志守静清虚高士”。不久，又封为“冲虚静默悟法从道凝诚衍范显教真人”。弘治元年（1488）宣授右正一，命掌道录事。守法秉性直质谨厚，尤以谦约自守为重。有道术，祷雨祈晴。弘治四年病逝①。

从这些记述看，胡守法确曾参与督校《道藏》一事，并于此期间投师邵以正门下，曾获礼部尚书胡濙所荐而担任神乐观提点，亦说明胡守法与正一天师之间交往甚密，李政阳《明季神乐观高道圈考略》提及刘、张两派人马的“不协”在邵以正羽化前似乎已消失②，其原因不仅与邵以正本人“戒行精严”并善于斡旋与诸高道及儒臣之间的关系有关，也在于其弟子如胡守法等与龙虎山天师一系交往融洽有关。

据史籍所载，胡守法在明季的显贵主要在于其“祷雨求晴”

① 胡孚琛主编：《中国道教大辞典》，第 191—192 页。

② 李政阳：《明季神乐观高道圈考略》，《学术探索》，2015 年第 6 期，第 14—19 页。

之法术。此方面的情况，《续文献通考》记载颇为详尽：

成化间大旱，命祷雨，雨随至。明秋又旱，祷亦应。又明年旱，祷不应，守法篆符于铁，授中贵往投西湖之龙潭，顷之西南云起，如鸟注潭上。俄见青蛇长数尺盘旋，久之，中贵未入城，雷雨大至，上益喜，赐第居之。一日召入便殿，询以天人感应之理，对曰：惟德动天，至诚感神。此外无他道也。上深然之，闻者服其正对①。

从胡守法所用道法及其核心思想看，他确为邵以正嫡传弟子，但除了“尽得其术”之外，亦未见其得邵以正全真丹法之传。清陈教友《全真道教源流》则称赵宜真一系为全真法嗣，其说所凭，盖即《胡公守法墓道碑》所记“从应元孙真人高第陆炼师学。宣德间上京师受度，后学于通妙邵真人，尽得其道术之妙”②。关于陆炼师的史料记载甚少，但其宗承全真丹法之事应该是较为准确的。因而，拜师邵以正之前，胡守法所学者可能就是全真之术。或许正因为如此，陈教友才将其归入全真法嗣，而并未提及喻道纯。

胡守法师承多元，但似乎以邵以正所传为宗主，尤其是以“诚”为本的法术思想，颇得邵以正净明道法之旨。《续文献通考》称他“颇精于术，而尤本之以诚意，以故用之有验”③，徐溥《胡公守法墓道碑》称：

① ［清］陈梦雷编：《古今图书集成·博物汇编·神异典》第287卷《方士部》，第512册第30页。

② ［明］徐溥撰：《胡公守法墓道碑》，载《焦太史编辑国朝献征录》卷118，《续修四库全书》第530册，第690页。

③ ［清］陈梦雷编：《古今图书集成·博物汇编·神异典》卷287《方士部》，第512册第31页。

质直谨厚，尤以谦约自持，且好义，屡周人之急，与人交，终始不变。其于道术修炼，既精而又本之以诚意，故用以祈祷，动辄有验。一日，召入便殿，询以天人感应之理，对曰：惟德动天，至诚感神，此外无他也。上深然之。故凡祈祷，辄用，又建醮，每致群鹤来翔之异①。

胡守法所度弟子较多，"多以道秩显"，这也似乎合乎史实。除喻道纯、胡守法等担任道录司要职而较为显耀之外，邵以正尚有弟子在各地道纪司担任道官要职，其中史载较多者有汤与庆、丁月渊与李希祖等人。

三　茅山汤与庆、丁月渊

汤与庆，茅山崇禧万寿宫道士，正统九年被召入京编修《道藏》的茅山汤希文之徒。江永年《茅山志后编·道秩考》载："汤希文，永乐间由副灵官，宣德、正统间历授道录，至灵官，钦取修《道藏经》，升左演法。"而据《三茅山崇禧万寿宫重修三清殿碑》所载，汤希文曾官至道录司右正一②。丘浚《重编琼台稿》有汤与庆继其师汤希文之志修葺崇禧万寿宫之事：

天顺丁丑，希文既退居，嗣其教者，华阳洞灵官汤与庆也。汤临终，惓惓以护持斯堂为嘱。成化丙戌，不戒于火，

① ［明］徐溥撰：《胡公守法墓道碑》，载《焦太史编辑国朝献征录》卷118，《续修四库全书》第530册，第690页。

② 《碑记》称："三茅山冲洗万寿宫重修三清殿成，道录司右正一汤公希文以其成之不易也，其徒华阳副灵官兼本宫住持丁兴明具事之本末，来求予以刻诸碑。"（［明］王直撰：《抑庵文后集》，文渊阁《四库全书》本，第1241册第160页）

遂成灰烬。与庆深以负师遗言，是惕是惧，罄资节费，鸠工聚财，即于明年春三月，按其旧址而重构之。启土之初，于地中得钱一，上有文曰万寿，复古众传观之，咨嗟赞叹，以为堂构之所以复古扁之所以更易信，皆出于前定，有非偶然者矣①。

但该记中并未提及汤与庆拜师邵以正之事。杨一清《大茅峰圣佑观记》载：

如愚，名与庆，生九年，从季父前灵官道录正乙复古真人学道于崇禧万寿宫，既又受通妙邵真人清微秘法，又玉虚都提点管君授以五雷秘法，由是声益起，住持万寿宫以膺今命②。

此“复古真人”即汤希文，为茅山崇禧万寿宫道士。汤希文与邵以正或即于正统九年编修道藏经时结识，在汤希文推荐之下，汤与庆拜师邵以正，从其学清微雷法。胡孚琛《中国道教大辞典》载：

汤与庆，明中叶人，字如愚。九岁，从季父学道于崇禧万寿宫，既而随通妙邵真人学清微秘法。后又从玉虚都提点管真人授五雷秘法。自是道声益起，道价日隆。后为万寿宫住持，创建大茅峰圣佑观③。

该记所载甚简略，已表明其曾跟随邵以正学清微雷法一事。

---

① ［明］丘浚撰：《重编琼台稿》，文渊阁《四库全书》本，第1248册第344页。
② 陈垣编纂：《道家金石略》，第1271页。
③ 胡孚琛主编：《中国道教大辞典》，第194页。

不过具体于何时拜邵为师则语焉不详。就法脉传承角度看，邵以正所传者亦只是汤与庆诸家法脉的来源之一。汤氏虽承邵以正清微雷法之传，但并未传承其道脉，因而无法将汤氏归入邵以正所构建的宗派道统之中，正如明初张宇初“之术，渊然所授也”，但无法将他纳入刘渊然所构建的净明道统一样。因而，汤与庆也仅仅是慕名而来学法的众多弟子之一。

正统中，身为右演法的邵以正受敕督校道藏经，奉旨修藏的高道云集京师，其中有一部分人仰慕邵以正之影响力而拜其为师，这种情况是极易理解的，汤与庆虽非于正统间投师邵以正，但亦与汤希文举荐有关，这从侧面看出邵以正不仅道法高深、道学素养亦受人称道。与汤与庆一样成为邵以正嗣法弟子的尚有汤之同门丁月渊。

丁月渊，名与明，字迥然，常州武进人，与汤与庆属同门，先师复古真人汤希文，后于正统间投师邵以正门下，并得“清微诸阶雷奥道法、金火返还之旨与栖神炼气之术”。丁月渊曾任三茅山华阳洞副灵官、灵官、崇禧万寿宫住持，及道录司右玄义二十载，曾刊行汤希文《懒云私稿》若干卷传世，并曾与汤与庆一起负责重修万寿宫三清殿。其事详载于明人王僎[①]《思轩文集》卷二十三《道录司右玄义月渊丁公传》中，其文如下：

> 月渊丁氏，名与明，字迥然，常州武进人。父裕，有隐

---

① 王僎（1424—1495）明学者。字廷贵，号思轩。常州武进人。景泰二年（1451）进士。授翰林院编修，升侍讲。天顺四年（1460）任礼部同考官，五年受命预修《大明一统志》。宪宗时历任左春坊左庶子、南京翰林院学士、国子监祭酒、吏部右侍郎、户部左侍郎、户部尚书、吏部尚书。上疏陈事，多被采纳。弘治七年（1494）辞官回乡，旋病卒，赠太子太保，谥号文肃。赐葬武进（今常州市茶山街道勤力村、王家村西南）。

操，所居滨西滆湖，号鱼隐，生月渊三岁而卒，临终指谓其母薛氏曰：是儿气格不类尘土中人，宜善字之。稍长，游学乡先生柚山蒋公之门。一日归告其母曰：先生道诚可师，顾所与同游者多务操竞，儿心厌之，此地去三茅山不远，素闻其中有至人，欲往从之游。母不能止，遂从黄冠师朱复观入山见前道录司右正一复古汤公，曰：此吾师也，事之良谨。宣德间始著籍为道士。时通妙真人邵公掌玄教，为一时羽流所尊仰。月渊以师命往见之。真人奇其志趣渊静，留一岁，悉授以清微诸阶雷奥道法、金火返还之旨、与夫栖神炼气之术，且曰：道统得人，吾无忧矣。

正统丙寅，宗伯胡公荐授华阳洞灵官兼崇禧万寿宫住持。宫故梁陶隐居寓所，其三清殿毁自元至正丙子，迨今未有能葺治者，月渊首建，复之冢宰。泰和王公为之记，复即隐居曲林下馆，构一轩，前俯清溪口居之，以涵咏妙理。宗伯题其楣曰“月渊清趣”，因以为号。

景泰癸酉夏六月不雨，句容县令浦洪屡祷皆不应，乃持瓣香诣月渊，乞荣之。月渊为立雩坛，祷三日，雨如注，四境沾足。乙亥夏复旱，复祷有应。然岁讫不登，饿殍载道。月渊设糜置山蹊间饲饥所，全活者甚众。寻被召入朝为道录司右玄义，兼朝天宫住持。自是遇万寿圣节，春秋祈报，凡启建金箓大斋，必明禋肃恭，为朝廷逆釐，累荷白金彩币之赐。

月渊为人端谨，有戒行，不饮酒食肉，读书喜观前代史，尤喜吟诗，故吾儒亦乐与游。学士大夫每遇休暇，辄相携过月渊所，引壶觞以为乐，或分题赋诗，月渊倚歌而和之，亦屡有奇语。酒酣蹑屐，登蓬莱万岁山，命一二仙童起舞，翩翩出竹树间，真若堠山仙侣，驭青鸾而来，下者众客多乐而忘返。而月渊貌益恭益缱绻不少懈，日暮客散，篝灯闭一室，挟书册坐夜漏下，十刻方寝。其自处简重，而接人谦虚，类如此。其性尤不艳声利，其平生所得上赐不私诸币中。复古师懒云王真人所著有《懒云私稿》若干卷，月渊命工锓梓以传。官一阶且廿年，年几六袠矣，而不与躁进者较得失，曰：吾行且还山矣。吁！亦贤矣哉！予与月渊有乡郡之雅，恐其去此而贯鸿蒙，息沉默汗，漫游于九垓之上，吾无以穷其踪，故因其从清白之来也，南京预为作小传，以授之使传焉。

论曰：老氏之学本之清净无为，遣去情累介焉，以自守于凡，至自外者，举不足以汩而淆之也。吁！亦难其入矣。予在史馆时见复古汤公、通妙邵公，或契道迹，或秉玄教，为时所推，上所宠异。然其葆真养和，悠然有物外之想，固同乎静而不躁，简而不肆也。二公者，既相继化去，而复见吾月渊，此其师友渊源之所自，固未尝泛焉①。

从以上传记大抵可知丁月渊生平事迹及其与邵以正之关系。该记称丁月渊先师汤与庆季父复古真人，后听闻邵以正之名，“月渊以师命往见之”，邵以正“奇其志趣渊静”，留其一年有余方“悉授以清微诸阶雷奥道法、金火返还之旨，与夫栖神炼气之术”。该记中称“时通妙真人邵公掌玄教，为一时羽流所尊

① ［明］王僎撰：《思轩文集》卷23《道录司右玄义月渊丁公传》，明弘治六年（1493）刻本，第6—8页。

仰”，所指即正统间邵以正受敕督校《道藏》经之事，时天下羽流云集京师，邵以正确已名满天下，享誉当时。

从法术授受的情况看，丁月渊确为邵以正嗣法弟子，其所受“清微诸阶雷奥道法、金火返还大丹、栖神炼气之术”等，与喻道纯、胡守法等人基本相同。其于景泰癸酉年（1453）受句容县令浦洪之邀祷雨，“立雩坛，祷三日，雨如注，四境沾足”，亦见其所承道法之中有赵、刘、邵一系的清微雷法的痕迹。

据王直《抑庵文后集》称，丁月渊（与明）曾担任三茅山华阳副灵官兼崇禧万寿宫住持，“三茅山崇禧万寿宫重修三清殿成，道录司右正一汤公希文以其成之不易也，偕其徒华阳副灵官兼本宫住持丁与明具事之本末，来求予文，以刻诸碑”[①]，而该传则称丁月渊曾受胡濙推荐而授三茅山华阳洞灵官兼崇禧万寿宫住持，当在重修三清殿之后。景泰六年（1455），他“设糜置山蹊间饲饥所，全活者甚众”，有济世度人之襟怀。由是观之，丁月渊或曾受到邵以正净明道思想之影响，也让邵以正看到其身上难得的净明精神，故召其入朝为道录司右玄义兼朝天宫住持，并曾多次主持斋醮、祈福活动，“自是遇万寿圣节，春秋祈报，凡启建金箓大斋，必明禋肃恭，为朝廷逆釐，累荷白金彩币之赐。”

由是观之，丁月渊在道录司任职期间，不仅得到邵以正器重，皇室也对其宠赉有加。实际上，丁月渊虽然亦师承多方，但也尽得邵以正之传，其“为人端谨、有戒行、不饮酒食肉”的清净无为道风与刘渊然、邵以正等人是极为契合的。丁月渊

① ［明］王直撰：《抑庵文后集》，文渊阁《四库全书》本，第1241册第160页。

"自处简重，而接人谦虚，类如此。其性尤不艳声利，其平生所得上赐不私诸币中"。而且，"官一阶且廿年，年几六袠矣，而不与躁进者较得失"，故邵以正曾发出"道统得人，吾无忧矣"之叹，王偁亦称"二公（汤希文与邵以正）者，既相继化去，而复见吾月渊，此其师友渊源之所自"，则大抵可知，不仅邵以正与汤希文交往深厚，其与汤与庆、丁月渊等人之间的关系也非同一般。

正统至景泰间，邵以正通过受敕督校道藏经而升左正一，获封教门高士、真人等号，其净明宗派道统重构之部署亦在此期间渐次展开，他凭借其在道录司及仕林贵胄间的威望广收门徒，扩大宗派影响力。正统间他集结天下高道督校道藏经，为他积累了足够的人脉资源。其传法不拘泥于宗派，致使其得才无数，为明初净明宗派道统的建构打下了坚实的基础。

四　李希祖与张道中

关于李希祖之事，史料记载不多。据《明英宗实录》卷八十五载，四十五代天师张懋丞曾向朝廷举荐并为李希祖和萧处柔请求赐官，作为朝天宫东方丈专职看守，称："（正统）乙酉，正一嗣教真人张懋丞奏：先者蒙赐朝天宫东方丈为臣往来居止之所。臣每还山，令道录司左至灵黄嘉祐掌管，今嘉祐以疾去，本宫道士李希祖、萧处柔素善经理，乞各授一职，令守此居，庶几永无倾圮。"① 根据该记，朝天宫东方丈为天师进京朝谒驻跸之

① 《明英宗实录》卷88，第1771页。

所，原由道录司左至灵黄嘉祐负责看守，黄以疾请辞，张懋丞意欲让李希祖及萧处柔掌管洒扫。张懋丞奏折未获批准，但从该记可以看出，李希祖初为南京朝天宫道士，与龙虎山张天师一系关系较近。但在正统中，李希祖似乎并未在道录司担任职位，直到正统十二年邵以正升任左正一之后，方获玄义之职。

王直应邵以正之请所撰《长春刘真人祠堂记》亦曾提及李希祖之事，称：

> 南京栖真观新修长春刘真人祠堂成，盖守元冲靖秉诚专确志道衍教妙悟静虚宏济真人邵公以正命其高第弟子，道录司元义李希祖为营建。希祖则守元之法嗣，而长春之孙也。祖孙相承，以报德垂远为事。其用心厚矣哉。……守元感训诲奖拔之勤，念授受承传之妙，尝建祠祀于滇南龙泉观，至是复以栖真观乃先朝所赐，长春始终所寓，其精神流通，焄蒿凄怆，常若有见焉，不可以无祀也。乃复出金币，命希祖建祠于观之左，香花钟鼓，朝夕严祀焉①。

可见，邵以正曾“命其高第弟子，道录司元（玄）义李希祖为营建。希祖则守元之法嗣，而长春之孙也”，则李希祖确为邵以正之徒无疑。而李希祖充任玄义之职是在景泰年间，或即在张懋丞逝后，李希祖便投师邵以正。邵以正命李希祖主持西山道院事务，并主持西山道院长春刘真人祠的兴建工作。

邵以正自正统十二年升任道录司左正一、领京师道教事，景泰初封“守玄冲靖高士”、获赐银印及剑，实际上其道派重构之意图及努力已正式获得明皇室认可，景泰五年获封“弘济真人”

① ［明］王直撰：《抑庵文后集》卷5，文渊阁《四库全书》本，第1241册第47页。

号，赐号达二十字，为明初高道获赐封号之最，可见邵以正及其宗派的影响力在景泰朝已渐趋鼎盛，《明英宗实录》称“（邵）以正廉静谦谨，礼度雍容，其见任用被宠遇亦以此尔”①。从宗派构建的角度出发，邵以正于昆明龙泉观建长春真人祠以祀刘渊然，并将龙泉观作为其师所传道派祖庭，其后又出资命李希祖于南京栖真观（西山道院）一侧修建长春真人祠堂，以祀刘渊然。上《记》并未提及该祠堂所建时间，但该祠建于龙泉观长春真人祠之后②，且上《记》对邵以正直称“弘济真人”号，该号仅用于景泰五年十二月至天顺元年二月，其后便改赐“通妙真人”号，因而，大抵可知南京栖真观长春真人祠大约建于景泰间。

建该祠之时，李希祖尚在道录司担任玄义之职，同时为栖真观住持。《明一统志》卷六载：“栖真观在府南三十里，正统八年建。”③ 此记称“正统八年建”恐有误，或由西山道院改赐而名栖真观。岳涌认为：“王直应邵以正所请作《长春刘真人祠堂记》，记栖真观由西山道院改赐之事，应属将为长春真人守墓之栖真观误记为由其生前所居之西山道院改名而来。因而，栖真观应是正统年间建于刘渊然墓前以供守墓之用，属坟寺类道观，与明代官宦在墓前建佛寺以守其墓相类似，这类寺观规模较小，多不见记载。”④ 但从奉师命建长春真人祠堂的历史事实看，李希祖深得邵以正器重。

---

① 《明英宗实录》卷343，第6949页。

② 《龙泉观长春真人祠记》碑末署“大明景泰七年岁次丙子春三月初吉住持陆守真立”。

③ 《明一统志》卷6，台北：台湾台联国风出版社，1977年，第528页。

④ 岳涌：《〈长春刘真人祠堂记〉与栖真观》，《中国道教》2017年第2期。

栖真观（原西山道院）为刘渊然受召入京时朱元璋为其所建，《金陵玄观志》称朝天宫“其西有西山道院，乃国初敕建，以馆刘真人”①，刘渊然的大部分时间均在此度过，已具有该道派“祖庭”的意义。从邵以正命李希祖于一侧建长春真人祠的初衷看，邵氏确有将栖真观作为其宗派祖庭的意思。邵以正命李希祖主持该观并总理祠堂的兴建工作，也确实对李希祖有重用之意。只不过，除了王直《记》中提及李希祖之名，其他典籍中并未见关于李希祖之任何记载，尤其是天顺六年邵以正羽化之后，其努力构建的道派亦稍显凋零。据成化十三年所颁赐的《敕护西山道院》一文，栖真观自邵以正逝后已渐衰败，喻道纯奏疏称“天顺五年三月，内道院被灾，有本院道士徐永谦自行发心缘并备已资买木植砖瓦等料，仍于基址照旧造道院看守居住。思臣师祖刘渊然与师通妙真人邵以正，及臣忝列早职，三代真人祖居道院，今经八十余年”②，虽未提及李希祖之事，但栖真观确成为刘邵一系道脉的祖庭，李希祖也为邵以正的嗣法弟子之一，其或即于栖真观终老。因史料阙如，我们无法探知李希祖在道法方面或推动邵以正宗派构建等方面的成就或贡献，实为遗憾。

除李希祖之外，尚有来自山西大同的张道中。关于张道中之事，几乎为史料所不载，而在邵以正编辑、喻道纯校订的《经史通用直音》一书白玢序中曾提及其名。该序称：

> 弘济真人以正邵公深病其难，而慨然有志于古今书法之

① ［明］葛寅亮撰：《金陵玄观志》卷1，第1页。
② 同上，第8页。

> 同，间尝批阅道藏经典，直音难字证于经末，而因谋成书，以便后学。继而嗣法张道中复为音释，而其间尤多缺略，迨及邵公高弟道录正一清浏喻公，痛思其师所集之书，手泽尚新，虑恐亡逸，蔑以成前人之志，遂旁求博采，重复校订，因各条其部类，歧为四卷，而且简明便易，目之曰《经史通用直音》①。

从序中可知，张道中为邵以正嗣法弟子，其是否参与编修《道藏》经不得而知，但曾协助邵以正纂辑《经史通用直音》一书，为书中所录文字注音、释义等。序中直称张道中为邵以正“嗣法”，说明张氏确为邵以正弟子无疑，而喻道纯于成化间刊印该书之时，也是在张道中音释本基础上校订而成的。

总而言之，以上诸弟子中，除喻道纯、胡守法、李希祖等人得邵以正嫡传，以其道法思想中的“诚”作为特征，以及其所行道法等来看，也有综罗各家的情况，尤以净明法为宗本。但汤与庆所承道法亦多元化，清微雷法仅其中之一，故不可判定其自身的净明属性。张道中虽嗣法邵以正，但此事为史料所不载，故亦难以判定其思想的净明属性。不过，从正统中升任道录司左正一、主事道录司之时起，邵以正深得明皇室宠渥而达到权力及成就之巅峰，这种政治环境对邵以正构建净明道统是极为有利的。

邵以正的道法思想上承其师祖赵宜真、师父刘渊然，下启喻道纯、胡守法等人，使该系净明道成为明中期以前活跃在政坛上的一个极具影响力的道派。该道派于明初一直处于中央权力中

---

① ［明］邵以正撰，［明］喻道纯校正，［明］张道中重校：《经史通用直音·序》，嘉靖丁酉（1537）安正书堂刊本。

心，从道派构建的角度看，已经形成有别于宋、元时期的净明道派的全新宗派道统，这与邵以正的努力是分不开的。而真正使该道派持续活跃于明初道教界的，除了该道派杂而多端、师承多源的道法之外，还在于邵以正极力倡导并践行的忠孝思想及济世度人的净明精神，这些思想则通过刊印著述等方式传承传与传播。这些内容将在下一章进行专门讨论。

第四章　邵以正的著述

著述是体现人物及宗派思想的重要媒介，也是宗派道统传承过程中必不可少的内容。因而，大凡宗派之构建必以著述之流传作为手段。《左传 · 襄公二十四年》云：“太上有立德，其次有立功，其次有立言，虽久不废，此之谓不朽。”故而，思想之传承，必以立言为首要。宋徽宗曾言：“教者，不可以言传，虽勉闻道，达耳而已，其能造微尽讽契之以心耶？盖世之所贵道者，书。书不过语，而语之所贵者，意。自非忘言而会以意，未见其有得也。……圣人著书立言，岂好辩哉，开明道妙，以待后之学者，使各审其是而已。”① 尹志平《葆光集》所谓“立言明祖教，演法继师踪”②，《历世真仙体道通鉴》称白玉蟾：“得道之后，蔬肠绝粒凡九年，而四方学者如牛毛。若夫出处之大概，与其著书立言之略，及所行有神异灵奇之处，备见诸书。”③ 即已明“立言”之要，而历代诸宗派之传，多以著述之流传为首要。

---

① ［宋］徽宗撰：《西升经》，载《道藏》第 11 册，第 491 页。
② ［金］尹志平撰：《葆光集》，载《道藏》第 25 册，第 522 页。
③ ［元］赵道一撰：《历世真仙体道通鉴》，载《道藏》第 5 册，第 386 页。

以净明道为例，黄元吉有《净明忠孝全书》以创道宗，赵宜真“凡道门奥旨，皆缀辑成书”[①]，有《原阳子法语》《灵宝归空诀》《仙传外科秘方》传世，刘渊然除了整理其师《原阳子法语》《仙传外科集验方》等诸书之外，还刊刻《净明忠孝全书》《太上感应篇集注》《道德经集解》等以资传派之用。

作为赵宜真、刘渊然道脉、法脉的承传人和明初净明道统的构建者，邵以正“缵述之勤，而奉先淑后”[②]，刊刻著述多种，却无原创性著作传世，并非其无才华学识以著书立说，亦非其精修数十年而了无所悟，而是如其所言“以正无似，不能大有所立”[③]，且先师之言已“达夫至道之极”[④]，故而采取述而不作的方式，以刊行其师祖、师父及先贤著作，继承并践行净明忠孝思想。

邵以正自宣德二年（1427）被召进京为玄义开始其道官生涯，虽曾受敕督校《道藏》，但至天顺六年（1462）辞世为止，其活动多在京师，奔走于京师各道观处理教务，广收门徒以弘扬其宗派，亦曾参与道观建设、修缮等工作，虽然邵氏以其“警悟过人”的智慧和学识编成了古代中国历史上的最后一部官修《道藏》，但他自己留下的著述却很少，甚至经由他自己编纂、辑校而成的书籍大多不是自己的作品，有的只是挂了“邵以正校订”之类的头衔。虽有学者认为邵以正可能是《道法会元》

① ［明］张宇初撰：《岘泉集》卷四《赵原阳传》，载《道藏》第33册，第232页。

② ［明］邵以正辑：《净明忠孝全书》胡濙序。

③ ［明］王直撰：《抑庵文后集》卷24《紫霄观碑》，文渊阁《四库全书》本，第1242册第62页。

④ ［明］邵以正辑，［明］胡文焕校正：《新刻长春刘真人语录·序》，［明］胡文焕辑：《元宗博览三十一种》卷3。

前五十五卷甚至整部书的编辑者①，但该结论尚待进一步考证，不在此作过多讨论。但作为肩负了明初净明宗派道统重构重任和以真践实履为其行道作风的邵以正确是净明核心教义及思想的承传者和践行者，因而，即使没有留下原创著述，其思想旨趣亦可通过由他刊行的各类著述中找到蛛丝马迹。就现有的资料来看，邵以正的著述（或与邵以正有关的著述）大抵有以下几种，现分述如下：

第一节　《长春刘真人语录》

《长春刘真人语录》，亦称《冲虚至道长春刘真人语录》，共一卷，署"门人邵以正编集，钱塘胡文焕校正"。该书内容主要为刘渊然日常授道时之言语及思想，但刘生前并未记录、整理成册，且刘渊然曾花了大量时间整理刊行赵原阳遗作，并重刊《净明忠孝全书》、校订刊行《道德经集解》《太上感应篇》等著作。刘渊然于明初洪武、永乐、宣德诸朝深受褒崇，无论是教

① 施舟人《道藏通考》称：除《正统道藏》之外，并未发现任何《道法会元》其他版本，因而《道法会元》或为《正统道藏》而编，而且其作者可能即是《正统道藏》的编辑者。另外，《道法会元》前55卷有赵宜真所撰清微派道法文章多篇，其中有赵本人所作序为证。其中，自卷19起，赵宜真被列入法事所奉请的祖师之一，说明这些文本产生之时赵宜真早已仙逝并已经过多方神话推尊为清微祖师了。亦即，这些文本当在洪武十五年（1382）赵宜真羽化之后，由其徒裔所撰而成，且可能由刘渊然之高第弟子邵以正于明初《正统道藏》刊成之前编辑完成。（参见：Kristofer Schipper & Franchiscus Verellen. Ed. *The Taoist Canon*：*A Historical Companion to the Daozang*, Vol. 2, Chicago：the University of Chicago Press, 2004，p. 1106）施舟人先生认为赵宜真、刘渊然、邵以正一系为清微派，乃是就其所传法脉而言，并不涉及其本人的宗派及道脉认同问题，故可为一说。

内还是朝野上下，他已然成为一代宗师，以其成就被载入史册。因而，若未留下任何反映其思想的著述，对于道派思想的传承是极其不利的。基于以赵宜真、刘渊然为宗源的净明道统重构的考虑，邵以正于正统八年（1443）根据其师平日言行编集而成《长春刘真人语录》一书。

一　《长春刘真人语录》的编纂原因及版本

明钱塘人胡文焕《元宗博览三十一种》卷三收录《新刻长春刘真人语录》，该书称“新刻”，则大致可说明此前已有《长春刘真人语录》之流传。然而，《正统道藏》并未收录该书，且《净明忠孝全书·长春刘真人传》亦未提及刘渊然有“语录”流传于世，甚至未提及其他任何著述。该《传》载：

> 许黄冠师陈方外为徒，年十六遂为道士，受符法于胡、张二师，后遇赵原阳于吴有壬书舍，大奇之，谓吴曰：“此子形全神清，有道缘，非寻常。”于是得亲炙赵公，授以诸阶秘奥，刻志进修，寒暑不懈。每与同辈处，语及修行，辄举忠孝为之主本，原阳闻之叹曰：“此真良器也。”携之归金精山，复授以玉清宗教社令、烈雷、玉宸、黄箓、玉箓、太极、净明等书，呼召风雷，劾制鬼物，济拔幽爽，无不响应，然于忠孝道法尤大彰显，至今净明学者尊为嗣师①。

该《传》为胡俨所撰，但其中多讲述刘渊然平生传道事迹，著述方面仅提及医方，称“真人志行高洁，不独精其教事，由

① ［明］邵以正辑：《净明忠孝全书》，第32页。

儒而旁通于医，所著方论行于世者颇多，又为净明如意仙丹，起人之疾尤有奇验。其济物之心拳拳焉”①。该《传》也印证了刘渊然“以道法显”的特征。而李时珍《本草纲目》（金陵本）中所引传世医方中录有邵以正《经验方》，或即为刘渊然“所著方论行于世者”。另有《本草纲目》中亦收《三元延寿书》所言医方，该书或亦刘渊然所作，杨士奇《东里集》称“《三元延寿书》，朝天宫有刻板，其间论清心寡欲、饮食避忌之类，皆民生日用，不可无者，吾得之刘渊然云”②，可见在刘渊然馆居朝天宫西山道院期间，曾刊刻不少医书。这与明代以来长春派以行医济世为特色的道派传承是相吻合的。

另，《永乐大典》卷二千九百五十五亦载刘渊然为《九天生神章经》作序之事。该序云：

> 洪惟《九天生神章经》乃三洞玄旨、九天秘文，降自上圣，流传下世，至士悟之，可以穷神知化，入圣超凡，学者究之，则亦洞彻几微，还源返本。其旨神奥，其理粲然，实众经之所宗，斯幽冥之法药。其于道德性命之理，鬼神造化之机，举无遗矣。教中高士，倘于二经留心研究，岂曰小补，若能动行修炼，广积玄功，本分了明，言外具眼，必获游神八极，控翔九天焉，不难也矣！③

《九天生神章经》，又称《洞玄灵宝自然九天生神章经》，《正统道藏》第186册洞玄部玉诀类收录宋董思靖《洞玄灵宝自

① ［明］邵以正辑：《净明忠孝全书》，第34页。

② ［明］杨士奇撰：《东里集》，文渊阁《四库全书》本，第1238册第630页。

③ 《永乐大典》，北京：中华书局，1986年，第2955卷第1597页。

然九天生神章经解义》四卷，第187册收录南宋王希巢《洞玄灵宝自然九天生神玉章经解》三卷，及第188册收录华阳复《洞玄灵宝自然九天生神章经注》三卷。根据刘渊然曾校订董思靖《道德经集解》之事来看，刘序或为董思靖本所作，称“其于道德性命之理，鬼神造化之机，举无遗矣”，而董思靖的序说亦称：“其述本书要旨，在以始、玄、元‘三炁为天地万化之原，而人则与之同根合德’……以我之精合天地万物之精，以我之神合天地万物之神，以我之魂合天地万物之魂，以我之魄合天地万物之魄，则天地万物皆吾精、吾神、吾魂、吾魄。”① 此说与净明道经典《真诠》中“以我心之真净，化天下之贪染；以吾心之光明，化天下之蒙昧；以吾愿力之必忠，化天下之迷惘；以我力之无怠，扬我教之无边。……惟以至诚为本，克挽世人之至善”② 之说颇有相符之处。由此可知，刘渊然于修行悟道方面颇有心得，但未见著书流传，实为憾事。《正统道藏》太玄部收录《原阳子法语》二卷，题“浚仪赵宜真撰，门人章贡刘渊然编集”，说明该书确由刘渊然编集成书，但刘渊然未为其作序。

由此可见，除了医术之外，刘渊然并无关于其法术、丹道或净明道思想方面的著作存世。其传道过程中或有对以前的丹经典籍做过论述，但皆未编集成书，或仅以散碎文字传授其徒。这对于一心想将净明道发扬光大的邵以正来说多有不便。历史上各道派的传承不仅依靠字辈宗谱以正本清源，还依靠教派历代祖师著作以传播思想。刘渊然从明初至宣宗年间已对净明道的传播作出

① 任继愈主编：《道藏提要》，北京：中国社会科学出版社，1991年，第395页。
② ［清］胡之玟撰，陈立立，邹付水整理：《净明宗教录》卷7，第174页。

巨大贡献，甚至其威望已盖过龙虎山正一天师，因而，作为“嗣派弟子”的邵以正定当全力以赴为其师刘渊然撰写、编集道书。只不过，他于正统九年（1444）受敕督校道藏经之时，因《新刻长春刘真人语录》一书成书较晚，流传不广，其道派在京师尚未形成气候，而未将其编入《道藏》经。

至于该书是否为“新刻”的问题，因史料阙如难以考证，或仅是胡文焕收录该书时所加。胡文焕为明万历间人，为著名藏书家，一生收藏、刊刻前代图书数百种，《元宗博览三十一种》即其所收集刊刻的道书，前后分六卷，其中卷三收录《冲虚至道刘真人语录》，或许《新刻长春刘真人语录》并非当时的名称，可能是后人称之。由此大致可知，该书当为邵以正根据多年从师学道的过程中刘渊然所传授或自己求师问道的过程中所悟所学编纂而成，其中当有邵以正原创内容。正如邵以正在该书序中所言：“先师之言，简要明白，沿流（探）源，达夫至道之极。……以正佩服师训，亦已有年，窃以之为己，不若公之于人，由是以广其传，盖欲人人体道，咸离迷途。造精微于性理之中，忘筌蹄于言象之外。此则先师平昔开度天人之愿力，而亦区区之本心也。”① 可知《语录》中所述内容皆为“师训”，即问道过程中“尽得其传”之道要，或如日记般记以文字，或已成为思想予以践行。邵以正所谓“佩服师训，亦已有年”，亦未必指该书已有稿本，或仅是邵氏侍师过程中所见、所闻、所得，因而其师卒数年之后，邵氏或已开始“师训”的编撰，于正统间成书。

以上分析可知，《长春刘真人语录》为邵以正所编，这是毫

① ［明］邵以正编集，［明］胡文焕校正：《新刻长春刘真人语录》，第3卷第2页。

无异议的。该书有多个版本流传。根据许蔚研究，《长春刘真人语录》常见者为明胡文焕所刻《新刻长春刘真人语录》一卷，但所据底本有残缺，仅收录30则，且多有错讹与删改。上海图书馆藏清顺治十八年彭定求抄本《冲虚至道长春刘真人语录》一卷，前有正统九年四十五代天师张懋丞《刘真人语录序》，又有正统八年邵以正序，收语录54则，不仅数量较胡刻多出几乎一倍，每则语录内容亦较胡刻本更为完整。胡刻所收30则，内容大体谈心性，或为劝道箴言，且多有残断；彭定求抄本中的其他24则，内容主要涉及飞符、炼度、施食、斋醮等道法行持，也有一些个人求道经历以及劝道箴言。彭定求抄本诸则语录所涉及道法大体与赵宜真所传清微诸法有关，并且部分谈道法的语录显现出谨守师说的意识与态度[①]。

二　《长春刘真人语录》的编纂时间

关于该书的编纂时间，《元宗博览》未做记述，但书首有邵以正所作序，末尾落款“正德癸亥秋道录司右演法朝天宫住持兼掌灵济上宫事门弟子邵以正序”字样。从落款看，我们可以对该书成书时间做如下推测：

其一，作该序之时，邵以正在道录司所担任官职为右演法，并兼任朝天宫住持兼掌灵济宫上宫事。按，明代道录司为掌管天下道教的最高管理机构，《古今图书集成》引《明会典》云：“国初，置元教院。洪武十五年，改道录司，正六品衙门。设左

① 许蔚：《赵宜真、刘渊然嗣派净明问题再探讨》，《宗教学研究》2016年第1期。

右正一、左右演法、左右至灵、左右元义职专道教之事，属礼部，其衙门建于朝天宫。”① 可知其时邵以正尚在右演法任上，其位在道官中为中上等，尚需亲自处理繁杂的教务。《明英宗实录》卷一百二十二载：“（正统九年冬十月）丁未，命道录司右演法邵以正点校道藏经于禁中。”② 正统九年，由任自垣等编修的永乐道藏雕版刊印完成（并开始刊印，于正统七年开始零星颁赐，但该版本问题较多而被紧急召回。详见本书第二章第四节），英宗于当年十月诏敕邵以正督校道藏经“以补未备”。正统十年（1445），《道藏》成书，邵以正有督校之功，“正统中，迁左正一，领京师道教事”③。虽然各记所说“迁左正一”时间尚不确切，大致在正统十二年《道藏》成书颁行之后即获晋升，顾寿芝纂修《雩都县志》亦有“邵以正，正统十二年升左正一”之说可为佐证。不过，邵以正在整理其师刘渊然语录之时，尚在右演法任上，因而，至少该书应该在正统九年之前成书。

其二，从邵以正序中所署年号看，“正德癸亥秋”恐为“正统癸亥秋”之误。首先，考“正德”年号，为公元 1506（正德元年）—1521 年（正德十六年），共计 16 年，正德年间无“癸亥”纪年者，正德八年（1513）为癸酉，正德十年（1515）为乙亥，均与序中所述不同；复次，邵以正于明英宗天顺六年（1462）卒，不可能活到“正德”年间；再次，根据刘渊然及邵以正活动年代分析，邵以正尚担任道录司右演法兼朝天宫住持，

① ［清］陈梦雷编：《古今图书集成·博物汇编·神异典》第 215 卷《道教部》，第 506 册第 56 页。

② 《明英宗实录》第 122 卷，第 2443—2444 页。

③ 苏晋仁、萧炼子：《历代释道人物志》，第 1040 页。

此时期当为正统年间，而明正统八年（1443）即为“癸亥”年。黄吉宏认为该书成书于宣德年间①，但此说有待商榷。若按黄氏之说，刘渊然于宣德七年（1432）卒，而宣德间无“癸亥”纪年，仅有辛亥（1431）及癸丑（1433）两个纪年。《新刻长春刘真人语录》虽为邵以正刊本基础上重刻而成，但所署时间有两处勘误的可能性很小，因而本书认为，该书成书时间当为“正统癸亥”。从承其师遗志光大教派的意图和部署看，邵以正将其先师刘渊然语录整编成册，也较符合逻辑。但邵氏受敕校订《道藏》时未录该书，仅作为门内传教之用。

三　《长春刘真人语录》未入编《道藏》的原因

《长春刘真人语录》于正统八年（1443）即已成书。邵氏于正统九年负责校订《道藏》并“增所未备”之时，他完全有权力将《长春真人语录》编入，但最终放弃了此想法，除了该书成书时间短、流传不广、道派势力较小等原因之外，或有更复杂的因素。从洪武二十六年“太祖闻其名，召至，赐号高道，馆朝天宫”② 开始，刘渊然屡屡受宠，“崇奖之荣，玄教罕比”③。永乐中，因其“性耿介”“以忤权贵”而被谪居龙虎山，不久又与张宇初不和，而“谪滇”居龙泉观。从这时候起，龙虎山张氏正一系统与刘渊然净明系统之间已出现说不清道不明的罅隙，

① 黄吉宏：《赵原阳、刘渊然道脉研究》，北京：宗教文化出版社，2018 年，第 198 页。

② ［清］张廷玉等撰：《明史》，第 7656 页。

③ ［明］王直撰：《龙泉观长春真人祠记》，陈垣编纂：《道家金石略》，第 1260—1261 页。

尤其是刘渊然于洪熙元年被召还京“赐以银章，领天下道教事”，寻即封“大真人”号，“与正一真人等”，张宇清不服，“盖宇清以刘渊然已为大真人，意欲与之并，上不得已勉从之，且示训于其号中”①，张氏托胡濙奏请得赐“崇谦守静洞玄大真人”号，“崇谦”“守静”即告诫他要谦逊、清净，持守高道节操，而非嫉贤妒能。此间大致可看出两派势力在暗中较量。刘渊然告老，推荐邵以正在京“代为祝釐”，其在道录司地位逐渐提升。然而，编修《道藏》为永乐初成祖朱棣命张宇初主持，但事未竟而宇初卒，此事至永乐十七年方重新开始，命武当山任自垣等高道主持编纂，历三年而编成，并于永乐二十年付梓刊版。可见刊成于正统间的《道藏》实为龙虎山一系的政绩，虽邵氏受敕重新校订，但尚处右演法任上的邵以正不便将《长春刘真人语录》收入其中，甚至刘渊然所校刊的《道德经集解》《太上感应篇集解》等书亦未收入其中。

至于邵以正受敕校订道藏经之缘由，其原因已在本书第二章第四节有所论述，或有英宗皇帝为缓解龙虎山张氏与邵氏两系之间的关系而为之。实际上，两系之间的关系至邵以正时已相对缓和，但邵以正尚缺乏足够的话语权，而且提出入编的请求有褒扬本派的嫌疑，鉴于此，他将张宇初《岘泉集》入编《道藏》，作为“增所未备”的分水岭，但却未曾增入净明道派的任何经典著述。

综上所述，邵以正编纂《长春真人语录》的目的是显而易见的。作为当时备受礼遇的两大宗派之一，净明道势力已渐与龙

---

① ［明］沈德符撰：《万历野获编补遗》，第914页。

虎山一系不相上下，而且净明道无论在当时的京师一带，还是江南地区及西南地区的云南等地多有流传，其影响力与日俱增。赵宜真、刘渊然已被后世净明道列尊为嗣师，其余诸师皆有著作传世，作为嗣师的刘渊然亦当有著述以明法脉传承，因而《长春刘真人语录》的刊刻也表明了邵以正在构建净明道统方面所做的努力。该书所记录的内容不仅是刘渊然的主要思想，更是邵以正从师学道过程中对“师训”的领悟而写就，因而，从根本上讲，该书可看作邵以正自己的作品，其中的思想不仅源于其师刘渊然，更是自己思想的体现。

第二节　《净明忠孝全书》

《净明忠孝全书》，选编：黄元吉，编纂：徐慧，校订：邵以正，为明景泰三年（1452）刊本（以下简称邵以正刊本）。该书为净明道主要典籍之一，尤其是阐述净明道的起源、传承、传播等方面叙述详尽，是研究净明道的重要资料。一直以净明道“嗣派弟子”自居的邵以正将其奉为圭臬，不仅刻板刊行，还以该书为正本清源之作，极力构建净明宗派道统，这也是邵以正净明道身份的最明显标志。

一　《净明忠孝全书》的编纂、版本及主要内容

《净明忠孝全书》是净明道教团的主要教派经典之一。郭武称该书“虽号称‘全书’，但篇幅却并不是很大，现存明《正统

道藏》本仅录有六卷约三万字。不过这三万文字中，却包含了早期净明道的祖师生平、教团历史、教理教义、伦理规范、修炼方法、科仪符法等内容，并记录了元代儒家文人士大夫对该书的态度。”① 该书在元代即曾经过数次辑校和编纂，内容渐趋丰富，明代以后则版本更多。一般而言，现可见的《净明忠孝全书》大致有邵以正刊本、《正统道藏》本和嘉庆滇刻本三种。

（一）邵以正刊本《净明忠孝全书》

邵以正刊本《净明忠孝全书》成书于明景泰三年。该书以胡濙序冠其首，称“至丹扃道人而是书始行于世”。《净明忠孝全书》中，除注明《旌阳许真君》为白玉蟾所撰之外，亦有“庐陵丹扃道人徐慧子奇校刊”。白玉蟾本初为许旌阳作传，盖为最早叙述净明道来源的版本。白玉蟾为南宋时人，兼北派、南派内丹之传，其思想中多掺入净明道成分，但未被奉为净明祖师。丹扃道人即徐慧，书中《旌阳许真君》《洪雅张真君》《洞真胡真君》及《景纯郭真君》四传皆经徐慧编入行于世。

据《丹扃道人事实》所载，丹扃子姓徐氏，名异，一名慧，字子奇，至元辛卯（1291）八月二十七日生，“幼孤即颖异，耻与俗子友，闭户读书，危坐竟日”，后“以文墨见知于御史李一飞、典瑞院史马九皋、右丞齐峰平章大慈都。由是，钧枢台阁、名公巨卿多所接礼”②，后入道，师中黄先生。故由丹扃道人徐慧编纂的《净明忠孝全书》当于元代行世，为该书初版。

其后《玉真刘真人传》由教门高士、玉隆万寿宫提举宫事

① 郭武著：《〈净明忠孝全书〉研究》，北京：中国社会科学出版社，2005 年，第 31 页。

② ［明］邵以正辑：《净明忠孝全书》，第 26 页。

许宗圣所撰,《中黄黄真人传》则由虞集所撰,《丹扃许真人传》由西山樵者武阳上关良左所撰。然而,就胡濙序可以看出,邵以正刊刻《净明忠孝全书》之目的在于,在原版基础上将赵原阳和刘渊然二传增入,“旧版历岁弥远,毁不复存,大道之妙几为湮没,每临帙而感焉。遂以师祖、先师像传记录于内”①,因而,邵以正所据之版本已于洪武间所刊行,曾恕序称“《净明忠孝全书》一帙,秘于吉之禾川昊天观。洪武丁丑(1397)夏,南昌常清观外史周定观以神乐观乐舞生选,丁母忧回,洪乃亟是书过宗华彭真观示希然魏炼师暨其徒万象先、胡孔闻二高士”云云,作序时间为洪武戊寅年(1398)。序中所指之常清观,据《江西通志》卷一百十一《寺观一》称:“常清观,在南昌县归德乡,晋建。”元释圆至《牧潜集》卷七《榜疏》有“常清观建道藏疏”,白玉蟾作记云:“(常清)观乃帝祈雨道场。”② 彭真观,即宗华观,《江西通志》卷一百十一《寺观一》载:彭真观,在新建县西,即宗华观,晋彭真人伉故宅,谢康乐题额曰“宗华福地”。以上诸志所提及的道观皆与净明道传播中心的南昌不远。该序称:

> 是书乃旌阳受于谌母元君,孝道明王之秘密也。然晋去世逾远,字画差讹,鲁鱼亥豕,尚未校勘,甚缺典也。适西山,有号古愚徐征士者在坐,阅之奋然而起曰:“是书某素慕之而未得,今何幸睹于此!”乃语孔闻高士曰:“忠孝,人之良能。然老子云:六亲不和有孝子。其名之立,世道降

① [明]邵以正辑:《净明忠孝全书》胡濙序。

② [元]释圆至撰:《牧潜集》卷7《榜疏》,文渊阁《四库全书》本,第1198册第5页。

矣。然是书以出，俾世知三教俱本乎君亲，而矧凡民乎？吾师攻书宜校正，吾当购工刊传于世，请能文者序之，亦盛事也。”孔闻既正而书之，来征余言，固辞弗获，余乃拜稽而为之[①]。

该序中称《净明忠孝全书》一卷，原本秘藏于昊天观，由神乐观舞生周定观所得，携之至宗华观并将之示魏炼师希然及其徒万象先与胡孔闻二人，当时恰好有西山一徐姓道士见该书，称可将此书交于其师勘订校正，自己可以出资刊印，以广其传。其中所录道观有据可考，但序中所列诸人则不见史籍记载。但有一点是非常明确的，至少在洪武三十一年左右，已有《净明忠孝全书》刊行。不过该版本究竟是否由刘渊然所刊印则不得而知。许蔚认为，该书的刊刻时间正好是刘渊然活跃时期，因而刘渊然或即于该时期刊行《净明忠孝全书》，而且“赵宜真传记或已见于刘渊然刊本”[②]。有学者认为，刘渊然谪滇期间曾刊行是书，如许蔚曾言“刘渊然谪居云南期间，曾刊印《净明忠孝全书》以传播净明学说”[③]，郭武先生所著《〈净明忠孝全书〉研究》一书亦对云南刊本《净明忠孝全书》做过讨论。不过由于史料阙如，郭武亦未对洪武三十一年刊本做进一步考证。

虽然至今为止没有证据证明洪武三十一年《净明忠孝全书》刊本即刘渊然谪滇期间的刊本，但我们大抵可做如下推断：

刘渊然于洪武二十六年（1393）应召入京，赐“高道”，获

---

① ［明］邵以正辑：《净明忠孝全书·序》，第 2 页。

② 许蔚著：《断裂与构建：净明道的历史与文献》，上海：上海书店，2014 年，第 363 页。

③ 许蔚：《赵宜真、刘渊然嗣派净明问题再探讨》，《宗教学研究》2016 年第 1 期。

赐之原因为历史所不载，但大学士杨荣《长春刘真人传略》称刘渊然于“洪武庚午（1390）往谒龙虎山，道过南昌，岁大旱，藩臬诸官邀之致雩，即日雨如澍”[①]，刘渊然之名声亦在江西一带传开，此为其一；其二，周晖《金陵琐事》卷四载：“刘渊然，徐之萧县人。洪武时，马太后病，渴思雪，六月祈雪进之。”[②] 此时刘渊然便开始“以道法显”，故而得到朱元璋器重，令其馆朝天宫。此期间，刘渊然潜心研究道学，并已开始整理道书及医方，尤其是其师赵原阳所传道书、医方，故“有方论行于世”[③]。从洪武二十六年至其洪武三十一年“作寻真之游”而逐渐开始有公开活动，其间近五年中，刘渊然以编校道书为主。而洪武三十一年《净明忠孝全书》成书之时，正值刘渊然辑校刊行道书以续净明道统的重要时期，因而该版本或即刘渊然所刊行的版本。

（二）嘉庆滇刻本《净明忠孝全书》

郭武先生曾从台湾省高雄市李显光先生收藏的清嘉庆二十三年（1818）年刊印之《净明忠孝全书》中得知，该版“所据乃净明道第六代宗师刘渊然于明代谪居昆明龙泉观时所刻之版本。该滇版《净明忠孝全书》与明《正统道藏》本不尽相同，附有用以驱疫逐瘟的《金阙上相许真君七宝如意丹诀》。而此《金阙上相许真君七宝如意丹诀》，实即明《道藏》本《净明忠孝全书》卷一《西山隐士玉真刘先生传》言刘玉从张蕴处所受之

---

① ［明］杨荣撰：《长春刘真人传略》，载《金陵玄观志》卷 1，第 21 页。

② ［明］周晖撰：《金陵琐事》卷 4，台北：成文出版社，《中国方志丛书》，1983 年，第 440 号第 449 页。

③ ［明］陈循撰：《龙泉观长春真人祠记》，陈垣编纂：《道家金石略》，第 1260—1261 页。

'如意丹方'……但其内容却不为《道藏》本《净明忠孝全书》所载。"[①] 嘉庆版序中有"仍然将刘真人讳渊然原刻《许祖净明忠孝全书》一卷见板无存，仍付之梓，克广真君道德，并《七宝如意丹》亦付篇末"[②]，后序中称有名"桂芳"者，"家藏旧有长春刘真人刊《净明忠孝书》一卷，内载（许）真君当日救疫施药之功既悉且详，摄治甚神"，于是桂芳欲以其方拯救滇民。但是桂芳家所藏《净明忠孝书》"书有详言而妙诀未载"，而其友叶一济则"方咒俱有，惟少法箓"，于是桂芳遍访各处，得医士杨瑞之所藏之"书诀"，并合众力"购办药材""如法咒药"，然后分送全省。根据诸叙均谈及"如意丹方"一事，那么，《许祖净明忠孝全书》究竟是否就是刘渊然刻本呢？

刘渊然于洪武二十六年（1393）受朱元璋召见，受赐"高道"号，并受到了优待，居南京朝天宫潜心修道，刊刻道书。得到朱元璋的宠赉和支持，刘渊然才开始静心整理道学著作，其中亦包括其师赵宜真所传之典籍，尤其是其中的医书典籍。赵宜真生前著述颇多，张宇初所作《赵原阳传》中称他："凡道门奥旨，皆缀辑成书。或为诗歌以自警，犹以医济人，且绝交处，寡言笑，闻者愿礼不获。其高行伟操，为时所推慕，从游者益众。"[③] 这些丹经典籍也成为刘渊然及邵以正赖以传承的净明宗派经典，并成为云南长春派的一大特色。洪武三十一年所刊《许祖净明忠孝全书》中是否增入《原阳赵真人传》不得而知，

① 郭武著：《〈净明忠孝全书〉研究》，第32—33页。

② 同上，第40页。

③ ［明］张宇初撰：《岘泉集》卷四《赵原阳传》，载《道藏》第33册，第232页。

但根据张宇初《岘泉集》中收录的由张本人所作《赵原阳传》中提及“其徒则曹希鸣、刘若渊犹入室焉”①，刘若渊盖为刘渊然之讹，但所述甚简，不提刘渊然尽得赵原阳所传之事。邵以正刊本《净明忠孝全书》所录则较为详细，称赵宜真弟子众多，并提及刘渊然为其入室弟子，唯独不提曹希鸣之事。两个版本叙述方式之不同，或与刘渊然被谪龙虎山期间与张宇初“相抵讦”有关，若真如此，则张宇初所据之版本当在洪武本《净明忠孝全书》之后。邵以正欲刊行该书而打算将赵原阳、刘渊然二人像传增入该书，则说明刘渊然刊刻之洪武版《净明忠孝全书》中并无赵原阳传，邵以正所刊本《净明忠孝全书》中的《原阳赵真人传》当参考了张宇初《岘泉集》中的传本，而《长春刘真人传》则由邵以正委托礼部尚书胡濙所作。

清代丹波元胤所编《中国医籍考》中有一则刘渊然为《亡名氏上清紫庭追痨仙方》（即无名氏所编的《上请紫庭追痨仙方》）作序之事：

> 刘渊然序曰：人之百病，莫甚于痨瘵，始于一身，终则延蔓，而有灭门之祸，甚则及乎亲友，不已惨哉。因存先师原阳赵公手编《治痨方论》，盖出紫庭法中，皆前代明师所论治要方法，实为简切。问尝以之施人，无不奇验，是用锓刻，以广流传。倘苟有是病，而得是书者，不待开津启钥，而可以续命于危急之秋矣。且使人人得以同跻于仁寿，实所愿也。洪武二十九年，岁次丙子孟秋，章贡体玄子刘渊

① ［明］张宇初撰：《岘泉集》卷四《赵原阳传》，载《道藏》第33册，第232页。

然书①。

另外，该书尚有《刘氏（渊然）济急仙方》，称“医藏目录一卷，存《明皇方伎传》曰：刘渊然，赣县人，幼出家为祥符宫道士，后诣雩都紫阳观，师赵原阳，传其法，能呼召风雷。”②又有《仙传外科秘方》一卷，其序云：

> 凤冈即欲版行，以广其扶危救急之意，而雩都谷邑，艰于得匠。因循至壬戌夏五月，而原阳仙化，遗命嘱其徒刘渊然终其志。渊然佩服不敢违，仍将所授秘方，总编为一卷。……观原阳之自叙，与凤冈之捐资版行，其用心皆极其忠浓。然非渊然次第集录，则不能就一全书。渊然游心方外，屏绝俗纷，独拳拳笃于济人，信可谓贤矣③。

末尾署“洪武阳复月庐陵友兰父吴有壬序”。足见刘渊然的医书、典籍整理工作是在其“馆朝天宫”（即洪武二十六年，1393）之后才开始的，而从洪武二十九年他为《上清紫庭追痨仙方》所作序的内容看，至少在朝天宫的这段时间，他以整理其师著述为主，甚至可能已在重新校刊《净明忠孝全书》，直至洪武三十一年左右完成了该书的编纂工作。但极其遗憾的是，诸序中未提及刘渊然编纂该书之事。

曾恕序称“吾师攻书宜校正，吾当购工刊传于世”，其中“吾师”攻书宜校正，说明洪武本《净明忠孝全书》编纂者当时正在辑校整理道书，因而，序中自号“古愚”的“徐征士”或

① 丹波元胤编：《中国医籍考》卷53《方论》，第891页。
② 同上。
③ ［元］赵宜真撰：《仙传外科秘方》，载《道藏》第26册，第660页。

许即刘渊然弟子，因得见该书而欣喜万分，认为其师正在勘校道书，而亦可请其师勘校该书，然后由自己出资刊行。当然，这些都只是推测，尚未找到充分的证据证明该书编纂者即刘渊然本人，不过当时未见其他高道在忙于撰述，唯刘渊然在此期间著作颇丰，尤其是医书、丹方类著述，因此，洪武版《净明忠孝全书》很可能出自刘渊然之手，并且其谪滇期间的刊本可能就是该书。

洪武本《许祖净明忠孝全书》所据版本当为徐慧本。徐慧本与黄元吉本内容差别不大，但无法知晓赵原阳所传本究竟是徐慧本还是黄元吉本，但有一点可以确定，洪武间所出之刘渊然本中或已增入“如意丹方”。刘渊然曾于永乐间谪滇并将《净明忠孝全书》带至云南流传，后被屡屡复刻，而在《正统道藏》本刊行之后，便出现了滇版、《道藏》本和邵以正刊本三个版本，其内容则多有区别。

《道藏》本中略去了医术、丹方等方面的内容，只论净明大道及修持诸事，但滇版中则附有丹方，说明滇版所承袭的是赵原阳、刘渊然一系的主体思想，即儒、道、术、医兼涉，如张宇初版《赵原阳传》“犹以医济人”及《道藏》版《原阳赵真人传》称其“尤好济人，至于医药靡不研究，所著方论为多”①。这也是后来的长春派的基本特色。至于邵以正刊本《净明忠孝全书》删去医药丹方等内容的原因，可能是其已将师祖赵原阳、师父刘渊然所传丹方汇编成册流传，且邵版《净明忠孝全书》乃是其为正本清源而刊刻，与《道藏》版有所不同。

① ［明］邵以正辑：《净明忠孝全书》，第30页。

（三）《正统道藏》本《净明忠孝全书》

《正统道藏》版《净明忠孝全书》，共六卷，收入第575册“太平部”，黄元吉等编，《道藏提要》称“此书卷一至五为黄元吉编集，门人徐慧校正；卷六乃黄元吉门人陈天和编集，徐慧校正”①。卷首有序六篇，皆以《净明灵宝忠孝书》称之，载光禄大夫蔡国公知经筵事张珪、荣禄大夫江南诸道行御史台御史中丞赵世延、将士佐郎建昌路儒学教授彭埜等所作序及文林郎江西等处儒学提举前应奉翰林文字同知制诰兼国史院编修腾宾题辞、应奉翰林文字将士郎同知制诰兼国史院编修庐陵曾巽申题及丹扃道人庐陵徐慧子书，这些内容与邵以正刊本基本一致，故《道藏》本所据者即徐慧本或南宋净明法师黄元吉所编集之版本。然而，既然洪武三十一年（1398）已出刘渊然刊本，缘何《道藏》未收录该本，而舍近求远采用元代徐慧刊本？这一问题颇耐人寻味。

《道藏》本《净明忠孝全书》卷一有“净明道师旌阳许真君传”“净明法师洞真先生传”“西山隐士玉真刘先生传”“中黄先生碑铭”“丹扃道人事实”等，却少了“净明经师洪雅先生传”“净明法师洞真先生传”及“监度师郭先生传”等三传，《道藏》本所据者是否就是徐慧本，尚不得而知。若《道藏》本所据确为徐慧本，则徐慧本《净明忠孝全书》中仅录许旌阳、张氲、胡惠超、郭璞、刘玉诸人传记。郭武认为，黄元吉亦曾有《净明忠孝书》刊本，其内容大致包括许逊、张氲、胡惠超、郭璞、刘玉诸人传记，托许逊、胡惠超、郭璞讲述的《玉真灵宝

① 任继愈主编：《道藏提要》，第858页。

坛记》《净明大道说》《净明道法说》《玉真立坛疏》《净明法说》以及刘玉语录之《内集》与《外集》；而徐慧编纂之《净明忠孝全书》则又在此基础上增入了刘玉语录之《别集》、黄元吉的传记及《中黄先生问答》[①]。

秋月观暎认为，《道藏》本《净明忠孝全书》中有"校正者"许异（慧）的传记《丹扃道人事实》很令人奇怪，恐应是"后人的编入"所致[②]。郭武认为，元泰定帝至治四年徐慧编成《净明忠孝全书》以后至明英宗正统年间编印《道藏》之前的这段时间，《净明忠孝全书》的内容可能有所散佚，并重新被编纂过。而在重新编纂的过程中，徐慧的传记《丹扃道人事实》也就可能由后来的编纂者加入了《净明忠孝全书》中[③]。郭武甚至认为，徐慧所编《净明忠孝全书》在后来曾经散佚，及至明代刊印《道藏》时，所用底本已非徐氏原版，可能是该书之残本，而且这种残缺或变化"也存在于其他道经中"[④]，但足以证明《道藏》本确为残本。只不过，主掌《道藏》督校工作的邵以正对《净明忠孝全书》的版本问题未做考订，不仅未增入滇版（即刘渊然版）中的《七宝如意丹诀》，而且作为刘渊然的高足，邵以正于永乐中投师时肯定见过《净明忠孝全书》，而任由编纂者使用残本。这确实令人难以理解。郭武先生对此亦未加论证。

---

① 郭武著：《〈净明忠孝全书〉研究》，第34页。
② （日）秋月观暎著，丁培仁译：《中国近世道教的形成》，第148页。
③ 郭武著：《〈净明忠孝全书〉研究》，第37页。
④ 同上，第39页。

二　《净明忠孝全书》与邵以正净明道统重构

邵以正于景泰三年（1452）刊成《净明忠孝全书》，并请胡濙作序冠于卷首，邵亲自撰写后序以阐明该书的纂辑原委。邵刊本《净明忠孝全书》卷一以旌阳许真君像、赞开篇，方才进入《净明道师旌阳许真君传》正文，但作者为“琼琯紫清真人白玉蟾撰、庐陵丹扃道人徐慧校刊”①，《正统道藏》本则为“净明传教法师黄元吉编集、嗣法弟子徐慧校正”②。前者直接录白玉蟾为该《传》作者，对校订者徐慧亦直称丹扃道人徐慧，直接承认了白玉蟾之南宗思想对净明道曾产生的影响。这也符合邵以正明初净明道统重构的意图。

另外，邵以正刊本中《西山隐士玉真刘先生传》作者为“应召通真灵妙明德法师、教门高士玉隆万寿宫提举宫事许宗圣撰”，后附以《赞》文，此为《正统道藏》本所无。而许宗圣其人从未见史志所载，《逍遥山万寿宫志》亦未载，郭武《〈净明忠孝全书〉研究》、日本学者秋月观暎及畑忍均未提及许宗圣之事，故难以考证其年代。不过，根据邵氏纂辑《净明忠孝全书》之初衷看，许宗圣或为元时人，且撰文之时为玉隆万寿宫提举，且曾得元帝敕封“应召通真灵妙明德法师”“教门高士”等号，故邵氏将其补入。此外，邵刊本亦补入《中黄先生碑铭》作者虞集及曾巽申篆额，《道藏》本则无。《道藏》本以虞集“重赵先生之请”而作的“铭”文，但邵刊本则在“铭”文之后多了

---

① ［明］邵以正辑：《净明忠孝全书》，第2页。

② 《净明忠孝全书》卷1，载《道藏》第24册，第923页。

43字，或为《道藏》本删减使然，而邵刊本则较为完整。《丹扃道人事实》中亦可见增删痕迹，如邵刊本在“住世整六十年，度弟子数百人”之后，较《道藏》本多出两三百字，文后署名“至正辛卯春三月上巳日书于永和清都观和中堂，西山樵者武阳上官良左稽首”[①]。按，清都观位于江西省吉安县永和乡桐木桥村，创建于南唐年间（937—975），北宋建中靖国元年（1101）春，“清都观”三字为苏东坡北返游永和时手书。明洪武二十四年（1391）、清乾隆十七年（1752）、光绪十年（1884）曾三次整修。而元代的清都观当受净明道之影响。上官良左则未见记载[②]。

以上四师传后，邵刊本增入“原阳赵真人传”及“长春刘真人传”，前者不著作者姓名，后者则为胡俨所撰。胡俨与刘渊然同时，卒于正统八年（1443），故该《传》当作于正统八年之前。从作传时间也可以看出，《净明忠孝全书》虽然与景泰三年方得以刊行，但至少在正统中即已开始准备。从胡、邵二序的叙述方式及邵以正在序末自称“嗣派弟子守玄冲靖高士兼道录左正一东吴邵以正”这一点来看，自宣德七年其师仙逝之后，邵以正已经开始净明宗派道统重构。现分述如下：

其一，《净明忠孝全书》胡濙序称：

> 敕赐守玄冲靖高士兼道录左正一邵君以正谒予于南宫，出《净明忠孝全书》一帙，征予序诸卷首，且曰：是书乃旌阳许真君所传之秘，其来远矣。旌阳传之玉真刘先生，再

① ［明］邵以正辑：《净明忠孝全书》，第28页。

② 上官良佐自称“武阳西山樵者”。武阳或即江西瑞金西南部之武阳镇，因而上官良佐所习者当为净明道。

> 传于中黄黄先生，至丹扃道人，而是书始行于世。后师祖赵原阳、先师刘长春相继嗣续，复阐发之。旧版历岁弥远，毁不复存，大道之妙几为湮没，每临帙而感焉。遂以师祖、先师像传记录于内，捐资命工锓梓，以广其传，而与四方学者共之①。

胡序大抵陈述了邵以正求序之初衷：一者，《净明忠孝全书》原版已毁，不便复刻；二者，该书原版年代已远，至元明之际净明道已“大道之妙几为湮没”，若非得赵宜真、刘渊然“复阐发之”，而净明道或终难见天日。邵以正“每临帙而感焉”，认为赵、刘对于明初净明道之“振扬而昌大”可谓居功至伟，将其二人增入净明嗣师之列，当是实至名归。于是将赵、刘二人像、传增入书中，间接地将赵、刘、邵一系作为净明宗派正统传承。实际上，这一努力是较为成功的，赵、刘二人也顺理成章地被后世净明道奉为嗣派祖师。

以上胡濙序大抵已表明邵以正刊行《净明忠孝全书》的初衷。邵以正自己付梓刊印该书，不仅出于原版因年代久远已毁而有重刊之必要，还在于邵氏在推广净明道并极力确立该宗派为净明正统，并以赵、刘二人为净明道嗣师而做出的努力。只不过，由于其后并未见其徒裔编辑、刊行该书，因而邵以正最终未被列入净明嗣师之列，但其成为明初继赵宜真、刘渊然之后净明教义、学说、思想传承及教派重构的关键性人物，这一点是毫无疑问的。

虽然赵、刘、邵一系“所行，必以忠孝仁慈为本，不汲汲

---

① ［明］邵以正辑：《净明忠孝全书》胡濙序。

于其他”[1]，但与赵宜真、刘渊然相比较，邵以正身上的净明道痕迹是最为明显的。他素以主张“学道者以忠孝为第一事”及“惟本于诚”，然而其并未被后世净明道尊为嗣师，甚至并未承认其净明嗣派之身份和地位，《逍遥山万寿宫志》与《净明宗教录》对其则只字未提。郭武认为，究其原因，“邵氏并非道术不精、学识不博，亦非地位不高、影响不大，其之所以未能被纳入宗派，盖与诸书的选择标准有关，如朱道郎曾解释《净明宗教录》中人物的取弃原则及用意道：‘其有在净明之门，言或不纯，行或不全者，不录；有心乎净明之教，派虽不同，道原不二者，必传；亦少留劝惩之微意云耳。’也就是说，作为整个道教经典总集之《道藏》主编，邵以正的言行或有‘不纯’同于某一派别之处。”[2] 也就是说，赵、刘、邵一系所传承之道脉有杂乱之感，既有全真金丹法脉之传，又有清微雷法之传，还有净明忠孝道脉之传，这种杂而多端的传承使其很难归属于某特定道派。这是其一。其二，作为净明道祖庭的逍遥山万寿宫于明初并未见太多活动，而以赵、刘、邵一系为主的新净明道派则于朝中甚得褒崇，但该系之发展实际上与逍遥山万寿宫无多大关系。刘、邵一系于明初见宠，但明代中期以后逍遥山万寿渐开始兴盛，因而只是对本派传承加以重视，而并未将刘、邵一系纳入其中。其三，赵宜真、刘渊然被尊为净明嗣师，不仅源于其对净明道的“振起之力”，也因其有著述传世。相比之下，邵以正虽在振兴净明道方面有所作为，但并无著述传世，且其后该系统并未

① ［明］王直撰：《抑庵文后集》卷5《长春刘真人祠堂记》，文渊阁《四库全书》本，第1241册第48页。

② 郭武：《赵宜真、刘渊然与净明道》，《世界宗教研究》2011年第1期。

得到有效接续，故并未被后世净明道奉为嗣师。

由于以上诸原因，后世出现的以刘渊然为宗师的“长春派”亦具有归属不明之特点。其不纯属于以逍遥山万寿宫为主体之净明道，又不纯属于清微派，也不纯属于全真北派或金丹南宗之系统。但该派又以净明忠孝为本，兼行医术济世度人，还以清微雷法显，其中还有全真北派及金丹南宗之痕迹。长春派虽非刘渊然所亲创，但已成为云南境内流传的主要道派，杂糅各家、推陈出新。

明代，《净明忠孝全书》尚有山西山阴王府刊本、嘉靖邓继禹重刊邵以正本，其中，山阴王府本不知刊于何时，但与所谓刘渊然刊本的情况不同，即便先于邵以正刊行，邵以正也未必能够见到。关于山阴王府本可能刊于嘉靖年间的推测，郭武先生已做论述。邵以正一度努力构建自身的净明正统身份，并且显然也影响了净明道的历史叙述①。

胡濙序中称：“而（邵）以正继长春真人所传之道，融会贯通，莹澈于心，如镜之明，如水之净，忠孝恒存于方寸，惠利普及于幽明。其道法之精，制行之笃，缵述之勤，而奉先淑后，诚大有补于名教也。”② 其中似透露出《净明忠孝全书》为邵以正删减本之意味。邵以正编辑此书之目的在于宣扬净明道并确认自己的净明道身份，但该序称其对刘渊然所传之道已“融会贯通，莹澈于心”，因而，《净明忠孝全书》通过邵以正增补重刊而确认邵以正极力将自己列为净明嗣派正统，而“万历以降奉行的

① 许蔚：《〈净明忠孝全书〉的版本、内容及意涵概说》，《香港中文大学道教文化研究中心通讯》2015 年第 37 期。

② ［明］邵以正辑：《净明忠孝全书》，第 20 页。

‘净明运动’中出现的宗派叙述也确实存在将邵以正列为净明嫡传祖师之一的情况”①。

其二，该书卷末有邵以正后序②，大抵表达了邵以正对净明道脉、法脉的追认，并有希望净明道法能在其努力下发扬光大之意。邵后序全文如下：

经曰：欲修仙道，先修人道。是以净明道法必以忠孝为修行之本，扶植万世之纲常，实群仙积功累行之先务也。盖忠孝，人道之大端，百行之原也。忠莫大于不欺，不欺莫大于不欺君；孝莫大于爱，爱莫大于爱亲。故施之必自君亲，始扩而充之，一念之或欺，非忠也；一体之不爱，非孝也。忠且孝则性天不昧，性天不昧则净而明矣。夫净明者，道体之本然也，先天也；忠孝者，道之用也，后天也。自忠孝驯至乎净明，后天而先天也。仙圣之道，岂有外于此哉？

昔者若干年，玉真祖师应龙沙之谶，亲受旌阳之传，为八百真仙之师，匠以大阐斯道于垂绝，再传至丹扃祖师，辑为是书，以诏学者。厥后我师祖原阳赵真人、先师长春刘真人，上承仙绪，实振扬而昌大之学者，宗为嗣师焉。以正猥以庸陋，仰荷师传于忠孝之旨，虽尝窃幸，预有闻焉。犹愧未能上窥净明阃奥之万一。然而不敢以愚呆自弃而不勉，焉以求至也。同志之士幸逢道运之方隆，可不知所用其立哉？惜乎！是书板毁不存，学者不能睹此大道。以正捐资命工重寿诸梓，以广其传，其于道也庶有小补焉。复以原阳、长春

① 许蔚：《赵宜真、刘渊然嗣派净明问题再探讨》，《宗教学研究》2016年第1期。

② ［明］邵以正辑：《净明忠孝全书》，第77—78页。

二真人像传刊于诸祖之后，用续师派云。

景泰三年岁次壬申中秋日

嗣派弟子守玄冲靖高士兼道录左正一东吴邵以正斋沐顿首谨书

在后序中，邵以正亦澄清其嗣派之身份，称“猥以庸陋，仰荷师传于忠孝之旨，虽尝窃幸，预有闻焉”，称其为嗣师刘渊然所传正派，并将赵原阳、刘渊然像传编入《净明忠孝全书》以承其绪。该后序作于景泰三年（1452），其时邵以正为道录司左正一，位高权重，他希望通过自己在朝中的地位宣扬其道派也在情理之中。因而，除了自己所作的序外，邵以正还邀请关系较为密切的胡濙作序，以显扬其教。

综上所述，从《净明忠孝全书》明洪武三十一年刊本、《正统道藏》本及邵以正刊本来看，已粗略展现邵以正欲建立净明道统方面的努力，因而将赵原阳、刘渊然像传编入其书。邵刊本大致完成于英宗景泰三年，其时邵以正深受皇室褒崇，故想顺势完成其建立净明道统之重任，以确认赵、刘、邵一系为净明正宗。尽管邵氏最终也未被列为净明嗣师，但由于他的不懈努力，使净明道成为有明一代较为兴盛的道派，尤其是流传于云南的长春派，是极具意义的。

第三节　《青囊杂纂》

《青囊杂纂》是明清时期广泛流传于江南地区的道教医典，由邵以正在其师刘渊然、师祖赵原阳鸠集医方的基础上继述而成，具有鲜明的净明道色彩。赵原阳、刘渊然、邵以正一系所相授受传承者，除了净明道法、清微雷法等法术之外，尚有医药仙方。晚年的邵以正曾收集其师祖、师父所传胎产、小儿、追痨、济急、济阴、理伤、续断等药方及医学著述，汇编而成《青囊杂纂》一书，其中包括《仙传济阴方》《徐氏胎产方》《仙传外科集验方》《小儿痘疹证治》《秘传外科方》《济急仙方》《上清紫庭追痨仙方》《仙授理伤续断秘方》《秘传经验方》。现有刻本《青囊杂纂》，署名“邵以正编”，为上海中医药大学图书馆藏明弘治崇德堂刻本。陈鉴《青囊杂纂序》云：

> 苏邵尊师以正《青囊杂纂》一书，殆所谓周遍广洽，庶几乎仁人之所用心者欤！自其师祖，今封崇文广道纯德赵真人宜真，已广参博访搜罗，于耳闻目睹之余，手自传录，积久弥多，遂付其高第弟子冲虚至道玄妙无为光泛衍教庄静普济长春刘真人渊然，且曰：“方以济人，亦吾徒累功一事也。然传之不博，岂周遍之心哉？尔其识之，当有以成吾志也。”未几，长春遂大倡其道于高皇时，暨事文皇、仁庙、宣庙，益衍益盛，乃拜真人之封。洪武间，寓冶城朝天宫西山道院，爰取前所受方书，若济急、济阴、外科、胎产、小儿、追痨、理伤、续断诸家仙传秘授神效奇验者，类为八卷，刻梓以行，人受其赐者七八十年。长春既归老冶城，寻亦仙去。而邵尊师日被显用，其道之所以阴翊皇度、康济斯民者，亦不减于长春。恩宠之盛，骈休俪美，迨今进进尤未已也，而其济人之心盖惓惓焉不能忘。故凡天下之至人真士莫不愿见，以吐奇出妙为先容，师皆款接之无虚日，乃得增其所未能，广其所未闻，玄机密旨、海上局中，俱收并蓄，

> 遂择取尝亲验者别为一编，曰《秘传经验方》，以附于诸方之后。寻又以旧本书画微眇，且岁久，日就漫灭，乃谋新之，而益以所附，更为九编，厘为三卷，而以今名贯之，大其书而疏其列，虽耄老眵昬亦可辨其为某某，诚有便于人①。

从陈序可知，该书乃是邵以正在赵宜真《仙传外科秘方》、刘渊然《仙传外科集验方》八卷本基础上，广收民间验方列其后而成九卷。

一　赵宜真《仙传外科秘方》及其医学贡献

赵宜真是元季明初净明道集大成者，其在医学方面亦有较大贡献。盖建民先生曾云："赵宜真是元末明初道教宗派发展史上一个有特殊思想贡献与地位的高道，道号元阳子，江西安福人，其道脉传承与思想颇为丰富与多元，集儒释道于一身，兼通道教内炼南北二宗之学，集全真、清微、净明诸派之传，尤被清微、净明两派尊为嗣师。"② 张宇初《岘泉集》有"原阳赵真人传"，称：

> 赵原阳，名宜真，吉之安福人也。其先家浚仪宋燕王德昭十三世孙，某仕元，为安福令，因家焉。原阳幼颖敏，知读书，即善习诵，博通经史百家言，长习进士业，未几试于

① ［明］邵以正编：《青囊杂纂·序》，明万历崇德堂刻本。

② 盖建民，陈龙：《赵宜真道脉与著述文献新考》，《四川大学学报（哲学社会科学版）》2009 年第 5 期。

> 言，以病不果赴，久不愈。夜梦神人曰：汝吾家人，向望世贵。父遂命从道。已而笃嗜恬淡，学益进。初师郡之有道者曰曾尘外，嗣诸法要，间有缺文，必考述尽详；复师吉之泰宇观张天全，别号铁玄张师，龙虎山金野庵得金液内丹诀；后复师南昌李玄一，玄一荐之师蒲衣冯先生，冯亦师野庵[①]。

张宇初所记大抵概述了赵宜真之师传情况。邵以正刊本《净明忠孝全书》称赵宜真“尤好济人，至于医药靡不研究，所著方论为多”[②]。赵宜真喜校订道书，“凡道门旨奥皆缀辑成书，或为诗歌以自警，尤以医济人，且绝交游，寡言笑，闻者愿礼不获。其高行伟操，为时所推慕，从游者益众”[③]。赵宜真所传一脉虽承宋元以来的净明一系道统及清微法脉，但旁通全真丹法及医学，尤其在医术方面有极大贡献。

《明史·志》第七十四《艺文三》载有“赵原阳《外科序论》一卷”，《千顷堂书目》称有“赵原阳《外科序论》一卷，又《仙传外科秘方》十一卷”，《本草纲目》（金陵本）收录“赵原阳《济急方》”等，第一卷“历代诸家本草”亦列出所收赵宜真医方“《济急仙方》《纂要奇方》《端效方》”。《中国医籍考》有“亡名氏《仙传外科秘方》（医藏目录赵宜真撰）”，《国史经籍志》中收录《仙传外科集验方》，称该书初由元代杨清叟撰，由赵宜真编集并序。《道藏提要》称：《仙传外科秘方》又称《仙传外科集验方》，题“原阳子赵宜真集”。编首有洪武戊

① ［明］张宇初撰：《岘泉集》，载《道藏》第33册，第232页。
② ［明］邵以正辑：《净明忠孝全书》，第30页。
③ 同上。

午（1378）赵宜真序及吴有壬序，皆言此书辑刊之始末[①]。

赵宜真自序称：

> 余少读书，尝闻先哲云：为人子者不可不知医。于是遇好方书，辄喜传录，累至数十帙。见有疾者，如切己身，常制药施与。一日，先君子训曰：施人以药，不若施人以方，则所济者广。从而有已验之方，必与乐善之士共。及冥栖方外，悉弃旧学，况经尘劫，煨烬无遗，仅《外科集验方》一帙，乃禾川杨清叟所编述，以授吴宁极。宁极之子有本以授西平善观李先生。先生以授于宜真者，其方简要，惜未版行，故独存之[②]。

谓此《仙传外科集验方》原系杨清叟所编述，辗转授于赵宜真，赵临终时嘱其徒刊印行世。此书今存《道藏》本，《国史经籍志》所录即该版本。

赵宜真在世时该书并未刊行，他去世后承担该书刊行重任的即是其嫡传弟子刘渊然。该书认为，病虽在表但病因则源于内，因而对任何疾病的治疗须以调阴阳、通气血为根本方法。该书中收录四百余药方，除传统验方外，更广采多种民间偏方、验方，涉及面广、针对性强，颇具临床价值，即使对现代医学亦具有参考意义。该书末尾附有《力到行方便文》，其意在劝人广行善事以济人危难，并通过戒杀、布施等极具宗教色彩的说教以劝导世人，亦表明净明道重行善济世之特色。《青囊杂纂》最终由邵以正编集刊行，但后世亦多将邵氏与赵宜真、刘渊然混为一谈。如

① 任继愈主编：《道藏提要》，第1155页。
② ［元］赵宜真撰：《仙传外科秘方》，载《道藏》第26册，第659页。

《古今图书集成·医部全录》所录“枯痔方”称：“一方士将此二方，在京治人，多效，致富。一富商因验，以百金求得之，缘于予，予虽未用，传人无不言效。但枯药赵宜真炼师已刊于《青囊杂纂》，如神。”[①] 不知此所称在京治人的“方士”是否即邵以正，但以上大略可知，赵宜真一脉所传医方较多，且活人无数，因而深得门人推崇。

赵宜真门人众多，“所授致雷雨、度精爽，屡有异感，从之者不远千里，云集座下。壬辰兵兴，携弟子游湘蜀，历武当，谒龙虎，访汉天师遗迹，冲虚天师深加礼敬，上清学者多师焉。”[②] 但唯刘渊然成为其门中翘楚，“长春真人刘渊然尤入室焉”，张宇初称“其徒则曹希鸣、刘若渊尤入室焉”。曹希鸣为明初龙虎山道士，洪武十五年（1382）充道录司演法之职，有《太上混元实录》传世，《明太祖高皇帝实录》卷之二百四十三称：“己未，重建朝天宫成，先是，建是宫，凡正旦、圣节、冬至，群臣习朝贺礼于其中，上以其制度未备，故命重建之。至是成，诏右演法曹希鸣住持。”[③] 张宇初所记与邵以正刊本《净明忠孝全书》不尽相同，盖各有侧重，但从刘渊然、邵以正等人传播净明学说的情况看，刘渊然尽得赵宜真所传确是可信的。《全真道教源流》卷七称“其徒甚众，继承道统者刘渊然一人而已”[④]。

① ［清］陈梦雷编：《古今图书集成·医部全录》卷280，第785册第222页。
② ［明］邵以正辑：《净明忠孝全书》，第30页。
③ 《明太祖实录》卷243，第3535页。
④ ［清］陈教友撰：《全真道教源流》卷7，第18—19页。

二　刘渊然《仙传外科秘方》及其以医济人传统

从明代以后的医学类书、偏方、仙方杂集中皆可看到刘渊然之名，尤其是滇版《净明忠孝全书》的发现，可知刘渊然于永乐初谪滇期间，不仅将其道法广传于云南，更以其医术济世度人，进而形成了以刘渊然为祖师的云南长春派善医术的特点。刘渊然为赵宜真嫡传弟子，同治《贵溪县志》卷十一称其："幼为祥符宫道士，后诣雩都紫阳观师赵原阳，传其法。"①《长春刘真人祠堂记》称："真人志行高洁，由儒入道，凡其所行，必依于忠孝，惓惓为国祝釐，以济民利物。凡可以布德施惠，使人得乐其生，如医药之类，皆盛行于世。"② 可见刘渊然在滇期间，曾广传其师赵宜真所传仙方济世，其所传医方皆源于赵宜真。

刘渊然从其师赵宜真处所传医方较多，其中最重要的就是洪武二十九年（1396）将《仙传外科秘方》（后世医书所引者称其为《刘渊然济急仙方》）整理刊行。该书吴有壬序称："因循至壬戌夏五月，而原阳仙化，遗命嘱其徒刘渊然终其志。渊然佩服不敢违，仍将所授秘方总编为一卷。……然非渊然次第集录，则不能就一全书。"③ 该书中有刘渊然序，云：

> 人之百病，莫甚于痨瘵，始于一身，终则延蔓，而有灭门之祸，甚则及乎亲友，不已惨哉。因存先师原阳赵公手编

---

① 苏晋仁、萧炼子选辑：《历代释道人物志》，第 592 页。

② ［明］陈琏撰：《琴轩集》卷 4《长春刘真人祠堂记》，文渊阁《四库全书》第 1241 册，第 1428 页。

③ ［元］赵宜真撰：《仙传外科秘方》，载《道藏》第 26 册，第 660 页。

> 《治痨方论》，盖出紫庭法中，皆前代明师所论治要方法，实为简切。问尝以之施人，无不奇验，是用锓刻，以广流传。倘苟有是病，而得是书者，不待开津启钥，而可以续命于危急之秋矣，且使人人得以同跻于仁寿，实所愿也①。

该序题“洪武二十九年，岁次丙子孟秋，章贡体玄子刘渊然书”，则大抵知该书于是年刊行。

除了高超的法术之外，刘渊然还继承其师赵宜真的济人济世精神。《重刊江南府志》卷五十一《仙释》称他“遇赵原阳授以道法，旁通医术，恒以金丹活人”②。永乐初，刘渊然谪滇三年，居龙泉观传道，收徒百余人，“滇南之民有旱疫，求祷无不应，(教) 化大行”③，故其道在云南的传播除了清微雷法、净明道法等之外，尚有《仙传外科秘方》等医书、偏方，甚至可能将其门派中秘传的“如意丹方”亦编入其中以救济急难，出现了“滇民告旱，疾疫大作，真人檄龙施药甘雨布，疾者苏，邦人感谢者接踵道路”④ 的盛大场面。因而明清以来的云南长春派不仅兼修净明、清微雷法，还一直保留了以医术济世度人的传统，这与刘渊然的传播是分不开的。

刘渊然在医学、医术方面的成就或仅在于运用，除了编集《仙传外科秘方》之外并未见其他医学著作，但后世医书常引用《仙传外科秘方》中的药方，并有直接署名“刘真人方”者，如

① 丹波元胤编：《中国医籍考》卷53《方论》，第891页。

② 苏晋仁、萧链子选辑：《历代释道人物志》，第285页。

③ ［明］王直撰：《抑庵文后集》卷5《长春刘真人祠堂记》，文渊阁《四库全书》本，第1241册第48页。

④ ［明］邵以正辑：《净明忠孝全书》，第33页。

《本草纲目》中即是。然而，继承并将赵宜真、刘渊然一脉净明道医术发扬光大者，当为刘高足邵以正，邵可谓净明医术之集大成者，其代表作即《青囊杂纂》。

三 邵以正与《青囊杂纂》

《本草纲目》（金陵本）第一卷序例上《历代诸家本草》引邵真人《青囊杂纂》中的药方无数。其邵真人即邵以正。盖建民先生言："邵以正编著了一部颇有影响的道教医学丛书《青囊杂纂》行于世，为赵宜真再传弟子。"① 今尚可见者为上海中医药大学图书馆藏明弘治崇德堂刻本。根据《国家珍贵古籍名录》称：现存《青囊杂纂》八种八卷，明邵以正编，明弘治刻本 2 册 1 函存 3 卷。明人胡文焕亦曾刊刻收藏《青囊杂纂》八卷，另有清代抄本流传，目录即含有《仙传济阴方》（一卷）、《徐氏胎产方》（一卷）、《仙传外科集验方》（一卷）、《新刊小儿痘疹证治》（一卷，明许荣撰）、《秘传外科方》（一卷）、《急济仙方》（一卷）、《上清紫庭追痨仙方》（一卷）及《仙授理伤续断方》（一卷）等。但陈鉴原序则称邵以正"遂择取尝亲验者别为一编，曰《秘传经验方》，以附于诸方之后"，但未晓该《秘传经验方》是否别为一卷，又称"寻又以旧本书画微眇，且岁久，日就漫灭，乃谋新之，而益以所附，更为九编，厘为三卷。"大致可知《青囊杂纂》一书至少有两种版本流传，即八卷本（或九卷本）及三卷大字本。从目录看，《青囊杂纂》所集医方除了

① 盖建民，陈龙：《赵宜真道脉与著述文献新考》，《四川大学学报（哲学社会科学版）》2009 年第 5 期。

其师祖赵宜真所传、由其师刘渊然刊刻的《仙传外科秘方》之外，尚有《急济仙方》《上清紫庭追痨仙方》等，均为赵、刘一系所传，其余诸方则出自其他医家之手，如《新刊小儿痘疹证治》，为许荣所撰，邵氏只是“新刊”而已，其余则收集于民间。

据《国家珍贵古籍名录》所称，《青囊杂纂》最早刊本出于弘治年间，即1488至1505年间。邵以正于宣德二年（1427）被召入京，被推荐为道录司左玄义开始，至天顺六年（1462）卒这35年中，其活动主要在南京、北京等地，因此该书的编集当在京师完成，而且该书编纂时间很可能在英宗复辟之后的天顺元年（1457）至天顺六年之间。萧霁虹称：“从藏书地点可以推断，《青囊杂纂》是刘渊然、邵以正从云南返回南京后的著作，所以有多种版本流传于江浙一带，云南本地至今还没找到存本，仅有相关的养生济世的药方至今流散、保存于民间道士的科书之中。”[①] 而陈鉴《青囊杂纂序》表明作序时间为“天顺三年岁次己卯秋八月朔”，故该书之刊行时间当在天顺三年（1459）八月前后，当为首刊本，弘治间曾重刊，附有金琮《济急仙方序》，称：“金陵许孟仁家多医方，以此寿梓，以广其传，盖体仙家济生之遗意也，其用心亦仁矣哉。”[②] 所署时间为“弘治丙辰”，则现在可见之版本为弘治九年（1496）重刊本。而此处所谓金陵许孟仁家所藏的《济急仙方》或即《青囊杂纂》，而序中亦未提及邵以正或刘渊然、赵宜真等人名讳，崇德堂刊本陈鉴序亦可推

① 萧霁虹，晏祥磊：《刘渊然的养生论着——兼论藏外道教养生文献的抢救与整理》，《中国道教》2015年第5期。

② ［明］邵以正编：《青囊杂纂》金琮序，弘治崇德堂刊本。

知该书即《青囊杂纂》，且当时已流传极广。

实际上，刘渊然于洪武二十九年刊行《仙传外科秘方》之后不久便被敕准作“寻真之游”，又于永乐间至滇弘道，当时的云南缺医少药，民病则祭神祀鬼，“察其人病，或祭神祀鬼，间有病者求药，而里无良医，或恣其偏僻之见，求为殊异之方，造次用行，死者多矣”①，故被贬戍云南的朱元璋第五子朱橚始刊刻《新刻袖珍方》以济民，但流传有限。而刘渊然至滇时，情况也大抵相似，故而以医方救济乡民，名声大振，为其道派的传播和传承提供了有利条件。

虽然云南长春派并非由刘渊然或邵以正所亲创，但“长春派道士善于医药，对当地群众养生、看病起到了重要作用，及大抵提高了云南的医药水平。云南药材众多，为刘渊然的医药养生研究提供极大方便，让他对道教医方的收集、整理与传播做出了特殊贡献。……重视外科急症，重视外症、急症、伤科，使得该书极有特色。这些药方经过临床验证皆有一定的疗效，对于临床治疗具有重要参考价值。”②

邵以正在随师过程中不仅以其师祖所传的《仙传外科秘方》及《济急仙方》等作为救治病人的良方，还四处搜寻验方、偏方等，最终编集成《青囊杂纂》，《本草纲目》（金陵本）中所录“邵以正经验方”几乎遍及全书。如《本草纲目》（金陵本）第七卷《土部》有专治折伤筋骨的“秘传神效散”：

治跌扑伤损，骨折骨碎，筋断，痛不可忍。此药极能理

① 《新刻袖珍方》，刘氏明德堂本，上海：上海中医药大学图书馆藏，1522 年。

② 萧霁虹，晏祥磊：《刘渊然的养生论着——兼论藏外道教养生文献的抢救与整理》，《中国道教》2015 年第 5 期。

伤续断，累用累验。用路上墙脚下，往来人便溺处，久碎瓦片一块，洗净，火米醋淬五次，黄色为度，刀刮细末。每服三钱，好酒调下。在上食前，在下食后。不可以轻易而贱之，诚神方也[①]。

末署“邵以正真人经验方”；第三十二卷《果部》有补益心肾的“仙方椒苓丸”、呃噫不止治疗方；第八卷《金石部》有“走马牙疳”“妇人心痛急者”“黄水脓疮”等治疗方；卷九《石部》有“破伤中风”“下疳阴疮”治疗方；卷三十一《石部三》有“水泄不止”方；卷二十四《谷部三》有“一切肿毒初起”方、卷二十七《菜部》有“黄水疮”方、卷三十六《木部》有“消积顺气”方等，均属“邵真人经验方”。足见《青囊杂纂》药方流传之广，对明代医学做出巨大贡献。明吴正伦《养生类要》中亦有使人“容颜不衰，须发变黑，齿落更生，老弱亦能康健，目视十里，力加百倍，行路不倦，寿算延长，却病多子”的神方“神仙长春广嗣丹，又名保命延龄丹”，并称该方“邵真人传施此方，吾徽郡数十人服，皆获延年多子之效，兹不尽录”[②]。清胡廷光《伤科汇纂》一书中亦载邵以正“挫闪伤”等方，皆出自《青囊杂纂》，足见该书对后世医学所做出的贡献。

① ［明］李时珍：《本草纲目》，文渊阁《四库全书》本，第772册第594页。
② ［明］吴正伦撰：《解饮食诸毒》，载《养生类要前集》，嘉靖戊子年（1528）木后山房重刊本，第64页。

第四节 《玄宗内典诸经注》

邵以正所编纂的典籍之中，除了景泰三年刊本《净明忠孝全书》、正统八年《新刻长春刘真人语录》、弘治《青囊杂纂》等书籍之外，尚有《玄宗内典诸经注》一卷，是邵以正晚年专注于道派思想构建的有力证明。本书前面所言，邵以正于宣德间开始了其道官生涯，正统间受敕督校《道藏》，虽非自己亲自编纂，但督校工作亦较为繁重，直至正统九年督校完成，正统十二年颁赐天下道观收藏，以督校之功擢升左正一，领道教事，不久即获高士、真人之号。该时期邵以正为教务所累，况且当时朝中政治风云变幻莫测，故其对于道学方面并无太多时间涉猎。至英宗复辟，其颇受牵累，本欲辞去一切道职，但未获准，仍旧任左正一间住，不久因张元吉保奏而赐通妙真人号，仍领道教事，不过其权力已大不如以前，且身体多有不适，故天顺初开始，他的活动已经很少。再者，此时他收徒众多，更有高徒如喻道纯、胡守法等已在道录司担任要职。

另外，经过其师刘渊然的大力弘扬，净明道已名扬天下，其影响力几乎与龙虎山一系相当，虽然邵氏自己也不遗余力地投入到赵、刘一系的净明道统构建工作中，但邵氏自己也感觉对古代各派所尊崇的丹经、道学等疏于研究，对于本门派的传承和发展是极其不利的。这也是邵氏在正统后期及天顺初期致力于书籍的编集、校订的原因，尤其是对《净明忠孝全书》的修订再版、《长春刘真人语录》的编纂成书以及《青囊杂纂》的纂辑，几乎奠定了后世净明道，特别是云南长春派的发展基调。因而，可以说，督校完《道藏》之后的十多年是邵以正一生中最为重要的时期，也是邵氏取得卓越成就的时期。

一　《玄宗内典诸经注》版本问题

《玄宗内典诸经注》是邵以正于天顺四年（1460）刊行的丹经注本，共一卷，署名“明邵以正辑”，收入《藏外道书》第七册，另有日本东京大学东洋文化研究所图书馆藏本，书前有“备前宰相浮田秀家际朝鲜役，物色护国史籍，而将来者为数颇多，后以之兴，曲直濑养安院云：‘本书则共一册也。’大正元年十月识，揪邨”，从该“识”可知该书为日本曲直濑养安院藏本。浮田秀家，即宇喜多秀家（1573—1665），是日本战国时代、安土桃山时人，宇喜多直家之嫡子，曾作丰臣秀吉养子，是丰臣秀吉统治时代的五大老臣之一，其治绩也被人称为“备前宰相”。养安院为日本后阳成天皇侍医曲直濑正琳及后世藏书之所，后称曲直濑养安院。江户时代，养安院与红叶山文库、蓬左文库等齐名，不仅藏有中国宋、元、明时期各类善本、和刻汉籍及古写本，更以富藏医书及朝鲜版图籍著称。从该“识”的记录看，《玄宗内典诸经注》当于1592年“壬辰之役”中被掠夺至日本，后收藏于曲直濑养安院。“大正”是世本大正天皇在位期间使用的年号，即1912—1926年，“大正元年”即1912年。该“识”并非是全书的一部分，当为后面所粘贴上去的。《藏外道书》所收录的版本并无该“识”，但前后二序是一样的，所收录者为国内藏本。

该书录有二序，陈述邵以正刊刻该书的缘由。前序为“赐进士及第翰林国史修撰、前经筵讲官玄同居士郡人陈鉴缉熙书”，后序则由邵以正本人所作。陈鉴（1415－?），字缉熙，号方庵、芳庵、心远楼，长洲（今江苏苏州）人，正统十三年（1448）一甲第二名进士（榜眼）。天顺元年（1457）与高闰出使朝鲜，与朝鲜大臣有唱和，集成《丁丑皇华集》，官至国子监祭酒。著有《介庵集》，今不传。《钦定四库全书》所录《明诗综》卷九十四有“天顺元年，使朝鲜者翰林修撰吴陈鉴缉熙”字样，明丘浚有《送陈缉熙修撰使高丽》七言诗，知陈鉴确曾出使朝鲜。且丘浚诗中已有“海上天风吹节旄，玉堂仙子锦官袍”字句，说明了当时陈鉴已以“玄同居士”的道教俗家弟子身份自称。而且，陈序中亦有“师尊属笔首，简予特著夫身”，则陈可能是邵以正所收的俗家弟子。

二　《玄宗内典诸经注》刊刻缘起及其注本

（一）邵以正后序及刊刻原因

《玄宗内典诸经注》之刊刻缘由，陈、邵序已有详述。邵以正后序称：“予自受道于先师长春真人以来，每取诸经及先正注释之言，印证之，言殊理同，若合符节。而今之学者，务此者鲜。有慕高处以为别有至道，而可以驾空凌虚，有不究至道，渥于丹书，以意猜度，烧炼丹砂，或惑于傍蹊采取等术，自谓可以登直出世，千门万户，远诳后来，殊不知阴阳须采自家真，岂可外吾身而求之他人也。以至百无一成，老死非悟，良可惜哉！”该序大抵描述了当时道教界务虚、追求华而不实、追求捷径的混乱局面，极少有人能钻研历代道书、丹经，而妄求神异，“有慕高处以为别有至道……有不究至道、渥于丹书，以意猜度，烧炼丹砂，或惑于傍蹊采取等术”，邵以正有惋惜、痛心疾首之感。邵以正这一感叹或源于当时诸道派多注重外丹烧炼、栖神炼气甚至三峰采战之类邪术之不良风气而发，抑或源于其想通过刊行经典而为净明一系梳理出有价值的修道必读书目以正本清源的初衷。无论如何，邵序所反映的是当时道教界所呈现的一些乱象，也表明了邵以正在传承其师刘渊然的师训并力求建构净明道统所做的努力，同时也折射出邵以正的修道思想。

从邵序看来，邵以正提出“道”“经”“心”的修道理念。他认为，道为先天之体，而足以垂世立教者为经，即那些有助于修炼、修行的经典，并通过人心是否净明以确定是否能通玄究微，称心乃“主宰一身，开张万法”，也就是说，一切修行皆源于心，心在人心中，学道之人当“自觉照”而“使妄心灭而真心见”，达到“明心见性”的目的。因而，邵以正所辑录之玄宗内典诸经皆是教人明心见性者，这与赵宜真、刘渊然一直所倡的《天心帙》所言无太大差异。

邵序引述了《阴符经》中“天机，人心；人心，机也”的心机论，并用《清静经》中“湛然常寂，寂无所寂”之论以阐述体察天机之理，既然人心即天机，天机即人心，则体察人心即意味着可以觉悟天机。《长春刘真人祠堂记》称赵宜真曾授刘渊然曰“人心即天心，欺心即欺天”，并要求他“日之所为皆书之，其不可书者勿为也”。此后，刘渊然即以此“以授守元，而举以自代，此其相传之要道”。王直称：“予观元阳之授长春，长春之授守元，其所告语者，惟曰心曰天，与其所行必以忠孝仁慈为本，不汲汲于其他。”[①] 称人心、天心论是赵、刘一系传承的要道，盖即净明《天心帙》中所论者。人心、天心论也成为邵以正的主要思想。

以上可知，邵以正辑录《玄宗内典诸经注》之目的，不仅是呼吁道教界摒弃错误的修行方法而向经典回归，也是敬告净明后学不可偏离经典而追求捷径，一切法要皆需内求，“阴阳须采自家真，岂可外吾身而求之他人也”[②]。这对于净明道弃虚务实、行道济世的思想的形成具有积极意义。

从序中可以看出，邵以正的修道思想是围绕着道德本旨而展开的。他认为所选注本皆阐发《老子》之意，“实道德之筌蹄，金丹之橐籥”，是修道成真的法门，因此希望后学者能“寻文解意，心目内观，内外湛然，真常独露”，这是邵以正所倡的修真捷径，胜过外丹烧炼，对志心于道的人会有一定的帮助。当然，根据邵以正本人所述，其“受道于长春真人以来”，经常翻阅诸经，而且其师也曾注释诸经，“印证之，言殊理同，若合符节”，说明其传于刘渊然的不仅仅是道法、医术，还有历代论述大道之经典，而一切修炼皆归于心，心即道，道即心。这可以看作对赵宜真、刘渊然所传之《天心帙》的阐发和补充。《天心帙》虽言及修心的重要性，并附修行之要，但毕竟缺乏经典支撑，因此，邵以正“特取历代圣师之经、诸《老子》注释之书”编成十一卷刊行，以广其传。这也是邵氏刊刻《玄宗内典诸经注》的主要原因，其正本清源的渴望溢于言表。

---

① ［明］王直撰：《抑庵文后集》卷5《长春刘真人祠堂记》，文渊阁《四库全书》本，第1241册第48页。

② ［明］邵以正辑：《玄宗内典诸经注》，载《藏外道书》第7册，第50页。

（二）陈鉴序及该书刊刻原委

陈鉴作《玄宗内典诸经注》前序，称："夫经所以载道，非经则道无所凭，不几于泯乎？注所以释经，非注则道无所明，不几于晦乎？晦而且泯焉，身斯道之任者，不能无虑也。"① 认为经可以载道，而注经则可以明道，作为"身斯道之任者"不可不注意注经的问题，显然以邵以正为承担传道重任之人。此处所谓"身斯道之任"或指邵氏扭转道教风气、构建净明道统方面，可能也有推尊其师之意，称邵氏刊行该书乃是"不得已焉者也"，如老子"不得已而为之"，以表达邵以正对当时所看到的道教界乱象而发出的慨叹。《古今图书集成·博物汇编·神异典》卷二百七十八《方士部》称："时天子颇信异教，褒崇道流。刘渊然辈，澹泊自甘，不失戒行。迨成化、正德、嘉靖朝，邪妄杂进，恩宠滥加，所由与先朝异矣。"② 此说不仅反映了明初因帝王崇奉道教而邪妄杂进的混乱局面，也同时赞扬刘渊然、邵以正等辈持守戒行、不失高道风范的宗师品格。这也是邵以正刊行《玄宗内典诸经注》的原因，其意图不言自明。

陈鉴称邵以正"于是取《道德经集解》刻之梓矣"，则大致说明《玄宗内典诸经注》刊行之前，邵以正亦曾刊《道德经集解》一书（具体见本章第五节），"今复集《阴符》《清净》《洞古》《大通》《消灾》《定观》《胎息》《心印》《五厨》九经及《入药镜》《青天歌》皆前贤之注释者，仍谋梓行"③，体现了邵

① ［明］邵以正辑：《玄宗内典诸经注》，载《藏外道书》第7册，第1页。
② ［清］陈梦雷编：《古今图书集成·博物汇编·神异典》第278卷《方士部》，第512册第30页。
③ ［明］邵以正辑：《玄宗内典诸经注》，载《藏外道书》第7册，第1页。

以正以注求经、以经求道的思想，因而邵氏先刊印《道德经集解》，后又集内炼、观心、悟道方面的经典十一部而汇集成册，以注求经，以作为修道之关键。邵所选诸经篇幅不长，但皆为道教各流派所重，包含心性修炼、内丹炼养等方面，属于修道者必读书目。

陈鉴本身即在朝为官，又是邵以正的俗家弟子，其序中所言与邵以正净明道旨多有契合，因此，序之主旨也有忠孝为本、儒道合参的意味。他称“修之于身，可以葆真毓和，以永夫清静自然之身，推之于国，可以圣君休民，以翊夫清静无为之化，而老子之道得以日兴月隆，弥久而弗替，既远而愈光，则斯道之任于是为无愧，盖非得已不已焉者也”[①]。实际上，这也是净明道一直所提倡的内道外儒、以儒全道思想的体现。在陈鉴眼中，邵以正严守戒行，甚忧大道泯没不传，因此“惓惓焉欲明斯道于天下”，恰恰体现了邵以正“用心之专，信道之笃”，因而“身遭明盛荷崇，累朝大倡其道于斯世”，这反映赵宜真、刘渊然、邵以正等人受历朝所褒崇的情形。当然，其三人受宠之原委不仅在于其道法精妙、以医济世，还在于其戒行精严，虽“望隆缙绅”但仍然甘于淡泊自守，而不失修道者的身份，这在当时邪妄杂进的混乱时局中，犹如一股清流，沁人心脾却又不失宗师典范。

序末不仅是平日邵以正对陈鉴的嘱托和告诫，称“夫身其道者，必思尽其责，不得已焉耳”，也是对后世学道者的劝勉，亦即，无论从事何工作，当尽职尽责，虽不得已而为之，但尽职

① ［明］邵以正辑：《玄宗内典诸经注》，载《藏外道书》第7册，第1页。

尽责也是修道。这也从侧面反映了邵以正刊行《玄宗内典诸经注》的“不得已而为之”的无奈。

（三）《玄宗内典诸经注》所选诸注本

《玄宗内典诸经注》是邵以正于天顺四年刊行的诸经注本，该书包括《黄帝阴符经注》《太上老君说常清净经注》《太上赤文洞古经注》《太上大通经注》《太上升玄消灾护命妙经注》《洞玄灵宝定观经注》《玉皇胎息经注》《无上玉皇心印妙经注》《老子说五厨经注》《崔公入药镜注》《青天歌注》，共计十一篇。

1. 朱熹注本《黄帝阴符经注》

《黄帝阴符经注》，由崆峒山道士邹䜣注。此“崆峒道士邹䜣”为朱熹化名。朱熹（1130—1200），字符晦，又字仲晦，号晦庵，世称朱文公，出生于南剑尤溪，为宋代著名理学家、哲学家。在《周易参同契考异》中，朱熹曾托名“空同道士邹䜣”，书中他“既订正文本，也考释义理，用力甚著”（卢国龙语）。《黄帝阴符经注》亦当为朱熹所作，《藏外道书》本《玄宗内典诸经注》中有“万历丙午中秋”字样，故该版本或于万历年间重刊，后被收录入《藏外道书》。

文中多引用朱熹文句，如上篇中解释“天有五贼，见之者昌。五贼在心，施行于天。宇宙在乎手中、万化生乎身”时注曰：“朱子曰：《阴符》说那五个物事在这里相生相克，曰五贼在心，施行于天，用不好心去看他，便都是贼了。五贼乃言五性之德，施行于天，言五行之气。”① 朱熹自称其青少年时期“出入于佛老者十余年”②，《明儒学案》中黄宗羲记云：“先生之

① ［明］邵以正辑：《玄宗内典诸经注》，载《藏外道书》第7册，第3页。
② ［宋］黎靖德编：《朱子语类》，北京：中华书局，1981年，第2620页。

学，始泛滥于词章。继而遍读考亭之书，循序格物。顾物理吾心，终判为二，无所得入。于是，出入于佛老者久之。及至居夷处困，动心忍性，因念圣人处此，更有何道？忽悟格物致知之旨。圣人之道，吾性具足，不假外求。"[①] 则朱熹曾受道教思想的影响，尤其是《周易参同契》。故而朱熹同样以"崆峒道士邹䜣"之托名注解《黄帝阴符经》，到处洋溢着理学气息。孔令宏说"净明道受理学的影响非常深，几乎可以说是理学在道教中的翻版"[②]，此说不假。如"朱子曰：瞽者善听，聋者善视，则其专一，可知绝利一源者，绝利而止守一源。绝利者，绝其二三；一源者，一其本源；三返昼夜者，更加详审，岂惟用兵，凡事莫不皆然？倍如事半古之人，功必倍之倍。又曰：三返昼夜之说，如修炼家子午行持，今日如此，明日如此，做得愈熟愈有效验。"[③] 朱熹注多佛道之论，这与其"出入于佛老"之经历及对佛道学说的领悟是分不开的。

实际上，明代儒学所承者实为宋代理学之绪，尤其是朱熹的思想中已有明显的道学和佛学的痕迹，这几乎奠定了明代儒学的基本走向，尤其是到了王阳明那里，这种痕迹已极为明显。只不过，朱熹偏于道而王阳明则偏于禅，但皆不离心性之说。以赵宜真、刘渊然为净明正统的邵以正一直关注心性问题，而且净明道教义教理中确有主张内道外儒的特点，因而注重心性的修炼也是净明道的最大特点。《黄帝阴符经》历代注本很多，但唯独取朱

① 转引自牟宗三著：《生命的学问》，原载 1954 年《幼狮月刊》。

② 孔令宏著：《宋明道教思想研究》，北京：宗教文化出版社，2000 年，第 300 页。

③ ［明］邵以正辑：《玄宗内典诸经注》，载《藏外道书》第 7 册，第 5 页。

熹注本编入《玄宗内典诸经注》，其意不言自明。当然，朱熹本《黄帝阴符经注》亦非完全代表朱熹思想，不过，至少朱熹以儒解道的理路对于净明学说的传播是有一定的帮助的。

2. 李道纯道经注本

《玄宗内典诸经注》中共收录李道纯注道经二种，即《太上老君说常清静经注》及《太上大通经注》，篇首皆署名“都梁参学清庵莹蟾子李道纯注”。李道纯，湖南都梁（武冈）人，字元素，号清庵，别号“莹蟾子”，宋末元初著名道士。李道纯博学多才，精于内丹学，其内丹理论兼容并包、系统完整。李道纯曾师从王金蟾，而王金蟾则为道教金丹南宗白玉蟾之弟子，于是，李道纯因为融合内丹道派南北二宗，以“守中”“致中和”为其内丹理论要诀，而被后世尊为中派丹法之祖。李道纯著述颇丰，有《护命经注》《大通经注》《洞古经注》《清静经注》等注本，此外还有《全真集玄秘要》《道德会元》《清庵莹蟾子语录》《中和集》《三天易髓》《周易尚占》等著作。

《清静经》乃是修道者必读经典，历代注家颇多，皆各有发挥，但旨意相差不大。邵以正选李道纯注本之缘由，或与李注本有“天心”之论，且引入了佛学思想有关。另外，李道纯师事王金蝉，王金蝉又师事白玉蟾，白玉蟾兼金丹南北二宗之学，曾撰《旌阳许真君传》，收入《玉隆集》中，《净明忠孝全书》之《净明道师旌阳许真君传》所用者即白玉蟾本。郭武认为：“除了许逊外，后世净明道关于胡惠超的种种说法也多本自白氏《玉隆集》之《逍遥山群仙传》，而《净明忠孝全书》卷一《净明法师洞真先生传》亦源自《逍遥山群仙传》中的《胡天师》篇，所不同者惟白氏言‘或云许、吴二君尝授其延生炼化、超元九纪之道’，而此处则作‘尝遇日月二君授以净明灵宝忠孝之道’。”① 因而，净明道本身即与白玉蟾之金丹南宗有密切关系。作为金丹南宗的传人，李道纯以“中”见著，与净明道思想也极为契合。

《新刻长春刘真人语录》解释“守中”：“中之一字极为要妙。此中，杳杳冥冥，无色无形，无内无外，无边无端，无欠无输，非身中之中，非思维上下之中也。修道者要识得这个中，当于念虑未起之先，求之此中之体也。”② 该书进而被邵以正选入《玄宗内典诸经注》之中。由此看来，邵以正对南宗亦极为关注，至少在丹法、雷法等问题上，净明道与金丹南宗理念也是极为相似的。如《海琼白真人语录》中，白玉蟾曾引许旌阳忠、孝、廉、谨、宽、裕、容、忍“八宝”，又称“真中有神，诚外无法”③。《龙泉观通妙真人祠堂记》亦称邵以正所传承于其师者，无外乎“诚”，“诚者，万事万物之本。诚之至，虽金石可贯，而况于人乎？况于鬼神乎？”④ 修身、求道、事君亲、奉神祇，皆本源于一个“诚”字。由此可见，两家学说多有共通之处。这也是邵以正选其注本的原因。

除了《太上老君说常清静经注》外，尚有《太上大通经注》为李道纯注本，称：“太上”谓无上可上，“大通”为无所不通，“经”谓登真之径路，众所同行之道也⑤。选注本之原因大略与

---

① 郭武：《白玉蟾对金丹派南宗思想的总结和发展》，《道教文化》1994 年第 9 期。

② ［明］邵以正撰：《新刻长春刘真人语录》，［明］胡文焕编：《元宗博览三十一种》卷 3，明万历刻本。

③ ［宋］白玉蟾撰：《海琼白真人语录》，载《道藏》第 33 册，第 124 页。

④ 周永慎编著：《历代真仙高道传》，北京：中国社会科学出版社，2003 年，第 377 页。

⑤ ［明］邵以正辑：《玄宗内典诸经注》，载《藏外道书》第 7 册，第 14 页。

上同，此不赘述。

3. 混然子道经注本

《玄宗内典诸经注》所选注本中，有《太上升玄消灾护命妙经注》《崔公入药镜注解》及《青天歌注释》等三篇署名“混然子注释”。王道渊，名玠，号混然子，江西南昌修江（今江西修水）人。其具体生平及师承因史料阙如难以考证，仅张宇初《还真集序》有“南昌临江混然子，以故姓博学，尝遇异人，得秘授，犹勤于论著，予读其言久矣”[①] 等字句，张宇初在序中“追溯丹道渊源时，自钟吕之后，列举了张紫阳（伯端）、石杏林（泰）、陈泥丸（楠）、白紫清（玉蟾）、李玉溪（简易）、李清庵（道纯）等南宗代表人物，而未提及北宗之传。此后过渡到王道渊，可见张宇初是把王道渊作为南宗道士的。而王本人也曾校正李道纯《三天易髓》，刊刻《清庵莹蟾子语录》六卷，表明他是极尊崇李道纯的。”[②] 由此看来，王道渊亦承南宗之学无疑。明代初、中期，北方全真道相对沉寂，鲜有著述，惟金丹南宗著作颇丰，且人才辈出。净明道亦于明代发展兴盛，且赵宜真、刘渊然等人既有北方全真之传，亦兼习南宗丹法，因而使赵、刘一系净明学者与南宗学者多有交流，甚至很多理念方面也多有共通之处，这也是邵以正在《玄宗内典诸经注》中选入了李道纯、王道渊注本的原因。

王道渊《青天歌注释》中将“青天”解释为人性，“浮云”

---

① ［明］张宇初撰：《岘泉集》卷1《还真集序》，载《道藏》第33册，第215页。

② 张晓粉：《全真道士王道渊的“道论”与“人论”》，《四川师范大学学报（社会科学版）》2008年第5期。

解释为杂念，称此二者是“修行人一个提纲”[①]，强调修行不可起一丝杂念，“一性正位，百邪自归”[②]，修学之士若要得道，则须“堪破生身，本来无个甚么，只甚么清净，存真常如赤子，性自空而命自固”[③]，若有一丝恶念起时，“急要知觉，便好回光返照，养其良心可也”[④]。以上所论者为修性工夫。王又言及修命工夫，“凡作丹入室之时，性君主内，流意沉下，水府熏蒸，存中根俟，阳火渐炽，举动上头……”[⑤] 等等，“修内则存神养气，外则混俗同尘，此乃在世出世，即与仙佛并驾，岂虚语哉!”[⑥]

王道渊在《崔公入药镜注解序》中说：“神仙之学，岂凡夫俗子之可闻，必是大根大器决烈丈夫、明眼高士之可为也”[⑦]，但其强调明师相授，因而“学者如牛毛，达者如麟角。此无他，在乎得传与不得传耳。神仙之学，不过修炼性命，返本还源而已”[⑧]。他注《崔公入药镜》之原因即在于“今之学仙者纷纷之多，及至与其辩论真诀，人各偏执一见，不合先师正传之道”并将其“师所授口诀，每四句下添一注脚，剖露玄机，作天人眼目”[⑨]。该注之作，亦与当时道教内丹界的混乱局面有关，故而自泄天机，附上口诀，以全正本清源之志。这与邵以正编著

---

① ［明］邵以正辑:《玄宗内典诸经注》，载《藏外道书》第 7 册，第 46 页。
② 同上。
③ 同上。
④ 同上，第 47 页。
⑤ 同上。
⑥ 同上。
⑦ 同上，第 35 页。
⑧ 同上。
⑨ 同上。

《玄宗内典诸经注》的初衷相同。

至于邵以正选编王道渊注《太上升玄说消灾护命妙经注》之缘由，或源于其对该经的诠释。王道渊言："以心炼念，以情归性，然默运天机，流精化气，会于乾宫，充周四体，乃谓之升玄。运符火以炼神，咽金液以炼形，形强神清，诸邪不入，百病不生，长生久视，超尘出劫，乃谓之消灾护命。若有能受持此道，运行一身，与圣仙并驾，与天地同躯，是为妙经也。"① 从内丹修炼的角度解释消灾护命，是较为独特的见解。

4. 其他道经注本

除了以上诸经注本外，《玄宗内典诸经注》中还收录其余内丹经注本，如南宗丹法代表人物李玉溪（简易）《无上玉皇心印经》注本、幻真先生《胎息经注》、唐京肃明观尹䜣《老子说五厨经注》及龟山长筌子《太上赤文洞古经注》等。

据《玉溪子丹经指要序》载，李简易，号玉溪子，南宁袁州（今江西宜春）人。"幼习儒业，不遂志，于道佛经典、星算医卜靡不究心，独于金丹一诀尤酷意焉，于是参访江湖，奔驰川陆，虽乞丐者亦拜而问焉"②，曾两遇纯阳真人，后又遇刘海蟾、蓝养素授著《玉溪子丹经指要》三卷。李简易是金丹派南宗重要代表人物。邵以正所收录之《无上玉皇心印经注》是李简易后期所作，其"题解"称"心这一个字，四大部经尚说不尽，当悟念虑未起之前是个什么？念虑既萌之后是个什么？念虑未起之前即是混成之性，无分别之时是名真心，念虑既萌之后即是妄心。何为妄心？请看古人置字，如忠恕慈忍、喜怒爱欲、忧悲恐

① ［明］邵以正辑：《玄宗内典诸经注》，载《藏外道书》第7册，第16页。
② ［宋］李简易：《玉溪子丹经指要》，载《道藏》第4册，第406页。

惧、怨憾憎恨、念想思忆，皆从心起。故心动则为意，意转则为情，情生则为妄，失却真心矣。”[①] 他认为修炼之要在于守心，需要“于真心中造自然妙用，而入于神，是名修炼”[②]，学人“当念人身难得，中土难生，假使得生，正法难遇。猛省回头，便可入道修炼，印证经纶，了此性命大事，不可更移居换壳，苦恼别个父母也”[③]。这些大抵反映了李简易内丹修炼的思想，尤其是其中的真心、妄心论，与《长春刘真人语录》中所论如出一辙。一心极力构建净明道统的邵以正将李简易《无上玉皇心印经》注本收入《玄宗内典诸经注》，意在劝导净明学者补上在内丹修炼方面的功课。

幻真先生《胎息经注》的收录，更加凸显了邵以正对内丹方面的兴趣和关注。幻真先生，不详何人，《道藏》第570册有《幻真先生服内元气诀》，另有题“幻真先生撰”的夷门广牍本《胎息经》，其实即《胎息经注》。《胎息经》原文篇幅短小，正文共计83字，后附《胎息铭》56字，内容涉及神、气关系，晦涩难解。而幻真先生注本则详细介绍了胎息之法，称“修道人常伏其炁于脐（丹田）下，守其神于身内，神气相合而生玄胎，玄胎既结，乃生自身，即为内丹，不死之道也”[④]。由此看来，邵以正已有将诸家（尤其是金丹南宗）丹法汇为一体作为净明内修工夫。

《老子说五厨经注》题“唐京肃明观尹谙注”。《中国道教大

① ［明］邵以正辑：《玄宗内典诸经注》，载《藏外道书》第7册，第27页。
② 同上。
③ 同上。
④ 同上，第25页。

辞典》载：尹谙（？—741），唐玄宗时秦州天水（今属甘肃省）人。字季弱，号思贞子，长安肃明观道士。尝受学于博士王道硅，博学广识，尤精《老》《庄》。师事叶法善，尽得其道。唐玄宗召对，应答称旨。拜官，固辞不就。宣宗诏以道士衣冠视事，始就职朝廷，领集贤院学士，兼修国史。撰注《老子说五厨经注》一卷，收入《道藏》洞神部玉诀类。[①]《道藏》第17册亦收录该书。尹谙在其书中说："夫存一炁和泰，和则五藏充满，五神静正，五藏充则滋味足，五神静则嗜欲除。此经是五藏之所取给，如求食于厨，故云五厨耳。"[②]《老子说五厨经》字数甚少，但该经"尽修身卫生之要，全和含一精义，可以入神坐忘，遗照安身，可以崇德"[③]，不过内容深奥难懂，故尹谙注解以明食气、结气之法，并提出了"和""守一"等内丹修炼中的重要概念。

还有一部为龟山长筌子《太上赤文洞古经注》。长筌子，金元时龟山人，生平无考，全真道士。有《洞渊集》五卷，收入《正统道藏》，清嘉庆本《道藏辑要》及光绪《重刊道藏辑要》均收录此书。《太上赤文洞古经注》选自《洞渊集》。序称"元始大圣，慈心布广，慧照十方，观见众生忘归失本，宛转世间，轮回不息，长劫受苦，不能自明。遂感法雨敷滋，宣扬妙道，引接有情，出生死海，游清虚之境、恬淡之乡，超乎尘垢，步乎寥廓，逍遥独化，微妙玄通，无为自然，返于纯素冥极混茫者

① 胡孚琛主编：《中国道教大辞典》，第98页。
② ［唐］尹愔撰：《老子说五厨经注》，载《道藏》第17册，第213页。
③ ［明］邵以正辑：《玄宗内典诸经注》，载《道藏》第7册，第45页。

也。”[①]《太上赤文洞古经》乃是论道要之作，多缘《老子》而论修道三步骤，即“操真”“入圣”“住世”。如他在诠释《操真章》“有为之为，出于无为，无为则神归，神归则万物云寂”时言：“神本湛寂，感而遂通，不得已而后起，随机接物，妙用无穷，去智与仁，故循天之理，淡然无极，而众妙归之。专气至柔，能如婴儿，抱守冲和，振起氤氲，万物皆长生也。知和曰常，心使气曰强，强者坚强状老，死之徒也。”[②] 是对《老子》中重要修道观念的诠释。

（四）邵以正对内丹学的关注

邵以正刊刻《玄宗内典诸经注》之真正目的，如陈鉴所言，谓邵以正乃“任老子之道者，任之而不作兴之，而使之晦且泯焉？未可也。于是取《道德经集解》刻之梓矣。”[③] 即，邵本人笃信并领悟大道而不传承宣扬，让大道趋于晦暗不传是不行的，因此才有《道德经集解》之刊行，不过邵以正版至今未见其真面目，或即刘渊然于洪武年间所欲刊行之宋董思靖《道德经集解》（将在下一节专论），但其真实性是确然无疑的。《道德经集解》刊行之后，他尤感不足，便再集十一个注本汇编成册，与《道德经集解》当是前后呼应、相辅相成的。

在邵以正看来，《玄宗内典诸经注》中所选录的注本无外乎是对净明道思想的诠释，他称“我之所维先天而生，后天而成，惟恍惟惚，杳杳冥冥，视之不见，听之不闻，回守虚无，以养神

① 长筌子注：《太上赤文洞古经注》，载《道藏》第2册，第712页。
② ［明］邵以正辑：《玄宗内典诸经注》，天顺四年（1460）序刊本，第13页。
③ ［明］邵以正辑：《玄宗内典诸经注》，载《藏外道书》第7册，第1—2页。

炁之类，何莫而非此道此心也。”[①] 张宇初《道门十规》中亦曾言：“太上立教，当以《道德》《日用》为规；内而修己，则《虚皇四十九章经》《洞古》《大通》《生天》《清净》诸经最为捷要；外而济世度幽，则《皇帝阴符经》《玉枢》《北斗》《消灾》《救苦》《五厨》《生神》诸经，《玉枢》《朝天》《九幽》诸忏，造皆入道之梯航，修真之蹊径。”[②] 邵氏所选注本多与张宇初所言有雷同之处，盖对《道门十规》中所列诸书有所取舍，也表明二人对修真悟道方面的认识基本相同。

邵以正取《黄帝阴符经注》《清静经注》《太上赤文洞古经》《太上大通经注》论悟道之要义，《太上升玄消灾护命妙经注》《洞玄灵宝定观经注》论修真原理，《玉皇胎息经》《心印妙经注》《老子说五厨经注》《崔公入药镜注》《青天歌注》等则论内丹修炼事。从该书整体结构看，从修道、悟道入手，到修真原理，再到内丹修炼之法，层层递进、丝丝入扣，乃是对前刊本《道德真经注》之延续，“于乎斯经，实道德之筌蹄，乃金丹之橐籥”[③]。因而，从整体上看，该注本的刊行体现了邵以正道教炼养思想，即以道为本，辅以内丹修炼，方可修道成仙。这也是邵以正想传予后世学人的修仙内旨。

从所选注本内容看，虽然前五篇多论大道之本和悟道之旨，但也是内丹修炼中极为重要的内容。“故必观天之道，执天之行，则道在我矣”“天性，人也，人之心，自然而然，不知其所以然者，机也”（《阴符经注解》），由天道论人心，然后言清净，

① ［明］邵以正辑：《玄宗内典诸经注》，载《藏外道书》第7册，第50页。
② ［明］张宇初撰：《道门十规》，载《道藏》第32册，第146页。
③ ［明］邵以正辑：《玄宗内典诸经注》，载《藏外道书》第7册，第50页。

“清静久久，神与道俱与天地为一”，并称“有道之士，常以道制欲，不以欲制道”，“常清常静，真常之道至是尽矣，圣人之能事毕矣”（《常清净经注》）。可见前面几个注本皆言道本、制欲等丹道修炼中根本性的内容，其后才谈及修炼之方，如《胎息经注》中之胎息，《五厨经注》中之“守一”“中和”，《崔公入药镜注》中的修炼性命、反本还原之法，《青天歌》之内外兼修法等等，无不以内丹为主。由是观之，邵以正《玄宗内典诸经注》的刊行是有其特殊用意的，不仅体现了他长期以来对丹道（尤其是金丹南宗）的关注，也凸显了其重振正法、构建道统的迫切期望。陈鉴评价他刊行该书时称“用心之溥，信道之笃，亦于是乎概见焉”①。

邵以正所传承的净明法，源自其师祖赵原阳及其师刘渊然，皆次第相授而至邵氏手中，可以看出其内丹思想的传承脉络。邵氏之师祖赵宜真集儒释道于一身，兼通道教内炼南北二宗之学，“弃儒从曾尘外者学，初授清微诸法，闻张天全得长春丘真人之道，因有事焉，并熟金蓬头金液内外丹诀，又师李全究白玉蟾之学”②，可见，他集全真、清微、净明诸派之传。因而，赵宜真所授刘渊然“金火返还大丹之诀，栖神炼炁、呼召风雷”③ 之术，其中即有南派丹法的内容。然而，刘渊然在洪武、永乐中屡屡“以道法显”及“凡可以布德施惠，使人得乐其生，如医药

① ［明］邵以正辑：《玄宗内典诸经注》，载《藏外道书》第 7 册，第 1 页。

② 同治《雩都县志》卷 10《方外志》，载《北京图书馆古籍珍本丛刊》第 32 册，第 1002 页。

③ 同上。

之类，皆盛行于世"①，但鲜有其内丹方面的叙述，惟《新刻长春刘真人语录》中有所记载，论及金丹大药、采药、鼎器、火候等。《语录》乃是邵以正根据其师平日言行所录，其中亦体现了刘渊然之思想。《龙泉观长春真人祠记》称邵以正"所至不异乎己"，这是刘渊然对邵以正的判断与评价，因而以邵为其衣钵继承人。而从邵以正《玄宗内典诸经注》中表现出的对内丹学的兴趣和关注，不难看出其师对他所产生的影响。

从《玄宗内典诸经注》所选注本看，其中论述内丹之注本皆为金丹南宗道士所注，由此可以看出邵以正对金丹南宗极为关注。其实，自明初起，北方全真道相对沉寂，而金丹派南宗则因兼修清微法而稍显于朝，同样，自永乐初开始兴盛于福建一带的灵济道派也备受朝廷恩宠，盖建民先生曾撰《灵济道派的源起、形成与演变探究》一文可资参考。可见，在北方全真派一度颓微的情况下，南方道派如龙虎山正一、茅山道派、西山净明道、福建金丹南宗、灵济道派等则独受宠于当时，任职道录司要职的刘渊然、邵以正等与这些道派的交流互动是必不可少的。邵以正在道录司任职期间，曾住持洪恩灵济宫，柯潜《竹岩集》有《挽灵济宫邵以正真人》诗一首，《新刻长春刘真人语录序》中邵以正署"道录司右演法、朝天宫住持兼掌灵济上宫事"。灵济宫位于皇城西侧，初建于永乐十五年。成祖因梦玉阙、金阙二真人赐以灵药而疾愈，遂敕建宫阙于城西。《明史》云："帝命往迎其像及庙祝以来，遂建灵济宫于都城，祀之。"② 这种经历使

① ［明］王直撰：《抑庵文后集》卷5《长春刘真人祠堂记》，文渊阁《四库全书》本，第1241册第48页。

② ［清］张廷玉等撰：《明史》，第7644页。

邵以正得以接触各派道法及思想。虽然邵氏亦得刘渊然传金火返还大丹之诀、栖神炼炁之术，但他与金丹派南宗的频繁接触，使邵以正对南派丹法的兴趣日增，这从《玄宗内典诸经注》所选注本可以看出，并将其奉为经典。当然，邵以正或许也涉猎其余内丹派别之经典，但特选南派所注加以刊行，说明他对南派丹法的认可度是极高的。作为流传后世学人的著作和后世净明道派必读的内丹学书目，《玄宗内典诸经注》是非常重要的注本。

第五节　《道德经集解》与《经史通用直音》

除以上诸本之外，邵以正亦曾刊行《道德经集解》与《经史通用直音》二书，前者为其师刘渊然《道德经集解》校勘本之重刊，而后者则是邵氏在编修、督校《道藏》过程中所纂辑而成的工具书，以方便后人阅读道藏时查阅。

一　《道德经集解》的版本问题

邵以正刊印《道德经集解》之事几乎未被人提及，惟《玄宗内典诸经注》陈鉴序中有所提及，称：“此言焉、经焉、注焉，盖有不得已焉者也。若悟玄养素凝神冲默阐微振法通妙真人，吾苏邵尊师以正，其今之任老子之道者欤？任之而不作，兴之而使之晦且泯焉，未可也。于是取《道德经集解》刻之梓矣。”[①] 该序将邵以正称为“任老子之道者”，即深信老子之道、

① ［明］邵以正辑：《玄宗内典诸经注》，载《藏外道书》第7册，第1—2页。

“寄迹于老子法”之人，为使老子之道不至于“晦且泯”而刊行该书。不过陈序未提及邵氏《道德经集解》所据何本，但邵氏曾刊印该书则是确然无疑的。

自唐宋以来，《老子》一书注、疏如汗牛充栋，注家亦层出不穷，皆从不同的角度进行阐发，唐代注家多以重玄为径路而重王弼，宋后多引入丹法及养生思想而用河上公。元季明初全真北派与南宗丹法逐渐融合，尤其是明初，北派丹法因全真遇冷而隐而不显，金丹南宗则依附于雷法等法术继续受诸道派重视，致使元明之际《道德经》注本中亦能找到南宗丹道思想的影子。

流行于元季明初的《道德经》注疏亦多，但遍览《正统道藏》所收录注本，亦未见邵氏刊本源自何处。《正统道藏》洞神部玉诀类收录《道德经集解》一书，署名“董思靖注”，而《道藏提要》提及清代十万卷楼刻本《道德经集解》，该本署“清源圭山董思靖集解，章贡渊然道者刘若渊校刊”字样，则知邵以正之师刘渊然确曾校刊《道德经集解》一书。不过奇怪的是，刘渊然刊刻该书一事却未见提及，甚至连刘渊然传记中亦未曾见到，直至十万卷楼刊本的出现，方才揭开谜底。

关于董思靖注本《道德经集解》，有《正统道藏》洞神部玉诀类收录的版本、清光绪三年陆心源刻校刊本及1939年《丛书集成初编》所收录《太上老子道德经集解》① 三个版本，后两个版本内容一致，但《正统道藏》本则有所不同。《正统道藏》本中有董思靖《集解老子道德经序说》，十万卷楼本《道德经集解》中亦抄录该序，二者内容大致相同。《道藏》本书末有黄必

① ［宋］董思靖集解：《太上老子道德经集解》，载王云五主编：《丛书集成初编》，商务印书馆，1939年。

昌跋文，称“谷神、玄牝，程子取焉；养气之说，米子取焉。吾党岂可轻议之哉？圭山董道士所注《老子道德经》，集古今诸家之善以发明宗旨，虽修炼家自附于老子者，本末先后亦有辨焉。其用工深而有助于老子之教多矣，览者勿忽。”① 该跋文中提及董思靖为道士，但其事迹无考。清十万卷楼本《重刊董氏道德经集解序》中则考述相对较详，称：

> 《序说》后题“淳祐丙午腊月望，清源后学圭山董思靖书。”案：思靖生平无考，惟清源圭峰皆福建泉州山名，今泉州之元妙观，宋时为天庆观，元改今名。由是推之，则思靖乃宋季泉州道士也。《福建通志》无思靖名，惟宋《方外传》称：董伯华，晋江人，服气炼形，言征应辄验，能于人手中作字，开拳有雷声震起，后尸解北山紫极宫。查紫极宫在天庆观之右，与思靖时代住址颇合，或伯华即思靖之字，未可知也②。

根据以上陆心源考证，董思靖为福建泉州元妙观道士，因其能“服气炼形，言征应辄验，能于人手中作字，开拳有雷声震起”，具有金丹南宗及清微雷法特色，福建泉州乃宋元金丹南宗活动中心，因而，董思靖当为金丹南宗道士。

据陆心源序所言，十万卷楼本《道德经集解》共分上、下两卷，“各家书目皆未著录，题曰：‘清源圭山董思靖撰，章贡渊然道者刘若渊校刊’”，并认为“书题‘刘渊然校刊’，其为元

① ［宋］黄必昌撰：《道德真经集解跋》，［宋］董思靖集解：《道德真经集解》卷4，载《道藏》第12册，第861页。

② ［清］陆心源撰：《重刊董氏道德经集解序》，［宋］董思靖集解，［明］刘渊然校刊：《道德经集解》，清光绪三年（1877）陆氏十万卷楼刊本，第110页。

末明初刊本无疑”[①]（见图8），并在序末作了“吴兴陆氏十万卷楼依元椠本重雕”，称“吾友魏槎尹锡曾尝与诸本互校，其中由绝异各本二与景龙石刻合者，盖所据犹古本也”[②]。以上可知，刘渊然曾于明初校刊《道德经集解》一书，并特意选择宋代道士董思靖集解本进行校对刊行，表明刘渊然并未对“老子之道”进行玄学化或理学化思考，而是重视老子的“道论”在内丹修炼、法术、养生等方面的实质性运用，由此亦可看出其法脉及道脉来源的金丹南宗属性，抑或曰，金丹南宗的思想对刘渊然的影响颇大，这种思想倾向比其师赵宜真表现得更为明显。

刘渊然校刊本《道德经集解》的编印时间或在洪武二十六年其被召入京敕封“高道”之后。此期间，刘渊然曾于南京朝天宫一侧的西山道院静心编辑其师《原阳子法语》《太上感应篇集注》《净明忠孝全书》以及其师所传医书典籍，《道德经集解》一书或即于此期间校刊而成，其原因有二：

其一，洪武二十六年刘氏被召入京，朱元璋特于朝天宫一侧建西山道院供其居住。刘渊然虽被赐“高道”之号，但并未正式进入道录司担任官职，而是深居简出，在西山道院完成其师遗愿，刊行其师著述及医书、宗派典籍等，因而，在这一时期，刘渊然有足够的时间刊行上述典籍。洪武末，明太祖曾派遣刘渊然“作寻真之游”，不久太祖崩而被召回南京，并主持葬礼。此后，刘氏便进入道录司任职，进而已经失去了静心整理、刊行著作的客观条件。

① ［清］陆心源撰：《重刊董氏道德经集解序》，载［宋］董思靖集解，［明］刘渊然校刊：《道德经集解》，清光绪三年（1877）陆氏十万卷楼刊本，第110页。

② 同上。

其二，《道德经集解》上、下二卷正文前有“章贡渊然道者刘若渊校刊”字样，并无“高士”“真人”等号，故可说明刘渊然校刊该书之时，并未担任任何官职，因为后期刘渊然为各类经典所作的序、跋文中，大多署名“真人”号，如宣德六年他所作《三元品戒妙经重刊序》，文末即署“冲虚至道玄妙无为光范演教庄静溥济长春真人领天下道教事刘渊然焚香斋沐谨序”（见图 2），不仅有真人号，且录其官职等。但《道德经集解》则仅署“渊然道者刘若渊校刊”，“刘若渊”之名曾见于张宇初《岘泉集》之“赵原阳传”，称赵宜真“其徒则曹希鸣、刘若渊，犹入室焉。”① 张宇初于永乐五年撰成《岘泉集》，其为赵宜真作传之时间也大致在这一时段，但张宇初尚以“刘若渊”称之，而且并未为刘渊然作传，或许与其二人“不协”有关。但除了此以外，尚有“渊然道者”之号，如《中国医籍考》“方论”中收录《仙传济阴方》三卷，其首有“章贡序”，序末有“时洪武丁丑孟春，章贡渊然道者书”，洪武丁丑即 1397 年；《仙授理伤续断方》一卷明洪武二十八年刻本，署“渊然道者”。由此可知，在此期间刊成的著述多署“章贡渊然道者（刘若渊）”，故大抵知《道德经集解》当完成于这一时期。

然而，即使该书确在此期间校刊而成，依然有一疑团尚待解开。虞万里根据 2000 年由故宫博物院编、海南出版社出版的《故宫珍本丛刊》第 526 册所录《大明太宗集》残本中的《道藏经序》一文，认为《正统道藏》系自永乐十七年（1419）至永乐二十年（1422）在北京编纂而成②。永乐间张宇清等人编纂

① ［明］张宇初撰：《岘泉集》卷 4《赵原阳传》，载《道藏》第 33 册，第 232 页。

② 虞万里：《正统道藏编纂刊刻年代新考》，《文史》2006 年第 4 期。

《道藏》经之时[1]，刘渊然校刊本《道德经集解》或早已完成，但《正统道藏》却并未收录该书，而所收录者则是宋代董思靖原版。邵以正于正统九年受敕督校《道藏》“增所未备”之时，亦未将该版本补入其中，其中原委颇耐人寻味。《正统道藏》本与刘渊然校刊本从内容上看几乎完全相同，但刘渊然校刊本未收录入《正统道藏》之原因，最有可能的解释是：

其一，《正统道藏》编纂之前，刘渊然已经完成该书的校刊，但永乐年间刘渊然曾一度受挫，谪滇十数年（官方记载为三年，但实际上谪滇之后其一直在云南传道），永乐年间朱棣敕令张宇清召集高道开始编修《道藏》之时，由于张宇初与刘渊然的“不协，相diss诘”以及刘渊然“忤权贵”（即触怒明成祖朱棣）等“前嫌”而未直接收录该书；

其二，《正统道藏》编纂完成，行将刊刻之时，英宗曾令邵以正“督校道藏经于禁中”，以“增所未备”。作为总理《道藏》校刊工作的邵以正完全有权力将刘渊然校刊本《道德经集解》增入其中，但因其在道录司所担任职位与龙虎山一系天师尚有差距，因而收录之时抹去了关于其师刘渊然的部分不录。这种做法是完全可以理解的。

虽然邵以正未将该书收入《正统道藏》，但邵以正在升任道录司左正一之后所刊行的书籍之中，即有《道德经集解》一书，而该书或即是刘渊然校刊本，但其原版已无法稽考。另一种情况是，

① 明成祖朱棣曾于永乐四年丙戌（1406）谕敕张宇初编修《道藏》经，但永乐八年（1410）《道藏》编修工作未竟而张宇初羽化，张宇初之弟张宇清嗣天师位，但十年之后，在朱棣再三催促之下，张宇清继其兄未竟之业，继续编纂《道藏》，历时三载编纂而成，并开始刊板，历约二十年而刊板成，方有正统间邵以正受敕督校《道藏》之事。

该书乃是邵以正重刊而成，亦即陈鉴《玄宗内典诸经注序》中所提及的《道德经集解》一书，则该书当已在刘渊然在世之时已经校刊完成，但尚未刊行，最终由邵以正于正统、景泰间刊成。

无论该书是否由刘渊然于洪武年间刊成，邵以正曾刊行《道德经集解》则是确然无疑的，不仅陈鉴《玄宗内典诸经注》序文曾提及此事，清刻本《老子道德真经》一书扉页有图传为证（见图9）。尹崔琪《〈道藏〉扉画的版本、构成与图像研究》附图93为《老子道德真经》扉页画一幅，绘4幅人像，从右到左分别为玉蟾紫清真人（白玉蟾）、原阳赵真人（赵宜真）、长春刘真人（刘渊然）及通妙邵真人（邵以正），图片说明为“图93《老子道德真经》（局部）清刻本”。[①] 从《老子道德真经》扉页附像的安排次序看，该版本已将赵宜真、刘渊然、邵以正作为金丹南宗的继承者，并从侧面证实了邵以正于正统、景泰、天顺间构建净明道统方面的努力，这一部分内容将在本书第五章进行详细论述。不过，该书既然已将邵以正附于白玉蟾、赵宜真、刘渊然之后，该版本或为明清时期净明道派或金丹南宗内部流传版本，而王云五《丛书集成初编》称该《太上老子道德经集解》乃“据十万卷楼丛书本排印初编，各丛书仅有此本”，因而流传并不广泛，因而大抵可推测该版本或即邵以正曾经刊行的版本，而且尹翠琪所提及的《老子道德真经》一书或即该版本，只不过书名有所不同，且扉页增加了南宗诸师及赵宜真、刘渊然、邵以正等人画像。

---

① 尹翠琪一文中附此图，但未能从其手中得观该书原貌，故仅能引用其文中的图片以资讨论。（尹翠琪：《〈道藏〉扉画的版本、构成与图像研究》，《美术史研究集刊》，2018年第43期）

二　《经史通用直音》之编纂

《经史通用直音》，共四卷，署“通妙邵真人编集，清浏喻道纯校正，云中张道中重校”，为明成化刊本。（如图7）则该书确为邵以正所撰，但并未在其在世时刊印，而是其辞世十年后由其徒喻道纯校刊而成（成化八年本），为该书首刊本，其后于嘉靖丁酉年（1537）再由书林熊氏诸梓刊行，为安正书堂刊本。现存版本为哈佛大学汉和图书馆珍藏版，上有“藤本书库”印，哈佛大学图书馆所藏本当由日本流入美国。

《日本访书志》[①]卷四称该书“首有成化八年（1472）白玢序，称赵堂披阅《道藏》经典，以直音难字证于经末，其徒喻道纯补订之。然不以《道藏》经典为次第，而以偏旁统之。俗体、古文、收罗綦博，其体例略如《龙龛手鉴》，唯直音不用反切，训诂亦较略耳。”[②]《日本访书志》作者杨守敬（1839—1915），字惺吾，湖北宜都人。光绪庚辰年（1880）夏赴日本，为清朝驻日公使何如璋的随员，开始在日本搜集散佚古籍，回国后撰成搜购和影钞我国古籍善本的目录提要，其中包括早已失传的孤本以及刻印或传抄较早的本子[③]。由邵以正撰、喻道纯校正

① 据《中国工具书大辞典》称，《日本访书志》，清杨守敬撰，16卷。作者曾出使日本，致力搜集购求交换中国书籍，得书3万余卷。择其中国内久佚者，版本珍贵者，与他书参互考订，编成此书，以经、史、子、集为序，共237种。所收有宋椠本、影宋本、元刻本、古钞本、日本刻本、朝鲜刻本、活字本，一书有两种以上珍本者分别立目。每书详记版式、行款、跋序等，并记日本藏书家题记。有光绪间刊本。今人王重民辑有《日本访书志补遗》。（徐祖友、沈益编：《中国工具书大辞典》，福州：福建人民出版社，1990年，第873页）

② ［清］杨守敬撰：《日本访书志》卷4，清光绪二十三年（1897）邻苏园刻本。

③ 王承略：《杨守敬与〈日本访书志〉》，《文献》1989年第1期。

本《经史通用直音》便被收录在《日本访书志》卷四中。

该书白玢序称：

> 世异言殊，用之者易流于舛谬。他如鲁鱼亥豕之讹，又不能悉辩。弘济真人以正邵公深病其难，而慨然有志于古今书法之同，间尝批阅道藏经典，直音难字证于经末，而因谋成书，以便后学。继而嗣法张道中复为音释，而其间尤多缺略，迨及邵公高弟道录正一清浏喻公，痛思其师所集之书，手泽尚新，虑恐亡逸，蔑以成前人之志，遂旁求博采，重复校订，因各条其部类，歧为四卷，而且简明，便易目之曰《经史通用直音》，磨砺数载书成，将寿诸梓，以广其传。命其徒道录玄义志贤杨君持是书来请予序其首①。

该序于成化八年壬辰八月望日写就，其中对邵以正编撰该书始末所录甚详。据序可知，邵以正编纂该书时尚用“弘济真人”号，而弘济真人号为景泰间所赐，仅行于景泰五年十二月至天顺元年二月，其后则用“通妙真人”号。该书虽刊行于成化年间，但从邵以正称号看，当编纂、校正于景泰年间，但并未刊行，经过“磨砺数载”之后才付梓刊行。“磨砺”之说盖指邵氏等人受“土木之变”的影响而该书未能顺利刊行，直至成化年间方才得以行世。喻道纯于景泰间任右玄义（壬申，1452 年）、左玄义（丙子，1456 年）、右正一（丙子，1456 年）等职，官阶提升极其迅速，不仅与邵以正在道录司的影响力有关，同时也受到了代宗的宠睐。但英宗复辟之后，邵氏一系曾受一定影响，邵氏请

① ［明］邵以正撰，［明］喻道纯校正，［明］张道中重校：《经史通用直音》白玢序，明成化十年（1474）刊本。

辞，喻道纯之情况则未知，但书籍的刊刻工作亦受到影响，至成化时，喻道纯在道录司担任左正一之职，并承担了祈雨等重要法事仪式，其影响力才逐渐恢复。如成化三年（丁亥，1473）“京师夏旱，上命祷之皆雨”[①]。成化八年（172），喻道纯方才命其徒杨志贤重校并刊行《经史通用直音》一书。

以上分析足以说明邵以正督校道藏经的过程中便已开始了该书的编纂。邵以正总理《正统道藏》之督校工作，亦曾批阅道藏经典，但就该书而言自己亲自撰作的部分或许不多，其徒喻道纯、胡守法等人则亲自参与了《道藏》的校对工作，该序中提及的邵以正法嗣张道中或亦参与了《道藏》校对。因此，该书或在邵以正授意之下，由其徒喻道纯等人在校订经典过程中编写、纂辑而成，先将“直音难字证于经末”，《道藏》督校完成后，便将这些直音难字及正音等记录汇编成册，意欲刊行。

该序作者白玢，史料所载不多。据《江南通志》卷一百二十二《选举志》，白玢为武进人，即今江苏省常州（武进区）人，《明清进士题名碑录索引》及《成化五年进士登科录》所载，白玢为成化五年（1469）己丑科第二甲进士[②]，且与其子白金同中进士，故有“父子进士”之称[③]。《明宪宗实录》卷二百七十载：“成化二十一年（1485）九月己酉朔。庚戌，升……户部郎中白玢南京尚宝司卿”[④]，即白玢曾于成化年间担任户部郎中、南京尚宝司卿等职。近年出土的“灵威庙碑”有白玢所书

① ［明］葛寅亮撰：《金陵玄观志》卷1，第23页。
② 屈万里：《明代登科录汇编》，台北：台湾学生书局，1969年。
③ 白兰昌修撰：《晋陵白氏宗谱》，仁荣堂藏版，1916年。
④ 《明宪宗实录》卷270，第4555页。

碑文，刻于明成化十八年十月，原碑位于北京市密云县古北口镇，该碑由明周洪谟撰、白玢正书、仰升篆额，清康熙五十五年（1716）二月重刻，由马璘作跋①。该碑现保存于国家图书馆，编号 10327。由以上信息大略可知，邵以正、喻道纯一系与周洪谟、白玢等朝中大臣交往极为密切，周洪谟曾为喻道纯作传，而白玢亦为《经史通用直音》作序等。

从序中大略可以看到以下信息：

其一，邵以正受敕督校《道藏》，并不仅仅限于统筹规划工作，而是亲自参与"批阅道藏经典"，并将"直音难字证于经末"。

其二，该书由邵以正编纂，邵氏嗣法弟子张道中为音释、清浏喻道纯校订，喻道纯弟子杨志贤具体负责刊行该书。此中提及"云中张道中"其人当为邵以正嗣法弟子，以及喻道纯弟子杨志贤，亦为他人著作未提及。按明正德《大同府志》卷一《建制沿革》称"秦置云中郡，两汉因之……唐初复置北恒州，治云中县，寻废。开元中至云州，天宝初改云中郡。"② 则云中即今山西省大同市，故仅知张道中为山西大同人，但其人生平事迹《成化山西通志》《正德大同府志》均不载，故已无更多资料以资考证。喻道纯之徒杨志贤则记载稍多。《明宪宗实录》卷一百四十七载：成化十一年（1475）十一月丙午朔，"升……右玄义杨志贤为左至灵"③；又卷二百四十二：成化十九年（1483）秋七月辛亥，"太监覃昌传奉圣旨：道录司左正一杨志贤升高士，

① 《灵威庙碑》，国家图书馆藏。

② ［明］张钦纂修：《正德大同府志》卷 1，明正德刊本，第 9 页。

③ 《明宪宗实录》卷 147，第 2691 页。

照旧管事”①；《金陵玄观志》卷一有成化二十二年（1486）《御制山水图歌赐辅教真人》② 敕谕一文，则继喻道纯之后，杨志贤曾获封“辅教真人”之号。

白玢序突出了邵以正的为善之心，称“呜呼！二公之心，何心哉？同一为善之心也。大抵为善得其托则善及于人也大。”③从侧面看出邵以正济人利物的“惓惓之心”。可惜的是，邵以正本人并未为该书作序。《经史通用直音》虽为辞书类工具书，但也有其学术价值，即其将道藏所收录的古代丹经典籍中的疑难字进行训读注释，以方便后学对经典的研读，也是邵以正“善心”“善意”的体现，这些将在下一章进行详细论述。

第六节　邵以正著述与明初净明道统重构

作为明代净明道的重要人物和活跃在明初政治中心的人物，邵以正不仅有源于师祖、师父的道法、医术、丹道等传承，也受

① 《明宪宗实录》卷242，第4089页。

② 《御制山水图歌赐辅教真人》曰：“成化二十年十一月日，真人杨志贤，抱素守元，栖真乐道，蕴清净之无为，著通虚之伟绩，迹寄玄门，志超尘表，精修不殆，诚为可嘉。因绘《山水图》题诗于端赐之，以尽其意。云：青山高插春云表，壶里乾坤自昏晓，芬芬佳气结轻阴，仿佛华阳洞天小。松偃虬枝翠雾深，根蟠地轴遥相临，微风起处动清听，恍然如奏钧天音。山高树古诚佳致，岂料仙居在人世，养恬乐道趣无穷，寿乐由来喻仁智。布袍飘然石涧边，闲看汩汩鸣泉渊，有源不竭谓道体，等闲寒暑经流年。妄机猿鹤为知友，久驻童颜易蒲柳，丹鼎红霞烛紫虚，蓬莱笑指应回首。寰宇于今寿域开，太平玉烛明春台，玄风大阐辅明世，末堪怀宝潜云隈。”（[明] 葛寅亮撰：《金陵玄观志》卷1，第9—10页。）

③ [明] 邵以正撰，[明] 喻道纯校，[明] 张道中重校：《经史通用直音》，白玢序，成化八年（1472）刊本。

到其戒行和品格的熏陶。他坚持戒行、澹泊自甘、简静处己、平易接物，因而能得到皇室器重、缙绅景仰、羽流倾慕而蜚声朝野，而且主动承担起了弘扬道法、建构净明道统的重任，以完成其师未遂之愿。其著述、编集、刊印的著作中可以看出邵以正对构建净明道统方面的志向和努力。

《净明忠孝全书》的修订和刊印是邵以正构建净明道统的标志性事件。他不仅将其师祖赵宜真、师父刘渊然的像、传编入该书，并通过胡濙序、曾恕序①和自己的后序理清净明道统的传承脉络。邵以正后序称“师祖赵原阳、先师刘长春相继嗣续，复阐发之”，并自己出资刊印该书，以“与四方学者共之”，四方学者不仅是当时的净明道徒，也包括当时正值兴盛时期的龙虎山正一道、金丹道南宗、灵济道派、北方全真道等诸道派，这无疑间接确认了自己在净明道中的嗣派地位，甚至他自己也自称“嗣派弟子”。赵宜真、刘渊然之所以被后世净明弟子奉为嗣师，这很大程度上须归功于邵以正。

《长春刘真人语录》是代表邵以正净明道法及思想的重要著作。该书虽名《语录》，实则是邵以正本人根据其师平日所授，以语录体的方式编纂而成的道书，也是邵以正道教思想的集中体现。《长春刘真人语录》既是刘渊然思想的精髓，尤其是诚、心、敬等方面，也是邵以正赖以作为净明道统的思想核心，因而

① 曾恕序署“洪武戊寅秋八月望日，右春坊司直郎曾恕序”，亦即，邵以正所据版本或已于洪武戊寅年（1398）已刊行，而该版或即刘渊然所刊之版本，只不过曾恕序中未提及刘渊然请为之序，因而不敢妄下结论。然而，《正统道藏》本则未见曾恕序，仅录元版诸公所作之序，由此可见，入《藏》之版本与邵刊本差别甚大。不过，曾恕序被安排在邵刊本胡濙序之后、正文之前，亦有追溯及推尊其师刘渊然刊本之意，也体现了其极力构建净明道统之意图。

该书的刊行使净明道思想得以通过简洁明了的方式传播。从形式上看，该书多半在净明教团内部传播，因此传播范围并不仅限于邵以正一系的净明体系，还包括刘渊然所传的其他弟子及其系统，因而，邵以正以刘渊然嫡传弟子的身份将净明诸派组合成一个有机整体，“长春真人崛起于先，邵真人晓畅于后”[①]，尤其是以云南为中心的长春派，更是将此奉为圭臬。经过邵以正的不懈努力，使净明道在明代大显于朝，“其阐扬宗教，阴翊皇度之功多矣”[②]。

以上二书的刊行是邵以正重构净明道统的奠基性工作。《长春刘真人语录》刊成于正统八年，《净明忠孝全书》则刊行于景泰三年，但书中增入了《原阳赵真人传》和《长春刘真人传》，前者未具作者姓名（或出自胡俨之手），后者则由胡俨[③]所作，胡俨卒于正统八年八月，说明该序当完成于此前，当为应邵以正之请所作。从以上分析可以看出，正统中（甚至更早），邵以正不仅开始编集其师语录，并已开始重刊《净明忠孝全书》。从邵刊本《净明忠孝全书》内容安排以及胡濙、曾恕及邵序可以看出，《净明忠孝全书》的整编工作并非仓促而就，他甚或曾计划

① ［明］沐天波撰：《新建龙泉观玉皇殿碑记》，陈垣编纂：《道家金石略》，第1305页。

② 周永慎编著：《历代真仙高道传》，第377页。

③ 《明史·胡俨传》载：胡俨，字若思，南昌人。少嗜学，于天文、地理、律历、医卜无所不究览。洪武中以举人授华亭教谕，能以师道自任。曾获“俨学足达天人，智足资帷幄”之褒。永乐初授翰林检讨，与（解）缙等俱直文渊阁，迁侍讲，进左庶子。永乐二年授国子监祭酒，七年，召入北京行在，八年北征，命以祭酒兼侍讲，掌翰林院事，辅皇太孙留守北京。十年，改北京国子监祭酒。胡俨馆阁宿儒，朝廷大著作多出其手，重修《太祖实录》《永乐大典》《天下图志》皆总裁官。居国学二十余年，以身率教，动有师法。胡俨卒于正统八年八月，享寿八十三。（［清］张廷玉等撰：《明史》，第4127—4128页）

将两本书同期刊行①。由此可见，邵以正继承其师遗志，并已于正统中即已开始重振净明道统的部署，只不过，这一愿望到景泰时才得以实现。

《玄宗内典诸经注》的刊刻是邵以正及净明道派内丹思想的集中体现。作为净明法之集大成者，邵以正与其师一样，“朝廷凡有大修建、大祈禳，必命真人主之”②。元明以来，净明道屡屡以道法见著，其中即有以祈雨、驱雷为主要特色的清微雷法，然而，其法术具有特殊性，对内丹及学人的心性要求颇高，因而邵以正《玄宗内典诸经注》中所选注本皆对内丹及心性修炼要求甚高，而且两者是相辅相成的。刘渊然从其师赵宜真处得栖神炼气等内丹术，也把这些内丹术传于其徒众，邵以正皆“研几极微，一一领解”；云南大理人芮道材少时“从刘真人习栖神炼气辟谷法”；长沙清浏人喻道纯为邵以正嫡传弟子，并“授以清

① 曾序完成于洪武戊寅年，故该书于洪武年间已有人在编集刊行，但仅是对元版进行重刊。当时曾恕任职右春坊直郎（春坊为太子读书之所，类似于侍读，官从六品，与道录司右正一相当）。当时刘渊然颇受褒崇，因而该序可能是应刘渊然之请而作，只是序中未见关于刘渊然的任何信息。若果真应刘而作，则刘确曾于洪武戊寅刊行《净明忠孝全书》，但流传不广，或仅为门派中流传诵读之用。永乐中，道藏经编纂工作重新启动，作为明初“四大显派”之一的净明道主要经典《净明忠孝全书》理应收入藏中，但仅找到残本，因而出现《正统道藏》本很多地方与邵以正刊本有出入的情况。但邵以正刊行《净明忠孝全书》时所参考的是洪武重刊本，故显得完整。刘渊然于永乐中在云南曾刊行《许祖净明忠孝全书》，亦与邵刊本有出入，如前所论，在此略去。永乐版道藏于正统初刊刻完成，并于永乐七年开始零星颁赐，但很快即被叫停。或许邵以正已从此事中嗅到重刊或重校道藏经之可能性，于是便加速完成《长春刘真人语录》及《净明忠孝全书》，并寻找机会将二书编入道藏，以确定自己一系的净明正统地位。于是便有正统八年《长春刘真人语录》之刊成，以及胡俨为邵刊本所作的《长春刘真人传》。不过，未等邵以正刊行《净明忠孝全书》便被敕督校道藏经，因而，该书亦只能推迟刊行，至景泰三年始刊成。

② 胡孚琛主编：《中华道教大辞典》，第192页。

微诸阶符法、净明观斗禳星炼度、玉清混元、五云金箓火符之秘”①；昆明人徐道广自幼出家，师从刘渊然弟子蒋日和，“尽授五雷秘法，遂精于道术，祷雨祈晴”②，汤与庆曾“随通妙邵真人学清微秘法”。由此可见，在刘渊然一系的净明法术中，尤以雷法为著，而雷法成败关键则在于心性、内丹等。这也正是邵以正刊刻《玄宗内典诸经注》的真正原因。

赵宜真、刘渊然、邵以正一系的净明道除了法术之外，尤以医术见显，其所承传者为《仙传外科集验方》，称“浚仪原阳赵练师，以通儒名家，学于老氏，道行高洁，超迈辈流，处心切于济人，以平昔所获奇异方书，汇聚成帙，中经兵火散失，唯外科方仅存。”当时未曾刊行，赵宜真仙逝后，“遗命嘱其徒刘渊然终其志。渊然佩服不敢违，仍将所授秘方，总编为一卷。”于是该书成为净明道医术的源泉。邵以正在构建道统的过程中，将《仙传外科集验方》及所收集民间验方编集整理而成《青囊杂纂》一书，其内容不仅包括《仙传外科集验方》，还收集了诸多民间验方，不仅广传于当时，更为后代医家引用，这是邵以正对传统医学作出的巨大贡献。以刘渊然为祖师的云南长春派即有以医济世之传统。

总而言之，邵以正在继承其师道统之后，一直致力于弘扬其教派，他“廉静谦谨，礼度雍容”因而受宠于朝廷且声名远播。邵以正一直以净明嗣派弟子自居，并广收门徒以传续净明道脉，其中有喻道纯、胡守法等成为其教门翘楚，特别是喻道纯曾得邵

---

① ［明］周洪谟撰：《普济喻真人志略》，《金陵玄观志》卷1，第23页。
② 胡孚琛主编：《中华道教大辞典》，第196页。

衣钵之传，邵以正称“臣徒虽多，而可托者喻道纯耳”，并获赐诰封“体玄守道安恬养素冲虚湛默演法翊化普济真人，仍领道教事”“赐银印”“赐玉带图书及御制山水图诗”，其受宠遇程度甚至与刘渊然相同。刘、邵一系弟子屡受朝廷恩宠，“名噪一时，为道士最受宠渥者”①，对于邵以正构建其净明道统是具有重大意义的，这也是邵氏为明代净明道做出的最大贡献。

然而，作为明初净明宗派道统重构者，受宠于朝廷、享誉于朝野、显贵于道秩仅仅是邵以正弘道部署的客观条件，虽然与刘渊然、邵以正一系的戒行、修为、道术及道学造诣等分不开，但真正使其道派得以传续者，是赵、刘、邵对净明教义、信仰、思想的坚持，这不仅在于其“以道法显”的弘道动机、“惓惓焉为国祝釐”的政治苟同、“处心切于济人”的社会使命感以及“以忠孝仁慈为本”的伦理践履，还在于使道派精神传承不绝的思想和理念。正因为如此，无论是赵宜真还是刘渊然均有著述传世，而其思想旨趣亦通过著述得以传承。作为明初净明道复兴的关键人物，邵以正亦深知其理，故编集、整理各类道书刊行，不仅有正本清源之意，亦欲通过著述为其宗派道统寻找合理性和合法性。尽管邵氏所刊行的著述均非出自原创，但对于宗派构建及传承而言，“（其）制行之笃，缵述之勤，而奉先淑后，诚大有补于名教也。”②

思想方面，邵以正与赵宜真、刘渊然是一脉相承的。虽然该系道法师承多元，但其思想主旨及宗派理念则以净明道为依归。

---

① 方国瑜识：《重建长春观碑记概说》，方国瑜主编：《云南史料丛刊》第7卷，第248页。

② ［明］邵以正辑：《净明忠孝全》胡濙序。

净明道以忠孝为修行之本，注重人伦修养，“人道不修，仙道远矣”，以真践实履为修行工夫。以赵、刘、邵为主的明初净明道即体现了这种精神，尤其是邵以正，不仅全面继承了宋元以来净明道的思想，而且将其师祖、师父的思想加以继承和整合，阐扬了有别于其他道派的全新道风，不仅注重内在心性的修炼，而且强调外在的真践实履。他对净明道忠孝思想的践行，彰显了其振兴道派的使命感和作为宗派领袖的济世精神。

第五章　邵以正主要思想

邵以正的学道生涯，由自幼慕道而投师高道王云松始，后闻刘渊然谪滇居昆明北郊之龙泉观传道，进而转投其门下，尽得刘渊然道秘之传。尽管刘氏所传“道秘之要”多以道法为主，但究其根本，其所承传之思想则偏向于净明道派。从他极力构建净明道统所做的努力来看，邵以正已然将净明道教理教义及核心思想作为自己延续道脉、构建宗派道统的基本内容。本章虽以邵以正之思想作为主要论述对象，但无法将其与宋元以来之净明道思想割裂开来，尤其是元季明初赵宜真、刘渊然的思想对邵氏影响极大。

宋元以降，尤其是到了元代丹扃道人胡惠超之时，净明学说已渐成体系，甚至有《净明忠孝全书》之编纂，但因缺乏有影响力的道派人物的推广，净明道派及该书的流传并不广泛。至元末，作为净明道祖庭的西山万寿宫已渐湮没无闻，“红巾煽乱，大纵焚掠，殿阁像主御书玉册灰烬无遗，虽元成宗元贞元年（1295）欲敕修旧址，而至此则一大废也”①，亦即，万寿宫废弃

① ［清］金桂鑫、漆逢源撰：《逍遥山万寿宫志》卷15，载杜洁祥主编：《道教文献》第6册，台北：丹青图书有限公司，第36页。

半个多世纪后，才于洪武初被“草率数椽薄修祀事”①，此外便未见更多关于万寿宫及道士活动的记载②。宫观传派模式的变化使明初净明道的发展不再依赖于玉隆万寿宫，而是开始依凭个别高道的传扬。明初真正宗承了净明道统并使净明道“复大显于世者，实赖真人（赵宜真）振起之力也”③，只不过，最终实现明初净明复兴的却是刘渊然与邵以正。

元季明初，刘渊然曾得赵宜真“授净明秘奥，刻志进修，寒暑不懈。每与同辈处，语及修行，辄举忠孝为之主本……于忠孝

---

① ［清］金桂鑫、漆逢源撰：《逍遥山万寿宫志》，卷15，载杜洁祥主编：《道教文献》第6册，第36页。

② 《逍遥山万寿宫志》载黄爵滋序称：“予考玉隆之祀，肇于唐之贞观，而盛于宋之政和，元之元贞，祀之有志，刱于元之炼师熊君常静，广于我朝雍正初之程君，以贵熊君益华，而定于乾隆初之丁君汉青、郭君云崇。”又卷七所载，玉隆万寿宫于“明武宗正德十五年赐额妙济万寿宫高明大殿；明世宗嘉靖二十六年重加修葺，复赐额名如故；神宗万历十年，乡先生万两溪恭李蟠峰迁洪西……”（《逍遥山万寿宫志》卷1、卷7）云云。该《志》亦载，明太祖朱元璋于洪武壬寅春“至龙兴，幸铁柱观。”“正统元年，按察使石璞奏许逊韦丹有功德于民，宜列祀典，诏许仍祀铁柱宫韦祠。”（《逍遥山万寿宫志》卷7，第19页）将许、韦二君列入祀典之事亦见明胡俨（1360—1443，南昌人）《豫章许韦二君功德碑》，称按察司石璞“乃举二君之事，封章上闻，遂命礼官具祝册，每岁春秋方百重臣，揆时备物，行事祠下，诸公奉命谨，许君仍旧观以祀，即铁柱延真宫也。乃作新祠于郡城儒学之东，以祀韦君。”（《逍遥山万寿宫志》卷14，第3页）这是玉隆万寿宫在明代为数不多的记载。由此大抵可知，西山玉隆万寿宫在明初、中期实际上几乎湮没无闻，更无关于万寿宫净明道士活动之记载，至于正统元年许逊被列入祀典并被祭祀于铁柱宫韦祠，恐与刘渊然、邵以正等人的净明道信仰和道派认同有关。天顺七年，有李贤《重新许真君神像记》记述增塑许真君铜像之事，且《铜像记》中亦提及副道纪刘一真“住持铸造许逊铜像”事（《逍遥山万寿宫志》卷15，第14页）。可见至明代中后期，逍遥山万寿宫始见载录及道士活动记载，如《逍遥山万寿宫志》载：“明邑人李鼎取《旌阳净明忠孝经》，手订其讹，进贤熊人霖有《净明忠孝经注序》，李、熊所序订，其即郑（樵）《志》遗教之类欤？”（《逍遥山万寿宫志》卷10，第23页）、卷十五有作于正德年间的《铁柱记》、并获赐《道藏》、赐额“灵佑祠”（《大学士张位重建万寿宫记》，《逍遥山万寿宫志》卷15，第15页），即自明中期始渐兴盛，与邵以正一系弟子极力振扬净明道统有莫大的关系。

③ ［明］邵以正辑：《净明忠孝全书》，第31页。

道法尤大彰显"①。洪武间，刘渊然颇受太祖朱元璋褒崇，该派始崭露头角，由是而《净明忠孝全书》《原阳子法语》及相关道书渐次编集、刊刻完成，使该派声名鹊起，至邵以正之时，该派的发展已进入鼎盛时期。从赵宜真、刘渊然至邵以正的承续情况大抵可知，使该道派得以振兴的主要因素，除了高超的道法，更为重要的是门派中递相授受的教派思想及核心信仰，以及邵以正在重构宗派道统过程中对净明忠孝思想的深入理解与全面传承。

至明初，除了赵、刘、邵一系，并未见净明道他系道士的活动②，因而赵、刘、邵一系道派思想几乎代表了明初净明道的思想特征，即使该时期的净明道与宋元时期相比多了清微雷法、正

① ［清］胡之玟撰，陈立立、邹付水整理：《净明宗教录》卷6，第168页。

② 明初与刘渊然同一时期且曾接受净明道法者亦多，如朱元璋第十六子朱权（1378—1448），封号宁王，永乐元年改封南昌，谥号"献"，史称"宁献王"。他自朱棣登基起始修道，被成祖封为"涵虚真人"。据学者研究，朱权决意于世俗政治，将自己的满腔热情投入弘扬道教文化事业，一生埋头于著述，其撰写编集了135种著作，现仅存30余种（参见叶明花《朱权医药养生著作考述》，《江西中医学院学报》2009年第6期），不仅有《活人心法》《寿域神方》《乾坤生意》《庚辛玉册》《神隐》《救命索》等五种医药养生类著述流传于世，又曾刊刻《神应经》《十药神书》《素问病机气宜保命集》《小儿灵秘方》等四种他人著述。（参见叶明花《朱权医药养生著作考述》，《江西中医学院学报》2009年第1期）这些著作尚涉及内丹学、外丹学、养生学等诸多方面，甚至作为道书存世。《净明宗教录》称其所受道法为净明忠孝，且与全真道士张三丰往来密切，或曾拜张宇初为师，兼全真、正一、净明等道法于一身，著作颇丰，据《千倾堂书目》，有《异域志》《烂柯经》《庚辛玉册》《臞仙神隐书》《臞山茶谱》《天皇至道太清玉册》《注素书》《乾坤生意》《通鉴博论》等著作多种（参见［清］黄虞稷撰：《千顷堂书目》，文渊阁《四库全书》本，第676册第210、394、432、330、134、352、244页）。其《天皇至道太清玉册》一书于正统九年撰成付梓刊行。从这些记录看，朱权确有重振玄风之志，"玄风之不振也久矣。余于是，使道海扬波，再鼓拍天之巨浪；神光骤发，重开绝域之幽阴……一新玄造，何其状哉！遂寿诸梓，使天下后世知夫天皇之大道有如此之盛者，不亦伟欤！"（《道藏》第36册，第356页。）然而，尽管被《净明宗教录》认定为净明法脉传承者，但从其所言看来，其所致力于弘扬的是"天皇之大道"，或不能归于净明忠孝道，至少净明道非朱权本人的自我认同，亦即，其对所从学之道派并无自觉认同意识。

一道法、全真丹法等综罗各家的特色，但从道派发展的角度看，这些多源法术都是为净明道入世事功、“忠孝致仙”的宗旨服务的。

赵宜真、刘渊然、邵以正相继为嫡传弟子，因此其间的思想传承也显得完整而有序。赵宜真“从曾真人受净明忠孝道法，间有阙文，悉加订正，参考尽详”[①]，刘渊然“遇赵原阳授以净明忠孝道法”[②]，邵以正“仰荷师传于忠孝之旨”[③]，可见赵、刘、邵之间递相传承的净明忠孝之旨是邵以正道派思想的主要来源。然而，赵宜真有《原阳子法语》传世、刘渊然有《长春刘真人语录》存世，其思想亦大抵从中可探知一二，但作为赵、刘衣钵传人及宗派道统构建者的邵以正却没有任何原创性著作传世，只能从其宗承的宗派核心理念追溯其思想渊源，从他人对其言行的评价窥探其信仰归属，从其刊行的著述领会其道派构建之初衷和作为宗派领袖的眼光和视野。

纵观邵以正的一生，其对净明忠孝思想的继承重践履而轻著述，述而不作，因而其思想仅散见于各类金石、传记、序跋及他人著述，但在其真践实履过程中却体现得淋漓尽致。这是论述邵以正思想的难点所在，即必须回答“行为能否反映思想”的问题，即知与行的关系问题。《老子》四十一章云：“上士闻道，勤而行之。”[④] 即“闻道”是“勤行”之前提，“行”是对所闻之“道”的真践实履，可以通过其“行”探知其对“道”的理

① ［清］胡之玟撰，陈立立、邹付水整理：《净明宗教录》卷6，第96页。

② ［清］陈梦雷编：《古今图书集成·博物汇编·神异典》第287卷《方士部》，第512册第28页。

③ ［明］邵以正辑：《净明忠孝全书》，第78页。

④ ［晋］王弼注：《老子道德经》，北京：中华书局，1954年，第26页。

解。也就是说，思想不仅可以决定行为模式，同时对行为模式的分析亦可探知其核心理念、思想宗旨和信仰归宿。对历史人物思想的专门研究，不仅需要依赖于金石、传记等文字材料，亦须从其事功的角度探知其背后的思想脉络。因而，对于曾经享誉朝野的邵以正，这样一位对明代净明道产生巨大影响的历史人物，若因其缺乏原创性著述而对其略去不论，便难以探寻其入世事功的动力源泉，进而影响我们对他的客观评价。

邵以正事功、行道的历史事实是有其强大的思想体系作为支撑的。其思想体系中不仅有其所承传的净明忠孝思想，还有师传的道法、伦理、内丹、心性等思想，尤其是其一生所秉持的“忠孝”“克诚”“天心”等思想，形成了其真践实履背后的思想来源。

邵以正曾于正统八年（1443）年编集刊行《长春刘真人语录》（亦称《冲虚至道长春刘真人语录》）一卷，乃邵以正“佩服师训，亦已有年”①，而根据其师平日言语，以语录的形式整编而成。该书虽冠以刘渊然之名，但其中亦有邵以正的再创造，因而，该书除了体现刘渊然的主要思想，也是邵以正道学思想的集中体现。景泰三年（1452）年，邵以正编辑刊行《净明忠孝全书》，并将赵宜真、刘渊然像传增入该书，赵、刘遂为后世净明道奉为嗣师；邵以正针对当时所盛行的阴阳双修、“三峰采战”等内丹修炼中存在的弊端和急功近利的行为深恶痛绝，“有慕高处以为别有至道，而可以驾空凌虚，有不究至道，渥于丹书，以意猜度，烧炼丹砂，或惑于傍蹊采取等术，自谓可以登直

---

① ［明］邵以正辑：《长春刘真人语录》，［明］胡文焕编集：《玄宗博览三十一种·序》，明万历刻本。

出世，千门万户，远迓后来”①，因而在编辑刊行其师未竟之《道德经集解》后，又于天顺四年（1460）挑选内丹、心性修炼类经典注本凡十一种，汇集而成《玄宗内典诸经注》一卷，“惓惓焉为明斯道于天下”②，可见其对正统内丹思想的认识和坚持；此外又有四卷本《经史通用直音》，由邵以正编纂、张道中音释、喻道纯校订，约成书于正统、景泰间，成化四年（1468）刊行，或为方便道门弟子研读《道藏》而编纂，亦可见邵以正“为善济世”之志愿和抱负；《青囊杂纂》之刊行流布，亦是邵以正对早期净明道“以医济世”传统精神的践行，曾贯穿于其行道、事功生涯的始终。

总体而言，邵以正的思想以忠孝思想为核心和信仰归宿，以“克诚”工夫为践履忠孝之基本途径，提出“惟本于诚”之本体论和心性论，以及其在“人心合于天心”基础上提出“道心”说，成为其内丹思想之核心。本章即对邵以正的“忠孝”“惟本于诚”之本体论、“克诚”工夫、内丹之“道心”说、为善济世思想等进行分别讨论。

第一节　邵以正的忠孝思想

作为明代净明道统的继承者和重构者，邵以正的思想核心即是“忠孝”。邵以正笃信“忠孝以致净明”的净明宗派理念，但并非停留在理论及信仰层面，而是不遗余力地践行“忠孝”，以

---

① ［明］邵以正辑：《玄宗内典诸经注·后序》，载《藏外道书》第7册，第50页。
② ［明］邵以正辑：《玄宗内典诸经注》陈鉴序，载《藏外道书》第7册，第2页。

落实“真忠至孝”在俗世人伦向度上的导向性和实践性，且实现了形而上之宗教伦理与世俗生活的耦合，不仅未抹去净明道思想的宗教性，也未剥离其教义中入世事功的世俗性。这种信仰上的高度认同贯穿了其言行之始终。如其在《净明忠孝全书后序》所言：

> 盖忠孝，人道之大端，百行之原也。忠莫大于不欺，不欺莫大于不欺君；孝莫大于爱，爱莫大于爱亲。故施之必自君亲始，扩而充之，一念之或欺，非忠也；一体之不爱，非孝也。忠且孝则性天不昧，性天不昧则净而明矣。夫净明者，道体之本然也，先天也；忠孝者，道之用也，后天也。自忠孝驯至乎净明，后天而先天也。仙圣之道，岂有外于此哉[①]？

他称忠孝为“人道之大端，百行之原”，从人道层面讨论伦理问题，这无疑是对净明道核心思想之继承。在邵以正看来，人伦即宗法社会中赖以维持君、臣、父、子等各类人伦关系之基本要则，因而，“忠孝”不仅是维护社会伦理的基本方式，也是个人修身修行之必要途径。所谓忠，即不欺君；所谓孝，即爱亲。故而，个人修行必自不欺君、爱亲始，这是个人在人伦层面的外在约束，也是“忠孝”之起点。他进而认为，作为净明学说的核心，“忠孝”并不止于此，尚需“扩而充之”直至“一念不欺，一体皆爱”的境界。他认为，净明为先天之道体，忠孝为后天之道用，因而修行可以由后天返先天，“自忠孝驯至乎净明”。邵以正对净明忠孝旨趣的诠释也间接表明其对净明思想的

① ［明］邵以正辑：《净明忠孝全书》，第76—77页。

高度认同。

然而，邵以正并未通过著述的方式进一步阐发忠孝之旨，而是通过身体力行践行忠孝，“施之必自君亲”，澹泊存心、简静处己、平言接物、以诚求道而至“一念不欺”，以及“见他人之父，见他人之母，如我父母，矜老恤孤，怜贫悯病，如病危急，若在己身”的“一体皆爱”。真忠至孝之道成为其净明忠孝思想的信仰归宿。王直称“其所行必以忠孝仁慈为本，不汲汲于其他”①，邵以正送其侄子邵希先返滇“代为尽孝”时亦有“夫学道者，以忠孝为第一事”之嘱托，而得“以演法君之为老氏法，乃能以忠孝为言，是可嘉也”② 之赞叹。邵以正在《净明忠孝全书》后序中说：“是以净明道法必以忠孝为修行之本，扶植万世之纲常，实群仙积功累行之先务也。盖忠孝，人道之大端，百行之原也。”③ 从以上诸引文可见，“忠孝”几乎贯穿于邵以正思想之始终，不仅传承有自，且可看出邵以正对净明道“忠孝”思想的真践实履，以“驯至净明”。邵以正所信仰、践行的“忠孝”思想不仅源于其对净明大道的深刻理解，亦来自赵宜真、刘渊然的言传及身教，甚至与其深厚的儒学背景有一定的关系。

一　邵以正“忠孝”思想溯源

“忠”“孝”是儒家伦理思想中极为重要的内容，而以忠孝

---

① ［明］王直撰：《抑庵文后集》卷5《长春刘真人祠堂记》，文渊阁《四库全书》本，第1241册第48页。

② ［明］徐有贞撰：《武功集》卷4《送羽士邵希先还滇南诗序》，文渊阁《四库全书》本，第1245册第143页。

③ ［明］邵以正辑：《净明忠孝全书》，第77页。

思想为核心的净明道（或净明忠孝道）亦以此为修身立德之准绳。日本学者秋月观暎将净明道的教说要旨概括为“通过标榜‘净明忠孝道’，专门保持净明之心，实践忠孝的道德”①。净明道的主要思想收录于《净明宗教录》《净明忠孝全书》之中。作为净明道统的重构者，邵以正对净明道宗旨及思想自然是耳熟能详的，甚至已将其内化为实践精神。净明道学说首重“忠”“孝”二字，成为净明学者的修行理念。

邵以正对“忠孝”的信仰和践行，使忠孝成为其思想体系的重要组成部分。忠孝思想不仅与儒家正统伦理思想高度契合，也是南宋净明道的核心思想，且经过元初刘玉、胡慧超等人的阐发和完善，使“净明”与“忠孝”相结合，并对其进行了“忠孝以致净明”境界的宗教哲学诠释。这种宗派理念的递相承续使净明道的核心理念在邵以正这里得到了全盘继承。

（一）净明道派历史叙述中的“忠孝”思想

净明道源于晋、唐时期的许逊信仰（或许逊崇拜），以许逊的“孝道”和“法术”为主要信仰内容。至宋代，以该信仰为中心的净明道书、经籍大量出现，逐渐形成了净明道的基本教义和核心思想。至元代，刘玉等人在“孝道”的基础上增入了“尽忠”的儒家伦理内容，并将二者合而为一，以忠孝为该教派的根本思想和核心理念，并综合儒、释各家思想而统之以道，认为践行“忠孝”可以最终达到“净明”境界。刘玉这种以忠孝为本，以敬天崇道、济生度死为事的思想，对净明道的教理、教义作了多方面的发展，使之达到了系统和成熟的地步。

① （日）秋月观暎著，丁培仁译：《中国近世道教的形成》，第179页。

“净明”之义，《净明大道说》将其释为：“净明者，无形大道，先天之宗本也。在上为无上清虚，在天为中黄八极，在人为丹元绛宫。此三者，同出而异名，同谓之玄，玄之又玄，众妙之门。明此理者，净明也。”[①] 净明道以净明为无形之道、先天之本，具有本体论意义。净明之中又分为无上清虚、中黄八极、丹元绛宫，构成道、天、人三位一体的关系。净明为道之本体，中黄八极即天心，丹元绛宫即人心，“故天立中黄八极而报无上之本，人当忠孝而答君亲之恩”[②]，道通过天心来显现，人心亦可通过忠孝来显现，进而推出“忠孝为大道之本”这一哲学论题。

从本体论的角度看，“孝”（抑或“忠孝”）已具有本根、本体和本源义，由孝本论的伦理思考向道本论的哲学思想回归，因而孝作为大道之本，已然具有了生发之义。将孝道放在这一高度以解释传统哲学及宗教中所论之天人感应，便顺理成章。亦即，道以生生之性而生万物，具有灵动性和无限生机，但从宗教哲学的角度看，这种灵动性和生机即是元气之转化、贯通，“净明道认为元气是贯通孝道感应外在呈现与内在影响之间的基础，该观点承续汉代以来的‘天人感应’的思想”[③]，因而将道、天、人放在“天人感应”的认知框架内，为“忠孝以致净明”提供了某种可能性和哲学前提。忠孝为人伦之本，尽忠致孝则可以成全人道，人道立则可与天道相通，“忠孝立本，方寸净明，四美具备，神渐通灵，不用修炼，自然道成”[④]，然后可至清虚净明

① ［明］邵以正辑：《净明忠孝全书》，第40页。

② 同上，第41页。

③ 黄永峰：《净明道孝道感应心性观辨析》，《世界宗教研究》2020年第3期。

④ ［明］邵以正辑：《净明忠孝全书》，第41页。

的大道妙境。

《太上灵宝净明法序》称，达到净明境界之途径，一者“以孝悌为之准式”，二者“以修炼为之方术、行持为之秘要”①。虽然净明道也注重方术、内炼修持，因而其宗派中亦有祈福、告斗、济度等种种法术，但相较而言，忠孝乃是诸法之本。正如《太上灵宝净明入道品》所言，净明大道所重者，“一孝悌，二炼形，三救度”②。孝悌为人伦之大端，修炼之根本，“不务本而修炼者，若大匠无材，纵巧何成？”③ 可见，宋代净明道始创之时，即以“孝悌”为修道、行道之根本，而“忠”“孝”也开始脱离“人道”之范畴，而有了宗教之“神圣”意义。《太上灵宝净明洞神上品经》云：

> 父母之身，天尊之身；能事父母，天尊降灵。欲拜父母，友恭弟兄；兄弟之身，诸天真人。凡知此者，可以烧丹篆符，百鬼畏名。不知此者，未可入道以奉三清，夜叉食其肉，魔刹戮其神；虽有丹书万卷，未可以升真，符篆万箧，未可以役鬼神④。

孝之对象父母被视作“天尊”，而悌的对象兄弟则为“诸天真人”之身，日常的孝悌伦常也因此成了可与天神沟通的具有宗教意义的行为方式，这是净明道将儒家的孝悌伦理进行神圣化与宗教化的结果。

---

① 《太上灵宝净明秘法序》，载《道藏》第10册，第526页。

② 《太上灵宝净明入道品》，载《道藏》第10册，第523页。

③ ［明］邵以正辑：《净明忠孝全书》，第41页。

④ 《太上灵宝净明洞神上品经》卷上《入道真品篇》，载《道藏》第24册，第602页。

至北宋时，净明道在孝悌之外加入了“忠”的概念，出现了“忠”“孝”并用的情形，并将其作为净明道的基本理念。《灵宝净明新修九老伏魔秘法序》中已提及“出示灵宝净明秘法，化民以忠孝廉慎之教”①，突出了净明道的基本理念即忠孝，“把人道的内容概括为忠孝，这是受儒家思想的影响”②。

南宋时期，白玉蟾又在“忠孝”的基础上对净明教义及伦理思想加以扩充，将儒家八德援引入净明道教义之中。所谓儒家八德，即忠、孝、廉、谨、宽、裕、容、忍，称之为《八宝垂训》，并对八宝做了如下解释：

> 忠则不欺，孝则不悖，廉而罔贪，谨而勿失。修身如此，可以成德。宽则得众，裕然有余，容而翕受，忍则安舒，接人以礼，怨咎涤除③。

该《八宝垂训》可以看作净明道践行儒家忠孝思想之准则，尤其于南宋中后期形成了净明道的“诫命”思想，带有浓厚的宗教戒律意义。《太上灵宝诫命之道品》《太上灵宝净明飞仙度人经法》等净明道书中即先后提及“十诫”之说，前者以“忠孝”为首，后者以“无忘八极”为先，该八极即是《八宝垂训》所说的内容，也是“灵宝净明飞仙度人之基也”④。显然已将

---

① 《道藏》第10册，第547页。

② 孔令宏著：《宋明道教思想研究》，第301页。

③ 《道藏》第4册，第756—760页。

④ 《太上灵宝净明飞仙度人经法》：“忠者钦之极，孝者顺之极，廉者清之极，谨者戒之极，宽者广之极，裕者乐之极，容者和之极，忍者智之极。天以斗为极，地以岳为极。天以有极则能聚众乐，地以有极则能聚众形，屋以有极则能聚众木，人之有八极亦如是也，故能集善，善立则道备，道备所闻所见自然廓开，所应所修自然顺适，此得灵宝净明飞仙度人之基也。”（《太上灵宝净明飞仙度人经法》卷1，载《道藏》第10册，第559页）

"忠孝"放在首位，在净明教义中已具根本义，甚至涉及内丹、心性等方面。如《净明黄素书》称"凡学黄素书者，要在忠孝"①。也就是说，"忠孝"已不再是一种信仰理念或终极追求，而是学道者理当依循的人伦法则，虽然属于伦理思想的内容，但在净明道的整个教义思想体系中却具有普遍的重要意义，从而赋予了净明道新道派的伦理意蕴。

宋代是净明道的奠基阶段，而"忠孝"作为净明道的核心理念也经历了被神学化的过程。对"忠孝"的神学化，不仅是将"忠孝"作为登真成仙的基础，更将其扩而大之，将忠孝有关传说人物上升为神灵的高度，如"孝道明王灵宝净明天尊太阳上帝""孝道仙王灵宝净明黄素天尊太阳元君""至孝恭顺仙王谌母""玄都御史吴猛""九州岛都仙太史高明大使神功妙济真君许逊"等，吴猛、许逊为通过践行孝道"飞升成仙"的典型，这一神系的产生使净明道的"忠孝"信仰已突破了儒家式伦理意义上的诠释囹圄，而成为一种宗教信仰。从这一角度看，宋代净明道的主要信仰其实是对孝道神仙的信仰，具有早期道教信仰的共同特征，即通过践行忠孝之道而最终成其仙道。

元代净明道教义走向成熟，对"忠孝"的认识也受到理学的影响，在孝道神仙信仰的基础上，对"忠孝"进行了伦理思想及宗教哲学方面的深入诠释，这是对宋代净明道的一种革新和教义的推衍。元代成书的《净明忠孝全书》已将"忠孝"提高到与"净明"同等重要的地位。在净明道看来，"净明"是终极境界，也是"忠孝"所指向的终极目标。郭武将元代净明道所

① 《太上灵宝净明飞仙度人经法》卷1，载《道藏》第10册，第500页。

讨论之“忠孝”意蕴划分为两个层次：一为相当于儒家“忠孝”本义的社会伦理规范，属“人道”范畴；二则是作为一种可与神灵沟通的、超世俗的宗教实践，实属“仙道”之范围。[①] 尽管“忠孝”是世俗人伦之本，在净明道的学说中，唯有践行“忠孝”、从人伦的角度完成人道修行，方可修成“仙道”。这种“忠孝致仙”的净明教义使净明道的修行理念带有很多世俗色彩。

《净明宗教录》称道性本自具足，不假于外。《四规明鉴经》一文云：

> 道者性所有，固非外而铄。孝弟道之本，固非强而为。得孝弟而推之忠，故积而成行。行备而道日充。是以上士学道，忠孝以立本也，本立而道日生矣[②]。

道乃是人性修炼需要达到的终极境界，人性在于内修而不在于外铄，但可以通过践行忠孝以发明道性。该经又云：“学道以致仙，仙非难也，忠孝者先之。不忠不孝，而求乎道，而冀乎仙，未之有也。”[③] 学道成仙以忠孝为先，人道是仙道之根本，道教所追求的长生成仙所指的乃是使“长生之性”不灭，因而虽然尽忠致孝未必长生，但“长生之性存，死而不昧，列于仙班，谓之长生”[④]，从形体不朽向精神不朽的超越，也是宋代新兴道派所持的思想，只不过，净明道将其解释为“长生之性”，与全真、禅宗乃至理学之心性说有异曲同工之妙。因而《净明

① 参见郭武著：《〈净明忠孝全书〉研究》，第251—252页。
② ［清］胡之玫撰，陈立立、邹付水整理：《净明宗教录》卷1，第2页。
③ 同上。
④ ［明］邵以正辑：《净明忠孝全书》，第64页。

大道说》称："忠孝，大道之本也。是以君子务本，本立而道生。"① 可见，净明道学说中，尽忠致孝乃是成仙之根本，"忠孝为本，立本以成仙""未有不忠不孝而参天庭奉宸极也"②，这是对道教仙道学说的另一种诠释，通过重新界定忠孝的内涵，将忠孝从伦理领域转换到了心性领域，使"力行忠孝"从一个伦理实践问题变成了心性修养问题③。

净明道忠孝为本的教义思想，源于儒家的"仁"。"仁"是儒家思想中极其重要的概念，是儒家思想的核心，由"仁者爱人""己欲立而立人，己欲达而达人"的仁爱学说扩展出孝悌为仁之本的伦理学意蕴。仁是处理人际关系的基本法则，而人伦关系则以忠君、孝亲为首要，为衡量一个人道德高低之标准。进而，孝悌便成为仁德之根本。《论语·学而》云："君子务本，本立而道生。孝弟也者，其为仁之本与！"刘宝楠注："本，基也。基立而后可达成。先能事父兄，然后仁道可达成。"《吕氏春秋》注言："道者，人之所由行之路，事物之理，皆人所由行，故曰正其本。"④ 净明道所提倡的忠孝与儒家所倡导的忠孝，其根本义是一样的，只不过，净明道站在宗教神学的角度，将忠孝之行与学道联系起来，并对其进行了宗教诠释，认为忠孝是学道成仙的最根本途径。

净明道对"忠孝"的关注使儒、释、道三家思想在传统伦理层面实现了融合。这显然是对儒家忠孝思想的继承和发扬，使

① ［清］胡之玟撰，陈立立、邹付水整理：《净明宗教录》卷1，第2页。
② 同上，第3页。
③ 尹志华：《元代净明道的教义核心析论》，《宗教学研究》2004年第2期。
④ 刘宝楠著：《论语正义》，北京：中华书局，1954年，第4页。

修习者完成人道的修持，谓“人道不修，仙道远矣”。而修习人道则须以忠孝为基础，“净明之习，忠孝以为习，积忠孝之道，备矣”，并称“忠孝立而心性得矣”①。因而，《四规明鉴经》即是从“章本”“修身”“建功”及“成终”四个层面阐述儒家修、齐、治、平的政治理想，并将其称为修道成真的四个基本阶段和境界，而其中最为根本的内容就是忠、孝二字。

《四规明鉴经》认为“忠孝”为修道之根本，认识这一根本乃是实现修、齐、治、平等事功目标的前提，这样忠孝就具有了本元义，然后“忠孝”思想贯穿于每一阶段。如《修身章第二》称：“忠孝则无罪戾，去祸远矣。服炼则无妄伪，无妄伪则身安矣。”② 当然，净明道还是用道教的理路对“修身”进行了诠释，如其所指即是“服炼”，这是内丹、心性等方面的修炼，与儒家差异甚大，不过，即使如此，服炼亦不可略过“忠孝”这一根本。

《建功章第三》中所谓的“功”，亦非儒家所谓建功立业。儒家以建功立业为人生追求，以功业大小为价值之评判标准，唯建功立业、垂范后世方才符合修齐治平之人生要求。因而儒家强调积极入世，或立德，或立功、立言，以践行圣贤之道。从入世事功的层面看，净明道与儒家所谓的“功”具有一定的相似性，亦即净明道并不主张弃绝尘俗，“忠”即忠于君、忠于国，“孝”即孝于亲、兄友弟恭，至少在践行“忠孝”伦理方面具有和儒家相同的意义。作为一种伦理型宗教，净明道所倡导的除了忠孝，尚有炼形和济度，而炼形和济度则带有更多的入世事功色

① ［清］胡之玫撰，陈立立、邹付水整理：《净明宗教录》卷1，第5页。
② 同上，第3页。

彩，与忠孝之信仰归旨相辅相成，从内在和外在两个向度发明净明宗旨。

这样看来，《建功章》所谓“事功”还指修行之功。首先从心性的角度发明心性，以不昧心性之真为功，称“远于妄，所以成功也”，又说“忠孝备而成本，可以立功”，即善立功者，“无阳祸，无阴愆，无物累，无人非，无鬼责”①，这是立功的实际效果；其次，欲立功者，不可着相，须立宏愿志向，故而摒弃其他道派所谓的符箓法术治病之类的“方便法门”，而应以立大功为追求，让忠孝之道推广于天下，方可称为大功，即“以吾之忠使不忠之人尽变以为忠，以吾之孝使不孝之人尽变以为孝，其功可胜计哉”②。这种思想相对于宋代净明道的教义有所发展，而且已经开始进行哲学玄思，但忽略了“忠孝”伦理思想本身的现实性，而易沦为虚无缥缈的空洞之谈。

《成终章第四》提出尽忠致孝的三种境界，即“上士以文立忠孝，中士以志立忠孝，下士以力致忠孝”。这种思想即是对儒家所谓立德、立功、立言的君子三不朽的直接套用，立德即道德成功完满，需要治心修身；立功即入世事功，需要时势机遇；立言即学问通达，需要禀赋才能。因而，儒家以三不朽为人生之追求。而净明道则对儒家三不朽进行了截然不同的解读：以文立忠孝者为上士，可“以言为天下唱”；以志立忠孝者为中士，可“以行为天下先”；以力致忠孝者为下士，可“以身为众人率”。其思想的基本理路是，以文立忠孝可传后世，传播面广，影响就大；以行立忠孝者，注重对忠孝之道的践行并影响他人，使尽忠

① ［清］胡之玟撰，陈立立、邹付水整理：《净明宗教录》卷1，第4页。

② 同上，第5页。

致孝成为风气；以力致忠孝者，即身体力行，成为众人的表率。“如此者，南昌上宫著名，升籍入仙，而忠孝之道终矣。”① 因而，要达到最终的净明境界，即须“谨心诚，八极立，八极以为基，立基以明心性。心性明，则不期于神，而神自神，谓之净明”。这里，净明道的修习工夫又回到了心性问题上，而心性又需通过践行忠孝以达成，“净明之习，忠孝以为习，积忠孝之道，备矣”，又曰“忠孝立而心性得矣”②。

这样，“忠孝为本”的思想成为元代净明道所阐发的主要思想。《西山隐士玉真刘先生传》称：“由是开阐大教，诱诲后学。其法以忠孝为本，敬天崇道，济生度死为事，简而不繁。”③ 由是观之，在净明道看来，“忠孝”不仅是学道的基础，是修炼心性的基本工夫，还将重心放在了尽忠致孝的社会功用上，既关注个人伦理修养的提升，亦重视对忠孝思想的真践实履，即使是“以力致忠孝”的下士也可以通过践行忠孝而升入仙籍、位列仙班，将忠孝与道教的终极追求紧密联系在一起，更加突出了忠孝思想在净明道中的核心地位。

（二）邵以正“忠孝”思想的道统承续

元代净明道对“忠孝”的讨论多与儒学有关。江西是净明道的发源地，也是理学发展最为兴盛的地区，因而净明道的教义思想亦曾受到理学的影响。南宋时，程朱理学曾一度成为官方哲学，至元代其余绪尚存。出生于南宋末年的净明道领袖刘玉自幼

---

① ［清］胡之玫撰，陈立立、邹付水整理：《净明宗教录》卷1，第5页。
② 同上。
③ ［元］黄天吉编集，［元］徐慧校订：《净明忠孝全书》，载《道藏》第24册，第630页。

受理学熏陶，“五岁就学，读书务通大义”，重整净明道之后，其“言必关于天理世教，于三教之旨，了然解悟，而以老子为宗”①。《净明忠孝全书》对“忠孝”思想的探讨即带有深刻的儒学意蕴及浓厚的理学色彩，加之净明道人物刘玉、黄元吉、胡化俗等均有“由儒入道”的人生经历，与当时的大儒亦多有往来，从虞集（1727—1348）、赵世延（1260—1336）等人为《净明忠孝全书》作序即可见一斑，这使得元代净明道“复兴”之时便已深受理学影响。此外，终元之世，无论儒家，抑或道教、佛教思想均不同程度地放弃门户之见而逐渐走向融合，使各家思想均受到这种潮流的冲击。

净明道对儒、佛二家思想的吸收不仅仅停留在世俗伦理层面，其教义中即已含摄了三教合一的思想。如刘玉在《净明忠孝全书》卷五中论“何谓一”的问题时称：“太上之净明，夫子之忠恕，瞿昙之大乘，同此一也。……立言虽殊，其道则一。”②然后，刘玉还以儒家的“仁”作为净明“先天之学”的核心，称“净明先天之学，只要了得核中有个‘仁’，‘仁’中有一点生意，藏之土中，春气才动，根生干长，都出自然，岂曾见天公亲刻枝叶也哉?”③ 将“仁”作为核心，或曰道性，其中“有一点生意”，自然生发，因而净明修行之要即须先了悟“仁”的理趣。实际上，净明道所阐述的“仁”与儒家的“仁”是互通的，与儒家之“仁”一样具有根本义。为了阐明其宗教属性，净明

① ［元］黄天吉编集，［元］徐慧校订：《净明忠孝全书》，载《道藏》第24册，第631页。

② 同上，第645页。

③ 同上，第643页。

道把道教之真人等同于儒家的儒者，儒者“皆天人也，皆自佛仙中来，以公心为道，故生于儒中救世偏弊耳”①，并称净明道所认为的真人“非谓吐纳按摩休粮辟谷而成真也，只是惩忿窒欲，改过迁善，明理复性，配天地而为三极，无愧人道，谓之真人”②，表现出对儒家思想的亲和性，同时也体现了净明道放弃北方全真道“捐绝世务”的清修理路，反而选择了入世事功的世俗化道路。

净明道的世俗化是其教义发展的必然结果。以“忠孝”为修道根本的净明道从对忠孝神仙的信仰到对“忠孝”的哲学诠释已经经历了一个漫长的整合过程，虽然“忠孝”的内涵已发生了巨大变化，但其重心多停留在所谓“上士以言致忠孝”的理论阐发阶段。从教派发展的角度看，这种教义和修行理念确实简单易行，与世俗社会所倡导的理念相吻合，故而自元代以来，净明道便极力倡导这种介于入世与出世之间的修行理念，“净明忠孝之道，不必废人伦、外名教、绝俗离群”③，既无亏于人道，又可兼顾仙道，具有极强的可操作性和巨大的吸引力。这也是净明道在元代实现“复兴”的原因。然而，元代中期的净明道在力倡“忠孝”的同时，却对早期净明道的“济生度死”的法术功用未表现出极大的兴趣，而是对形神修炼和符咒治病、禁忌卫生等方面的“事功”部分较为关注，并将其视为孝道的组成部分。

① ［元］黄天吉编集，［元］徐慧校订：《净明忠孝全书》，载《道藏》第24册，第642页。

② 同上，第649—650页。

③ 同上，第652页。

其一，孝道之大端，对内则事亲以孝、保持身体健康为实践孝道之基本准则。《中黄先生问答》称：“又问事亲之礼，冬温夏凊，昏定晨省，口体之养，无不尽心，可得谓之孝乎？答曰：是孝中一事而。……身是父母遗体，但向行住坐卧十二时中，善自崇护，不获罪于五藏，方可谓至孝。”① 凡事获罪于五藏之人，“皆是破裂元气，作挞身己，不行孝道的所为”②。由此可知，净明道所认为的孝道，不仅是事亲，还需要“理会得收放心，存夜气，方谓之反身而诚，乐莫大焉”③，称此为最上品的孝道。“不获罪于五藏”不仅是炼养的基础，是“行孝炼炁之羽翼”，也是尽孝的方式。因而，净明道并不提倡那些传统的驱役鬼神之类法术。如刘玉在回答驱邪治鬼问题时说，“大凡行法之士，未消得峻责鬼神，且要先净除了自己胸腹间几种魑魅魍魉，则外邪自然熄灭矣。”④ 所谓魑魅魍魉，只是贪财好色、邪僻奸狡、胡思乱想等念头，又回到了内修这一根本。

其二，孝道的事功方面，以济世度人为依归，因而重视救治百病方面的修行。尽管净明道认为“下士呼符水治药铒医人之一疾、救人之一病而谓之功？非功也，此道家之事方便法门尔”⑤，其目的是“以吾之忠使不忠之人尽变以为忠，以吾之孝使不孝之人尽变以为孝”的终极理想，即大忠大孝。然而，净明道对救治百病的符箓咒术之功用及功德给予了肯定，称“救

① ［元］黄天吉编集，［元］徐慧校订：《净明忠孝全书》，载《道藏》第24册，第649页。

② 同上。

③ 同上。

④ 同上，第639页。

⑤ 《太上灵首入净明四规明鉴经》，载《道藏》第24册，第615页。

治疾病谓之道力，以力行道谓之细积，以法行道谓之达道，以孝行道谓之上道。道中有上中下三品，此其下也。然救治百病、愈人疾苦亦可得仙”①。不过，济人利物亦须以忠孝为本，修身慎行，然后推以济物，不然，“驱疫鬼神，徒增罪戾耳”②，显然已将忠孝贯穿于内修与济物之中。

元季明初社会动荡，宫观道教系统接受了极大挑战，宗派传教模式由宫观“依谱而传”向“惟贤是传”的人本化转型，“忠孝”思想的传播和继承也逐渐失去了其原有的氛围和条件，至明初之时，净明道已达到“久湮不行”的局面。

元末明初，由于宫观道教传统传法体系的解体，宗派法脉的传承也渐向“择贤而传”转变。这种趋势使道法、宗派的传承突破了固有的宗派界限，使道派、道法逐渐走向融合，这一时期的赵宜真、刘渊然及邵以正等既是诸家道法的集大成者，又是净明宗派道统的构建者。只不过，该系道统较之元代净明道的先驱者而言更具灵活性，不但保持了“忠孝”的教派核心思想，还对“忠孝”的内容做了极大调整，即在继承了元代“忠孝”思想的基础上，将重心向“济世度人”的真践实履转移。这又是明初净明道所经历的思想转型，也继而成为明初净明道之一大特色。

赵宜真、刘渊然是元季明初净明道的重要人物。从《净明忠孝全书》序的叙述方式看，邵以正已将赵宜真作为上承丹扃道人胡化俗的正统法嗣。既然赵宜真的净明道法是由曾尘外（贵宽）所授，而刘渊然又得赵宜真传净明法，由是而净明道之

① 《太上灵宝净明洞神上品经》卷下，载《道藏》第24册，第610页。
② ［明］邵以正辑：《净明忠孝全书》，第51页。

法统得承其绪。《净明忠孝全书》称，刘玉以“传教之任付元吉”[①]，黄元吉“唯以发明其师说为己事……授净明忠孝之教”[②]，徐慧“闻中黄先生得都仙净明之道，驻于崇真宫，遂往师焉……尽得中黄八极之妙。又参蓝真人于长春宫，得全真无为之旨”[③]，以上诸人，自刘玉至丹扃道人皆有师传，徐慧之后则传承不明。实际上徐慧亦曾“度弟子数百人”，但历经元季之乱，而流散各地，不知其净明大道所传何人，亦未见其徒裔领衔振兴道派，故而后人皆称净明大道“久湮不行”，实因未得其人使然。不过，《净明忠孝全书》乃由黄元吉编集、徐慧校订而成，故而净明道统之历史叙述至徐慧而止。半个多世纪之后，刘渊然曾刊行该书，抑或曾产生过将其师赵宜真尊为净明嗣师之想法，但赵氏道法传承具有模糊性，而且刘渊然重振净明道派的想法亦未成熟，故而仅以传统的刘、黄、徐为净明三祖。净明祖师之格局到邵以正之时方得以调整，即将赵宜真、刘渊然增入其中，是为净明四传、五传，最终使该派道统得以接续。

据邵刊本《净明忠孝全书》及张宇初《岘泉集》所载，赵宜真的净明道法为曾贵宽所授，但不知曾贵宽的道法源于何处，且没有更多关于曾氏的记载，盖无显著贡献；赵宜真与徐慧或有交往，但未见记载。鉴于此，作为道统嗣续弟子的邵以正便以赵宜真、刘渊然接续徐慧，以确立该系的净明正统地位。这不仅是振兴宗派的需要，也是对净明思想的认同。因而，邵氏景泰三年（1452）序刊本《净明忠孝全书》即是其教派思想的体现。

① ［明］邵以正辑：《净明忠孝全书》，第21页。
② 同上，第24页。
③ 同上，第27页。

胡濙《净明忠孝全书序》引邵以正所言："是书乃旌阳许真君所传之秘，其来远矣。旌阳传之玉真刘先生，再传于中黄黄先生，至丹扃道人而是书始行于世。尝师祖赵原阳、先师刘长春相继嗣续，复阐发之。"主观上建立了以许逊、刘玉、黄元吉、徐慧、赵宜真、刘渊然为传续的净明道统，而该道统所递相传授之核心即"忠孝"，"其法以忠孝为本，敬天崇道，济生度死为事，简而不繁"[①]。又"刘（玉真）则八百仙人之首，云独重希文（黄元吉），以为可托，及去世，以其传嘱言。盖其说亦本心净明为要，而制行必以忠孝为贵而已"[②]。光禄大夫张珪在序中说：

> 西山玉真刘先生继旌阳仙翁净明之道，必本于忠孝。匪忠无君，匪孝无亲。八百之仙率是道矣。咦！非忠非孝，人且不可为，况于仙乎？惟忠惟孝，仙犹可以为，况于人乎？古人云："欲修仙道，先修人道。舍是何以哉？"[③]

从以上诸序可知，丹扃道人徐慧亦从黄元吉处"尽得中黄八极之妙"[④]，赵原阳则从曾尘外处受"净明忠孝道法"，而长春真人"犹入室焉"，但其投师赵宜真之时已接受了净明忠孝思想的熏陶，"每与同辈处，语及修行，辄举忠孝为之主本"[⑤]，《长春刘真人传》称刘渊然得赵宜真授诸家道法，能呼召风雷、劾制鬼神，无不响应，"然于忠孝道法尤大彰显"[⑥]，从而成为净明

① ［明］邵以正辑：《净明忠孝全书》，第20页。
② 同上，第23页。
③ 同上，第55页。
④ 同上，第27页。
⑤ 同上，第32页。
⑥ 同上，第22页。

道法思想的根本，“与其所行，必以忠孝仁慈为本，不汲汲于其他”①，已然突出了刘渊然确曾在赵宜真处得净明忠孝道法之传。由邵以正编纂整理而成的《长春刘真人语录》在回答人当如何进修的问题时，即以“忠孝”为大道之本：

学道者，先当务忠孝以报君亲之恩，盖忠孝乃大道之本。故先儒之论“君子务本，本立而道生”，吾教亦然。如不本之忠孝而能道者，未闻也②。

显然，本段所阐发的也是《太上灵宝净明宗教录》及《净明忠孝全书》中的忠孝思想。以忠孝作为开篇，亦可知刘渊然、邵以正并未偏离净明道的宗旨。为了证明此说的权威性和核心性，该段还引用胡惠超的原话“修仙要在参禅问道，入山林炼形，惟在忠孝为先，天上人间哪儿有不忠不孝的神仙也?”③ 即使是邵以正在构建净明道统的过程中，亦将“忠孝”作为其净明学说的核心。

邵以正《净明忠孝全书·后序》称：“厥后，我师祖原阳赵真人，先师长春刘真人上承仙绪，实振扬而昌大之，学者宗为嗣师焉。”④ 当然，这是出于邵以正以构建宗派道统需要而作的宗派表述，但至少赵宜真、刘渊然、邵以正之间所传的净明道统是一脉相承的。而传自赵宜真的所谓“净明道统”其实已经不是纯属于净明道了，因其师承宗派较多而难以分辨，刘渊然亦如

① ［清］胡之玟撰，陈立立、邹付水整理：《净明宗教录》卷6，第168页。

② ［明］邵以正编集、［明］胡文焕校正：《新刻长春刘真人语录》，［明］胡文焕辑：《元宗博览三十一种》，明万历刊本，第1页。

③ 同上。

④ ［明］邵以正辑：《净明忠孝全书·后序》，第27页。

此，只不过，从刘渊然“每与同辈处，辄以忠孝为本”的净明道认同来看，邵以正的宗派追述是有所本的。因而，邵以正的“忠孝”思想源于净明正统这一点是毫无疑问的，邵氏本人亦并未加隐晦：“（邵）以正猥以庸陋，仰荷师传于忠孝之旨，虽尝窃幸，预有闻焉，有愧未能上窥净明阃奥之万一，然而不敢以愚騃自弃而不免焉，以求其至也。”① 邵以正所得传“忠孝”之旨，不仅表明了其所传者为净明正统，也说明了其“忠孝”思想的来源即是净明道，而《净明忠孝全书》的刊印也表明他对净明道“忠孝”思想的高度认同，也为其构建的净明道统找到了文本和宗派依据。

（三）明初净明道“忠孝”思想转型

元季明初的净明道，以赵宜真、刘渊然、邵以正一系最为显著②。元代净明道对“忠孝”伦理思想已阐发详备，尤其扩展了忠孝的意义和内涵，称修持“忠孝”之道在于“扶植纲常”③，因而所谓“忠”就是忠于君。君既指国家之君主，又指心君，心君即心灵、心性。净明道强调忠于心君，即告诫修持净明法之人不欺心；此外，净明道又强调至孝，力图通过内在的心性修炼，达到人心合于天心的天人合一境界。在净明道看来，对“忠孝”的修持指向乃在于引导精神归根返元：忠君是心性修炼工夫，尽孝是一种“逆向”的心灵修养方式，通过“忠孝”之

---

① ［明］邵以正辑：《净明忠孝全书·后序》，第27—28页。

② 明初净明学者中，除赵、刘、邵一系之外，亦有朱元璋第十七子、宁王朱权较为活跃，著作颇丰，其中亦有涉及净明道之著述，然而观其所论，其所阐发之主旨则与净明道多有偏离，未如刘渊然、邵以正等人致力于净明道统重构。

③ ［元］黄天吉编集，［元］徐慧校订：《净明忠孝全书》，载《道藏》第24册，第635页。

道的修炼，使人之精神“复其本净元明之性，道在是矣”①。

在净明道的修持方法中，除了通过“忠孝”的修持反本还元、达到净明之境界，还涉及道、术等方面的内容。因而，净明道借用儒家的“正心”理论，认为正心乃是忠孝道法修持的起点。何谓正心？《玉真先生语录内集》说：

奉行道法，皆当平居暇日，存守正念，此即正心之学。正则道在其中；倘不正而用以驱邪，则是助桀为虐，非徒无益而又害之②。

由此而知，净明道法的修持以正心为之法门，以道法为治心之术，称“治人心过，非神不可，道法岂容废哉”③，并不否定道法之功用。而正心也是“忠孝”之基础，而忠孝则是人道之基本内容，因而人若能“以孝道二字常蕴在方寸内，则言必忠信，行必笃敬，忿亦渐消，欲亦渐寡，过亦能改，善亦能迁，人道备矣”④。强调“忠孝”之心在惩忿窒欲等内在修炼中的重要性，惩忿窒欲不仅是道法之基础，也是“正心”的主要内容。胡化俗《净明道法说》称“欲正其内，先去其外欲，无欲而心自正，一正心而道法备矣”⑤。因而，“正心之学”实际上是一种修性工夫，通过中黄八极、三五飞步等命功步骤，使忠孝修持通向内丹妙境。

净明道不仅以“忠孝”作为内丹大道的修持方法，还把形

① ［元］黄天吉编集，［元］徐慧校订：《净明忠孝全书》，载《道藏》第24册，第635页。

② 同上，第637页。

③ ［明］邵以正辑：《净明忠孝全书》，第51页。

④ 同上，第50页。

⑤ 同上，第41页。

神修炼与符咒治病、禁忌卫生相结合，并保留了三山符箓派许多修炼内容和思想，如辟谷、吐纳、房中等炼养术，还包括召劾鬼神、祈禳驱邪、符咒治病等度人法术，但这一切净明道法修炼皆不离“忠孝”二字。在净明道法修炼过程中，内丹心性修炼为行持符箓法术之基础。《净明忠孝全书》卷一称：“其法以忠孝为本，敬天崇道，济生度死，为事简而不繁。”① 只不过较原来的三山符箓相比，净明道符箓法术要简约得多，如对科仪、符箓等进行了简化，不必申奏文字，“只上家书”。《西山隐士玉真刘先生语录内集》称：

> 古者，忠臣孝子只是一念精诚，感而遂通。近代行法之士多不修己以求感动，只靠烧化文字，所以往往不应。盖惟德动天，无远弗届，今此大教之行，学者真个平日能惩忿窒欲，不昧心天，则一旦有求于天，举念便是。若平时恣忿纵欲，违天背理，一旦有求便写奏申之词，百十纸烧化也济不得事。异时法子行持精熟时，但是默奏，自有感通，家书不须亦可②。

刘玉对净明科仪进行简化，将申奏文书等环节删繁就简，认为只需“一念精诚”即可感通神灵，甚至连“家书”这样的文辞也显多余，只需默奏即可。不过，简化之关键则在于内存忠孝、奉道修德的伦理上的自我要求和惩忿窒欲、不昧心天的心性修炼。净明道不仅对仪式进行简化，甚至对符箓也“简而又

① ［元］黄天吉编集，［元］徐慧校订：《净明忠孝全书》，载《道藏》第24册，第630页。

② ［明］邵以正辑：《净明忠孝全书》，第52页。

简”。《净明忠孝全书》卷九：

或问：净明法中符命何其简而又简也？先生曰：符者，契合之义。先天符命，下笔多尚轻清，又不须执泥。篆文纠结者方谓之符。此中作用，契合于道便谓之符，所以符同不过直书四字而已①。

认为只要所写之符合于“道”即可。又如刘玉对斋醮仪式的简化做了如下解释：“科法中建斋行道只是积诚，以期醮祭之时天人响答。每见朝醮行事大烦，及至祭享，则斋主法众诚意已怠。修斋之士不可不审之。”② 显然以“正心诚意”为符箓法术的关键。

以上所述可以粗略看出，净明道的教义思想中，除了对“忠孝”伦理思想的发挥与阐释，还兼顾了符箓、法术、医学等“济世”事功方便法门，只不过，元代净明道深受儒学的影响，将其发展重心放在伦理教化部分，而逐渐抹去了其教中神秘性内容。如《净明忠孝全书》卷六所言：

大道无名无形无情，所以曰“平常心是道”。又曰“万般祥瑞不如无，平常安稳却合道”。学者但当行持，能净能明，能忠能孝，久久至于真净真明、真忠真孝，感格霄穹，自有成就，成变化，行鬼神，虽举意皆如然，而终不失正念，其道莫大焉。世俗所谓神怪之事，实非所尚也③。

---

① ［元］黄天吉编集，［元］徐慧校订：《净明忠孝全书》，载《道藏》第24册，第641页。

② 同上，第644页。

③ 同上，第651—652页。

这种思想已渐渐与儒家的世俗伦理靠拢，从而大大减弱符箓法术的魔幻色彩。这样一来，虽然净明道也有符箓法术等，但并未被给予足够重视。至元季明初社会动荡，群雄纷起，净明道的“忠孝”事功思想难以找到落脚点，符箓道法等也因未被重视而久湮不行①。在这种特殊的历史环境中，净明道的“济世”事功功能却只能通过游历各地的个别高道“以道法显”来加以烘托，只是这种“道法”的净明属性已不十分明确，但“济世”功能却迎合了时势。因而，明初的净明道面临了思想的转型，“忠孝”思想已由原先的心性炼养转向“济世度人”。正如日本学者秋月观暎所言：“净明道自明代以后，不但特别倾向金丹说而且继续维持了本来的现实性、实践性的精神。”② 所谓实践性精神，是指内以惩忿窒欲、正心诚意，“心地上用克己工夫”；外以践行忠孝，济世度人，既不亏于人道，亦不碍于仙道，“若不自躬行践履上做起，只讲寻常修炼精气之术，是谓不明理而学道，却行而求前，纵有小成，亦不能升入清虚之境。所以，报尽复来，散入诸趣，可不惧哉。”③ 因而，元明之际，净明学者的重心开

① 此处“久湮不行”所指的是，符箓法术之类偏向“济世”的内容不再受到净明学者的关注，也不再以宫观传承，反而以提倡“忠孝”伦理及医术济世为主，这种转变是元末净明道针对乱世时局所提出的救世思想。然而，符箓法术是道教的传统内容，净明道对该传统特色的放弃，使元季明初很多净明学者开始融入其他道派，或师承其他道派法术，因而这一时期师承多源的情况是极为常见的。明立国之初，百业凋敝，人心涣散，提倡“忠孝”固然是首当其冲，但道法则更符合朱元璋口味，因而很多高道因“以道法显”被征召入京，而以“忠孝”为主旨的净明道因为淡化了法术在其教中的特色，其“净明忠孝”的说教类似于儒家而亦无明显特色，于是渐渐无闻于世。该时期较为显著者如赵宜真、刘渊然等虽有净明道传承，但使净明道“复大显于世”的道法亦并非出自净明道。

② （日）秋月观暎著，丁培仁译：《中国近世道教的形成》，第158页。

③ ［明］邵以正辑：《净明忠孝全书》，第48页。

始从“忠孝”向“济世”、从内修向践履转移。这种转变在赵宜真、刘渊然、邵以正等人身上体现得淋漓尽致。

从赵宜真与刘渊然的从道经历看，二人均由儒入道，且兼习诸家法脉，而又归于净明忠孝之旨，这不仅是邵以正追述该派道统的叙述模式，也是二人道派的自我认同。该问题学界研究颇多。但除了繁杂多端的法术来源，我们还可以从赵、刘二人身上看到净明道“济世度人”的实践精神。

赵宜真“从曾真人（尘外）受净明忠孝道法，间有阙文，悉加订正，参考尽详。尤好济人，至于医药，靡不研究”①，张宇初《赵原阳传》亦称其“玄门之书千万言，内圣外王之道即备”②，也认同了赵宜真的净明道脉，并承认了他净明宗师地位，“言足范世，道足启后”③。刘渊然“于是亲灸赵公，授净明秘奥。刻志进修，寒暑不谢。每与同辈处，语及修行，辄举忠孝为之主本。……然于忠孝道法，尤大彰显，至今净明学者，尊为嗣师。”④ 赵宜真、刘渊然的法术来源具有多元性，但从其思想主旨来看，其二人均以“忠孝”为主。作为嗣派弟子的邵以正师承单一，但亦以忠孝为其思想之核心。虽然方志、碑刻、传记等资料中未见关于刘渊然亲传邵以正净明忠孝道法的记载，但邵以正在《净明忠孝全书后序》中提及“仰荷师传于忠孝之旨”之事。作为刘渊然亲传弟子，胡濙称邵以正“忠孝恒存于方寸”⑤，

---

① ［清］胡之玟撰，陈立立、邹付水整理：《净明宗教录》卷 6，第 168 页。
② ［明］张宇初撰：《岘泉集》卷 4，载《道藏》第 33 册，第 332 页。
③ 同上。
④ ［清］胡之玟撰，陈立立、邹付水整理：《净明宗教录》卷 6，第 168 页。
⑤ ［明］邵以正辑：《净明忠孝全书》，第 20 页。

徐有贞称其“以演法君之为老氏法，乃能以忠孝为言，是可嘉也”①。尽管该系法术具有多元性，但始终归本于“忠孝”，以及“济世”事功等诸方面。

明初，由于诸帝信仰上的偏好，以符箓法术为主的方士颇受宠赉，致使“邪妄杂进”，张宇初《道门十规》便是针对当时道教教团日趋腐化之弊，称明初正一道“玄纲日坠，道化莫敷，实丧名存”②，进而提倡全真教风，苦修苦行，实践真功，参究性命。明初道教乱象之外，赵宜真、刘渊然、邵以正等人则宛如一股清流，深得诸帝器重，亦享誉于朝野缙绅。这种道风上的反差使其成为一种独特的存在。

其一，清虚守戒，保持纯正道风。净明道以“忠孝”为本，注重“惩忿窒欲、正心诚意”的内炼工夫，强调“修行不昧心天”，对净明学者的内炼修行提出了极高要求。元季明初各道派渐趋融合，道法师承也多有交叉，而戒行精严、清虚自守的道风便成为道教世俗化过程中道士的自我要求。这种清虚守戒的道风在赵宜真、刘渊然、邵以正身上即有体现，这也成为其备受明初诸帝褒崇的原因。赵宜真“绝交处，寡言笑，闻者愿礼不获，其高行伟操，为时所推慕，从游者益众”，论其道风，则“虚静恬淡，寂寞无为”“苦行峻节以自持”。③《原阳赵真人传》亦称他“素性恬淡，慎游处，寡言笑，名公巨卿愿礼不获，其高行伟操，为时所推慕如此”④。可知赵宜真虽徒众甚多、声名鹊起，

① ［明］徐有贞撰：《武功集》，文渊阁《四库全书》，第1245册第143页。
② ［明］张宇初撰：《道门十规》，载《道藏》第32册，第146页。
③ ［明］张宇初撰：《岘泉集》卷4，载《道藏》第33册，第332页。
④ ［明］邵以正辑：《净明忠孝全书》，第30页。

但其亦能严守戒行、清虚恬淡，保持了其一代高道的作风。

作为其宗派传承人的刘渊然亦与赵宜真相类。刘渊然不仅能“刻志进修，寒暑不辍”，“邦人感谢者接踵道路，真人皆辞却之”、对仁宗赐号及褒奖也“顿首谢，力辞，不许复赐”[①]，足见其不为名利所累的为道作风。刘渊然“志行高洁”“真实无妄”“超然物表，不混光尘”[②]，宣宗称他“禀心纯一，凝志静虚”且“惟坚于素节”[③]，他既具保持了全真道清虚自守的道风，亦带有净明道克己修炼的精神，与其师赵宜真几乎是一脉相承的。

邵以正之清净道风亦为时人所称道。邵以正于景泰间最受宠渥，然而并未因此而恃宠若娇、失其戒行，天顺改元之时亦因其戒行精严而未被连累，反而受张元吉推荐而获封“通妙真人”号，诏称他“守真抱一，专气致柔，衍教皇都，游心养素”[④]。作为明初净明道统重构者，邵以正以清净道风垂范羽流，甚至从其徒裔身上亦可看到这种精神的传承。如其高徒喻道纯即“志存虚静，道乐无为，契妙参玄，精勤笃厚，体愈健而神愈清，年弥高而德弥广”[⑤]，胡守法秉性“质直谨厚，尤以谦约自持，且好义，屡周人之急，与人交，始终不变”[⑥]。

从以上诸引文大抵可知，使赵、刘、邵一系于明初、中期大显于世的，除了高超的道法，还有其一直恪守的清静无为、“淡泊自甘、不失戒行”的道风，这是该道派得以振兴的重要原因。

---

① ［明］邵以正辑：《净明忠孝全书》，第 31 页。
② 同上，第 33—34 页。
③ 《金陵玄观志》卷 1《敕真人刘渊然》，第 5—6 页。
④ 《敕左正一邵以正》，《金陵玄观志》卷 1，第 5 页。
⑤ 《御制山水图歌赐普济真人》，《金陵玄观志》卷 1，第 9 页。
⑥ ［明］徐溥撰：《胡公守法墓志铭》，载《焦太史编辑国朝献征录》卷 118，《续修四库全书》第 530 册，第 690 页。

其二，以医济世，秉承为善度人传统。盖建民先生认为，从净明忠孝道的教义上分析，净明忠孝道暗涵有重视医药的逻辑因子，从忠孝为核心的教义出发，净明道必然重视医药。道士研习医术，近可以于己用以卫生、尽孝，远可以推之用于救度、济世。医术既是一门仁术，又是一门孝术，因而知医懂药是服侍父母、尽孝行善的一个重要内容和体现，所以净明道也很重视医术方药，净明一系道士也擅长以符咒“救治百病”。[①] 作为元季明初净明道的“振起”者，除了师承多元的高超道法，赵宜真还擅长医药，并有《仙传外科秘方》十二卷，由刘渊然编集刊行。吴有壬序称：

> 浚仪原阳赵练师，以通儒名家，学于老氏，道行高洁，超迈辈流，处心切于济人，以平昔所获奇异方书，汇聚成帙，中经兵火散失，唯外科方仅存。戊午秋挟其书游金精，寓雩都之紫阳观。盖二十年前，尝以道法授其观之高士萧凤冈，今而重过，又能愈其徒刘顺川积年不治之疮疾。凤冈即欲版行，以广其扶危救急之意，而雩都谷邑，艰于得匠。因循至壬戌夏五月，而原阳仙化，遗命嘱其徒刘渊然终其志。渊然佩服不敢违，仍将所授秘方，总编为一卷[②]。

从该序可以看出赵宜真因“处心切于济人”而曾广搜奇异方书加以刊行，盖可见其“扶危救济之意”，这显然有净明道“济度”宗旨的影响。

刘渊然之以医济世精神与赵宜真同。吴有壬评价刘渊然虽

---

① 盖建民著：《道教医学》，第175页。

② ［元］赵宜真撰：《仙传外科集验方》，载《道藏》第26册，第1页。

“游心方外，屏绝俗纷，独拳拳笃于济人，信可谓贤矣。……是书之行，可以拯危急，利仓卒。使凡为人子者，皆得此书，可不陷于不孝。使凡为医者，皆得此书，可不堕于不仁。则仁人孝子之心具在此”①。即是对赵宜真济人思想的继承。刘渊然“不独精其教事，由儒而旁通于医，所著方论行于世者颇多，又为净明如意仙丹，起人之疾，尤有奇验。其济物之心拳拳焉”②，并在谪滇期间，“滇民告旱，疾疫大作，真人檄龙施药，甘雨布，疾者苏，邦人感谢者接踵道路，真人皆辞却之”③。流传至今的以刘渊然为宗师的滇南长春派中还保留了以医济世的传统。

作为刘渊然衣钵传人的邵以正亦将其师所刊行的医方汇编成为《青囊杂纂》，便是该系以医济世精神之体现，对后世医学影响很大。萧霁虹认为《青囊杂纂》乃是刘渊然、邵以正从云南返回南京后的著作，“所以有多重版本流传于江浙一带，但云南本地至今还没找到存本，仅有相关的养生济世药方至今流散、保存于民间道士的科书之中。”④ 这种以医道济世的精神使赵、刘、邵一系对中国医学做出了卓越贡献。

其三，以道法显，彰显行道济世精神。净明道经历了元季明初的朝代更迭和社会变革，致使道众离散、道统承续也陷入危机。净明道难以从社会层面发挥其“忠孝”的社会伦理功能，进而“济世”便成为净明学者实现其宗教践履的唯一方式。除了以医济世之外，有的高道还采用行道济世的方式继续践行其净

① ［元］赵宜真撰：《仙传外科集验方》，载《道藏》第 26 册，第 1 页。

② ［明］胡俨撰：《长春刘真人传》，［明］邵以正辑：《净明忠孝全书》，第 34 页。

③ 同上，第 32 页。

④ 萧霁虹，晏祥磊：《刘渊然的养生论着——兼论藏外道教养生文献的抢救与整理》，《中国道教》2015 年第 5 期。

明精神。元季明初，赵宜真“尝游白鹤山，访匡仙遗址，结茅居之，所授致雷雨、度精爽，屡有异感，从之者不远千里云集座下”[①]。其中所谓致雷雨、度精爽，即是以清微雷法祈雨求晴之类，是为以道法济世之铁证。

刘渊然亦如其师，在济世度人方面多有表现。他曾于师事赵宜真期间“呼召风雷，劾治鬼物，济拔幽爽，无不响应”，谪滇期间，“凡滇民有大灾患者，咸往求济，无不得所愿欲”，并评价其为“惓惓以祝国济民利物为心”[②]。可见，赵、刘二人行道济世的精神不仅是对净明道教义宗旨的践履，也迎合了明初太祖“以道法显”的高道征聘条件。

上承赵、刘道法的邵以正亦继承了道法济世的传统，称他“为善不专及于一人一家，而及于天下后世”[③]。然而，因缺乏著述，且他人对邵以正行道济世方面论述不多，多以其践行“忠孝”为讨论之资，故可知邵以正对行道济世的净明精神是极为认同的。

以上可见，明初的净明学者多重内丹心性之炼养、以医术及道法济世等为主，体现了以赵、刘、邵一系为代表的明初净明道的思想转型，即从自度到度人、从忠君孝亲的“小忠小孝”向道济天下的“大忠大孝”过渡。

在净明道的教义中，“忠孝”分为两个层次：“小忠小孝”及“大忠大孝”。前者盖指“下士以力致忠孝，以身为众人率”

① ［明］邵以正辑：《净明忠孝全书》，第30页。

② ［明］陈循撰：《龙泉观长春真人祠记》，陈垣编纂：《道家金石略》，第1261页。

③ ［明］邵以正编辑，［明］喻道纯校正：《经史通用直音》白玢序，成化八年（1472）刻本。

之类，为践履忠孝之最低要求，即对父母尽孝，身体力行，成为众人的表率。《太上灵宝净明宗教录》亦云："凡得净明法者，务在济物，见他人之父，见他人之母，如我父母，矜老恤孤，怜贫悯病，如病危急，若在己身。如此用心，可得吾理，当念之。"[①] 这也是儒家伦理思想中极力提倡的孝道。

"大忠大孝"则指"上士以文立忠孝，以言为天下倡"之类。《西山隐士玉真刘先生语录内集》称："大忠者，一物不欺；大孝者，一体皆爱。"[②] 并称，所谓"忠"乃是忠于心君，因"心君乃万物之主宰，一念欺心，即不忠也"，因而"刘玉净明道之所谓忠，根本义是忠诚于自心本性"[③]；至于孝，刘玉称"人子事其亲，自谓能竭其力者，未也。须是一念之孝，能致父母心中印，则天心亦印，可矣。如此方可谓孝道格天"[④]。

由是观之，净明所谓之孝道，不仅仅是"以力致忠孝"的事亲行为，而是达到"一物不欺、一体皆爱"的道的境界。把忠君事亲之心扩大到对万事万物的爱，如此才能使人心合于天心，"将对忠孝之化，周流八荒，纲常正而天理明，雨旸若而民不疵疠，上以极圣君贤相雍熙和平之治，下以使昆虫草木同跻仁寿之域"[⑤]。这就是净明道内以忠孝事君亲、外以济度天下的精神。实际上，明初的净明道已不再停留在对"忠孝"教义的发展和探讨，而是逐渐向"济世度人"的真践实履转型，进而使

---

① ［清］胡之玫撰，陈立立、邹付水整理：《净明宗教录》卷 3，第 73 页。
② ［明］邵以正辑：《净明忠孝全书》，第 42 页。
③ 张圣才：《净明宗旨论——〈净明忠孝全书〉研读》，《中国道教》2002 年第 6 期。
④ ［明］邵以正辑：《净明忠孝全书》，第 43 页。
⑤ 同上，第 39 页。

其道派能在明初道教圈一枝独秀。

总而言之，作为明初净明道统的构建者，邵以正全盘继承了净明道“忠孝”核心思想，并以“忠孝”为“万事万物之本”。一贯坚持述而不作的邵以正并未从哲学的高度对“忠孝”之本体义进行进一步阐释，甚至其师祖赵宜真、师父刘渊然等人亦未对此做过理论诠释，但其祖孙三代学者对净明道的最大贡献却在于真践实履，从事功的角度彰显净明“忠孝”之旨，即“以术弘道”，进而从宗派义理的玄谈逐渐落实到惠众利民的真践实履。这种修行导向上的转变从赵宜真、刘渊然那里便已初见端倪，至邵以正之时则更为明显。赵、刘道术高妙，但深居简出、清虚自守，尽管慕道者云集，但极少与权贵相往来，如赵宜真多“绝交处”，刘渊然“性耿介”缺乏人际关系上的圆融，以至于“忤权贵”而被贬至滇，且与龙虎山一系“不协”。或许正因为如此，赵氏有《原阳子法语》《灵宝归空诀》等道书多种存世，刘渊然亦有《长春刘真人语录》等著作存世，采取了“述”且“作”的传道方式。邵以正则不然，其深厚的道学功底和对忠孝的信仰使其最终脱颖而出，除了得刘渊然的影响力之福荫，还在于其在构建宗派道统的过程中对净明道修行理念做了相应调整，即弃玄谈而重践履，以成全济世度人的净明精神。因而，邵以正不仅交友广阔、“望隆缙绅”，其言行则“以忠孝为本，不汲汲于其他”。从弘扬道派的实际效果看，对忠孝思想的践履要比著书立说更具感染力。

二　真践实履：邵以正的“忠孝”信仰归宿

邵以正有深厚的士族背景及“隐居有行”的伦理观念传承和信仰传统。士族原有的优越感和“谪戍云南”带来的心理落差使邵以正放弃了传统的儒学幻想，从其父“虽艰难旅琐中，凡所以行义不减在乡时”的言传身教到“寄迹于老子法”的志向耦合，成为邵以正的入道契机，同时构建了“忠孝为本”“道本儒用”的思想体系。

邵以正自幼慕道而有出尘之志，不仅是刘渊然与邵以正儒道并举的修行理念上的契合，亦是邵以正对儒家传统以外的别样人生的规划和追求。这也是元明之际社会上大多数文人达成“以道济世”的人生愿望的基本途径。元明之际，士大夫往往面临艰难抉择，一方面社会动荡、战乱频繁，其生命安全难以保障；一方面儒家所倡导的“忠孝节义”“忠臣不仕二君”的忠孝观念把士人陷入了尴尬的境地，既要找到合乎情理的方式以安顿性命，又不至于违背儒者的初心，因而有人甚至想到隐身佛道，既能苟全性命于乱世，又能保持精神上的解脱。[①] 这种抉择源于朝代的更迭及时局的混乱，“忠孝”的伦理说教陷入尴尬局面，传统的遁世修行方式虽然利于修学者自身但无补于名教，也有悖于净明道的济世度人精神。在这种客观环境中，无论是净明学者或其他道派，甚至部分儒士文人开始选择一种出世与入世相结合的生存方式。这无疑给明初净明道的复兴提供了某种希望和契机。

---

① 夏咸纯著：《情与理的碰撞：明代仕林心史》，保定：河北大学出版社，2001年，第24页。

赵、刘、邵一系的崛起证实了这种思潮的可操作性。

作为净明思想的核心，“忠孝”具有规范人伦的社会导向性。原本就兼涉儒、道二家思想于一身的净明道于元季明初已难以凭借“忠孝”说教维持其影响力，而不得不转向“济世”的社会功能，这不仅顺应了时代的召唤，也是净明道对特殊时局所做出的颇具宗教精神的回应。“济世”不仅是儒家传统，更是道教的传统，尤其是净明道的宗旨，只不过，元代净明道之传承多依附于宫观，而元季时局的变迁使法统、道统的传承开始由依附于宫观的“依派而传”向以人为本的“择人而传”模式过渡，其结果是，道派道统的传承具有随机性和分散性，使宗派的传统失去了传承的根基。

赵宜真、刘渊然、邵以正三代之间道统和法统的传承亦经历了传统模式的解构与重构过程。这一道派的历史性演变在邵以正这里真正得以实现，不仅完成了道派的重构，更将道派的思想精髓和实践精神落到实处，以另一种方式获得宗教般的精神调适与性命安顿，与其儒道互补的济世精神是高度吻合的。

除了对“忠孝”的信仰，邵以正还积极践行“忠孝”。作为明初净明道统的承传者和构建者，邵以正不仅恪守净明道核心教义、理念，甚至不遗余力地践行忠孝，并以此作为入世事功之准则。他在《净明忠孝全书后序》称净明道法“必以忠孝为修行之本，扶植万世之纲常”①，虽然未脱离净明道“忠孝致仙”的修行理路，但并未停留在忠孝理论的阐发和哲学玄思，而是以践行忠孝为其修行之本，先尽忠致孝，然后可以谈神仙，“学道以

① ［明］邵以正辑：《净明忠孝全书》，第76—77页。

致仙，仙非难也，忠孝者先之。不忠不孝而求乎道，而冀乎仙，未之有也”①。《长春刘真人语录》论“人要如何进修”时说：“学道者，先当务忠孝以报君亲之恩，盖忠孝乃大道之本。故先儒之论‘君子务本，本立而道生’，吾教亦然。如不本之忠孝而能道者，未闻也。”② 邵以正深受刘渊然影响，认为净明道的“忠孝”与作为儒家伦理核心的“忠孝”其内涵和本质是一样的。“报君亲”作为修道之根本，于亲则孝，于君则忠，做到“忠孝”才能进行其他方面的修行。儒家以“忠孝”为本，净明道亦以“忠孝”为修道之门径。邵以正不仅以“忠孝”为其修道思想的核心内容，亦以践行“忠孝”作为修行法门，即“知”与“行”相辅相成、互为表里、知行合一。

邵以正出身“姑苏士族”，其家族之“德善”和义行使邵以正深受其父孝道思想的影响，因而自幼志向卓越、昭然物表。各类传记皆称他自小便有出尘之志，但那是为其作传需要而进行的修饰，实际上邵以正约十多岁时方“白二亲，去从高道王云松”学法（本书第二章已有论述），且于永乐中投师刘渊然门下。学法之前他所接受的儒学熏陶及其父亲的孝道及义行也是他投师学道的动力所在。因而，邵以正前往龙泉观跟随刘渊然学道，不仅因为他自幼有“出尘”之志，更因为刘渊然所传的净明道理念中有“忠孝”的内容，与其志向颇为契合，再者，刘渊然行医以救疾病、行法以救灾患的“济世度人”精神也与邵以正的志向相吻合，无异于为他找到一条介于出世与入世之间的道路。

---

① ［清］胡之玫撰，陈立立、邹付水整理：《净明宗教录》卷1，第2页。

② ［明］邵以正编集，［明］胡文焕校正：《新刻长春刘真人语录》，［明］胡文焕辑：《元宗博览三十一种》，明万历刻本，第3册第1页。

自幼深受孝道及义行熏陶的邵以正不仅接受了净明道“忠孝”思想，而且将践行“忠孝”作为其人生准则。虽然邵以正并无原创著述传世，但他人的诗词文集中亦有关于他践行“忠孝”的零星记述。如明杨士奇所撰《邵仲仁墓表》一文即对邵以正恪守孝道的品格进行了褒扬：“世之为老释之徒者，率自谓得出世法，而回顾其所生，漠若涂人者，有矣。有能惓惓图永其所生于不泯，如（邵）以正之孝加鲜矣。”① 徐有贞《武功集》卷三《邵仲仁哀辞》亦称邵以正“子孝终无污”②，更进一步透露了邵以正身体力行、恪守孝道方面的信息。

邵以正不仅“以力致忠孝”，还始终以尽忠致孝为皈依，并希图影响他人。《武功集》中有《送羽士邵希先还滇南诗序》一文记述了邵以正嘱托其兄子（侄子）邵希先返滇代其尽孝之事。他说：“夫学道者，以忠孝为第一事。……吾之父母，若之祖父母也，若能代吾事，固亦若之孝也。”③ 可见邵以正始终以“忠孝”作为其行道之根本。邵希先年方弱冠便“志慕清虚”并请随邵以正入京，陪侍左右。时邵以正在道录司任演法之职，或因受敕督校《道藏》经而难以抽身④，因而未能伺奉其亲于左右。邵父卒于永乐六年（1408），邵母之生卒年份未见载于史籍，正

---

① ［明］杨士奇撰：《东里集》，文渊阁《四库全书》本，第1239册第74页。

② ［明］徐有贞撰：《武功集》卷3《邵仲仁哀辞》，文渊阁《四库全书》本，第1245册第76页。

③ ［明］杨士奇撰：《东里集》，文渊阁《四库全书》本，第1239册第143页。

④ 《送羽士邵希先还滇南诗序》中有“自吾之赴召而来，且一纪之余矣”之句，邵以正于宣德二年（1427）奉召入京，被荐为道录司左玄义，则其劝其侄邵希先返滇尽孝之事或至少在正统四年（1439）之后，其时邵以正已在道录司担任演法之职，且《诗序》中“希先，今道录演法邵君以正之兄子也”亦较为明确。不过，邵以正奉诏督校道藏经之事在正统九年（1444），因而他劝其侄返滇尽孝之事或即在正统九年。

统间或尚在人世，因而《诗序》有“惟是晨昏省定之阙然于吾亲，虽侍养不乏人，然吾欲一睹慈颜而有不获焉”之叙述[①]，可知邵以正劝希先返滇之目的，一者为其父扫墓，二者代为侍奉其母养老尽孝。其时，邵希先“之业亦日益懋骎骎”而“不复有去志”，但邵以正劝其以孝道为重，让其代替自己为父扫墓、为母尽孝，显然也是其“忠孝”思想的体现，故徐有贞等儒者纷纷赠诗以“嘉其行”，也受到邵以正“为老氏法，乃能以忠孝为言”之影响所致。由是可知，邵以正对“忠孝”思想的践行亦对其侄产生了很大影响。

邵以正对“忠孝”思想的真践实履是从“小忠小孝”开始的，因其躬身力行忠孝之道而受到儒们高士们的赞赏。其“以力致忠孝”大抵表现在其事亲及事师等方面，这不仅源于家传儒学的熏陶，还受到刘渊然的影响，因而于邵以正而言，事亲、事师是其践行忠孝的重要方式。《诗序》称：“且吾考之墓在滇南，昔所日夕而守视也，乃今邈焉。越在天末岁时拜扫曾不一至焉，吾又何安哉?”[②] 说明永乐中其父亡故之时，邵以正曾遵从古礼守墓尽孝，其后即投师刘渊然门下。孝道方面的遗憾使邵以正对刘萌生了“事师如父”的念想。因而，在有关邵以正的记述中，我们几乎看不到其侍亲尽孝方面的记载，但从其侍师方面即可管窥其对孝道的践行。

邵以正跟随刘渊然四处传道，事师甚勤。其后入道录司任职，既不能于其父生前尽孝和岁时拜扫，又因公事缠身而未能侍母尽孝，给一贯以“忠孝”为本的邵以正留下诸多遗憾。故而，

---

① ［明］徐有贞撰：《武功集》，文渊阁《四库全书》本，第1245册第143页。
② 同上。

在其学道生涯中，邵以正一直将刘渊然当作生父一般孝敬，这也正是刘渊然“嘉其诚恳，悉以道秘授之”的原因。刘渊然仿佛在邵以正身上看到当年勤恳事师的自己，才与邵以正深契。邵以正不负所望，“所至不异乎己”，并对其托以重任。陈循称刘渊然“非有知人先见之明，何足臻此?”① 确有一语中的之感。

邵以正事刘渊然以孝道，与刘渊然师事赵宜真之情形大略相类。刘渊然投师赵宜真，在金精山得赵宜真道法之传并成为赵入世弟子的原因也与其至诚尽孝有关。《原阳子法语》中有《题授受图》诗一首，其中有反映刘渊然侍师方面的情况：

种桃道士渊然者，行洁神清志闲雅。
供薪煮石服勤劳，立雪忘躯轻幻假。
受我登真造化书，有时入海探骊珠。
鞭霆驭气凌紫极，按节回杓归太无。
崆峒十载重逢日，已见图形记畴昔。
何如体取身外身，微妙冲虚本无迹②。

从诗中大略可知，刘渊然不仅“行洁神清志闲雅”，在师从赵宜真的过程中尚能“供薪”“煮石”“服勤劳”，在功法修炼方面亦甚勤勉，可“立雪忘躯”，看破尘缘。因而，刘渊然之所以“犹入室焉”，不仅在于其戒行精严，亦在于其时刻身体力行，行事师之道。只不过，在净明道“忠孝”理论中，这些忠孝之行尚属于小忠、小孝。

---

① ［明］陈循撰：《龙泉观长春真人祠记》，陈垣编纂：《道家金石略》，第1261页。

② ［元］赵宜真撰，［明］刘渊然编集：《原阳子法语》，载《道藏》第24册，第84页。

邵以正对“大忠大孝”的践行，体现在其弘扬净明道派方面所做的努力。大忠大孝，即做到“一物不欺，一体皆爱”，这是净明道修行的最核心内容。然而，在邵以正看来，大忠大孝不仅是心性修炼方面需要达到的境界，也需要通过推广“忠孝”思想，“欲人人体道，咸离迷途”[①]，令天下人皆知“忠孝”，这不仅是“先师平昔开度人天之愿力，而亦区区之本心也”[②]，这是大忠大孝所达到的净明境界。因而，其刊行《净明忠孝全书》以阐明“忠孝”思想，“以广其传，其于道也庶有小补焉”[③]，胡濙《净明忠孝全书序》说学者“志洁要高”“气量要大”“操履要正”，并称邵以正“捐资命工锓梓（该书）以广其传，而与四方学者共之”，言明邵以正刊行是书之初衷，“是书之传，有裨于人也大矣”而“以正继长春真人所传之道，融会贯通，莹澈于心，如镜之明，如水之净，忠孝恒存于方寸，惠利普及于幽明。其道法之精，制行之笃，缵述之勤，而奉先淑后，诚大有补于名教也”[④]。序中提及邵以正“制行之笃，缵述之勤，奉先淑后”，也体现了邵以正践行“忠孝”的笃实精神，“忠孝恒存于方寸，惠利普及于幽明”更彰显了其“大忠大孝”的愿力。而陈鉴在《玄宗内典诸经注》序中亦称邵以正“用心之溥、信道之笃，亦于是乎概见焉……荷宠累朝大倡其道于斯世者”[⑤]，且名冠羽流、望隆缙绅、远迩敬信，亦说明邵以正推广净明道的过

① ［明］邵以正编集，［明］胡文焕校正：《新刻长春刘真人语录》邵以正序，［明］胡文焕辑：《元宗博览三十一种》，明万历刻本。

② 同上。

③ ［明］邵以正辑：《净明忠孝全书》。

④ ［明］邵以正辑：《净明忠孝全书》胡濙序。

⑤ ［明］邵以正辑：《玄宗内典诸经注》，载《藏外道书》第7册，第2页。

程中确曾产生了激烈的反响。

三　为善济世：邵以正对“德善”的践行

“善”不仅是儒家思想的重要内容，也是道释二教教义和伦理的核心。孟子说：“人性之善也，犹水之就下也。人无不善，水无不下。”（《孟子·告子上》）孟子在这里所说的“善”即“不忍人之心”，并提出心之“四端”，即仁、义、礼、智，尤其是“恻隐之心，仁之端也”，其仁慈之义与善关系甚大，而其推恩及于百姓的“仁政”思想中已经带有济世度人的味道。

（一）净明道的“德善”

将儒家传统伦理援引入其教理教义的净明道，在创立之初，除了忠孝、正心诚意等思想与儒家思想相合之外，其提出的济世思想实际上也是对“善”的践行。《真诠·明善诚身章第三》云：

> 天下事理之大者，莫大于善；天下珍奇之重者，莫重乎身。若善不知为，身不知修，徒参心性，心何以神？性何以明？神明未达，何以曰道？我愿学道者，上达三元，下弘万化①。

可见，净明道以“善”为最重要的内容，因而要求净明学者以“为善”为修行之要。所谓为善，即行善积德，是修身之要，修身即修命，不仅利于心性炼养，还可获得福寿康宁等现世利益，因而“为善”与心性修炼具有同等重要的地位，也就是

---

① ［清］胡之玟撰，陈立立、邹付水整理：《净明宗教录》卷7，第174页。

命、性双修，相互促进。若“善不知为，身不知修，而徒参心性”，则心难以通神，即难以达到“明心见性”的通达境界，更不用谈什么道。因此，净明道一直要求净明学者行善积德以修命，惩忿窒欲以修性。

正因为如此，净明道一直注重“善”的真践实履，并且将其作为净明教义之一。早期净明道将“忠孝”视为内善，内善不仅是修行之本，也是人道伦理所必须；同时将道济天下视为“外善”，具有极强的社会性。《明善诚身章》言“天下事理之大者，莫大于善”①，南宋中期所出《太上灵宝净明入道品》中列举了净明道徒应遵循的十条规则②，其中即有上帝记录人们的善恶行为之说，将“为善”提升到宗教神学的高度，并逐渐将善恶伦理报应等观念引入其教。净明道要求其教徒“务在济物”但“不得妄以度人”。

① ［清］胡之玫撰，陈立立、邹付水整理：《净明宗教录》卷7，第174页。

② 《太上灵宝净明入道品》罗列要求数条，其中有为善济世度人方面，如凡得净明法者：“在世暂以尘劫，宿因不即超升，务要积行累功，计必离凡入圣。恩生于害，无嫌弃妻子于等闲；害生于恩，莫羡慕妻子而沦丧闺门之内。以义断恩，割爱舍情，同归霄汉。若夫贪求聚物，克意无厌，损物陷人以遗儿女，劳形竭髓以悦妇人，则罪遣酆都，如能化之以道，同学修行，可谓知本，设或不从，则于成道之日，彼亦大蒙福荫，何必区区眼目之事？”又“务在济物，见他人之父，见他人之母，如我父母，矜老恤孤，怜贫悯病，如病危急，若在己身。如此用心，可得吾理，当念之”。又“务在廉平，居官者无恃富贵，居贫者莫羞贫贱，秉公安分，毫发无似。我见诸弟子得吾法之后，妄意行持，居多害物，擅自斩伐戮，鬼神叱咤，云雷如使奴仆，富贵者逢请不至，贫贱者见利即往。或因怒骂使役鬼神，使之抱怨杀斗，曲用天宪，析破条文，增减字画，皆吾所甚恶也。”（［清］胡之玫撰，陈立立、邹付水整理：《净明宗教录》卷7，第174页）皆提及为善济世方面的要求，是为净明道济世传统之体现。

《太上灵宝净明飞仙度人经法》① 中亦论述了“八极”（即八宝垂训），认为“天以有极则能聚众乐，地以有极则能聚众形，屋以有极则能聚众木，人之有八极亦如是也，故能集善，善立则道备，道备所闻所见自然廓开，所应所修自然顺适，此得灵宝净明飞仙度人之基也”②。提及“集善”，即积累善功，“善立则道备”，这是修道之本。《真诠》云：“不希心于阳福，不惑志于阴愆，不萦情于物累，不畏刺于人言，惟以至诚为本，克挽世人于至善。”③ 这也是净明道“下弘万化”“以广大为归”等外善的终极目标，即“克挽世人于至善”。

净明道所提倡的内善与外善思想内重忠孝、外济众生，也是“小忠小孝”与“大忠大孝”的另一种表达。小忠小孝为内善，是儒家人伦的基本要求，而大忠大孝则是推恩于众生。净明道学者须内善、外善兼顾才能集善成德，积德成道。这也是其“忠孝以致仙”思想的体现。

由此可知，净明道极重视“集善”对于修道的重要性，并将“德善”分为“兼善”与“独善”，形式上与儒家所论极其相似，但意蕴旨趣则不尽相同。儒家认为，所谓兼善，即利益他人、使他人得到好处；独善则谓修养个人优良品德。因而儒家提倡君子“达则兼济天下，穷则独善其身”的入世事功精神。《孟子·尽心上》曰：

---

① 根据《中国道教思想史》所言，净明道《灵宝净明飞仙度人经法》中的“救世度人”思想内容，就是将灵宝派的《度人经》卷一部分加以不同分割而已，因而，除了利用《度人经》的度人思想外，还在篇幅上进行了扩展，增加了从灵宝派引进的符箓道法以及具有净明道特色的“黄素”内丹修炼等内容。（卿希泰主编：《中国道教思想史》，第98—99页）

② 《太上灵宝净明飞仙度人经法》卷1，载《道藏》第10册，第559页。

③ ［清］胡之玟撰，陈立立、邹付水整理：《净明宗教录》卷7，第74页。

> 故士穷不失义，达不离道。穷不失义，故士得己焉；达不离道，故民不失望焉。古之人，得志泽加于民；不得志，修身见于世。穷则独善其身，达则兼济天下。（焦循注：独治其身，以立于世间，不失其操也，是故独善其身。达谓得行其道，故能兼善天下也）①

在儒家看来，人生在世须奋发图强、建功立业。兼善天下是为济世利人，而独善其身则是内在修炼、不失操守。但净明道对兼善与独善之理解则稍有差别，即对象不仅囊括“天下”之民，是有形的，但净明道所兼善之对象则包括幽冥世界无形众生，显然带有宗教的神秘性。儒家的独善其身仅指生活方式上的离众寡居、不干世事，但净明道所谓之独善其身则除了宗教式的戒行和修炼，更多地注重精神境界上的超拔提升，而未必捐绝事务、远离尘嚣。

孟子所谓“达不离道”之道与道家之道显然有区别，但作为一个道教教派，净明道既承认其“忠孝”思想源于儒家，又坚持其“净明”的道教属性，于是提出一个“理”字，认为理是推动事物发展、生生不息的根本力量，其具有道家“无为之道”之成分，亦含有儒家（理学）所谓的“天理”的元素。彭埜在序中说：“都仙之心，夫子救世之心也。……都仙之旨，正吾夫子之旨也，亦尧舜以来精一执中之旨也。”② 这里的“精一执中”所指即《尚书》所谓“人心惟危，道心惟微；惟精惟一，允执厥中”③，将形而上之“理”体现为“心”，即明心、修身、

① 焦循著：《孟子正义》，北京：中华书局，2006 年，第 525 页。
② ［明］邵以正辑：《净明忠孝全书》，第 38 页。
③ ［宋］朱熹撰：《御纂朱子全书》，文渊阁《四库全书》本，第 721 册第 545 页。

治世之理在于心，以心印心，以心传心，内则修身，外以治世。在儒家看来，净明道之入世事功、济世度人之“德善”思想，无异于儒家的精一执中之旨趣。因而《净明忠孝全书》以成上智、神圣和隐君子、列仙来定性践行“德善”所带来的不同结果。

《净明忠孝全书》中“德善”有两个层次：“独善”与“兼善”，但其旨趣则不尽相同，认为：

> 敬之如神明，畏之如雷霆，奉而行之，回后天而先天，复有名而无名，殆犹日月晦而明天地，夜而旦四时，冬而春，则岂但骑鹤玉府烹凤瑶池，独善其身而已矣①。

这是净明道所谓的“独善”，首先存有敬畏之心，“独善其身”、不染外尘，这是学道之根本。“独善”的工夫在于“忠”“孝”“诚”“敬”“畏”等，奉行不辍，精进修持，即可由后天返先天，由有名的实体返归无名的空性。与此同时，该书又提倡“兼善”。兼善，即济物以广修功德，“修身济物，积行以为仙”②，又“将见忠孝之化，周流八荒，纲常正而天理明，雨旸若而民不疵疠，上以极圣君贤相雍熙和平之治，下以使昆虫草木同跻仁寿之域”③。由此可见，净明道提倡“兼善”的真践实履，也是“忠孝”之化所达到的终极境界。

元季明初的赵宜真、刘渊然、邵以正一系净明道并未放弃对“兼善”的坚持，甚至将其作为修持行道的基本方向。《原阳赵

① ［明］邵以正辑：《净明忠孝全书》，第39页。
② ［清］胡之玟撰，陈立立、邹付水整理：《净明宗教录》卷1，第10页。
③ ［明］邵以正辑：《净明忠孝全书》，第39页。

真人传》称赵宜真“尤好济人，至于医药，靡不研究”[1]，刘渊然谪滇期间，“滇民告旱，疾疫大作，真人檄龙施药甘雨布，疾者苏，邦人感谢者接踵道路，真人皆辞却之”[2]，收徒数百人，“道化之及人者广矣……不独精其教事，由儒而旁通于医，所著方论行于世者颇多。……又为净明如意仙丹起人之疾，尤有奇验。其济物之心拳拳焉。”[3] 邵以正继承其师祖、师父遗志，编集刊行《青囊杂纂》，胡濙称他“制行之笃，缵述之勤，而奉先淑后，诚大有补于名教也”[4]。

综上，尽管刘渊然、邵以正对净明义理并无太多发挥，其但对净明思想及精神的践行却受世人称道。这就是邵以正所称的“德善”。《长春刘真人语录》称：“学道者当取以为法，或出家不能积功累行，于道无成，名玷玄宗，殃及九祖。簪裳之士可不精进乎？”[5] 又说修道者应先识破尘缘，知肉身为虚幻，脱离爱欲情网，舍弃妄心，回归真心，“宝真炁以为宗，守真宝以为本，积功累行，渐次进修”[6]，而邵以正在《净明忠孝全书后序》中亦言：“净明法必以忠孝为修行之本，扶植万世纲常，实群仙积功累行之先务也。”[7] 将积功累德的“德善”作为修行之根本，也是净明道忠孝思想的外化，极具现实意义。

---

① ［明］邵以正辑：《净明忠孝全书》，第30—31页。
② 同上，第33页。
③ 同上，第34页。
④ 同上，第20页。
⑤ ［明］邵以正编集，［明］胡文焕校正：《新刻长春刘真人语录》，［明］胡文焕辑：《元宗博览三十一种》，明万历刻本，第9页。
⑥ 同上。
⑦ ［明］邵以正辑：《净明忠孝全书》，第77页。

（二）福慧相须与“为善济世”

净明道“德善”思想的中心在于践行，不仅强调个人修行方面的“内善”，还注重惠及众生的“外善”，总而括之成为“为善济世”思想。“为善济世”是宋元净明道的基本理念，尤其是元代净明道，多将善恶福报观念援引入其教义之中，具有浓厚的宗教伦理色彩，对赵宜真、刘渊然、邵以正一系道派思想产生了较大影响。

元代《净明忠孝全书》中已有关于福慧因果的讨论。如《中黄黄先生问答》一文中即已对罪福因果做了如下讨论：

> 或问：罪福因果之事有之乎？
>
> 答曰：未须广引仙经佛教，但以儒书言之。作善降之百祥，作不善降之百殃。积善之家必有余庆，积不善之家必有余殃。言悖而出者亦悖而入，货悖而入者亦悖而出。戒之戒之。出乎尔者反乎尔者也。即此便是罪福因果，所以先儒有云：天地间只是一个此感彼应。又曰：逼塞虚空无非此理。如此则感应之道昭昭矣。大凡人作善者譬如下五谷种子，分明是春种秋收；作恶者譬如弯弓入阵，决定有报箭来。但上品之士决不肯犯，中根之人吃拳后方省记打拳时，愚暗者全然不省①。

上文直引“作善降之百祥，作不善降之百殃”及“积善之家必有余庆，积不善之家必有余殃”等语解释事理中的因果关系，认为罪福因果相互感应，以阐明“为善”的意义和“内善”

① ［元］黄天吉编集，［元］徐慧校订：《净明忠孝全书》，载《道藏》第24册，第652页。

的内驱力对修行的功用。所谓福，即指福报，通过“集善”的方式获得善报；慧则多指个人道业方面的修为，通常需要通过修炼以提升心性修养。修道者，福与慧二者是相辅相成的。

元季明初的赵宜真即继承了这种思想，并曾撰《福慧因果说》一文阐明为善修福的重要性。他说：

> 尝闻先达谓：人天路上作福为先，生死海中修慧为本。盖专于修慧者，摄性明心，坚持戒定，以资慧力，而证夫道，则可以度脱生死苦轮，超跻仙祚矣。未种缘福，不免艰难，岂得身心清静。专于作福者，济世度人，广行方便，以培福基，则当来托生人天，受诸快乐矣。未证夫道，不免身后报尽还来。故进道之要，须福慧相须，不可偏废，独饶一己未足为奇，自利利他则彼此皆济。

赵宜真把福、慧的修行作为修行学道之根本，相较于刘玉、黄元吉等人更进一步。他认为，为善即“作福”，亦即“济世度人、广行方便”，可以培植自己的福德根基，即使未能得道证仙，也能享受人间福报。不过，“作福”却是进道之要，主张福慧双修，二者缺一不可。作福与修慧二者不分先后，可“先证道后修福”，亦可“先修福后证道”。儒、释、道各家思想主旨各有侧重，但于修己利人等思想则是一致的。

赵宜真《福慧因果说》云：“未种缘福，不免艰难，岂得身心清净？专于作福者，济世度人，广行方便，以培福基，则当来托生人天，受诸快乐矣。”① 他引张道陵、葛洪、许逊、桓凯真人等人事迹以明福慧双修之理，称祖天师虽然大丹已成，原本可

① ［元］赵宜真撰：《原阳子法语》，载《道藏》第24册，第88页。

服丹冲举，尚须为国为民兴利除害而“入蜀降魔，区分人鬼，兴复盐利，惠及邦家”，葛仙公“常行符水救病，祭炼鬼魂八十万众”，许都仙亦“以符药救病，既成道又斩除恶蛟，功齐神禹”。这些皆是苦身勉行、福慧并修，最后得证大道。否则即使已得证大道，亦须补足修福这一基本功课。桓凯真人“修日月高奔之道，闻陶隐居门下徒众多，方投墉做园头，是先证道后修福”，白玉蟾“闻金液大还之道，又云游行法，济世度人，方依金丞相府修炼成功，是先修福后证道”，以阐明修福与修慧“相须”的道理，“修慧修福，则志在于度世；善恶之报，则取验于三生”①。善恶之报有迟速之别，有“累世为善士贤儒，而明经修行者多固穷，其福庆不在其身，当在其子孙”②。显然，赵宜真已吸收了佛教善恶报应等思想，以阐发其“德善”思想在修道中的重要性。

赵宜真“福慧双修”思想中对“德善”的倚重，还体现在其“天心帙”中。其在《日记题辞》中称：

> 予少从李尊师问道，首蒙授以日记一帙，令每日但有举意发言、接人应事皆书于帙中，其不可书者，即不可为。既为之，不问得失，必当书之。合于理则为合天心，背于理则为欺天。或未明其理，率尔之为，不觉谬戾，是迺误作，其过可恕；知其背理而忍为之，是乃故作，遂成大罪，甚至诬罔以掩其非，从而不书，重其罪矣。盖吾师之意，谓人心即天心，欺心即欺天，故以‘天心’标其帙③。

① ［元］赵宜真撰：《原阳子法语》，载《道藏》第24册，第88页。
② 同上。
③ 同上，第87页。

赵宜真从李尊师处所传之“天心帙”实则正心修身之法，但于“德善”“济世”等方面而言却大有裨益。他认为，天心帙中所提倡的正心、治心之法虽关乎个人修行，但也是“德善”的基础，须循序渐进、日积月累，该法是“入道之门，积德之基，亦必由此始。……当见真积力久，一旦豁然，心与理融，天人合德，方知所谓修心即修道也”①。因而，赵宜真认为行善积德不仅是积福的方式，也是修道之根本。由是观之，“天心帙”不仅是个人修行方面的言行准则，更具有“德善”方面的劝世功用，这与宋元以来善书的流行有关。

宋元以来形成的劝善思想催生了大量劝善书籍，尤其是道教劝善书籍强调积善获福、为恶致祸的善恶报应思想，得到社会各阶层的广泛认同和接受，因而也适应了整个社会教化的客观需要，这样，它就在很大程度上为人们提供了一种精神安慰和修道行善的依据。② 宋元以来的净明道不仅力倡忠孝，还从劝善济世等方面发挥着积极作用，如《太微星君功过格》即出自净明道。该书分“功”格共计36条，共分“救济门”“教典门”“焚修门”及“用事门”等四门，例如：救济门，称“以符法、针药救重疾一人为十功，小疾一人为五功。受病家贿赂则无功，治邪一同”；“平理道途险阻及泥水陷没之所，一日一人之功为十功”。用事门：“讲演经教及诸善言，化谕于众，在席十人为一功，百人为十功。人数虽多，止五十功”。焚修门：“旦夕朝礼，为国为众焚修，一朝为二功，为己焚修，一朝为一功”；“章醮为国为民，为祖先，为孤魂，为尊亲，祛禳灾害，荐拔沉魂，一

---

① ［元］赵宜真撰：《原阳子法语》，载《道藏》第24册，第87页。
② 卿希泰主编：《中国道教思想史》，第527页。

分为二功，为己一分为一功，为施主一分为二功。若受法信，则无功。”[①] 此外，如《太上感应篇》等劝善力作亦曾一度流行于当时，但因史料阙如，难以考证元季明初的赵宜真是否曾刊印、流传劝善书，但刘渊然曾刊行《太上感应篇注》，清人黄虞稷《千倾堂书目》有“刘长春增注《太上感应篇》一卷（字渊然)”[②] 之记载，且《长春刘真人语录》中亦体现了刘渊然“德善”及“积功累行”方面的论述，并以此为修道炼丹者培植福田的重要资料，更具有伦理教化意义。在该书中，刘渊然甚至提出“天堂地狱即善恶二字”[③] 之思想，认为“善恶之报，在一念迷悟”[④]，若出家却不能积功累行，则“于道无成，名玷玄宗，殃及九祖”[⑤]，并将积功累行与“忠孝”联系在一起，“修道者若能孝悌，不待祈福于天，自然学道得道，求仙得仙，苟不孝悌，虽朝夕看经不辍，亦徒然耳。”[⑥] 邵以正亦继承了净明道“修善积福”思想，认为忠孝“为修行之本，扶植万世之纲常，实群仙积功累行之先务也”[⑦]。

在赵宜真以三世因果解释福慧双修的功德利益的基础上，刘渊然及邵以正引入了天堂地狱的概念。其实，该说亦并非其原创，因为这也是道教伦理的重要内容。如《太上感应篇》中即

① 以上诸引文见《太微星君功过格》，载《道藏》第3册，第449—451页。
② ［清］黄虞稷撰：《千顷堂书目》，文渊阁《四库全书》本，第676册第435页。
③ ［明］邵以正编集，［明］胡文焕校正：《新刻长春刘真人语录》，［明］胡文焕辑：《元宗博览三十一种》，明万历刻本，第8页。
④ ［明］邵以正编集，［明］胡文焕校正：《新刻长春刘真人语录》，［明］胡文焕辑：《元宗博览三十一种》，明万历刻本，第8页。
⑤ 同上，第9页。
⑥ 同上，第9—10页。
⑦ ［明］邵以正辑：《净明忠孝全书》，第78页。

涉及“是以天地有司过之神，依人所犯轻重以夺人算。算减则贫耗，多逢忧患”，又“有三台北斗星君等，常在人头上录人罪恶，夺其纪算”，又有“三尸神，在人身中，每到庚申日，辄上诣天曹，言人罪过”，“月晦之日，灶神亦然”①。形成了督察人言行善恶的监察神灵系统。这种将善恶伦理思想神学化和神秘化的劝善书籍，成为净明道派入世事功和济度世人的重要素材。刘渊然曾于洪武末刊行《增注感应篇》一书，表明了其对罪福因果之说的认同，尤其以善、恶概念解释天堂、地狱，是对罪福因果说的一种推进。

《长春刘真人语录》云：

> 或问：天堂地狱果有果无？
>
> 真人曰：天堂地狱即善恶二字。为善而享福即天堂，作恶而受祸即地狱也。幽冥异途，善恶同理。若言形即朽灭，且无所施，假如人夜梦饥寒，若药与昼同，梦死何殊也。故阳主善阴主恶，为善者升，为恶者坠。天堂地狱，善恶之报，在人一念迷悟耳②。

刘渊然引用刘玉“世人积善属阳，阳气上浮；积恶属阴，阴气下坠”③之说，将天堂、地狱这种神秘概念与善、恶相联系，“阳主善，阴主恶”，为善而享福，获得现世福报，就是天堂；若为恶，现世即遭祸殃，人如在地域。因此，所谓天堂、地狱，其实就是善恶的报应，只在人的一念之间，悟此道理而改恶

① ［明］《水镜录》，载《道藏》第36册，第312页。

② ［明］邵以正编集，［明］胡文焕校正：《新刻长春刘真人语录》，［明］胡文焕辑：《元宗博览三十一种》，明万历刻本，第8页。

③ ［明］邵以正辑：《净明忠孝全书》，第46页。

迁善，便是求福的法门。

改恶迁善，即改正以往过错。罪过源于贪嗔愚痴等，即因“始困恣纵无明之业，萦牵六根缠结，遂有杀盗邪淫、贪嗔愚痴、口舌恶骂、绮言妄语种种诸恶”，而这些恶皆由心造。欲消除诸恶，则须经过“修真谢罪”的忏悔法，“必须将心忏悔，不敢隐于往咎，不可再犯前非，一悔能消百过，愆业可以清净，尽矣”[①]，因而主张学道之人严格持戒以“制六情，念道遣欲”，同时须积功累行，“或出家不能积功累行，于道无成，名玷玄宗，殃及九祖。簪裳之士可不精进乎？”[②] 积功累行已经成为修道、炼丹者培植福田果报的重要资粮，更具有伦理教化的世俗化意蕴。

（三）邵以正的“德善”践履

邵以正的“德善”思想不仅来源于净明道的传承，还来源于其父母的影响。“德善”即积德行善，不仅注重个人德行修为的培养，还注重“德善”本身的济世功能和普世价值。明人薛瑄（1389—1464）言：“惟人与天地万物之理流通往来，初无彼此之间隔，故作善降祥，如影响之出于形声，亦无毫发之差爽，是以获荣名之报者，必有德善之积，而致诸物之和，物之和兆于先，而荣名随其后，此理之必然也。”[③] 这与明初净明道“济世”思想是不谋而合的。因而，在构建净明道统的过程中，“德善”思想成为邵以正道派思想的重要组成部分。赵宜真与刘渊然皆由儒入道，因而虽然其二人清虚自守、不干世事，但仍然抱有济世

① ［明］邵以正编集，［明］胡文焕校正：《新刻长春刘真人语录》，［明］胡文焕辑：《元宗博览三十一种》，明万历刻本，第8页。

② 同上，第9页。

③ ［明］薛瑄撰：《敬轩文集》，文渊阁《四库全书》本，第1243册第305页。

利人之心，其中可见儒家传统伦理对其产生的影响。在邵以正看来，修善积福必自忠孝始，即先尽忠致孝以成全人道，然后才能扩充至芸芸众生和天下万物，最终达到大忠大孝的净明境界。然而，这一切皆自“德善”始，是净明道修行之基，也是净明义理之核心。

“德善”不仅是儒家伦理的主要内容，也是净明道所倡导的核心理念，因而主张将道法与儒家伦理相结合，内外兼修、性命兼修、福慧兼修，其中兼涉儒释，使该道派既不脱离道教正统，又具备了积极入世的儒家特色，相较于法术色彩浓厚的其他符箓道派和清虚自守、淡泊无为的全真派而言，净明道更具有“为善济世”的世俗性和实用性，这也是明初净明道异军突起并被广泛接受的主要原因。这种思想背景对净明道统的构建和道派的推广无疑是有积极意义的。

其一，家族儒学传统和士族精神影响下的“德善”思想。邵以正入道之前便曾受到家族的儒学熏陶，对其影响较大的便是其父邵仁及其叔邵忠，这种影响即是“德善”。

邵以正祖籍苏州，其父邵仁，洪武间谪滇，举家徙居滇南之晋宁县境内。康熙《晋宁州志》卷四《隐逸》载：“邵仁，字仲仁，端重信义，有善行，侍讲王英为之序。邵忠，仁弟，为人温厚，诚信，子玘。”① 同书《科目》载：“乡举题名：邵玘，正统十二年（1447）年四川乌撒（今贵州威宁）同知。”② 又“甲

① ［清］杜绍先纂修：康熙《晋宁州志》卷5，据清康熙五十五年（1716）抄本影印，第138页。

② 同上，第85页。

科，正统十一年丁卯科，邵玘，中试第八名，官四川乌撒同知。"① 则邵以正有堂兄邵玘，其余兄弟情况不得而知，一直侍奉左右的侄子邵希先为邵兄之子。关于邵以正的父亲邵仁的史志记述较略，但其叔父邵忠则颇多，如清范承勋《云南府志》卷十三《人物》载："邵忠，赋性高雅，遁迹丘园，好吟咏。有昏夜，向来曾化盗，清溪老去，尚流荡之句，年八十余卒，学士刘翊挽之。"② 可见其叔邵忠为人忠厚而诚信，显然是受其家族及其兄邵仁之影响。

据杨士奇《东里续集》记载，邵以正担心其父母生前的德行善举被埋没无闻而求撰墓表，称"以正夙夜思惟父母德善，恐遂泯没无闻，介秀才王益夫以吾友翰林编修杨君所述事状，求表其父之墓"③，杨士奇亦大赞其父德行"世之人能知能行如仲仁鲜矣"，更嘉赏邵以正之孝行，"如以正之孝加鲜矣"④，遂欣然为其撰表。在他看来，"世之为老释之徒者，率自谓得出世法，而回顾其所生，漠若涂人者有矣。"⑤ 从侧面凸显了邵以正所极力阐扬的净明道忠孝宗旨。邵以正之所以得到朝中大臣儒士的认同，不仅在于其平日戒行，还在于其所倡导的净明忠孝思想"与儒合"而值得褒扬。

关于邵以正的父亲邵仁的"德善"事迹，杨士奇《邵仲仁墓志表》记录最详：

---

① ［清］杜绍先纂修：康熙《晋宁州志》卷5，据清康熙五十五年（1716）抄本影印，第682页。

② ［清］范承勋、张毓碧修，谢俨纂：《云南府志》，清康熙三十五年（1770）刊本，成文出版社，1946年，第359页。

③ ［明］杨士奇撰：《东里集》，文渊阁《四库全书》本，第1239册第74页。

④ 同上。

⑤ 同上。

> 事亲奉养，葬祭克致，其孝于兄弟，相敬爱于朋友，重信义，教子有道，睦亲姻，厚乡里，有恩乡之人，率重之，号长者。仲仁未尝自足，而益励不懈，尝名其居曰“乐善”，乡人遂以“乐善”称之。未壮，坐累徙滇南，虽艰难旅琐中，凡所以行义不减在乡时，故滇南之人皆重之如其乡人焉①。

观其品行，可知邵仁恪守传统道德，秉持忠孝节义等伦理信条，重义守信、乐善好施，即使在颠沛流离之中亦不忘其戒行。这种济人为本的思想及家族传统对邵以正影响颇大。因此，自投师刘渊然学道始，邵以正不仅继承了其父重义守信的人生品格，还从赵宜真、刘渊然身上继承了以医济世、利益众生的精神，这也是他后来不遗余力编集刊行《青囊杂纂》的原因。

邵以正所坚持的“德善”思想不仅受其自身儒学传统的熏陶，也有来自刘渊然的言传身教，亦可从净明道教义及思想中找到“德善”的宗源。净明道不仅提倡“德善”，还从宗教哲学的角度将“德善”进行了理论升华。《净明忠孝全书》序称：

> 宇宙间形气互相依附，而其中运行不息者，有理存焉。故得气之清而能明其理者，兼善则为神圣，为上智，独善则为隐君子，为列仙。得气之浊而昧于理者，反是②。

净明道以“理”解炁，人秉气而生，得其气之清而能明其理者是为性根尚存，肯定了“德善”对于修道者的意义。净明道认为宇宙间有形有气，形气相互依存，而使其生生不息者则为

① ［明］杨士奇撰：《东里集》，文渊阁《四库全书》本，第1239册第74页。
② ［明］邵以正辑：《净明忠孝全书》，第37页。

理。故而，修行之要在于得其气之清且明其理。当然，这还远远不够，因为得气、明理只需要自身的修行工夫，欲成神圣、仙道，尚需践行“德善”。

邵以正所坚持和提倡的“德善”即含有济世度人的世俗意义，乐善是对善的苟同，行善是对善的践行，其父邵仁、叔邵忠尽管隐居不仕，但未曾放弃对“德善”的坚持。深受这种思想熏陶的邵以正亦未放弃对“德善”的践行，这与净明道本身所阐扬的济世度人精神高度契合。只不过，邵以正所构建的净明道统是放在宗教框架下的，其终极追求是通过对忠孝伦理和“德善”的践行以“致仙”，尤其注重“德善”对整个社会所具有的伦理意义。从这个层面看，践行“德善”即济世度人。

综上所述，邵以正从其父那里所受的“德善”熏陶，使其自小便有为善济人的志向，致使其入道之后，形成了与其师祖、师父一脉相承的优秀传统。赵宜真“道行高洁，超迈辈流，处心切于济人”，刘渊然“游心方外，摒绝俗忿，独拳拳笃于济人，信可谓贤矣”①。有了这种家族及道派的传统，邵以正身上所体现的“为善”济人思想亦较为明显。

其二，“以医济人”的真践实履和“借医弘道”② 的宗派传统。“以医济人”是赵、刘、邵一系宗派传承之核心精神，这种传统则始于早期对许逊的法术崇拜。许逊曾以“神方拯济，符咒所及，皆登时愈。至于沉疴，亦无不愈者。传闻于他郡，有疾

---

① ［元］赵宜真撰：《仙传外科集验方》，载《道藏》第26册，第660页。

② 盖建民《道教医学精义》称：净明道“借医弘道”的做法是道门一贯的传统，一直延续至清代。（见盖建民、何振中著：《道教医学精义》，北京：宗教文化出版社，2014年，第44页）

者连路而求疗，日以千计”①。至宋元之时，净明道引入忠孝伦理思想，强调“以医尽孝”“以医济世”。

赵宜真与刘渊然师承多家道法，并不断刊行医书、医方以践行济世度人、修行累功的净明精神。《原阳赵真人传》称他“处心切于济人”，而其“济人”之功莫大于在医学方面的贡献。赵宜真整理而成《仙传外科秘方》以传世，该书序云：“余尝闻先哲云：为人子者，不可不知医。于是遇好方书，辄喜传录，累至数十帙。见有偶疾者，如切己身，常制药施与。一日先君子训曰：施人以药，不若施人以方，则所济者广。从而有已验之方，必与乐善之士共。”② 刘渊然亦如此，于洪武间“寓冶城朝天宫西山道院，爰取前所受方书，若济急、济阴、外科、胎产、小儿、追痨、理伤续断诸家仙传秘授神效奇验者，类为八卷，刻梓以行，人受其赐者七八十年”③。该书即《仙传外科秘方》。谪滇后，刘渊然于龙泉观“檄龙施药，甘雨布，疾者苏，邦人感谢者接踵道路”④。

邵以正兼通医术并注重“以医济人”的真践实履。他曾“亲炙于长春之门既久，视他弟子独厚，其所得者必深，故能汲汲济人以仰承师志，如此又非周遍广洽以几乎仁人之所用心者邪”⑤。于是宗承赵、刘二人所刊医书，并增入所收验方，于天

---

① ［清］陈梦雷编：《古今图书集成·医部全录·医术名流列传》，第12册第114页。

② ［元］赵宜真撰：《仙传外科集验方》，载《道藏》第26册，第659页。

③ ［明］邵以正编：《青囊杂纂·序》，明弘治崇德堂刻本。

④ 复旦大学编：《复旦大学图书馆藏稀见方志丛书》，国家图书馆出版社。［清］唐开陶纂修：《康熙上元县志》卷22，“释道”，第358—359页。

⑤ ［明］邵以正编：《青囊杂纂·序》，明弘治崇德堂刻本。

顺三年纂辑而成《青囊杂纂》[①]，“推（赵、刘）二师之惠以广济人之心”[②]。陈鉴《青囊杂纂序》称邵以正“日被显用，其道之所以阴翊皇度、康济斯民者，亦不减于长春。恩宠之盛，骈休俪美，迨今进进尤未已也，而其济人之心盖惓惓焉不能忘。故凡天下之至人真士莫不愿见，以吐奇出妙为先容，师皆款接之无虚日，乃得增其所未能，广其所未闻，玄机密旨、海上局中，俱收并蓄，遂择取尝亲验者别为一编，曰‘秘传经验方’，以附于诸方之后”[③]。邵以正为广施方便、利济众生，除其师传医术药方之外，广收民间验方编集成册一并刊行，“使天下之人家贮一本，则固不必召医读药，而可愈疾于目前；则亦不必冒寒数百里而以迎医为义矣。是虽未尝调药和齐以生活人，其所以阴厚斯人者，不既多乎？”[④] 为了便于阅读，邵以正还“大其书而疏其列，虽耄老眵昏亦可辨其为某某，诚有便于人”[⑤]，可以看出邵以正的“为善济世”之心。

明吴正伦《养生类要》称“神仙长春广嗣丹”方乃“邵真

① 《青囊杂纂》一书，《千倾堂书目》以为刘渊然刊行，称“刘长春《青囊杂纂》四卷（一作三卷，字渊然，仁宗时进士。‘进’为道之误）”（[清] 黄虞稷：《千顷堂书目》，文渊阁《四库全书》本，第676册375页）；明人张介宾《景岳全书》记载，“一方士将此二方在京治人多效致富。一富商以百金求得之，录于予，予虽未用，传人无不言效，但枯药赵宜真炼师已刊于《青囊杂纂》，如神，《千金方》则未见刊传，大抵近人言能取痔者，皆此方也。”（[明] 张介宾：《景岳全书》，文渊阁《四库全书》本，第778册860页）但本书以为，《青囊杂纂》当为邵以正编集刊行，其所据者主要为赵宜真集，刘渊然校订的《仙传外科集验方》，但已增入其他验方。（本书第四章第三节已作详论）

② [明] 邵以正编：《青囊杂纂·序》，明弘治崇德堂刻本。

③ 同上。

④ 同上。

⑤ 同上。

人传施此方，吾郡数十人服，皆获延年多子之效，兹不尽录”①，明李时珍《本草纲目》及明代众多医书均引用《青囊杂纂》中之药方，足见该书影响之大、流传之广，是赵、刘、邵一系道士以医济人、借医弘道的净明精神的真践实履。

除“以医济世”之外，邵以正的“为善济世”之心还体现在《经史通用直音》一书的刊行。白玢在《经史通用直音》序中对邵以正的“为善济世”思想做了如下评价：

> 呜呼！二公之心，何心哉？同一为善之心也。大抵为善得其托则善及于人也大。今四海充广，经史浩瀚，执一字之疑难，不翘盲者之面墙耳。苟获是书二目之佥，莫不曰：某字于某书得之会其难于转环之易，则与古昔教人同文之意。可见是为善不专及于一人一家，而及于天下后世矣。使非邵公得其托于喻公而善继其志，克成其书，欲善之及于至，近尚嘎嘎乎其难，而况及于天下后世乎？虽然方今书同文，固不待予之言耳。其与人为善，尤不容掩默用，是重二公为善之大嘉道中、志贤成善之美，故乐书其概以张将来为善之助云旨②。

白玢所称“二公”即邵以正与喻道纯，因邵以正原本让其法嗣弟子张道中“为音释”，但好多字并未补全，最后由喻道纯重加订正并命其弟子杨志贤刊成此书。因而，白玢将其二人之心归结为“为善之心”，该书的撰作本来就是出于邵以正的为善之

① ［明］吴正伦撰：《养生类要前集》，嘉靖戊子（1528）年木后山房重刊本，第64页。

② ［明］邵以正撰，［明］喻道纯校，［明］张道中重校：《经史通用直音》白玢序，成化八年（1472）刊本。

心，希望为参阅道经的学者提供方便。他说“为善得其托则善及于人也大”，说明邵以正生前或曾意欲刊行该书，但其志未遂，最后由喻道纯刊行以终其志。邵以正以“为善”为其济世宗本，“是为善不专及于一人一家，而及于天下后世”，这与其本人与其宗派所倡导的“济世度人”思想是极其吻合的。

综上所述，邵以正的“为善”济世思想不仅是对净明思想的继承，也是对赵宜真、刘渊然的福慧双修思想的践行。他曾将净明道的内善与外善思想融入其生活实践，内善以忠孝事君亲，外善以济世利后世。因而邵以正曾参与道经编撰、刊刻善书、以医方济世的行动，为后世道教的兴衰体用提供了很好的经验启示。

身兼净明道承传者和明初净明道统构建者的邵以正不仅全盘继承了净明道的“忠孝”思想，亦将践行“忠孝”作为根植其道派、传播其道派思想的主要手段。这无疑是邵以正在重建道派道统的过程中对净明“忠孝”义理的推进，使净明道的修行不再停留于虚无缥缈的玄谈和理论发挥，而更多地注重其实践性、世俗性和实效性。

实际上，元代刘玉、黄元吉等人在构建净明学说之时已进行过如何尽忠致孝方面的讨论，如刘玉曾言“入吾忠孝大道之门者，皆当祝国寿、报亲恩为第一事，次愿雨旸顺序、年谷丰登，普天率土咸庆升平”①，又称“忠孝者，臣子之良知良能，人人具此天理，非分外事也”②，其所论也不离“忠孝为大道之本”

① ［元］黄天吉编集，［元］徐慧校订：《净明忠孝全书》，载《道藏》第24册，第640页。

② 同上，第647页。

的宗旨，然后方可驯至净明境界。无论刘玉还是黄元吉均已对“净明”“忠孝”进行过深入讨论，黄元吉曾言“仕宦不顾父母之养者，乌得谓之孝道”①，并指出“今之学者，以忠孝二字贴在额头上”② 这种重高谈阔论而轻真践实履的弊端，因而，《净明忠孝全书》之刊行，净明道义理方面的阐发已较为详备。净明三传徐慧开始受道于黄元吉，但“以母老竟归”，伺母二十余年，身体力行地践行净明精神。只不过，自徐慧之后，因朝代更迭、社会动乱，净明传承不明，“忠孝”难以落实而至其道“久湮不行”。入明，净明道虽经过赵宜真、刘渊然等人的振兴而实现了“中兴”，但这种兴盛多偏向于其高超的道法，而非阐发和弘扬忠孝义理的结果。邵以正在接续及重构道统方面的努力使净明“中兴”真正落到实处，并提出“施之（指忠孝）必自君亲始，扩而充之”③ 的修行方略，不仅是对刘玉、黄元吉等人思想的直接继承，更将忠孝义理落实到日常修行之中。这无疑是邵以正对净明“忠孝”之道的实质性贡献。

邵以正对“忠孝”思想的笃信和践行不仅来源于其父亲孝行与义举的影响，亦来自其师刘渊然的“忠孝”理念、“戒行精严”的道风和“普度天人”的愿力的熏陶。他的思想与净明道思想是一脉相承的。他不仅从宗教哲学的高度提出“净明者，道体之本然也，先天也；忠孝者，道之用也，后天也。自忠孝驯至乎净明，后天而先天也”④ 的本体论阐释，认为净明道的修行

① ［元］黄天吉编集，［元］徐慧校订：《净明忠孝全书》，载《道藏》第24册，第651页。

② 同上。

③ ［明］邵以正辑：《净明忠孝全书》，第77页。

④ 同上，第77—78页。

就是通过践行“忠孝”返归“净明”之本体。这也充分说明邵以正具有较浑厚的理论学养，只不过，其并未将弘道重心放在著书立说之上，而选择述而不作，仅编集整理其师遗作及有益于宗派构建和教义传播的丹经典籍以传播教派思想，尤其是以传扬净明道核心思想的《净明忠孝全书》的编辑和刊行，不仅突出了邵以正对“忠孝”思想的高度认同，也是其作为教派领袖之“大忠大孝”愿力的体现。

第二节　“惟本于诚”与“克诚”工夫

邵以正思想中，除了“忠孝”之外，“诚”也是一个极其重要的概念。在邵氏看来，“诚”不仅是待人接物、入世事功的前提，也是净明学者必须坚守的原则，即邵氏所谓“诚者，万事万物之本。诚以奉神祇，感通无间于高卑”①。因而，在邵以正的思想体系中，“诚”已成为与“忠孝”具有同等重要意义的核心概念。他认为，净明为先天，忠孝为后天，净明道之修行即是由后天返回先天，即通过忠孝以驯至净明，但“诚”却是践行“忠孝”之关键，也是道教修行之根本，因而邵以正在论及修行时，对“诚”给予了极高的重视。

---

① ［明］商辂撰：《龙泉观通妙真人祠堂记》，陈垣编纂：《道家金石略》，第1266页。

商辂[①]《龙泉观通妙真人祠堂记》在记述邵以正生平事迹时便凸显了邵以正“诚”的思想旨趣。该记称：“虽然真人亦澹泊存心，以简静处己，以平易接物，迹其所为，非有离世绝俗之异，亦惟本于诚焉。”[②]《龙泉观通妙真人祠堂记》是商辂应邵以正高第弟子喻道纯之请而作。邵以正生前与商辂同朝为官，交情甚厚，故其《记》中将邵以正思想归结为“诚”，或“惟本于诚”，是极其贴切的。

根据该记，邵以正平日所为“非有离世绝俗之异”，虽然寄身方外，但其“澹泊存心，以简静处己，以平易接物”的道风使其获得了与缙绅大儒们结交的机会，而其“惟本于诚”的修行进路也使其思想接近于儒家“正心诚意”的修身理念。只不过，在邵以正这里，“诚”具有根本义，因而也贯穿于其思想之始终。

一　净明道“正心诚意”思想

“正心诚意”是儒家所提倡的一种修养方法和修养境界。《礼记·大学》云：“欲修其身者，先正其心；欲正其心者，先

① 商辂（1414—1486），字弘载，号素庵，为淳安人。举乡试第一，正统十年，会试、殿试皆第一，终明之世，三试第一者，辂一人而已。商辂风姿瑰伟，平粹简重，宽厚有容，至临大事，决大议，毅然莫能夺。商辂历任英宗、代宗、宪宗三朝重臣，匡扶社稷，并历经了“土木之变”“易储事件”和“夺门之变”。历任兵部尚书、户部尚书、文渊阁大学士、太子太保、吏部尚书和谨身殿大学士等要职。商辂卒年七十三，赠太傅，谥文毅。（以上资料参见［清］张廷玉等撰：《明史》，第4687—4691页）

② ［明］商辂撰：《龙泉观通妙真人祠堂记》，陈垣编纂：《道家金石略》，第1266页。

诚其意。”[①] 正心，即指端正其心而不存邪念；诚意，即意必真诚而不自欺。宋史浩《鄮峰真隐漫录》云：“大学之道，何道也？正心诚意而已。盖自正心诚意而学焉，推而至于修身、齐家、治国、平天下，无所处而不当矣。”[②] 称大学之道，只在“正心诚意”四字。《十先生奥论注》亦言：“正心诚意之学，诚为人主之要急者。”[③] 黄裳《演山集》称“正心诚意者，养气之道也。思诚明善，养心之道也”[④]。《尚书讲义》云：“修身本于正心诚意，故能行远也”，又“修身以正心诚意为本，如木之有根，植根之固，而能久于其道也”[⑤]。在儒家看来，一个人只要意真诚、心纯正，自我道德完善，便能实现家齐、国治、天下平的道德理想。就儒家的工夫论而言，“正心诚意”也是修身的首要前提。

在净明道的思想中，尤其是元代净明道，已将“正心诚意”作为其修行的重要内容，这显然受到宋元以来的理学和心学的影响。刘玉在《净明忠孝全书》中言其“初学净明大道时，不甚读道经，亦只是将旧记儒书在做工夫”[⑥]，他在回答以“净明忠孝”名其教的原因时说“净明只是正心诚意，忠孝只是扶植纲常。但世儒习闻此语，烂熟了，多是忽略过去，此间却务真践实

① ［汉］郑玄注，［唐］孔颖达疏：《礼记注疏》，文渊阁《四库全书》本，第115册第1页。

② ［宋］史浩撰：《鄮峰真隐漫录》，文渊阁《四库全书》本，第1141册第620页。

③ ［宋］阙名撰：《十先生奥论注》，文渊阁《四库全书》本，第1362册第116页。

④ ［宋］黄裳撰：《演山集》，文渊阁《四库全书》本，第1120册第345页。

⑤ ［宋］史浩撰：《尚书讲义》，文渊阁《四库全书》本，第56册第197页。

⑥ ［元］黄天吉编集，［元］徐慧校订：《净明忠孝全书》，载《道藏》第24册，第638页。

履"[①]。直接言明净明道修行之要无非是"正心诚意"，只不过，对此进行了超出儒家思辨范畴的宗教性阐释。徐西华言："净明教在其教义中吸收了理学的成果，举凡'理''太极''正心诚意'等理学家的口头禅，无不津津乐道，似乎是拾人牙慧，然而不然，实际上是以简单的宗教信仰，代替了复杂的哲学思辨"[②]。如宋储泳《祛疑说》即以"正心诚意"解释道教的修持方式，认为与儒家所谓"格物致知"殊途同归。他说：

> 道家之行持即吾儒格物之学也。盖行持以正心诚意为主，心不正则不足以感物，意不诚则不足以通神，神运于此，物应于彼，故虽万里可驱摄于呼吸间，非至神孰能与此？呜呼！广大无际者，心也；隔碍潜通者，神也。然心不存则不明，神不养则不灵。正以存之，久而自明；诚以养之，极而自灵。世之学者，不务存养于平时，而遽施行于一旦，亦犹汲甘泉于枯井，采英华于槁木。吾见其不可得矣，及其气，索神惊，取侮致败，乃归怨神之不灵，法之不验，良可悲也[③]。

这从修心、修身的角度对"正心诚意"作了诠释，正以存心，诚以养神。这是南宋时期儒释道三教融合的结果，尤其是心

① ［明］邵以正辑：《净明忠孝全书》，第43页。
② 徐西华：《净明教与理学》，《思想战线》1983年第3期。
③ ［宋］储泳撰：《祛疑说》，文渊阁《四库全书》本，第865册第205页。

性修炼、法术思想[①]等方面，几乎不离于“正心诚意”的心性炼养工夫。作为新道派之一的净明道，亦受到这种思潮（尤其是陆九渊心学）的影响。

《净明忠孝全书》中“正心诚意”的意蕴与内涵几乎与心学是一致的。心学由陆九渊于南宋中期创立，与朱熹所创理学一样，曾对南宋时期的学术思想产生过巨大影响。作为宋代理学的一个流派，陆九渊不仅回答了心物关系问题，提出“吾心即是宇宙”。他说：“四方上下曰宇，往古来今曰宙，宇宙便是吾心，吾心即是宇宙。”又说：“心只是一个心。某某心，吾友之心，上而千百载圣贤之心，下而千百载复有一圣贤，其心亦只如此，心之体甚大，若能尽我之心，便与天同。”[②] 在陆九渊看来，心是超越时空的主观精神，万物皆存于我之心中。既然吾心即是宇宙，那么万物即存在于我心，是对孟子“万物皆备于我”思想的进一步发挥。

除此以外，陆九渊还进一步论证了心与理的关系，认为孟子提出的“四端”即是心，而心即是理。他说：“四端者，即此心也，天之所以与我者，即此心也。人皆有是心，心皆具是理，心

① “正心诚意”虽源于儒家，但在道教思想、心性、法术等诸方面的运用亦较为普遍。如神霄派、清微派雷法等法术中即有体现。雷法主张天人合一、内外结合，而以内炼为基础，强调诚于中，方能感于天；修于内，方能发于外。《清微斋法》云：“盖行持以正心诚意为主。心不正则不足以感物；意不诚则不足以通神。神运于此，物应于彼，故虽万里，可呼吸于咫尺之间。”（载《道藏》第4册第286页）而师承多源并将诸家道法融会贯通的赵宜真亦以雷法为其主要法术特色，但却以净明道为依归，不仅在于二派在修持方法及思想理念在“正心诚意”上具有了共通性，也使二者在济世度人方面实现了最大的互补，进而，“正心诚意”亦在法术思想上有所突显。

② ［宋］陆九渊撰：《象山先生全集》卷35，《四部丛刊》景上海涵芬楼藏明刊本，第577页。

即是理也。”① 认为明心即可达理，欲明理（即格物致知），只需在自身心地下工夫。又说，“人心至灵，此理至明，人皆有是心，心皆具是理。”② “盖心，一心也；理，一理也。至当归一，精义无二，此心此理，实不容有二。”③ 陆九渊显然已将心作为宇宙万物之本体，把主观精神客观化，且逐步走向唯我论，认为天地万物的存在和变化皆是我之所为、心之所想，我即是宇宙的本源。陆学将伦理原则内化为心本体，主体与道德理性合一，因此主张内求于心，去欲正心，重视心灵的感悟。这是主观唯心主义的必然归宿。然而，这也更容易与宗教唯心主义建立某种联系。

至元代，活动于江南地区的净明道曾受到过陆九渊心学的熏陶，因而净明教义思想多与陆学相似。被净明学者奉为传教法师的中黄先生黄元吉即曾与陆九渊有过很多往来，陆九渊《象山先生全集》卷三有《与黄元吉》④ 等书信，可证黄元吉等人曾受到过陆氏心学的影响。《净明忠孝全书》云：“净明大教，是正心修身之学，非区区世俗所谓修炼精气之说也。正心修身是教世人整理性天心地工夫。”⑤ 可见净明道将其学说思想中心放在了“正心修身”之上，而摒弃了传统道派的修炼精气等方法，将道

① ［宋］陆九渊撰，钟哲点校：《陆九渊集》卷 11《书 · 与李宰二》，北京：中华书局，1980 年。

② ［明］湛若水撰：《格物通》，文渊阁《四库全书》本，第 716 册 189 页。

③ ［宋］陆九渊撰：《象山先生全集》卷 1，《四部丛刊》景上海涵芬楼藏明刊本，第 36 页。

④ 《陆象山全集》卷 3《与黄元吉》，［宋］陆九渊：《陆象山全集》，明嘉靖四十年（1561）刻本，第 15 页。

⑤ ［元］黄天吉编集，［元］徐慧校订：《净明忠孝全书》，载《道藏》第 24 册，第 46 页。

教修行直指德行修养，且注重简易工夫和真践实履。

《净明忠孝全书》卷一《西山隐士玉真刘先生传》中说："先生之学，本于正心诚意，而见于真践实履，不矫亢以为高，不诡随以为顺，不妄语，不多言，言必关于天理世教；于三教之旨了然解悟，而以老氏为宗。"①

《西山隐士玉真刘先生语录内集》中亦强调："净明只是正心诚意，忠孝只是扶植纲常。但世儒习闻此语，烂熟了多是忽略过去，此间却务真践实履。"② 刘玉反复提及净明之宗旨即"正心诚意"，正心诚意的工夫却在于真践实履。

在净明学说中，心即本心，心与性通，心为本体而具有主宰性，而"整理心地工夫"即做到"不欺心"，"一念欺心，即不忠也"，这种时刻关照心性的工夫即"正心"。当然，净明学说中，心的内涵极为丰富，凡与心性、道德等有关的内容皆归于心，因而"正心"的工夫也自然包括了对心性、道德、人伦等诸方面的关照和体察，若有偏差，则力图使之归"正"。实际上，这种"正心"的工夫与陆学是一致的。

刘玉在回答"正心修身之学、真心至孝之道"的问题时，曾言"自初年修学以来，只是践履三十字，年来受用中甚觉得力"，这三十字即是"惩忿、窒欲、明理、不昧心天，纤毫失度即召黑暗之愆，霎倾邪言，必犯禁空之丑"③。这显然是心性修炼工夫，惩忿、窒欲是外在炼养，即"去欲"；而明理、不昧心

① ［元］黄天吉编集，［元］徐慧校订：《净明忠孝全书》，载《道藏》第24册，第631页。

② 同上，第43页。

③ ［明］邵以正辑：《净明忠孝全书》，第43页。

天是内在炼养，即“正心”。净明道的“去欲正心”实际上也是“正心修身”之学，不仅是个人伦理方面的要求，更是心性修炼的重要内容。

在心性修炼方面，除了“正心”之外，净明道还提出了另一个概念“不昧心天”。《净明忠孝全书》卷三称：“明理只是不昧心天，心中有天者，理即是也。谓如人能敬爱父母，便是不昧此道理，不忘来处，知有本源。”① 此处“心天”与“心性”之义相同。从心本体论的角度出发，心即是天，天即是心。“心”即指“心性”，“天”即“天性”。在净明学说中，“心”还有“良心”“良知”等义，进而，“天”亦可延伸为“天理”“天道”。由此而知，“心天”实际上是指“心天合一”“心天不二”之义。从这个理路出发，不昧心即不昧天，上合天心，把心与天提升到了天人合一的高度。

净明学说中，从“正心修身”到“天人合一”，实际上还通过“诚意”实现。“诚意”之核心在“诚”，是“忠孝”“净明”及道法思想的核心。对于“诚”的含义，《净明忠孝全书》做了如下论述：

> 凡一意弗诚则非忠，一念不敬则非孝，学者能出忠入孝，由存诚持敬为入道之门，服膺拳拳，无斯须之不在焉，一旦工夫至到，人欲净尽，天理昭融，虚灵莹彻，自得资深之妙，予以合天地，予以通神明，莫知其然而然，造夫大道之奥也，又何难矣！②

---

① ［元］黄天吉编集，［元］徐慧校订：《净明忠孝全书》，载《道藏》第24册，第635页。

② ［明］邵以正辑：《净明忠孝全书》，第35页。

净明道以“诚”为入道之门，学道者只需在“存诚”“持敬”上下工夫，无论在忠孝事亲还是修行入道，若做到纯然的虔诚和恭敬，便能达到心性明朗、虚灵莹彻，可以“合天地”“通神明”，甚至“达夫至道之要”的悟道境界。黄元吉曾论及净明道正心诚意修行时称“只是就诚字上做出世人三等”，学道之人只需行三十分工夫，即“践履十分端正，守道十分静工，临事十分诚敬”，便可上印天心、可行法，则法有灵验，办道则道有成就。否则，“纵是参到天涯海角，见了无数宗师，只恐虚老岁月”①。按照这个理路，所有净明道的修行都最终归结为一个“诚”字，如诚可“致忠孝”“通神明”“达至道”，无论修心养性、符箓斋醮、祈雨求请，皆不离于“诚”。刘玉将“诚”这一儒家所强调的个体道德作为行持道教方术的基础，认为一切斋醮科仪均可简略。只要求行法者具有诚意，为了打破人们过于迷信符箓、科法的弊端，他甚至否定法术之功用，认为“万法皆空，一诚为实”②，这样，道德的功能就不仅限于精神的领域，而且对道教方术祈福消灾等功能性活动具有关键的调节作用，这对于提高道徒道德修养上的自觉性和持恒性是十分有益的③。

赵世延《净明忠孝全书序》称：“古者忠臣孝子，只是一念精诚，感而遂通。近代行法之士，多不修己以求感动，只靠烧化文字，所以往往不应。盖惟德动天，无远弗届，今此大教之行，学者真个平日能惩忿窒欲、不昧心天，则一旦有求于天，举念便

① ［明］邵以正辑：《净明忠孝全书》，第73页。

② 同上，第46页。

③ 吕锡琛：《论净明道吸纳儒家伦理的方式及其意义》，《世界宗教研究》2003年第3期。

是。"[1] 甚至如求雨祈晴之类的斋醮法事灵验与否也系于"诚"。若失其"诚"、不修己以求感应上天，则烧化文字等所谓科仪之类皆毫无用处，再一次将"诚"字提到本体、本根之意涵上来。《净明忠孝全书》称："雨旸关系天地间生意，至诚求请，焉得不应？若平日操修涵养，不能上合天心，一旦欲求，其应不亦难乎？人事尽时，天理自见。"[2] 又曰："科法中建斋行道，只是积诚以期醮祭之时天人响答，每见朝醮行事太繁，及至祭享则斋主法众诚意已怠，修斋之士可不审之。"[3] 由此可知，则"诚"已成为净明学说的核心。

那"诚"有哪些内涵呢？在净明道看来，"诚"既是心性修炼的基础，也是最终归宿。一方面，"诚"是心性修炼的基础。心性修炼，就是通过惩忿、窒欲等手段达到明理、不昧心天的过程，惩忿窒欲是外在的自我节制，而明理与不昧心天是内在的自我调节以至于明心见性，上合天心。而这一系列的心性炼养均建立在"诚"之上；另一方面，"诚"是心性炼养的归宿。心性是万法之基础，而修炼的最终目的是通过心正意诚工夫的行持，最终达到至纯至诚的境界，返归"本净元明之性"。这么看来，净明道修炼的重心便是"克诚"工夫，无论是心性、内丹、道法、符箓等修炼，还是人伦道德的践行等方面，均以"克诚"为基本内容。

① ［明］邵以正辑：《净明忠孝全书》，第 35 页。
② 同上，第 59 页。
③ 同上，第 64 页。

二　邵以正的"克诚"工夫论

作为净明道教义的核心和修持方法，"正心诚意"包含了两个方面的内容：其一，正心，通过惩忿窒欲等方式摒除杂念、邪意的干扰；其二，克诚，即通过明理、不昧心天等内在炼养工夫使心性达到纯诚的境界。然而，这种境界的达成并非通过枯坐玄思，而是通过践履来达成。这是净明道的"正心诚意"与世儒不同之处。刘玉在《净明忠孝全书》卷三中说："净明只是正心诚意，忠孝只是扶植纲常。但世儒习闻此语烂熟了，多是忽略过去，此间却务真践实履。"① 这就把儒家的正心诚意从玄想空论落实到净明道的真践实履上来。真践实履也成为明初净明道的基本精神，即"克诚"工夫。

元季明初，朝代更替和社会动荡使净明学者获得了接触其他宗派思想的机会。这从赵宜真、刘渊然等人的多元法脉传承可见一斑。但从赵、刘二人的传记、著述或是其"以道法显"的行道经历观之，其二人所学均不离于"诚"字。"诚"也成了赵宜真、刘渊然、邵以正一系道法、内丹、心性修炼的核心。

王直《紫霄观碑》云：（赵宜真）复语群弟子曰："诚者，天之道，克诚则天地可动、鬼神可感。天心相孚，在一诚耳，其存诸中、行诸外，显微无间，如此而济世利物，悉有明效，奇验

① ［元］黄天吉编集，［元］徐慧校订：《净明忠孝全书》，载《道藏》第24册，第635页。

不可殚纪。”[①] 认为“诚”即天道，诚在人心，外通天道，天道即天心，“克诚”即是使“诚”贯通人心与天心。无论丹道、法术等均基于“克诚”工夫。这也是赵宜真、刘渊然、邵以正系统递相传承的精神内核。

刘渊然得赵宜真“以法嗣属之”，而得其衣钵之传的邵以正“所至不异乎己”，说明刘渊然不仅上承了赵宜真“诚”的思想，亦将其传予邵以正。刘渊然的“诚”曾得到朱高炽的评价，其在《敕真人刘渊然》中称他“资乃纯诚，迎国家之景况，扬尔茂绩振海宇之玄宗”[②]。《长春刘真人语录》亦云：“学道者，宜超迹尘凡，栖真物外，惩忿窒欲，辟邪存诚，须要勇决，慎无二心，如弩发机，如水出峡，不可曰更百尺竿头且进一步，至于行无所行、修无所修之地，然后修仙可成。”[③] 刘渊然认为，修仙学道须“惩忿窒欲，辟邪存诚”，存诚则无二心，专志于心性修炼。这显然承传了净明之旨。如《真诠·大道敦本章第一》即云：“净明之玄妙，不外人心忠孝。出忠入孝，即是修身之径。存诚居敬，乃为入道之门。”[④] 在净明道主要著述《净明忠孝全书》中，即已多处谈及“诚”及“克诚”工夫，而作为净明道统承传者和构建者的邵以正身上，可以看到“诚”在其思想中的核心地位。

邵以正无专门著述论“诚”及“克诚”工夫，但他人著述

---

① ［明］王直撰：《抑庵文后集》卷24《紫霄观碑》，文渊阁《四库全书》本，第1242册第62页。

② ［明］葛寅亮撰：《金陵玄观志》卷1，第6页。

③ ［明］邵以正编集，［明］胡文焕校正：《新刻长春真人语录》，［明］胡文焕辑：《元宗博览三十一种》，明万历刻本，第9页。

④ ［明］邵以正辑：《净明忠孝全书》，第22页。

中对其评价，除了“忠孝”之外，便是“诚”。如其于景泰间获赐的封号中即有“秉诚”二字作为其道风的概括。天师张元吉曾称其“戒行真诚”①，商辂评价他“迹其所为，非有离世绝俗之异，亦惟本于诚焉”②。邵以正亦曾将“诚”的思想传之其徒，如胡守法“守法性质直谨厚，尤以谦约自守，颇精于术，而尤本之以诚意，以故用之有验”，被召入便殿问天人感应之理时，他回答：“惟德动天，至诚感神，此外无他也。”③ 可见，邵以正的思想中，“诚”是一个极其重要的概念，贯穿于心性、内丹、道法等诸方面，甚至“忠孝”的真践实履之中。

关于邵以正“诚”及“克诚”思想的论述，《龙泉观通妙真人祠堂记》中记录最为详尽，亦是邵氏的“诚”思想的集中反映。原文如下：

> 诚者，万事万物之本。诚之至，虽金石可贯，而况于人乎？况于鬼神乎？是故诚以修身，则形和而气平；诚以求道，则行成而功倍；诚以事君亲，忠孝无愧于臣子；诚以奉神祇，感通无间于高卑。此真人所为名冠羽流，望隆缙绅，而致远迩敬信，无存殁之间者，庸非诚为之本乎？④

在邵以正看来，“诚”是万事万物之本，因而在其道学思想中具有根本义。从老子道本体论的角度看，“天下万物生于有，

① 《明英宗实录》卷281，第6036页。

② ［明］商辂撰：《龙泉观通妙真人祠堂记》，陈垣编纂：《道家金石略》，第1266页。

③ ［清］陈梦雷编：《古今图书集成·博物汇编·神异典》第287卷《方士部》，第512册第31页。

④ ［明］商辂撰：《龙泉观通妙真人祠堂记》，陈垣编纂：《道家金石略》，第1266页。

有生于无”，又“道生一，一生二，二生三，三生万物”，无等同于道，因而邵以正已将“诚”推至“有”的层面，而“有”则是万物之母，万物皆源于“诚”。《净明忠孝全书》亦云：“万法皆空，一诚为实。”① 在邵以正看来，“诚”无限接近道的境界，当修道之人达到“至诚”境界，则虽鬼神可感、金石可穿。

“诚”是心性修行的根本，也是对待万事万物的根本态度。邵以正提出了“诚”在修身、求道、尽孝、尽忠、祀神等各方面的功用，可知邵以正较为注重“诚”的真践实履，而非空谈高论。他认为，“诚以修身”，使身心平静，形神合一，则气平形和，这是健康养生方面的利益；“诚以求道”，则论学道修炼方面，无论内丹炼养还是心性修炼，或是栖神炼气，均能做到事半功倍；以纯诚之心践履“忠孝”，则不仅能尽忠致孝，甚至可达忠孝至道境界。所谓忠孝至道，即大忠大孝，“大忠者，一物不欺；大孝者，一体皆爱”②。“诚”即不欺，因为“一念欺心，即不忠也”③。

从心性修炼的角度看，“诚”与心通，心则有天心、人心，人心至纯则通于天心，进而，人心与天心之间，“诚”为媒介。刘玉曾言：“万殊一本也，唯反身而诚，复归于一，则万物皆备于我矣。”④ 但如何达到至诚境界呢？邵以正继承了其师祖赵宜真的“克诚”工夫论。赵宜真认为“克诚则天地可动、鬼神可感”，认为使心性归本于诚是天人感应的根本，诚“存诸中、行

① ［明］邵以正辑：《净明忠孝全书》，第38页。
② 同上，第43页。
③ 同上。
④ 同上，第62页。

诸外，显微无间”而充塞于万物之中，是天人感通的基本条件。这是针对道法而言的，但道法的灵验与否亦与“克诚”工夫有关。他说，“如此而济世利物，悉有明效，奇验不可殚纪。”[①] 邵以正也说“诚以奉神祇，感通无间于高卑”，赵宜真、刘渊然、邵以正等“以道法显”的关键即在于“诚”，这也是邵以正反复强调“诚”的根本原因。

尽管邵以正以“诚”为万事万物之本，但其“克诚”工夫则建立在净明道“正心诚意”之上，而“克诚”工夫也无外乎惩忿、窒欲、正心、不昧天心的方法论。但刘渊然、邵以正所论之“克诚”工夫多偏向于“灭妄心”，也是对净明先贤“正心诚意”工夫论的简化。刘渊然认为，断除一切物欲之法便是“澄心遣愁”，心不能主宰，则妄念即难以断除。断欲即是让身体由心主宰，心不动则念不生。他说：

> 念从心生，心为神，主动静，然心主于一身，应于万事，心有所主，则万事莫能移，妄念从何而有哉？若心不能主宰，为物欲所诱，则妄念纷纷，何能断除？若能澄心遣愁，自心静性空，盖心虚则念静，念静则一尘不染，万化皆空，六欲不生，三毒消灭，妄念自除矣[②]。

于是刘渊然用“沐浴”来比喻惩忿窒欲，他说：“涤虑洗心，冥情灭念，有无俱遣，动静两忘，无可忘者，斯谓清静无

① ［明］王直撰：《抑庵文后集》卷24《紫霄观碑》，文渊阁《四库全书》本，第1242册第62页。

② ［明］邵以正编集，［明］胡文焕校正：《新刻长春真人语录》，［明］胡文焕辑：《元宗博览三十一种》，明万历刻本，第6页。

为。此之谓沐浴。"[①]"沐浴"之法亦只是去除妄念、妄欲，回归真心，而真心则是修道之要，即"当向念虑未起之先，求之寂然不动的便是"[②]，念虑未起、寂然不动即是真心，亦即无心，也就是"诚"的境界。

邵以正所构建的净明道统中，"诚"具有根本义和统摄性，无论是个人修行还是道法运用，乃至践行忠孝，无不本于"诚"。这一点可从邵以正本人言行可知，如张元吉即称他"戒行真诚"，英宗朱祁镇亦对其有"惟虚可以养冲淡，惟诚可以通神明"[③]的道风概括，邵氏"每斋洁尽诚，肃恭将事，以故肸蠁孚，动获灵验"[④]。此外，邵以正徒裔的思想言行中亦突出了"诚"的思想。如喻道纯于成化丁亥奉命祷雨有验，上召问以大道时说："大道本于心，人能清净其心，则天地鬼神无感不通，况于人乎？"[⑤]其所谓人能清净其心，实际上就是正心诚意，行法以诚，则鬼神可感。又如胡守法"性质直谨厚，尤以谦约自守，颇精于术，而尤本之以诚意，以故用之有验"，上召问天人感应之理，胡守法举"唯德动天，至诚感神，此外无他道也"一语以对，深得邵以正"诚"之精髓。

邵以正的"克诚"工夫论，以正心诚意为基本内容，其要则归本于"心"。也就是说，心是"克诚"工夫的指向，使心处于纯诚的境界而最终通达于净明之境。这既是净明道的证道途

---

① ［明］邵以正编集，［明］胡文焕校正：《新刻长春真人语录》，［明］胡文焕辑：《元宗博览三十一种》，明万历刻本，第5页。

② 同上，第6页。

③ ［明］葛寅亮撰：《金陵玄观志》卷1《敕左正一邵以正》，第5页。

④ 《龙泉观通妙真人祠堂记》，陈垣编纂：《道家金石略》，第1266页。

⑤ 《金陵玄观志》卷1《普济喻真人志略》，载《续四库全书》第719册，第23页。

径，也是心性炼养的基本方法。"诚"为状态，"克诚"是方法，诚又是连接人心与天心、物与道的必要途径和媒介。因而，"克诚"工夫的最终指向就是上合天心，而天心则内化于人心之中，形成了人心合于天心、天人合一的"天心论"。

三　《天心帙》与邵以正的"天心"论

"天心"论也是邵以正思想的重要组成部分，既是净明道学说的重要理论，又是建立在赵宜真、刘渊然的"天心帙"基础上的天人合一思想的进一步阐发。"天心"是净明学说中的重要概念，《净明忠孝全书》多有论述。邵以正的"天心"思想源于其师祖、师父传授，称其为"相传之要道"，"天心相孚，在一诚耳，其存储中、行诸外，显微无间"①，王直云"予观元阳之授长春，长春之授守元，其所告语者，惟曰心曰天"，可见，"天心"是该派思想之核心概念。《长春刘真人祠堂记》载：

> 初赵真人得《天心帙》于其师，举以授长春曰："人心即天心，欺心即欺天，日之所为，皆书之。其不可书者，勿为也。"长春复以授守元，而举以自代，此其相传之要道，盖与吾儒合，非如世之所谓游方外出人间、腾九霄而隘六合者也②。

该记中所谓《天心帙》，盖即如功过格之类，乃是赵宜真从

① ［明］王直撰：《抑庵文后集》卷24《紫霄观碑》，文渊阁《四库全书》本，第1242册第62页。

② ［明］王直撰：《抑庵文后集》卷5《长春刘真人祠堂记》，文渊阁《四库全书》本，第1241册第47页。

其师继承而来。赵宜真《日记题辞》中即有相关记载："每日但有举意发言、接人应事，皆书于卷中。其不可书者，即不可为，既为之，不问得失，必当书之。合于理则为合天心，背于理则为欺天心。"① 盖建民先生称《天心帙》是一种自我反省之法，如此鞭策警醒才能够在"真积力久，一旦豁然"的基础上达到"心与理合，天人合德"，进而明修心即修道的道理②。在《原阳子法语》中，赵宜真曾道出《天心帙》的来历："盖吾师之意，谓人心即天心，欺心即欺天，故以《天心》标其帙。"③ 并称"予少从李尊师问道，首蒙授以日记一帐，令每日但有举意发言、接人应事，皆书于帙中"。李尊师即李玄一，盖修净明法者。从该记看，《天心帙》的修身修心工夫实是修道的基础。

《天心帙》乃是记录每日所言所行之事的小册子，其以日记所行之事于书中，作为省察自身言行的参考，以鞭策、督促自己忏悔改过、炼心入道，如此积功日久，豁然贯通，以明修心即修道之理，与功过格相类似。如《日记题辞》云："或未明其理，率尔之为，不觉谬戾，是乃误作，其过可恕。知其背理而忍为之，是乃故作，遂成大罪。甚至诬罔以掩其非，从而不书，重其罪矣。"④ 这是对净明学者惩忿窒欲工夫的基本要求，正如赵宜真所说"果有德行，上合天心"⑤ 的修行目标，是伦理层面的，虽然是心性修炼的基本工夫，也是赵宜真平素修行之法，"余受

---

① ［元］赵宜真撰：《原阳子法语》，载《道藏》第24册，第87页。

② 盖建民，陈龙：《赵宜真道脉与著述文献新考》，《四川大学学报（哲学社会科学版）》2009年第5期。

③ ［元］赵宜真撰：《原阳子法语》，载《道藏》第24册，第87页。

④ 同上。

⑤ 同上。

教以来，佩奉无斁，检束身心，始焉与接为构，日与心斗，觊达于理，若极其难，久而渐通，随物而应，虽未能尽合天心，而造夫君子之域，庶几乎万一，免为小人之归，寔大幸也。”因而赵宜真“因以父师所授天心之说，转相付嘱”，可见《天心帙》是赵、刘、邵一系所传的修行的“入道之门，积德之基，亦必由此始”。只不过，净明修行并不止于此，其最终目的是使“人心合于天心”，从而达到所谓“道者至矣，当见真积力久，一旦豁然，心与理融，天人合德”的净明至道境界，因而修心即修道①。

虽然赵宜真、刘渊然、邵以正之间有《天心帙》递相传承，但其思想核心并非仅限于言行功过，而在于其“天心”思想，《天心帙》只是一种鞭策修行的方式。因而，王直《长春刘真人祠堂记》云：

> 予观元阳之授长春，长春之授守元，其所告语者，惟曰心，曰天，与其所行必以忠孝仁慈为本，不汲汲于其他。是以德懋位高，受荣命于累朝，而衍元化于无穷也。后之学者推是心以事天，而不违师真之训，则教基之崇，将永久而不坏矣②。

即说明其师徒之间递相传授的是“心”“天”思想，心指人心，亦即心性；天指天心，即天道。赵宜真认为“人心即天心，欺心即欺天”，天心与人心本无二至，因而，所谓“人心合于天

① 以上诸引文出自［元］赵宜真撰：《原阳子法语》，载《道藏》第24册，第87页。

② ［明］王直撰：《抑庵文后集》卷5《长春刘真人祠堂记》，文渊阁《四库全书》本，第1241册第47页。

心”即是通过心性的修炼使人心与天心合二为一，天人合德，此感彼应，因而是“入道之门，积德之基”①，是净明道所提倡的核心思想和修道理念。

邵以正较关注心性问题，认为心为人身之主宰，也是决定万事万物之关键，因而修道以修心为上，“大道本于心，人能清净其心，则天地鬼神无感不通”②，因而修心亦即修道。修心就是内在心性的修炼，一切修炼的基础。他在《玄宗内典诸经注》后序中说：

> 弥伦造化，道也；垂世立教，经也；通玄究微，人心也。非经无以知道之全体，非心无以见道之妙用。经所以载道，心所以悟道。心也者，主宰一身，开张万法者也。学者常自觉照，必使妄心灭而真心见，则明心斯见性也③。

他认为，修炼心性的方法就是“常自觉照”，即时常面对心境、觉察念头。这是一个佛学用语。在禅宗思想中，“觉照”分为“觉”和“照”二义。“觉”则分为对内和对外，对内是回光返照、观察、觉察自身言行、念头，即身口意造作过程；对外则为接触、感触外界事物的过程。而“照”则是照顾、降伏、掌控之意。从这一角度看，“觉照”表示时刻处于警觉状态，对自身言行举止、起心动念，外界事物的觉察、感知均能明辨且及时把控。《禅宗直指》即有“不怕念起，只怕觉迟，念起即觉，觉之即无”④ 的“觉照”工夫。由此可见，邵以正心性修炼思想

---

① ［元］赵宜真撰：《原阳子法语》，载《道藏》第24册，第87页。
② ［明］葛寅亮撰：《金陵玄观志》卷1，第23页。
③ ［明］邵以正辑：《玄宗内典诸经注》，载《藏外道书》第7册，第50页。
④ ［明］石成金著：《禅宗直指》卷1，《续藏经》第63册，第768页。

亦曾受到禅宗的影响，这也是宋元以来三教融合的结果。他的“常自觉照”实际上就是“反身而诚”，其目的都是惩忿窒欲、灭去妄心，妄心灭而真心自现，由人心的修炼以通达天心，最终达到明心见性的悟道境界。

在邵以正看来，心性修炼的目的是上合天心。而元代净明道即已对“天心”进行过讨论，如《净明忠孝全书》载：

> 真君昔告我曰：“中天九宫之中，中黄太一之景，名曰天心，又称祖土，乃世间生化之所由，万里之所都也，其实只是混沌开辟之后积阳之气上浮盘亘，其广八十一万里，是道理之主宰。世人身心功过被光明之所洞照，纤芥圭黍所不能逃，散在人身中，谓之丹扃，所以曰人心皆具太极。一切善恶因果所不能逃，如影随行者，盖于上界实相关系故也。”所以学道者必先穷理尽性以致于命。明理之士，自己心天光明洞彻，自是不昧，言行自然不犯于理，丝毫碍理之事断断不肯为，只为心明故也。……净明大教……紧要处只在不欺昧其心、不断丧其生，谓之真忠至孝①。

虽然净明道对“天心”作了神学诠释，称其为“中皇太一之景”“祖土”，但显然以“天心”为“世间生化之所由”“道理之主宰”，已具有统摄万物的本体义；但其光明洞照世间万物，在人身中称为丹扃。胡化俗《净明大道说》称“中黄八极，天心也，丹元绛宫，人心也”②，刘玉亦有“人之一性，本自光

① ［明］邵以正辑：《净明忠孝全书》，第49页。
② 同上，第41页。

明，上与天通”[①] 之论，人心动而上印天心，而且注重“心地上用克己工夫”[②]、“心地上顿悟”[③] 的法门。

在净明道的修道思想中，克己工夫乃是“人心合于天心”之关键，是净明道修行之根本，也是内在的心性炼养过程，但世人多追求方术而忽略了此克己工夫。因而刘玉称“世俗于克己工夫多是忽略，别求修炼方术，殊不知，不整心地，只要飞腾，可谓却行而求前者也”[④]。赵宜真《原阳子法语》亦强调人心与天心的一致性：“人心即天心，欺心即欺天。……天心本与我心同，我若欺心昧化工。”又云：“天心，人也；人心，机也。此感彼应，如影随行，莫见乎隐，莫见乎微，可不慎哉。”[⑤] 他认为天心实际上就是自性法身，是与天相应的人之心。可见，所谓天心即中黄八极，人心则为丹扃绛宫，不欺昧其心，便不昧天心。明此道理的人，心中光明洞彻而可上达天心。这也是明心见性的心性论。从这一视角看，天心与人心是一而二、二而一的关系。

既然“人心合于天心”的道理已明，但如何做到呢?《长春刘真人语录》引用《清静经》中“人能常清净，天地悉皆归”的主旨作了如下解释：

> 人心本来清净，只因主人无觉照，被物欲所牵，声色汩于外，情欲荡于内，颠倒梦想，无由渐息，所以不能清净。

---

① ［明］邵以正辑：《净明忠孝全书》，第 44 页。
② 同上，第 47 页。
③ 同上，第 46 页。
④ 同上，第 47 页。
⑤ ［元］赵宜真撰：《原阳子法语》，载《道藏》第 24 册，第 87 页。

> 若能一切断除，舍妄归真，则观心无心，观形无形，观物无物，观空无空，方寸处虚明，一尘不染，一物不留，寂然湛然，常清常静，天地自然归矣①。

认为人之所以不能明心见性、上合天心的原因，是人心被物欲所牵引而不能清净，因此提倡“觉照”的心性炼养工夫，即断除一切欲念，舍弃妄心回归真心，至“观心无心，观形无形，观物无物，观空无空”的清净境界时，即已回归天心。就学道修持而言，“作世间上品好人，旦旦寻思要仰不愧于天，俯不愧于人，内不怍于心，当事会之难处，处以明理之心，处之似庖丁解牛底妙手，处教十分当理，着步步要上合天心。”② 这样不仅可以尽忠致孝，还可以提升心性修养，与修道、事功而言都是大有裨益的。

赵宜真、刘渊然尤其将此“人心即天心”思想运用于内丹心性及南宗丹法、清微雷法等诸多方面，形成了一套独特的以“心”为本根的修炼体系。王直《紫霄观碑》称赵宜真曾告诉刘渊然：“道法之要，不外乎此心，而道即此心也、神也，我之主宰，一身开张，万法莫不由之。”③ 而“后之学者，推是心以事天，而不违师真之训，则教基之崇将永久而不坏矣”④。从赵、刘、邵一系递相传承的“正一天心雷奥”也可以看出该系已将“天心”作为道法灵验与否的关键。赵宜真还将内丹与清微雷法

---

① ［明］邵以正编集，［明］胡文焕校正：《新刻长春真人语录》，［明］胡文焕编：《玄宗博览三十一种》第3册，第2页。

② ［明］邵以正辑：《净明忠孝全书》，第45页。

③ ［明］王直撰：《抑庵文后集》卷24，文渊阁《四库全书》本，第1242册第62页。

④ 同上，第1241册第427页。

相结合，将雷法的重心放在内炼之上，并认为自性法身是雷法中的天心，即以内炼为本，以至诚之心感应外物为主旨，放弃科法仪式上的繁文缛节，“清微祈祷之妙，造化在吾身中，而不在乎登坛作用之繁琐也”①。徐溥在其所撰《胡公守法墓道碑》中对胡守法祈雨之事做了如下评价：“其于道术修炼既精，而又本之以诚意，故用以祈祷动辄有验”，胡守法自己也将道法灵验归本于诚：“惟德动天，至诚感神，此外无他也。”②

综上所述，“克诚”与“天心”思想是邵以正心性修炼方面的主要思想。“诚”的思想源于净明道的“正心诚意”心性论和工夫论，是净明道融摄宋元以来的心学而形成的心性修炼体系，在净明学说中占据重要地位。邵以正“惟本于诚”的心性论与“克诚”工夫则是“天心”思想的核心，“克诚”的最终目的是使“人心”合于“天心”，使心性在纯诚的状态下达到悟道境界。

在赵宜真、刘渊然、邵以正一系递相传承的思想之中，“人心即天心”的思想始终围绕“心”展开，而“心”不仅是入道之门，道法之要，更是大道之本。因此，“心”已经具有本体义，体现了心学对明代净明道产生的巨大影响。除了心性论方面的哲学诠释，“人心即天心”也被运用于日常修行及净明道法之中，进而成为邵以正净明宗派道统重构的重要内容。

---

① ［明］《道法会元》，载《道藏》第28册，第715页。

② ［明］徐溥：《胡公守法墓道碑》，《焦太史编辑国朝献征录》卷118，《续修四库全书》第530册，第690页。

第三节　邵以正的内丹思想

内丹是一种道教内炼修养之术，起源较早，至唐宋时逐渐形成的一套完整的炼养方法。北宋陈抟绘成《无极图》而内修之法已渐明晰，“乃方士修炼之术也……老庄以虚无为宗，无事为用，方士以逆成丹”①，又“形而上者谓之道，斯乃道之体也。无极而太极，太极一判，两仪生焉。动根乎阴也，静根乎阳也。阳变阴合而生水火土金木也”②，而内修所重者即顺逆、阴阳、五行与人体窍穴之间错综复杂之联系，已形成内丹学之雏形。至张伯端撰《悟真篇》，“发明仙家事末，乃致意于禅”③，又“学仙须是学天仙，惟有金丹最的端”④，强调性理的同时又注重金丹之修炼，既使用道教内丹理论，又引入了佛家学说，“夫学道之人，不通性理独修金丹，如此既性命之道未备，则运心不普，物我难齐，又焉能究竟圆通，迥超三界”⑤？标志着内丹理论系统的成熟。

宋代以后的内丹学既吸收了佛、儒二家心性修炼方面的理论精华，又在性命双修思想的指导下，根据修炼者智识德行之高低，多层次、多途径地探讨了内修成仙的可能性，使内丹学成为一门具体而精细、理论缜密的修炼方法，宋代以后内丹学派林

---

① ［清］朱彝尊撰：《经义考》，文渊阁《四库全书》本，第678册第22页。
② ［宋］萧廷芝撰：《修真十书金丹大成集》，载《道藏》第4册，第633页。
③ ［明］罗钦训撰：《因知记》，文渊阁《四库全书》本，第714册第314页。
④ ［清］觉罗石麟撰：《山西通志》，文渊阁《四库全书》本，第548册第230页。
⑤ ［宋］张伯端撰：《修真十书悟真篇》，载《道藏》第4册，第745页。

立，一度出现了繁荣景象。明人宋濂曾言：“宋金以来，说者滋炽，南北分为二宗：南宗则天台张用成，其学先命后性；北则咸阳王中孚，其学先性而后命。”① 先后出现了以张伯端、石泰、薛道光、白玉蟾的“先命后性”的南派丹法和以王重阳、马钰、丘处机为主的“先性后命”的北派内丹炼养之法，甚至出现了综合南北二宗的、以李道纯为代表的中派丹法，以及明清以后出现的东派、西派及“伍柳派”等内丹派。

北方的全真道将内丹学说归结为性命问题，认为不修性则无法从无为中造化真命，同样，不修命也不可能真正见性。超越生死的依据在于寻觅自身本来存在的不生不灭之性，即“元神”，亦即真一之性。“真一之性，湛然圆明，变化感通，无所而不适也。”② 从元神、真性超越生死出发，全真道确立了“内修心性，外炼功行”的修持路线，即先性后命，性命双修，方可通过功行双全而成真人。在全真道看来，性与命是相互依存、辩证统一的，二者统一于心。所谓心，即指先天之“本心”，在先天理念的范导下，内丹学认为人体内原有“先天一点元阳”，发现了这心外之心，即本心，亦即道。道亦即心，心外无道，道外无心。就心性而言，明心即可见性，则心是本性之理的体现，见性是修炼之目的，所以全真道认为，“就重要性而言，性高于命。在具体的修炼过程中，性对命起着统率和支配作用，此即‘见性为体’（《长春真人规榜》）。与此同时，命对性具有保养和护持的作用，即‘养命为用’（《长春真人规榜》）。只有在命的养护

① ［明］宋濂撰：《文宪集》卷8，文渊阁《四库全书》本，第1223册第469页。

② ［金］王重阳著，白如祥辑校：《王重阳集》范怿序，齐鲁书社，2005年，第2页。

下，修性才能最终成功，达到见性的最高境界，即保全真性而成真人。”①

南宗的宗教理论和北方全真道相类，均以内丹性命之说为主导，倡导三教合一，但南宗多容摄理学思想，而全真则多吸收禅学思想，南宗重修持而全真重教理。南宗内丹学说乃以《阴符》《道德》二经为其最高理论依据，丹法上主张“逆施造化”，因而其修炼步骤多遵循钟吕传统的炼精化炁、炼炁化神、炼神还虚、反本还原、与道冥一的次第进行。南宗虽然与北宗同倡性命双修，但与全真相较而言，南宗先从修命入手，以达到性命双修，在修炼次第上与北宗恰恰相反②。

南北二宗的内丹修炼皆以“性”“命”为基。所谓命，即指人之精气而言；所谓性，即指人之心性或神而言。白玉蟾曾言：“神即性也，气即命也。”又曰：“气者形之根，形是气之宅。”③因而，修命又称炼形，即固精养气。张伯端言：“先性固难，先命则有下手处，譬之万里虽远，有路耳。先性则如水中捉月，然及其成功，一也。先性者，或又有胜言，彼以性制命，我则以命制性故也。”④ 故而，南宗丹法虽主张以性命入手，先炼精气，但在修命过程中仍然强调炼神修性的重要性，“以神用精气”，以“神”为主导。

宋元以来兴起的净明道亦曾受内丹思想的影响，而将内丹、

① ［金］王重阳著，白如祥辑校：《王重阳集》范怿序，齐鲁书社，2005 年，第 2—3 页。

② 参考盖建民著：《道教金丹派南宗考论——道派、历史、文献与思想综合研究》(上)，北京：社会科学文献出版社，2013 年，第 4—5 页。

③ ［宋］白玉蟾撰：《海琼白真人语录》卷 3，载《道藏》第 33 册，第 131 页。

④ ［宋］张伯端撰：《玉清金笥青华秘文金宝内炼丹诀》卷中，载《道藏》第 4 册，第 371 页。

辟谷、吐纳、导引等纳入其修炼体系之中，形成独具一格的黄素养生理论，但皆本于“忠孝”这一基本纲领。宋元净明道对内丹极为关注，但由于净明道是伦理型宗教，自然将伦理置于重要的位置。净明道对“忠孝”伦理的关注使内丹在净明学说中多偏向于心性方面，其内炼丹法源自钟吕派丹法，其符法尤其重视“黄素真文”“黄素十二符”，形成独具一格的黄素修炼理论。《净明黄素书》云：“凡学黄素书者，要在忠孝。”① 此处黄素所指即内丹修炼，可见净明道内丹修炼亦不离于“忠孝”二字：

> 故孝道之本散而为忠孝，忠孝之节成于大道，超于仙域，故其宜也。人之一身，如有天地，天地父母如有元气日月，君主如有心肾耳目，未闻无此而可长生也。要在坚持，忠孝生为八极，八极既备，如有栋梁，孰得而顷之也②。

尽管净明道的黄素理论与内丹有关，但始终与以内丹为主的全真与金丹南宗有诸多区别。因而，自元代以后，净明道对内丹的关注多偏向于南北丹法的融合，甚至将儒道释三教思想融入其内丹思想及内丹实践之中，进而，性命双修、阴阳双修等逐渐成为净明道的主要修行方式。

元季明初，净明道也与其他诸多道派一样经历了改革和重构，随着北方全真道的沉寂，净明道也被纳入正一道统一管理，而这一时期活跃在政坛上的赵宜真、刘渊然、邵以正等净明道士也以正一道的面貌出现。作为旌阳五传的赵宜真正处于这一时

---

① 《高上月宫太阴元君孝道仙王灵宝净明黄素书》，载《道藏》第10册，第500页。

② 同上，第518页。

期，他综承各家道法之传，而使净明道与各派思想、法术、修炼方法渐趋融合，甚至主张三教融合，其内丹思想中不乏对儒、佛二教心性思想的容摄，进行自成体系。这种倚重于三教融合的内丹特色使之成为该道派内丹思想的核心和精髓。

在赵宜真所承的诸派道秘之中，就有全真北派丹法，其内丹思想见于《原阳子法语》。赵宜真之后，以净明六传的身份出现的刘渊然亦如其师赵宜真，综罗各家道秘，尤其得赵宜真衣钵之传，使其净明学说中多了全真内丹、金丹南宗的元素，其在《长春刘真人语录》中对内丹的探讨虽然是针对明初净明道及天师道中盛行阴阳双修、男女双修的弊病而有“拨乱反正”“正本清源”的意图，却也从侧面反映了他所承传的内丹修炼理论乃源于北派全真正宗。至邵以正之时，虽然该派尚未摆脱“以道术显”的符箓、法术特色，但作为净明嗣派弟子、得刘渊然正宗衣钵之传的邵以正显然已将全真内丹等思想纳入其极力构建的净明道统之中，尤其是《长春刘真人语录》《道德经集解》《玄宗内典诸经注》诸书的刊行流布，更突出了内丹（尤其是金丹南宗）在其思想体系中的地位。正因为如此，清陈教友《全真道教源流》甚至将赵宜真、刘渊然、邵以正及其弟子胡守法归入全真法嗣之列并为之作传。总而言之，就内丹而言，赵宜真兼宗南北丹法，刘渊然多以北宗为主，而邵以正则多偏向于南宗。这种内丹上的选择与其所处的特殊历史时期有关。

鉴于赵、刘、邵一系对全真内丹的关注，本节即试图通过对赵宜真、刘渊然内丹思想的全面梳理，追溯邵以正内丹思想的来源，以及其试图重新倡导内丹心性等在净明法中所占据的位置。

一　赵宜真的内丹思想与“自性法身”说

由于元季明初社会动荡，传统的宫观道教体系面临困境，道派传法模式也渐由传统的“依派而传”向“惟贤是传”的模式过渡，高道之间通过云游参访等方式进行交流，使诸道派之思想、道法、学术更趋于融合。明初，由于统治者的偏好，南方以符箓、法术为主要特色的正一道备受褒崇，而以内丹心性炼养为主的北方全真道则相对沉寂。清陈教友《全真道教源流》卷七云：

> 当明之世，全真之显著者多出南方，而北方无闻焉。……是时（洪武初），全真仍比正一为盛，特既无掌教为全真者，非兼通正一不能授官……全真虽微，而山林隐逸之士或借以脱桎梏而治其身，其徒所立宗派亦至今不绝于天下。然立派虽殊，所学则一①。

在这种时代背景下，即使修习全真丹法为主的道士也会兼习符箓法术，甚至以正一道的面貌出现在明初的政治舞台上。尤其是那些承担着振兴道派和重构道统重任的高道更是以道法高超的形象走入政治视野。赵宜真、刘渊然、邵以正等人便通过“以道法显”的方式成为明初备受瞩目的一代高道，并使净明道成为显耀于明初政坛上的两大道派之一。然而，“以道法显”仅仅是赵、刘、邵等人为了适应明初帝王崇道热情而表现出来的“事功”倾向，而真正支撑着整个道派系统的却是被纳入净明体

① ［清］陈教友撰：《全真道教源流》卷7，第2页。

系的内丹及清微、正一诸派的道法精髓，对诸派道法的融会贯通也成为明初净明道的最大特色。这种融会贯通始于元季的赵宜真，而止于明初、中期的邵以正。

（一）赵宜真的自性法身说

赵宜真是元季明初净明道的集大成者。他集全真、正一、清微、净明诸家道法于一身，“凡道门奥旨，皆缀辑成书”①，其中特别提及其继承全真内丹法要之事，“师龙虎山金野庵，得金液内外丹诀”②。金野庵，亦称金蓬头，永嘉人，龙虎山道士。名金志扬，号野庵，“幼果敢，有大志不羁，甫长，知慕道弃世虑，遂师全真李月溪。月溪，白紫清徒也。一见之，命游燕赵齐楚求证焉。及参先得李真常，益有省……”③，即知金野庵曾师南宗李月溪，又参学于北宗李真常，兼南北丹法于一身，赵宜真还自称“尝师太清道士李先生，得之已三十年，鲜有谈及者”④。即言其曾事师全真道士李玄一并得全真南派丹法之传。《日下旧闻考》亦称赵宜真为“北派金丹之传者，及门弟子受业也”⑤。即承认了赵刘邵一系宗承南北丹法之传之事。邵以正序刊本《净明忠孝全书》有《原阳赵真人传》，称赵宜真“师广济张真人，得长春邱真人北派之传；师玄一李真人，得玉蟾白真人南派之学。深契玄妙，遂会南北而一之”⑥。青云谱版《净明宗教录》

---

① ［明］张宇初撰：《岘泉集》卷4《赵原阳传》，载《道藏》第33册，第232页。

② 同上。

③ 同上，第231页。

④ ［元］赵宜真撰，［明］刘渊然编集：《原阳子法语》，载《道藏》第24册，第80页。

⑤ ［清］于敏中等编纂：《钦定日下旧闻考》卷94《郊坰西》，刘渊阁《四库全书》本，第498册第7页。

⑥ ［明］邵以正：《净明忠孝全书》，第30页。

卷六《原阳赵真人传》则称他"复师郡之青华山张天全，其学本龙虎山金蓬头，得金液内外丹诀，实本长春丘真人之道；又师李元一，其学本乎玉蟾白真人南派之学"①，清《逍遥山万寿宫志》卷五《赵宜真仙传》：赵宜真"复师张广济得长春丘真人北派之传，师李玄一得紫清白真人南派之学"②。以上诸记皆称赵宜真得全真北派丹法之传，又得金丹南宗之传。盖建民先生曾梳理了赵宜真的简要传承情况：赵初师事曾贵宽，后从师泰宇观道士张天全，而张又因得内丹名家金野庵《金液内外丹诀》，故张为金之徒。而后，赵师事李玄一，李又将其推荐给冯先生，而冯亦以金野庵为师③。"汇南北而一之"的赵宜真与其弟子刘渊然、邵以正、胡守法等人甚至被清代陈教友归入全真法脉之列。《全真道教源流》卷七载：

> 自赵宜真至守法真人，递相传授皆全真派也，然兼习南宗及正一之学。余考之释氏，神秀为北宗，慧能为南宗，或问：南北宗何自出于玄挺禅师？玄挺禅师曰：心宗无南北。宜真诸人，通诸派为一，岂此意耶？然自是而后，宗派混淆，稽之载籍，鲜有明揭其为全真者，间有揭者，汇录之不能详也。盖至是而全真之学微矣④。

从以上诸记可知，赵宜真确曾传承北派全真及南宗丹法，进

① ［清］王建章：《历代神仙史》卷6《赵原阳传》，上海：宏善书局，1936年，第123页。

② ［清］金桂馨、漆逢源撰：《逍遥山万寿宫志》卷5，载杜洁祥主编：《道教文献》，台湾：丹青图书有限公司印行，第6册第305—307页。

③ 盖建民，陈龙：《赵宜真道脉与著述文献新考》，《四川大学学报（哲学社会科学版）》2009年第5期。

④ ［清］陈教友撰：《全真道教源流》卷7，第23—24页。

而形成自己的内丹理论，《原阳子法语》上卷所论述者多与内丹有关。胡孚琛说：“《原阳子法语》传先性后命的内丹学，先重炼性，以摄情归性入手，以忘字为诀，促生元精，炼而成丹，还归虚空，最后粉碎虚空，超凡入仙。”① 赵宜真的内丹思想主要体现在卷上《还丹金液歌并序》《真道归一偈》等诸文之中。更为重要者，他提出“自性法身”的概念，并以其为内丹之本。如赵宜真在《还丹金液歌》并序中说：

> 唯道集虚，本无二致。而修炼有内丹外丹之分者，缘遇不同，功用少异，而造道则一也。所谓内者，自性法身本来具足，不假于外，自然之真。其进修之功，则摄情归性，摄性还元。有为之为，出于无为，无证之证，所以实证，胎圆神化，脱体登真。诀曰：一灵真性号金丹，四假为炉炼作丸。是为真一、为玄一，又名内丹也②。

在赵宜真看来，内丹“本来具足，不假于外，自然之真”，是人身中与生俱来的，即本然之性，只不过被后天贪念、欲望所蒙蔽而已，因而内丹修炼无需向外求，只需收摄性情，使心性回归本元。赵宜真所谓的金丹，即自性法身，也称为“真一”“玄一”，或称为内丹。从这个角度看，赵宜真以“自性法身”为内丹之本。又说：

> 所谓外者，幻假色身未免败坏，必资外药，点化成真。其服炼之功，则取日月之精华，夺乾坤之造化。刀圭入口，

① 胡孚琛、吕锡琛：《道学通论：道家·道教·丹道》（增订版），北京：社会科学文献出版社，2004 年，第 353 页。

② ［元］赵宜真撰：《原阳子法语》，载《道藏》第 24 册，第 80 页。

情欲顿消，骨肉都融，形神俱妙，白日冲举，上宾玉清。诀曰：木液本自丹砂出，金炼木液还丹体。丹复化金，金而液之，是为还丹、为金液，又名外丹也。曰内曰外，又各有内外之说焉①。

只因"幻假色身"被后天欲望所蒙蔽败坏，使元神难以复归本元，须靠"服炼之功"以辅助。这已经不是心性炼养的问题，而是借助服气、导引等方式返归本元之性。不过，在赵宜真看来，所谓内、外丹之分不过是返本归元的方法和先后次序问题，"摄情归性，本之于外；摄性还元，本之于内。性寂情空，则非动非静，更无内外矣"②。因进路之不同而分成北派、南派之法，"道有修内丹而进者，有炼外丹而进者，演三千六百法门，及其证道，修炼俱无"③，有从外药入者，亦有从内证悟者，但其目的则并无不同，因而，丹道的实质并无内外之分。赵宜真引用三教之说以明内丹药物之旨，称：

释有念佛而入者，有参禅而入者，积一千八百公案，及到悟处，参念俱无；道有修内丹而进者，有炼外丹而进者，演三千六百法门，及其证道，修炼俱无。公案法门皆非所有，如得鱼忘筌，得兔忘蹄，乌可以彼此而是非之？昔天尊说法万八千篇，师尊说经五千余卷，有若太繁；至东华开化，独显全真；达摩西来，不立文字，有若太简。然悟则头头是道，无简亦无繁；迷则处处暗途，愈求而愈远矣。……

① ［元］赵宜真撰：《原阳子法语》，载《道藏》第24册，第80页。
② 同上。
③ 同上，第81页。

诀曰：可见者不可用，可用者不可见，正内丹药物之旨也①。

赵宜真认为，内丹、外丹之分皆是通向自性法身之基本方法和途径，即金液还丹之道，“圣贤仙佛分门户，毕竟到家同一路”②，其最终目的是返归本元之性。可见，在其丹法中已见三教融合的痕迹，其所谓自性法身，即是禅宗之心，儒家之理，道家之性，“心即理”“性即理”，皆本来具足，不假于外，修炼即直指人心，明心、明理、达性，往往需要修和悟，方可达道境。

从修炼方法上，赵宜真提出从“有为”入于“无为”。“有为”与“无为”是两种不同的进路。从性理层面上，他强调内以降服情欲、摄情归性、摄性还元为主；从色身造命角度看，他主张辅以服食炼养工夫，炼形还神、炼神还虚、结就金丹。进而，有为是从真修实证入手修炼“自性法身”，但须借助访道参学并通过真功真行，甚至强调积功累德等“有为”的炼性降心方式，一旦功行圆满，便可入于“无为”。赵宜真说：“有为之为，出于无为；无证之证，所以实证。胎圆神化，脱体登真。”③在赵宜真看来，“无为”是“有为”之法的根本指向，也是实现自我超越之法。他认为，在修炼过程中不可滞于有，亦不可滞于无，“有象不堪为伴侣，无质生质号还丹”④，通过举例说明“自家身里有夫妻”，可借助但不可执着于这些方法途径，主张“忘”的工夫，得意忘象、得鱼忘筌。如其《真道归一偈》总括

① ［元］赵宜真撰：《原阳子法语》，载《道藏》第24册，第81页。
② 同上，第83页。
③ 同上，第81页。
④ 同上。

了内丹大要："摄情还性归一元，元一并忘忘亦去，囊括三界入虚空，粉碎虚空绝伦伍。"① 因而，道教之外丹、服食之术虽为有为之法，但以形返太无、神归大定、返还太极混然之初，与道合真。进而，学道之人当立人极，以生向道之心，则仙丹可成。

从赵宜真对"自性法身"的讨论不难看出其内丹思想的三教合一特色，其余诸篇中更是如此。如其《和答福书记》即以平日"三教一家"话头而起，揭示回归自心、凡圣等观等道阶次第，主张参话头、悟在当下亦活在当下，三教无别、三教一心，"三教同开道义门，心心相契共谁论"②。《真道归一偈》引用道教的道气论、佛教的宇宙观、儒家的心性论以阐明"开悟"之理，而其"自性法身"之说便带有佛家特色，可见其并未拘泥于门户之见，这也是宋元以来内丹学的基本走向，这也对刘渊然及邵以正等人产生了较大影响。

（二）赵宜真的"福慧相须"证道说

除了提出"自性法身"为内丹之本，强调"无为"为采炼诀要之外，赵宜真还提出福慧双修（"福慧相须"）的证道说，他采用佛教的三世因果、善恶报应之说诠释修行证道次第，强调"真积"以证果，达观以慧，时时处处检束身心，外以积福、内以修慧，不仅专注于现世的利益，也将目光投向生死解脱，因而，其思想便有了净明道兼顾出世解脱和入世事功思想的影子。

赵宜真的福慧相须说，亦即全真道所谓功行双修、性命双修之法。丘处机云：功者，工也，"有为工夫，命功也；无为妙

① ［元］赵宜真撰：《原阳子法语》，载《道藏》第24册，第83页。
② 同上，第86页。

道，性学也。三分命功，七分性学。”[1] 又说“修真慕道，须凭积行累功，若不苦志虔心，难以超凡入圣”[2]。因而，所谓功行，即指全真道所提倡的真功、真行。真功指明心见性的心性修炼，即内丹修炼；真行则指从无为中发有为之用，表现出自性造化运用的工夫，亦即以仁爱无私之心行善积德建立仙基，诸如济贫救苦，与物无私，先人后己，传道度人等。只修慧不修福，则行不足；只修福不修慧，则功不就。功与行二者为学仙证道之必要资粮。丘处机《学仙记》曾言：

> 盖清净则气和，气和则神王，神王择师神仙之本，本立而道生矣。此为内功，亦假外行。仙道贵实，人情贵华，仙道人情，直相反尔。诸恶可戒，诸善可修。万行周圆，一身清洁。……大抵外修福行，内固精神。由外功深，则仙阶可进，洞府可游矣。古今成道者，皆福慧相须，慧为灯火福为油。灯火无油则不明，慧性无福则不王。故达士宁损其身，不损其福。世之人，虽天资明敏，学海汪洋，若福行未加，则终不能探其道玄之妙。古今得道圣贤，道通为一，福则有异。外功大者，仙位之高。外行卑者，阶居其下。所以天上圣贤，恶行之未广，则重下人间，以偿畴昔。人间浊恶，难修而功疾；天上清高，易处而功缓[3]。

于全真道而言，“真行”被视为成仙证真的重要资本，亦是明心见性工夫的重要方面。丘处机亦认为，于修道者而言，福与

① ［金］丘处机撰，赵卫东辑校：《丘处机集》，济南：齐鲁书社，2005 年，第 150 页。

② 同上，第 153 页。

③ 同上，第 150 页。

慧二者不可偏废，福慧之资的多少决定仙阶之高低。赵宜真所提出的“福慧因果说”，其福慧所指即全真道所谓“真行”与“真功”，二者互为表里，相辅相成。可见赵宜真曾受北方全真道思想之影响。实际上，无论全真道功行双修，还是赵宜真提出的福慧双修，均吸取了大乘佛教普度众生和儒家修齐治平的济世思想，因而赵宜真的学说中亦可见佛家和儒家的思想，抑或曰，净明道的济世思想的痕迹。

赵宜真《福慧因果说》云：

> 专于修慧者，摄性明心，坚持戒定，以资慧力，而证夫道，则可以度脱生死苦轮，超跻仙祚矣。未种缘福，不免艰难，岂得身心清静。专于作福者，济世度人，广行方便，以培福基，则当来托生人天，受诸快乐矣。未证夫道，不免身后报尽还来。故进道之要，须福慧相须，不可偏废，独饶一己未足为奇，自利利他则彼此皆济①。

修慧工夫在于戒定，摄性明心而证道，这虽然是“有为”的修行，却可“度脱生死苦轮，超跻仙祚”；以修福进者，济世度人以培植福报，可“受诸快乐”但却无法脱离轮回，“报尽还来”。因而，赵宜真提出“福慧相须”的心性炼养工夫，认为“人天路上作福为先，生死海中修慧为本”，他还举数例以说明福慧双修对于修仙证道之意义，称祖天师丹成而“入蜀降魔以区分人鬼、兴复盐利、惠及邦家；葛仙公行符水救病、祭炼鬼魂八十万众；许都仙以符药救病，既成道又斩除恶蛟，功齐神

---

① ［元］赵宜真撰：《原阳子法语》，载《道藏》第24册，第87—88页。

禹”[1]。称这些人皆“苦身励行，福慧并修，而后证道”[2]。因而，可以先证道后修福，又有先修福后证道，两者是相辅相成、不可分离的。

赵宜真的“福慧因果说”虽论修慧之重要性，但以较大篇幅论述修福之事，并通过道教因果承付、佛教轮回报应之说加以说明。他说：

> 近自兴兵以来，观里阙间有累世为善士贤儒，明经而修行者多固穷，其福庆不在其身，当在其子孙，今迺绝无遗类，岂皆不孝人乎？有奸宄暴横者，今皆富庶益昌。若以见世善恶之说验之，固已爽矣。若以三生因果之说推之，则灼然可信。是宜两说并行，斯无遗矣[3]。

赵宜真采用三世因果说以说明福报对于修道者之意义，有净明道劝善济世思想的影响。净明道曾倡行善书、功过格之类修慧法门，作为修身立本之准则，亦将其作为惩忿窒欲的心性修炼手段。赵氏以文专论福慧相须、因果承付问题，说明其思想对入世事功修行有所偏向，但劝诫学者不可“恣纵情欲，认苦为乐，如醉弗醒。吾党之士，既闻斯道，正好力行。行无所行，方了大丈夫能事。何可因循世故，随逐幻缘，虚负此生，良可惜也”[4]。

以上可知，在赵宜真的内丹心性学说中，其论内丹，多类于北方全真之旨，而论心性则颇近于禅宗。并“恒和会三教，有云‘圣贤仙佛分门户，毕竟到家同一路’，而斥野狐禅豁达空及

① ［元］赵宜真撰：《原阳子法语》，载《道藏》第24册，第88页。
② 同上。
③ 同上。
④ 同上，第89页。

房中术为邪道”[①]。从《原阳子法语》之主旨看，赵宜真虽兼摄全真内外丹，但实际上偏于内丹炼养，甚至把内丹作为其雷法的基础。其内丹思想的理路，已将自性法身作为根本，返回自性法身的工夫则通过“忘”的类似于禅宗的心性工夫。心与天通，日用行持均在于合于天心，因而，天心亦即自性法身，是与天心相应的人心。赵宜真的思想中，“佛道融合的痕迹极明显，思辨色彩也较为浓厚，在修炼中强调金丹北宗真功真行内修外养的法门，在领悟中强调佛教中观及空论在心性上用工夫的理路，这在元明道教思想史中具有比较鲜明的时代特色。”[②]

作为元季明初全真衰微而正一受宠的背景下，北派丹法已渐趋无闻于世，南方正一道则多重符箓而轻内丹，赵宜真则综合各家之长，“合南北而一之”，使内丹、心性修炼成为道法的基础，尤其是他提出的自性法身说，近于先命后性的全真丹法，但内炼工夫不仅包含了近于禅宗的心性炼养特色，亦受到了尤重济世度人的净明思想的影响。盖建民先生认为，赵宜真的思想“兼融净明、全真二派教义，倡言三教合一，主张福慧双修。而论丹道则与全真不同，不仅讲内丹，同时也肯定外丹，主张内外兼修。”[③] 他虽然将丹法分为内、外二种，但其反复强调修学者不应该拘泥于这些途径。这种思想理路不仅是明初诸派的共同趋向，也是净明道思想之主流。由是观之，赵宜真的内丹思想是明初各道派思想的缩影，在三教融合的整体框架下，其对内丹学的

① 任继愈主编，钟肇鹏副主编：《道藏提要》，北京：中国社会科学出版社，1991 年，第 820 页。

② 卿希泰主编：《中国道教思想史》，第 2 卷第 415 页。

③ 盖建民、陈龙：《赵宜真道脉与著述文献新考》，《四川大学学报（哲学社会科学版）》2009 年第 5 期。

实证和领悟为刘渊然、邵以正等衣钵弟子指明了方向，尽管刘、邵二人分别对北、南丹法各有侧重，但均未曾脱离明初内丹学发展的基本脉络，其中亦可见赵宜真对其二人的影响。

二　刘渊然的内丹思想及“清净法身”说

作为赵宜真的衣钵弟子，刘渊然继承了赵宜真的道法及内丹思想。刘渊然于洪武中“以道法显”而得到明太祖朱元璋的宠赉，受敕馆南京朝天宫旁的西山道院，并曾花数年时间（1393—1398）整理编集其师著作《原阳子法语》及医方等，可以说刘氏较完整地继承了赵宜真的内丹思想。当然，赵宜真并不是刘渊然丹法的主要源头，但曾得赵北派丹法之传。除此以外，刘氏亦兼修南宗丹法，但从其言行、道风等方面判断，刘渊然对全真北派丹法有所侧重。刘氏虽备受皇室褒崇，但“为人清净自守”①、“淡泊自甘、不失戒行”②、“游心方外，屏绝俗纷”③。这些不仅是对刘渊然道风品格的褒扬，也是刘渊然所持的态度，可见他虽然以正一道的形象活跃于明初政坛上，但其一直保持全真道清静无为、清虚自守的宗风。这或与其兼修全真丹法有关。

刘渊然，道号体玄子，年十六为道士，后师赵宜真“授以玄妙”，不仅授以“玉清宗教社令、烈雷、玉宸、黄箓、太极”诸书，还授以“金火返还大丹之诀”④。明杨荣《长春刘真人传

① ［清］张廷玉等撰：《明史》，第7656页。
② ［清］陈教友撰：《全真道教源流》卷7，第22页。
③ ［元］赵宜真撰：《仙传外科集验方》，载《道藏》第24册。
④ 陈垣编纂：《道家金石略》，第1261页。

略》称刘渊然“谒原阳于雩都紫阳观，尽得全真秘妙之术”①。“金火返还大丹之诀”或“全真秘妙之术”即北派丹法。关于金火返还大丹之诀，即如赵宜真《还丹金液歌并序》中所论，返还之法即摄情归性、摄性还元之证道次第，并称其为“一灵真性号金丹，四假为炉炼作丸”，即内丹，也就是赵宜真所谓的“自性法身”，是内修与外修两条进路的共同指向。因而，赵宜真所传予刘渊然的这套金火返还大丹之旨即是先性后命的修炼之法。从邵以正编集整理刊行的《长春刘真人语录》亦可看出，刘渊然确有全真北派丹法之传。甚至陈教友都认为“然刘渊然辈，史别为之传，且特称其淡泊自甘、不失戒行，夫刘渊然、邵以正亦何尝不兼通正一之学？要其所宗主者，全真也，后之学道者，其亦守全真之教”②。陈教友按：

> 王世贞《游白云观》记云：全真之教遍天下，盖与元相始终。明兴而其道始小屈，以刘渊然之见崇不能尽复其盛也。渊然为宜真弟子。然则宜真、渊然全真派也。元时江右全真派自张模、赵友钦，后至陈致虚而大行其学，皆兼南宗。豫章书谓：宜真通全真还丹之旨，则亦出于张。赵宜真又通正一天心雷奥，正一之学源于江右，且元时张宗演后裔世为掌教，宜真故兼习之也。然自是而北宗、南宗及正一教遂多通而为一矣③。

从其传承看，刘渊然师承“金火返还大丹之诀”之外，尚

① ［明］葛寅亮撰：《金陵玄观志》卷1，第22页。
② ［清］陈教友撰：《全真道教源流》卷7，第22页。
③ 同上，第19页。

能“栖神炼气，呼召风雷”，可见他还承传了南派丹法，或得赵宜真所传“会南北而一之”的丹道思想，以自性法身为内丹之本，兼宗两家之说。邵以正在《长春刘真人语录序》中有“造精微于性理之中，忘筌蹄于言象之外。此则先师平昔开度人天之愿力”之语，即表明刘渊然的丹道思想与赵宜真是一脉相承的。萧霁虹亦有相关论述：“（刘渊然）论丹道则与全真不同，不仅讲内丹，同时也肯定外丹，主张内外兼修。这也是刘渊然宗承师说的主体思想。”①

（一）刘渊然的内丹思想

刘渊然的内丹思想在《长春刘真人语录》中有所体现。在其丹道理论中，刘渊然以“神”“气”为金丹大药，认为只要依时采取，修炼“神”“气”，使二者混一，即可成就大丹。他说：

> 金丹大药，铅汞是也。铅者，黑中白也，阴虎也，阴中阳也；汞者，雄里雌也，阳龙也，姹女也，阳中阴也。或曰龙虎也，曰阴阳，曰坎离，曰水火，然实不过神气二物耳。神乃性之宗，虚之而自灵；气乃命之本，固之而自生。二者混一，天地长存。所以盗天地夺造化，能依时采取，依法煅炼，而成大丹②。

刘渊然认为，所谓的金丹大药，无外乎“神气”，那些丹经典籍中所谓“铅汞”“龙虎”“坎离”“水火”之类不过是“神气”的称呼。他认为，“神乃性之宗，虚之而自灵”，内丹家所

---

① 萧霁虹，晏祥磊：《刘渊然的养生论著——兼论藏外道教养生文献的抢救与整理》，《中国道教》2015 年第 5 期。

② ［明］邵以正编集，［明］胡文焕校正：《新刻长春刘真人语录》，［明］胡文焕辑：《元宗博览三十一种》，明万历刻本，第 2 页。

谓“炼神还虚”，注重“虚”的本元状态，实际上就是赵宜真所谓摄情还性、回归自性法身之思想。只不过，二人的论述方式稍有不同：赵宜真论内丹极少提及铅汞、龙虎等宋代丹家术语，而以自性法身谓内丹，以“药物”论外丹，而且并不否认药物对理气、安神之功用；刘渊然则多用丹家术语，以铅汞指称金丹大药，龙虎、姹女、坎离、水火等指称神气，并论及神气二者的关系，但并不主张“外药”，其所谓的采取乃是依循时序服气炼形，以达到卫生固气、助益内丹心性的目的。其二人所论，进路不同，所指则一。

除此以外，刘渊然还注重“气乃命之本，固之而自生”的命功。人仰赖气而生，气则是命之根本，因而须保持色身健康，即“固之”则命在，命在而气存，然后才可以谈内丹。不过，在刘渊然的内丹思想中，显然将内、外丹合二为一，即将神、气“二者混一”，才能成就大丹。他还引用唐代崔稀范《入药镜》诗句：“大药三般神炁精，天然母子互相亲。回风混合归真体，煅炼工夫日日新。”“入药”乃为内炼术语，即将自身精、气、神同乎天地造化，炼成上品大药，运入丹田，经过文武火候之烹炼而成为内丹。因而《入药镜》所论述者为修炼内丹的原理和方法，注重人身阴阳二炁配合，而其要则在于真意之运用；所述丹法，以调和阴阳二炁，使其聚会而产生真阳之炁，作为内丹之“药物”；然后运用周天火候，锻炼成丹。刘渊然显然较为赞同该理论，认为“神”“气”之修炼才是丹道之根本，“若外神气而修丹，不亦远且难乎？”①

① ［明］邵以正编集，［明］胡文焕校正：《新刻长春刘真人语录》，［明］胡文焕辑：《元宗博览三十一种》，明万历刻本，第3页。

在《长春刘真人语录》中，刘渊然对内丹修炼中的核心概念作了诠释。如“鼎器之旨”，他解释说，“玄关一窍，神气归仓之府，乃鼎也；器在乾下坤上，震西兑东，一身天地之正中，不依形立，体道而生，似有非有，似无非无，不可执于无为，不可执于有作。”① 所谓鼎器，并非如那些诳惑世人之人所说的“以女人为鼎器”，鼎器只在自己身中，“玄关一窍”为鼎，位于“一身天地之正中，不依形立”，不可执着于有，亦不可执着于无，恍恍惚惚，杳杳冥冥。在刘渊然看来，鼎器即是道。但世人不解此真义，“不知无为大道，妄以邪术诳惑愚迷，以女人为鼎器，乖误天理，败道误人，本期延寿，反戕其生”。这种“不执相”的观点还体现在其对“玄牝之旨”的认识，认为玄牝是炼丹修仙、采药之秘诀，“不可以有心守，不可以无心求”。此说与赵宜真的不滞于有、不滞于无的“忘”字诀是一脉相承的。

刘渊然还谈及“五炁朝元”的问题。认为所谓“五炁”即是藏于心、肝、脾、肺、肾的气，与木、火、金、水、土五行对应而成五炁，对应精、神、魂、魄、意，修内丹者，须“制精神魂魄意于黄庭，自然五炁朝元也”②。这也是刘渊然对于形神关系的论述，而形神有主宾之分，即神为主，形为客，主张“让他为主我为宾”，身体只是“神”暂时的栖身之所，以“安吾之性，全吾之道”，因而，修炼者当知以神主形，方可达到形神俱妙、与道合真的悟道境界。

在真修实践方面，刘渊然亦对沐浴、温养、脱胎等内丹炼养

① ［明］邵以正编集，［明］胡文焕校正：《新刻长春刘真人语录》，［明］胡文焕辑：《元宗博览三十一种》，明万历刻本，第3—4页。

② 同上，第4页。

问题做了诠释。心性是内丹修炼的基础，因而，刘渊然认为心性修炼到一定境界时，金丹即成。内丹与心性修炼是相辅相成的。心性修炼首重“沐浴”工夫，不过，他所说的“沐浴”乃是“涤虑洗心，冥情灭念，有无俱遣，动静两忘，忘无可忘者，斯谓之清静无为”，从心地上下“忘”的工夫。到了“忘无可忘”的境界之后，便是“守”的工夫。“守”即“守乎一，存乎中，真息绵绵，含光默默，念中无念，专气致柔”并保持这种状态，刘渊然称这个过程为“温养之法”。温养至一定阶段，即可“脱胎”“瓜熟蒂落，胎圆神化”，则大丹成，神归虚无而与道合一①。

除了对内丹方面的关注，刘渊然亦视心性的修炼为根本，而且对按摩、行气、导引等作为内丹修炼之法、长生久视之要的观点给予了修正。他认为，按摩、导引、行气等皆有妙诀，对于卫生有一定的帮助，认为“得其诀，可以祛病延年；不得其诀，则气壅滞及伤其生”②，称那些专门致力于辟谷休粮、餐霞服气、存思吐纳的修真之人“未悟也”，而那些专务采阴补阳等邪术者“似蛾投火，自取灭亡”③，那些烧炼金石、服食丹药等方法，若不得真师传诀，则不过戕害身体生命而已，不可不慎。

至于心性修炼方面，刘渊然主张断除妄欲妄念，让心主宰其身，则妄念不生。他说：“念从心生，心为神，主动静，然心主

① ［明］邵以正编集，［明］胡文焕校正：《新刻长春刘真人语录》，［明］胡文焕辑：《元宗博览三十一种》，明万历刻本，第4—5页。
② 同上，第5页。
③ 同上，第6页。

于一身，应于万事，心有所主，则万事莫能移，妄念从何而有哉?"[①] 心之所以不能主宰，乃因其已为物欲所诱而妄念纷纷，因而"澄心遣愁"乃是断除妄念的基本方法，惟此能达到心静性空的境界。他认为，人之所以修道不成，多因妄心阻碍使然。所谓妄心是与真心相对而言的，真心即"当向念虑未起之先，求之寂然不动的便是""若一念已萌之后，即妄心也"[②]。因而，修道当灭妄心，然后守中。刘渊然认为，守中的"中"并非身中之中，亦非思维上下之中等概念，而是指"念虑未起之先"的状态，称"一日十二时，时常要守，若一时不守，即不中也"[③]。实际上，"守中"是古圣先贤所注重的概念，也是心性修炼的核心内容。老子言"多言数穷，不如守中"，杜光庭称"忘怀虚应，抱守中和，则自然皆足矣"[④]，宋徽宗御注称"慎汝内，闭汝外，收视反听，复以见天地之心焉，此之谓守中"[⑤]。又曰："守中者，内保之而外不荡也。无思无为，寂然不动，而守之于中，如天地橐龠之无心，自然运用，以其有真君存焉。"[⑥] 李道纯："守中则黄裳元吉，守中则无过、不及也。"[⑦] 从以上诸引大抵可知，刘渊然的心性思想之中，"守中"是极为重要的概念，他引危大有《道德真经集义（一)》中"勤守中，莫放逸，外不

① ［明］邵以正编集，［明］胡文焕校正：《新刻长春刘真人语录》，［明］胡文焕辑：《元宗博览三十一种》，明万历刻本，第7页。

② 同上，第6页。

③ 同上，第7页。

④ ［唐］杜光庭撰：《道德真经广圣义》，载《道藏》第14册，第358页。

⑤ ［宋］彭耜撰：《道德真经集注（二)》，载《道藏》第13册，第119页。

⑥ 同上，第120页。

⑦ ［元］李道纯：《全真集玄秘要》，载《道藏》第4册，第529页。

入，内不出，还本元，万事毕”① 一语，认为“勤守中者，一意以守元海也”②，乃是内丹心性修养之要。

（二）刘渊然的“清净法身”说

除了金丹火候等方面的论述，刘渊然还提出了“清净法身”说。所谓“清净法身”，即“先天而生，生而无形，杳冥恍惚，混然而成，不生不灭，自古自今，无状之状，虚无自然，无象之象，象帝之先。清净法身，无中之妙有也”③。从这个角度看，刘渊然已将“清净法身”提到了道的高度，与赵宜真的“自性法身”说几乎具有相同意义。赵宜真说“自性法身本来具足，不假于外，自然之真”④。亦即“自性法身”为本来具足之真一之性，即内丹，不假外求，只需“摄情归性，摄性还元”，即可由后天返回先天，进而证道。而刘渊然之“清净法身”亦是本来具足，为杳杳冥冥、恍恍惚惚、无状之状、无象之象的状态，其义接近于老子所说之道。因而，“清净法身”即指道（或道性），是先天而生、不生不灭的，修炼者只需通过修炼返回这种状态，即是证道。进而刘渊然认为，无论内丹或是心性修炼，其目的都是摄性还元，“修道者，必清静无为，以存养纯纯全全，合乎大方，溟溟涬涬，合乎无伦，自然摄情，归性还元。”⑤ 这一修养过程就是“摄性还元”之法，这显然是对赵宜真思想的

---

① ［明］邵以正编集，［明］胡文焕校正：《新刻长春刘真人语录》，［明］胡文焕辑：《元宗博览三十一种》，明万历刻本，第7页。

② ［明］危大有：《道德真经集义（一）》，载《道藏》第14册，第546页。

③ ［明］邵以正编集，［明］胡文焕校正：《新刻长春刘真人语录》，［明］胡文焕辑：《元宗博览三十一种》，明万历刻本，第7页。

④ ［元］赵宜真撰：《原阳子法语》，载《道藏》第24册，第80页。

⑤ ［明］邵以正编集，［明］胡文焕校正：《新刻长春刘真人语录》，［明］胡文焕辑：《元宗博览三十一种》，明万历刻本，第8页。

继承。

刘渊然所说的“清净法身”即内丹，修炼则注重宝精行气。他在解释“神炁精”时说，“身中三宝神炁精也。故以上药名之，修丹之士先要明此三宝，洞明身心意，要存而炼之，养而全之。……三者混一，胎元地婴。”①说明神、炁、精三宝混合为一才能摄情归性，摄性还元，最终成丹。说明了存心养性对内丹修炼的意义，修炼则必须清静无为。在他看来，性即“自己灵明觉性”，命则是“先天真一之炁”，因而，内丹修炼之要即是宝此先天真一之炁使之不散，由后天返回先天，“一炁还元始，元神返太初”，使精气神三元混一，达到“一身心，合性命，全形神”的境界②。这种论述与全真道的理论多有相似之处。

刘渊然受全真北派影响的最明显的标志是他对“全真”的讨论。他说：

> 全真者，先当识破尘缘，知身是幻，脱爱网，入希夷门，悟性明心，皈真舍妄，宝真炁以为宗，守真宝以为本，积功累行，渐次进修，设欲求金丹大乘之道，须要参礼明师以求点化。古人云：性由自悟，命待师传。所谓性者，自己灵明觉性，在乎人，命则先天真一之炁也。奈何世人不能宝之，则先天之炁日丧，往往流荡于后天生死之域，是故先圣悯念下愚沉溺爱河，流趋欲海，教以返还之道，不过及其后而复还先天也③。

① ［明］邵以正编集，［明］胡文焕校正：《新刻长春刘真人语录》，［明］胡文焕辑：《元宗博览三十一种》，明万历刻本，第7页。

② 同上，第10页。

③ 同上，第9—10页。

他称性为“自己灵明觉性”，命则是“先天真一之炁”。这与全真丹家的说法是一致的。丘处机“论三宝三要”时说，“三宝者，精炁神也。精，先天一点元阳也；炁，人身未生之初祖炁也；神即性也，天所赋也。”[①] 故刘渊然所说之“先天真一之炁”实则是丘处机所说之精，即“先天一点元阳”，他又说“性即神也，命即炁也。神凝则气固，炁聚则神灵，性无命不立，命无性不存”[②]。此说与南宗白玉蟾所论一致，《东楼小参》云：“气者，形之根。形是气之宅。神者，形之真。神即性也，气即命也。心净则气正，气正则气全，气全则神和，神和则神凝，神凝则万宝诘矣。”[③] 此说实际上是道教传统思想的发展。刘渊然曾受到传统丹道思想的影响，因而其学说中既有全真道的影子，也有南宗思想的影响。就性与命而言，“先天一点元阳”即是命，性是先天的“灵光一点，浩劫长存”者，命是先天至精真一之气，修命之要，即保精行气，是修炼之主要内容，也是卫生、养生之法。而损害肉身最大者为欲望，由六情所致，故强调惩忿窒欲，这不仅是修命的重要内容，也是修性之前提。

刘渊然在《长春刘真人语录》中对“神”“形”关系进行了论述，在他看来，形、神关系其实就是性、命关系，或者说主次、先后关系。他说：“神是主，形是客，今假形以栖神，所谓身者，神之舍也，以安吾之性，以全吾之道，故让他为主我为宾

---

① ［金］丘处机撰，赵卫东辑校：《丘处机集》，第165页。

② ［明］邵以正编集，［明］胡文焕校正：《新刻长春刘真人语录》，［明］胡文焕辑：《元宗博览三十一种》，明万历刻本，第2页。

③ 《海琼白真人语录》卷1，载《道藏》第33册，第112页。

也。”① 南宗丹法虽主张从性命入手，先炼精气，但在修命过程中仍然强调炼神修性的重要性，指出必须“以神用精气”，以“神”为主导。《总论金丹旨要》云：“精气神三者孰为重？曰：‘神为重’。金丹之道始然，以神而用精气也，故曰神为重。”② 刘渊然亦引《大道歌》云：“神御气，气留形，不需杂术自长生。”认为从修炼次第上看，先以神御气，再以气固形，自然有以神为重的意思。

在刘渊然看来，性命双修的炼养工夫是修炼内丹的基础，不仅要宝真气、守真宝，还需积功累行、受明师点化。这一思想亦未脱离全真性命双修之旨。所谓内丹修炼，即是“返还之道，不过及其后而复还先天也”，亦即全真所谓“炼精化炁，炼炁化神，炼神还虚”之修炼次第。只不过，这些修炼方法尚需明师指引点化，性可以自悟，但命功则多赖师传。他批评那些以“全真”为名，却“不务本宗，不明大道，以戕生之术为养生之方，以盲引盲，教人房中御女、三峰采战，以女人为鼎器，天癸为药物，铸雌雄剑，开尾闾关，种种邪术，悉非长生之道，乃促命之法也”③。尤其是对“三峰采战”等误导人的房中术进行了猛烈抨击，称“戕生莫胜房中术，误杀阎浮多少人？”又曰：“戕生至慎房中急，朝为误作令神泣。”④ 他引述“自家身里有夫妻”（白玉蟾《快活歌二首》）、“自家变理内阴阳”（《还元

① ［明］邵以正编集，［明］胡文焕校正：《新刻长春刘真人语录》，［明］胡文焕辑：《元宗博览三十一种》，明万历刻本，第5页。

② 《道藏》第4册，第376页。

③ ［明］邵以正编集，［明］胡文焕校正：《新刻长春刘真人语录》，［明］胡文焕辑：《元宗博览三十一种》，明万历刻本，第10—11页。

④ 同上，第10页。

篇》)、“阴阳须采自家真”（《还丹篇》）等语以说性命双修之旨。所谓性命双修，只需向内采取，而不假于外。

在刘渊然的思想中，内丹修炼无疑是正道之必要途径，而惩忿窒欲的工夫则是心性修养的必要手段，心性与根器有关，甚至直接影响修为层次，因此，他也如其师赵宜真一样，注重福慧双修，认为真功和真行对于丹道修炼的重要性。他认为，要获得身心清净，还需修身谢罪，即“人孰无过，贵乎改过”的忏悔法，称“诸恶悉由心造，若欲修真谢罪，必须将心忏悔，不敢隐于往咎，不可再犯前非，一悔能消百过，愆业可以清净，尽矣”①。因而，主张通过持戒的方式来“戒制六情，念道遣欲”使六根清净、五蕴皆空，如此才能返回“清净法身”。

除此而外，刘渊然还用善恶解释天堂地狱之说，与赵宜真“福慧因果说”有异曲同工之妙，不过刘渊然并未采用佛教三世因果说来解释修福过程中出现的种种疑虑，而是将天堂地狱解释为善、恶念头所指向的结果。他说：“天堂地狱即善恶二字。为善而享福即天堂，作恶而受祸即地狱也。……故阳主善阴主恶，为善者升，为恶者坠。天堂地狱，善恶之报，在人一念迷悟耳。”② 因而，学道者但须积功累行、精进修行，而其要则在于持守正念，去恶从善，如此才不至于妨碍心性。为了摒绝恶缘，刘渊然提出“宜超迹尘凡，栖真物外，惩忿窒欲，辟邪存诚，需要勇决，慎无二心”③ 的主张，一旦功满德就，即可证悟大

① ［明］邵以正编集，［明］胡文焕校正：《新刻长春刘真人语录》，［明］胡文焕辑：《元宗博览三十一种》，明万历刻本，第8页。

② 同上。

③ 同上，第9页。

道。刘渊然的丹道思想带有全真道禁欲主义色彩，这也是他虽然受宠于明初诸帝，却能戒行精严、恬淡虚无的原因。

综上所述，刘渊然的丹法及心性思想直承于赵宜真，尤其是对赵宜真“自性法身”说进行了进一步诠释，提出“清净法身”说，以其为内丹之根本。《长春刘真人语录》中亦有其关于雷法、符箓等方面的论述，但通过其对全真丹法的关注亦可洞见其思想主旨，即以内丹、心性为体，以雷法、符箓为用。此外，从丹法的角度看，刘渊然确有其师“合南北而一之”的痕迹，以性命双修为进路，以“摄情还性，摄性返元”的返还之道为内丹修炼之旨，以心性炼养为主。但从《长春刘真人语录》中其对丹法的论述，以及其与弟子的道法传承来看，他还兼顾栖神炼气等南派丹法，如其弟子“幼习儒业，少时从刘真人习栖神练气、辟谷法”①。自元季明初开始，南北丹法即已开始渐渐融合。这种融合在赵宜真、刘渊然、邵以正身上体现的较为明显。实际上，从赵宜真开始已“混南北而一之”，刘渊然在继承其师思想的同时对北派丹法有所偏重，而邵以正则偏向于南派丹法。

在邵以正极力构建的净明道统中，刘渊然显然起到了承上启下的作用，他不仅从其师那里继承了宗诸家所长的符箓法术，还继承了其内丹心性等方面的思想，并整理成为著述以资传承。刘渊然“不独精其教事”，还在于构建其宗派道统并试图扩大其影响力。即使如此，他仍然未忽略内丹及心性等内容在其教派传承中的重要性。当邵以正继承了刘渊然的衣钵并继续其遗志之时，这些内丹、心性思想也成为邵以正构建宗派道统的重要内容。

---

① 胡孚琛主编：《中华道教大辞典》，第192页。

三　邵以正的丹道思想与“道心”说

邵以正的内丹及心性思想与赵宜真、刘渊然是一脉相承的。赵宜真曾提出“自性法身”说并强调“摄情归性，摄性还元”之修持方法，刘渊然则提出“清净法身”说及“惩忿窒欲、摄性归元”之修持次第，表明其对内丹的理解是一致的。致力于重构宗派道统的邵以正不仅继承了《原阳子法语》及《长春刘真人语录》中的内丹、心性修炼方面的理论和方法，更搜罗丹道方面的经典著述加以纂辑，使其成为该派法统、道统传承过程中的重要内容。邵以正并无内丹、心性修炼等方面的原创著述，因而极难考证其曾经对这些问题有过何种高论，但从其精心挑选历代丹经著作编集而成的《玄宗内典诸经注》及其刊行的刘渊然校刊本《道德经集解》的意图，可以看出邵以正不仅继承了其师祖、师父的内丹心性思想，尤其是金丹南宗思想，并且将这些常被正一道忽略的根本性的内容作为其宗派体系的组成部分。

从宗派传承的角度看，邵以正继承了赵宜真《原阳子法语》中的丹道思想，继而通过整理其师刘渊然的日常言行及口传心授之内容而纂成《长春刘真人语录》，学界大多认为该书最能反映刘渊然的思想，尤其是内丹思想；而亦有人认为该书乃邵以正所作，如康芬《明代道教藏书考略》一文即认为“由于明代道教活动的复苏，道教教理、教义均有所发展。当时，有不少真人道士，各依其信仰造作道书，演化教义，在文人士大夫之中，也有一些精通道教教义的道书作者。其中有……邵以正撰《长春刘真人语录》”①。该书是否为邵以正原创姑且不论，不过其中当有邵以正本人的原创内容，这是确然无疑的。邵以正在该书序中说：

> 先师之言，简要明白，沿流溯源，达夫至道之极。若凡有仙骨，性耽玄虚，清寡嗜好，则智慧自明。寻文鲜悟，乃失之所授也。可以祷雨祈晴、除邪补正，可以济关度幽、奏章设醮，可以救灾治病，可以炼丹修仙，入宝藏之中，惟人可求，随力所及，各有所获。言言句句，无非道也②。

上引可视为邵以正对刘渊然（甚至赵宜真）内丹思想的评述，认为就内丹而言，无论是赵宜真提出的“自性法身”还是刘渊然的“清净法身”，均是对“至道”的不同诠释。具体修持方法上，邵以正强调“性耽玄虚，清寡嗜好”，实际上也是对“摄情归性、摄性还元”的回归，但不可拘泥于这些方法途径，“寻文鲜悟，乃失之所授也”。显然，这也是《原阳子法语》中关于内丹、外丹修持方法和次第的论述内容。

此外，邵以正认为这些修持方法可以“祷雨祈晴”“济关度幽”“奏章设醮”“救灾治病”“炼丹修仙”，不仅表明《长春刘真人语录》中已有这些方术法门的论述，亦表明其所构建的净明道统对清微雷法、炼度法、正一符箓斋醮、全真南北丹法乃至医药等方面均有所兼顾。只不过，其要还在于性耽玄虚、清心寡欲，这也是诸法之本。可见邵以正对《长春刘真人语录》中的

① 康芬、胡长春：《明代道教藏书考略》，《江西图书馆学刊》2003 年第 4 期。

② ［明］邵以正编集，［明］胡文焕校正：《新刻长春刘真人语录》邵以正序，［明］胡文焕辑：《元宗博览三十一种》，明万历刻本。

思想是极度认可的，并将其作为宗派传承的重要著作。由此可知，邵以正的内丹、心性思想与该书所论及的内容基本一致，并长期受这些思想的影响。他说：

> 以正佩服师训，亦已有年，窃以之为己，不若公之于人，由是以广其传，盖欲人人体道，咸离迷途，造精微于性理之中，妄筌蹄于言象之外。此则先师平昔开度人天之愿力，而亦区区之本心也①。

邵以正称“佩服师训，亦已有年”，至少可以说明该书已成为邵以正思想的来源，尤其是丹道、心性炼养等方面。除了《长春刘真人语录》，无法从他人对邵以正的评价、所作传记等文字材料中看出任何关于邵以正在内丹方面的信息，但邵以正曾刊行其师刘渊然校刊本《道德经集解》、编集《玄宗内典诸经注》一书并序，其序文内容为我们填补了邵以正在内丹心性修炼等方面的空白。

（一）《道德经集解》与邵以正对金丹南宗思想的认同

陈鉴在《玄宗内典诸经注序》中曾提及邵以正刊行《道德经集解》之事，称：

> 夫经所以载道，非经则道无所凭，不几于泯乎？注所以释经，非注则道无所明，不几于晦乎？晦而且泯焉，身斯道之任者，不能无虑也。此言焉、经焉、注焉，盖有不得已焉者也。若悟玄养素凝神冲默阐微振法通妙真人，吾苏邵尊师以正，其今之任老子之道者欤？任之而不作，兴之而使之晦

① ［明］邵以正编集，［明］胡文焕校正：《新刻长春刘真人语录》邵以正序，［明］胡文焕辑：《元宗博览三十一种》，明万历刻本。

且泯焉，未可也。于是取《道德经集解》刻之梓矣[①]。

从该序看，邵以正并未对《道德经集解》做任何发挥，而该书或即刘渊然于洪武间根据宋人董思靖集解本校刊而成。关于刘渊然校刊本《道德经集解》，本书第四章已作论述，该本与《正统道藏》所收录版本有所不同，即《道藏》所录仅为董思靖集解之内容，刘渊然校刊本为清光绪三年十万卷楼重刊本，除董思靖原序之外，新增《重刊董氏道德经集解序》，为陆心源所撰，称该书“题‘刘渊然校刊’，其为元末明初刊本无疑。吾友魏醝尹锡曾尝与诸本互校，其中由绝异各本，而与景龙石刻合者，盖所据犹古本也”[②]。可知该版本确为刘渊然校刊本[③]。不过，最令人疑惑的是，刘渊然本人并未为该书作序或跋，仅见上、下卷正文前有“章贡渊然道者刘若渊校刊”字样，当成书于洪武年间无疑。

元明之际《道德经》注本颇多，各注家从各自视角进行注解、阐释，但刘渊然独选宋代董思靖集解本进行校刊，其中原委耐人寻味。董思靖的情况为史料所不载，惟陆心源序中对董思靖

---

① 《藏外道书》第7册，第1—2页。

② ［宋］董思靖集解，［明］刘渊然校刊，［清］陆心源重刊：《道德经集解·序》，清光绪三年（1877）陆心源刊十万卷楼丛书本（简称十万本）。

③ 宋代注解《道德经》的南宗道士颇多，亦多言及金丹之法，如白玉蟾、彭耜、李道纯等人均对《道德经》进行过注解，见解也颇独到，应该是研究南宗丹法的重要著作。然而，刘渊然并未选用这些注本，亦未选用元明之际其他注本，独选董思靖《道德经集解》进行校刊，其中原委可能是：其一，董思靖本为师传版本，刘氏尊师嘱而刊印之；其二，刘渊然于洪武末整理刊行其师遗作之时，并无其他版本可供参考，故以董思靖本为校刊；其三，董思靖为南宋时期的金丹南宗道士，其注解多以道论丹，而刘氏认为于丹道修炼有可取之处，故以此为蓝本校刊之。无论如何，从该书的刊印可以看出，刘渊然确对金丹南宗思想极为关注，而这也不离于其以净明道为依归的信仰及宗旨。

其人做了简略考证：

> 案：思靖生平无考，惟清源圭峰皆福建泉州山名，今泉州之元妙观，宋时为天庆观，元改今名。由是推之，则思靖乃宋季泉州道士也。《福建通志》无思靖名，惟宋《方外传》称：董伯华，晋江人，服气炼形，言征应辄验，能于人手中作字，开拳有雷声震起，后尸解北山紫极宫。查紫极宫在天庆观之右，与思靖时代住址颇合，或伯华即思靖之字，未可知也①。

序称董为泉州元妙观道士，能“服气炼形，言征应辄验，能于人手中作字，开拳有雷声震起”，有雷法的特色，为宋代金丹南宗所擅行的法术，大抵可知董思靖所承传者即为金丹南宗法脉。董氏《道德经集解》即从南宗丹法的角度对《道德经》进行了诠释，其解经理路与白玉蟾、彭耜等人是一脉相承的。

董思靖在《集解老子道德经叙说》中称：

> 或者，盖谓无者，地二之火，有者，天一之水。故举《潜通诀》云“两无宗一有，灵化妙难窥”及以知白守黑为金水之说，然此乃大丹之法准，易象法天地以日魂，月魄为药物，则《神农》《古文龙虎上经》三十六字。西汉淮阳王演《金碧要旨注》，东汉魏伯阳《参同契》，唐元阳子《金碧潜通诀》等是其法也。如《混元实录》云：老子先授尹真内外二丹之术，然后告以道德之旨，则是不以丹术杂于本经明矣。又曰：三一九思内修之要也，九丹金液外炼之极

---

① ［宋］董思靖集解，［明］刘渊然校刊，［清］陆心源重刊：《道德经集解·序》，清光绪三年陆心源十万卷楼丛书本。

也，故所授《泰清》诸经则专言金液外炼之事，然与前所举大丹之法亦少异，后背见其有坛炉、鼎灶之设，乃以灵砂金石等为外丹，殊不知后天有质阴杂非类之顽物，服之令人多躁、失明，而且不悟其非也。或者又曰：无者，神也；有者，气也。以“有无交入为丹本”“隐显相符是水金”“黑中有白为丹母”，虚心实腹义，俱“三十辐兮同一毂”等诗为证，此虽皆用经中之语以为诀，然其说自成一家，盖内丹之法也。若尹真所授三一九思等法，虽曰内修之事，然与白丹源流亦自不同，大抵道法经术各有指归，不可以一书而兼尽诸家之义，苟强引而合皆傅会也①。

他以《道德经》解释内外丹，以无为神，以有为气，“有无相交”为内丹之本，以《道德经》中的有无概念解释内丹修炼中的黑白，称黑中有白即所谓虚心实腹，“知其白守其黑”“存无守有”，为内丹修炼之径路。董氏所论述者为尹喜派三一九思法，皆“用经中之语以为诀，然其说自成一家，盖内丹之法也”。如他在解释“无欲”“有欲”之时称“此言圣人体道在己，乃寂然不动，所存者神之时，即此。可见道体之至微至妙者，真常妙本也。盖无欲为静体之常也，有欲为动用之行也”。董氏在解释“玄牝之门是谓天地根”时称：“门犹众妙之门，天地万物皆从此出；根犹草木之根，人所不可见而实为生生之本。谓阴阳之阖辟而为天地之本也，其在人身则元宫牝府，乃神气之

① ［宋］董思靖集解，［明］刘渊然校刊，［清］陆心源重刊：《道德经集解》，清光绪三年陆心源十万卷楼丛书本，原序。

要，会天地同根者也。”①

以上可知，邵以正刊行《道德经集解》的目的不仅在于继承其师遗志，亦表明其对南宗丹法之认同，并将其作为宗派传承的重要内容。当然，更能突显其对南宗丹法的认同的，当是其《玄宗内典诸经注》之刊行。

（二）《玄宗内典诸经注》与邵以正的内丹思想

《玄宗内典诸经注》，邵以正辑，天顺四年（1460）自刻本，现存两个版本：其一为国家图书馆藏本，其一为日本东京大学东洋文化研究院图书馆藏本。该书内有二序：其一为“赐进士及第翰林国史修撰前经筵讲官玄同居士郡人陈鉴缉熙书”，时间为“天顺四年岁次庚辰秋九月朔旦”，即九月一日；另一为邵以正所作后序，署“悟玄养素凝神冲默阐微振法通妙真人领道教事东吴邵以正斋沐谨书”，时间为“天顺四年岁次庚辰九月九日”，由此大抵可推知，该书当于天顺四年九月开始刊板。

陈鉴序中称邵以正“于是取《道德经集解》刻之梓矣。乃今复集阴符、清净、洞古、大通、消灾、定观、胎息、心印、五厨九经及入药镜、青天歌，皆前贤之注释者，仍谋梓行”②。即在邵以正刊行其师刘渊然校订之《道德经集解》③ 之后，又精选十一部丹经合为一卷付梓刊行。所选的十一部丹经分别为：《黄

---

① ［宋］董思靖集解，［明］刘渊然校刊，［清］陆心源重刊：《道德经集解》，清光绪三年陆心源十万卷楼丛书本，第7页。

② ［明］邵以正辑：《玄宗内典诸经注》陈鉴序，载《藏外道书》第7册第2页。

③ 本书第四章第五节已对《道德经集解》之版本问题做了专论，认为该书成书于洪武年间，但未刊行，至景泰时方由刘渊然门徒邵以正刊行。《玄宗内典诸经注》序中已阐明邵氏曾刊行该书，故现今流传之清版《老子道德真经》原本即是邵以正所刊行的刘渊然校订本《道德经集解》。

帝阴符经注解》（崆峒道士邹䜣[①]注）、《太上大通经注》《太上老君说常清静经注》（元李道纯[②]注）、《太上赤文洞古经注》（金长筌子[③]注）、《太上升玄说消灾护命妙经注》《崔公入药镜注解》《青天歌注释》（元混然子[④]注）、《洞玄灵宝定观经注》《胎息经注》（幻真先生[⑤]注）、《无上玉皇心印经》（李简易[⑥]注）、《老子说五厨经注》（唐尹愔[⑦]注）等各一卷。以上诸经中，除李简易注《无上玉皇心印经》之外，其余均见于《正统道藏》。

根据张宇初《道门十规》中所述，以上所列“书单”中，《洞古》《大通》《清净》三部为“最为捷要”的内修典籍，而《阴符》《消灾》《定观》《五厨》四部为“外而济世度幽”之书。其中“《定观》《洞古》《大通》等皆以老庄思想为本，主

---

① 邹䜣，即宋儒朱熹之化名，又作“崆峒道士”或“崆峒道士邹䜣”等。

② 李道纯（1219—1296），湖南都梁（武冈）人，宋末元初著名道士。字元素，号清庵，别号“莹蟾子”。本为道教南宗创始人白玉蟾的二传弟子，后来加入了全真道。他精于内丹学，融南北二宗丹法为一体，亦被称为中派丹法之祖。著有《护命经注》《大通经注》《洞古经注》《清静经注》《全真集玄秘要》《道德会元》《清庵莹蟾子语录》《中和集》《三天易髓》《周易尚占》等。

③ 长筌子（生卒年不详），名不详，生平无考。金末道士。有《洞渊集》五卷，收入《正统道藏》，其中有文赋三十一篇，诗词百余首。

④ 王玠（？—1132），字道渊，号混然子，元末明初道士，江西南昌修水县人。以修内丹为主。有《崔公入药镜注解》《丘长春青天歌》《还真集》《道玄篇》等著作多卷，收入《正统道藏》。

⑤ 幻真先生，唐朝人，撰《胎息经注》《幻真先生服内元气诀》传于世。

⑥ 李简易（生卒年不详），号玉溪子，南宁袁州（江西宜春）人。幼习儒业，不遂志，于道佛经典，星算医卜，靡不究心。尤爱金丹诀，遂参访江湖，曾两遇纯阳真人，后又遇异人（刘海蟾、蓝养素）授丹道，著《玉溪子丹经指要》三卷，为南宗及金丹派南北宗合流后道派传承有一定参考价值。[见《道藏·玉溪子丹经指要序》及盖建民著：《道教金丹派南宗考论（上）》，第539页]

⑦ 尹愔，秦州天水人，初为道士。精摄养、占卜之术，著《老子说五厨经注》一卷，收入《道藏》，撰《诸经义枢》《续史记》皆未就。愔博学，尤通老子书。

张清静无为，修身养性”①。《青天歌》为丘处机所著，《藏外道书》第六册收录该书全文，邵以正《玄宗内典诸经注》所收《青天歌注释》有混然子王道渊序称该书乃是“修真之捷径，入道之梯阶”② 明代全真道士潘静观曾言：“盖祖师传世者，向来有丹经、语录两种，丹经半为旁门附会，颇失其真，其不杂者，仅得《青天歌》一篇，语录虽与马、谭诸真并存《道藏》中，今世所传者，聊聊数则而已，未若是篇之洞明宗要，字字金针，得背可以印心，未得者可以悟入，为能当机而破惑也。矧年来海内成道者，如日之方升，不可阻遏，《清净》《阴符》《道德》《参同》诸经，并南北二宗诸书，业已次第行世……”③ 大抵可见明初已遍见南北二宗丹法融为一体的趋势，不知潘氏作序④时所说的“并南北二宗诸书业已次第行世”是否指赵宜真、刘渊然等人宗承各家道法、“会南北而一之”并刊行著述等弘道行为，但邵以正重新选录这些丹经典籍，却大致可以看出其内修已而外济世的思想旨趣，亦看出他对全真南、北派丹法的高度重视。

① 卿希泰主编：《中国道教史》，第 3 卷第 453 页。

② 王道渊序称：“夫青天歌者，真人邱长春之所作也。是歌演音三十二句，乃按《度人经》三十二天运化之道也。余每诵其音，喜其文简而理直，实修真之捷径，入道之梯阶。前十二句乃明修性之本体，中十二句为复命之工夫，末后八句形容性命混融、脱胎神化之妙也。愚见世人只作闲文歌唱舞蹈，终不知其中九合十合之理。今故强为注释，以俟后之来者。”（［元］王道渊注：《青天歌注释》，载《藏外道书》第 7 册，第 48 页）

③ ［金］丘处机撰，赵卫东辑校：《丘处机集》，第 155 页。

④ 根据《语录后序》所署时间，该序作于“皇明永乐十三年（1415）”，而序中又说“语录虽与马、谭诸真并存《道藏》中”，则此《道藏》所指为《元道藏》，因为永乐十三年，永乐道藏经的编纂工作处于暂停阶段，至永乐十七年方才启动，读者须作辨别。

以上诸卷书籍所署作者中，玉溪子李简易、李道纯、混然子王道渊等人所注颇多，皆通于丹道，且合南北二宗之学，尤其宗承金丹南宗之学。

李简易为南宗丹法传人，著有《玉溪子丹经指要》三卷，有为《解纯阳真人沁园春》所写的序，以及《玉虚子宜春心诀》等。从邵以正所选丹经注本看，李简易曾注《无上玉皇心印妙经》，但未被《正统道藏》所录。

李道纯为南宗金蟾子（王启道）之弟子，即道教南宗创始人白玉蟾之再传弟子，精于内丹，以融南北二宗丹法为一体见长，后创中派丹法。陈兵《元代江南道教》一文称李道纯"原出于白玉蟾门人王金蟾门下，其书皆撰于元初，自称其宗曰全真，则南宗人合流入全真者"①。盖建民先生称，李道纯容摄儒家中和思想及佛教明心见性思想于道教内丹修炼之中，采用禅宗打坐、参究、棒喝、圆相等手段，阐述解说公案，阐明金丹之道。李道纯有《道德会元》《三天易髓》《太上大通经注》《太上老君说常清净经注》《太上升玄说消灾护命妙经注》《全真集玄秘要》《无上赤文洞古真经注》等传世，门人集其论著编为《中和集》六卷、《清庵莹蟾子语录》六卷②。

王玠，字道渊，号混然子，元末明初道士，以修内丹为主，时已结合南北二宗，仍然以南宗为主，潘雨廷先生称"（王玠）其道有所继承道纯"③，其主要著作《还真集》，潘雨廷先生称该

① 参见陈兵：《元代江南道教》，《世界宗教研究》1986 年第 2 期。
② 参见盖建民著：《道教金丹派南宗考论（上）》，第 567 页。
③ 潘雨廷著：《道教史发微》，上海：复旦大学出版社，2012 年，第 189 页。

书“基本可代表明初时以南宗为主之内丹”[①] 之评价。明代龙虎山天师张宇初曾为王玠《还真集》作序：“南昌修江混然子，以故姓博学，尝遇异人，得秘授，犹勤于论著。予读其言久矣，间会于客邸，匆遽未遑尽究。今春，吾徒袁文逸自吴还，持其所述《还真集》请一言。予味之再，信乎达金液还丹之旨，其显微敷畅，可以明体会用矣。”[②]

从所选丹经典籍来看，邵以正的丹道思想已然兼涉南、北丹法，与其师祖赵宜真、师父刘渊然的丹道思想一脉相承。融通南北丹法不仅是一种承传，也是其构建净明道统过程中的基本部署。陈鉴在其《玄宗内典诸经注·序》中说：

> 注所以释经，非注则道无所明，不几于晦乎？而且泯焉？身斯道之任者，不能无虑也。此言焉、经焉、注焉，盖有不得已焉者也。若悟玄养素凝神冲默阐微振法通妙真人，吾苏邵尊师以正，其今之任老子之道者欤？任之而不作，兴之而使之晦且泯焉，未可也[③]。

以上引文大致道出邵以正辑该书的初衷，亦即，邵以正肩上已然承载着净明道统构建之重担，“任之而不作，兴之而使之晦，未可也”。因而，其选录以上诸丹经典籍表明：其一，他本人继承了赵、刘一系丹道思想，而且至邵以正之时，南、北二派丹法渐趋合一；其二，明初普遍流行南派丹法，尤其是以阴阳、男女双修为主的所谓“三峰采战”等邪术，邵以正“惓惓焉欲

① 潘雨廷著：《道教史发微》，上海：复旦大学出版社，2012 年，第 190 页。
② 杨旭、秦磊：《术数丛谈》，国纪万象信息情报研究院，2017 年。
③ ［明］邵以正辑：《玄宗内典诸经注》陈鉴序，载《藏外道书》第 7 册，第 2 页。

明斯道于天下”“用心之溥、信道之笃，亦于是乎概见焉”①，有拨乱反正之意；其三，试图表明内丹（尤其是以南宗为主的内丹）已经成为其宗派道统的重要组成部分。

从陈鉴序的叙述体例看，邵以正编集《玄宗内典诸经注》的原因是其“身斯道之任者，不能无虑也”，即已表明邵以正继承其师遗志阐扬其教，“荷宠累朝，大倡其道于斯世”，其希望该书的刊行对学者修身有所裨益，“修之于身，可以葆真毓和，以永夫清静自然之身；推之于国，可以圣君休民，以翊夫清静无为之化”②，甚至可以实现净明道修身、齐家、治国、济世的事功理想。这是邵以正作为宗派领袖的深谋远虑和使命感。

邵以正称：“予自受道于先师长春真人以来，每取诸经及先正、注释之言，印证之，言殊理同，若合符节。”③ 据此可知，除了继承、研习其师祖、师父的内丹思想，邵以正还参阅各类丹经典籍，深入了解南、北二派丹法要旨，并与师门所传及各类内丹注本相互印证，以窥丹法之要，并得出“言殊理同，若合符节”的结论。由此亦可见邵以正“渥于丹书”的知识视野及实修经验，这种求真务实的精神有垂范后世徒裔的意义。

明初皇室褒崇道流，方士杂进，正一道备受褒崇，而全真几于湮没无闻。正一道重符箓科教而轻内丹心性修养，虽明初已开始对内丹心性的关注，如张宇初即多有此方面的论述，但总体上受到传承的限制。此外，全真南、北宗丹法的进一步融合，性命

① ［明］邵以正辑：《玄宗内典诸经注》陈鉴序，载《藏外道书》第7册，第2页。

② 同上。

③ 同上，邵以正跋。

双修思想亦渐渐得到普及，尤其是以融合了南北丹法而形成的中派丹法亦流行于当时，如南派丹法所擅长的阴阳栽接之法原本分上中下三乘：上乘法，要在隔体神交，男不宽衣女不解带，即能收栽接之益；纵偶伤彼而能收栽接之益，损人而能收利己之功，是为中乘法；伤彼而不能栽接，损人而不能利己，是为下乘法。但“此接命之方，正道与邪术之间，只有毫发之差；不入正途，便易入御女采战之恶魔道中去，而为入地狱种子。且不但损彼，而自身之危险亦大。又复易遭诽谤与天谴，此南宗命功，绝不轻传者之有以也。传不得其人，转持其术以入邪道，则流毒社会岂浅鲜哉！”① 这种“不入正途而入恶魔道”的情况在明中叶以前的诸道派中似乎颇为常见，因而，邵以正在《玄宗内典诸经注》（后序）中便指出了这种乱象：

> 而今之学者，务此者鲜。有慕高处以为别有至道，而可以驾空凌虚，有不究至道，渥于丹书，以意猜度，烧炼丹砂，或惑于傍蹊采取等术，自谓可以登真出世，千门万户，远诳后来②。

邵以正认为，很多学道者已不再关注内丹、心性等方面的炼养工夫，舍本而逐末，或好高骛远，或溺于丹经，或不究至道而烧炼丹砂，甚至沦入“三峰采战”等邪道，流毒太深，贻误后人。邵以正对这些乱象的叙述也有参照其师父刘渊然所述的成分，抑或有所指，但至少表明邵以正有正本清源的责任与当担。

① 萧天石著：《道家养生学概要》，郑州：中州古籍出版社，1988 年，第 112—113 页。

② ［明］邵以正辑：《玄宗内典诸经注》邵以正跋，载《藏外道书》第 7 册，第 50 页。

从后序的行文看，邵以正继承了其师刘渊然的内丹、心性思想。他说："阴阳须采自家真，岂可外吾身而求之他人也？以至百无一成，老死弗悟，良可惜哉！"① 其所谓"阴阳须采自家真"之说，即引自《还丹篇》，亦即如白玉蟾《快活歌二首》中所谓"自家身里有夫妻，说向世人须笑杀"、李道纯《还元篇》所谓"自家变理内阴阳"等，均为南派丹法的思想。由此大抵可知，从丹道的角度看，邵以正的思想偏向于南宗，心性修炼方面则偏向于北宗的清静无为。

邵以正《玄宗内典诸经注》所挑选的十一卷丹经典籍"实道德之筌蹄，乃金丹之槖籥"，是丹道修炼中极为重要的经典，"若能寻文解意，自然道从此悟，心□□□，内外湛然，真常独露"②。学者只需参透经典主旨并刻苦修行，便能超凡入圣，道就丹成。由此可知，这些丹经典籍或即是赵、刘、邵一系递相传承的内容，赵宜真有《原阳子法语》传世，刘渊然有《长春刘真人语录》传世，其中所涉及的丹道、心性等思想旨趣也是一致的，甚至赵宜真提出的"自性法身"和刘渊然的"清净法身"所指也并无二致，邵以正虽无著述突出其在内丹思想方面的建树，但至少其《玄宗内典诸经注》可以作为对其宗派丹道思想的补充。这一点是毫无疑问的。

（三）邵以正的"道心"说

从丹道及心性炼养来看，邵以正认为："所谓先天而生，后天而成，惟恍惟惚，杳杳冥冥，视之不见，听之不闻，回守虚

---

① ［明］邵以正辑：《玄宗内典诸经注》邵以正跋，载《藏外道书》第7册，第50页。

② 同上。

无，以养神炁之类，何也？莫非此道此心也。”① 可以归结为“道心”，即“此道此心”，是心性之根，丹道之本。邵以正较为关注“心”的问题，即“心也者，主宰一身，开张万法者也”②。他认为，心乃一身之主宰，也是所有符箓道法、心性内丹等的核心，也称为“道心”。

邵以正“道心”说之根本为“心”，而“道心”也是南宗丹道理论的基础。张伯端认为心乃修道、体道之本，心为道之体，从某种意义上讲，这就奠定了南宗道心论的总纲。白玉蟾亦称“至道在心，心即是道”，以为修道之宗旨，并言“道心者，气之主；气者，形之根。形是气之宅。神者，形之真。神即性也，气即命也”③。进而，白玉蟾将心分为多种层次，最上层为道之心，中间为凡人之心，而居下者为血肉之心。道教认为，可以通过修炼，由下而上，臻至道心④。《谢张紫阳书》云：

> 道之大不可得而容……心之广不可得而比喻。……会万化而归一道，则天下皆自化，而万物皆自如也。会百为而归一心，则圣人自无为而百为，自无着也。推此心而与道合，此心即道也。体此道而与心会，此道即心也。道融于心，心融于道也。心外无别道，道外无别物也⑤。

以上所引无非证明南宗以心解道的道心论，其思想大致分为

① ［明］邵以正辑：《玄宗内典诸经注》邵以正跋，载《藏外道书》第7册，第50页。

② 同上。

③ 《海琼白真人语录》卷3，《道藏精华》第10集，第377页。

④ 参见盖建民著：《道教金丹南宗考论》（下），北京：社会科学文献出版社，2013年，第746页。

⑤ 《海琼白真人语录》卷7，《道藏精华》第10集，第937页。

道心相融、道心相生、道心互为体用等三个方面。因而，南宗所构建的心性论，其主要目的是为性命之学提供理论指导，继而至元代已出现“万法从心起，万法从心灭”“心者一身之主，万法之根”[①] 以及“道乃法体，法乃道用，体用一致，不外此心”[②]的道心思想。道心论是南宗理论的基础，南宗关于性、神、炁、精的理论阐发皆受制于此。南宗从道心论这一道教根本论出发，不仅以心解道，而且进一步“以心释丹”，称“丹者心也，心者神也”，并进而从修炼方法论的层次进一步提出万法由心、万法唯心思想[③]。这些南宗思想对邵以正影响颇大。

只不过，邵以正的“道心”说是在赵宜真“自性法身”和刘渊然“清净法身”的基础上提出来的，以解释“先天真一之炁”，杳杳冥冥、视之不见、听之不闻，即已有本元义。他说“非心无以见道之妙用”，即是南宗“以心解道”的思想，其中亦有刘渊然的思想影响的痕迹。《长春刘真人语录》言：“所谓修道，必修于大道，论必论真心。”何谓真心？“无心即是真心”，也就是“当向念虑未起之先，求之寂然不动的便是”[④]。“道心”即“真心”，具有本体义，与“自性法身”与“清净法身”所指并无不同。在《玄宗内典诸经注》后序中，邵以正称“弥伦造化，道也；垂世立教，经也；通玄究微，人心也”。以“心”为通玄究微之根本。

---

① 《道法心传》，载《道藏》第32册，第420页。

② 《道法心传》卷5，载《道藏》第28册，第707页。

③ 盖建民著：《道教金丹南宗考论》（下），北京：社会科学文献出版社，2013年，第774页。

④ ［明］邵以正辑，［明］胡文焕校正：《新刻长春刘真人语录》，《玄宗博览三十一种》，明万历刻本，第3卷第6页。

与“道心”或“真心”相对立者为“妄心”。他引《阴符经》中“天性，人也；人心，机也”之说，突出“人心”的枢纽作用。从这个角度看，“道心”“真心”“人心”是相通的，修道的目的就是回归此“道心”，但惟从“人心”入手，让“人心”与“道心”在“真”的境界里实现返本还原，达到“湛然常寂，寂无所寂”的状态，亦即返回“道心”。因而，他强调“明心见性”，注重“觉照”工夫，“学者常自觉照，使妄心灭而真心见，则明心斯见性也”①。“灭妄心”工夫是一切修炼的基础，“修道当灭妄心，妄心灭则真心见，则道自明矣”②。这是赵、刘一系内丹、心性炼养思想的内核。

然而，如何灭“妄心”呢？《长春刘真人语录》言：“念从心生。心为神，主动静，然心主于一身，应于万事，心有所主，则万事莫能移，妄念从何而有哉？”也就是说，妄念产生的原因是心不能主宰身体。邵氏也说“心也者，主宰一身”，心不能主宰则身耽于物欲，物欲会产生妄想，使心不能静。静心之法就是“澄心遣愁”，达到“心静性空”的本然状态，也就是“摄情归性”的修养工夫，最终使念虑不起、寂然不动，保持“无心”的状态。此心即道心，即真心。

从这个层面看，从赵宜真的“自性法身”，刘渊然的“清净法身”，到邵以正的“道心”，实即其间递相传承的“天心”思想。在邵以正看来，人心被妄念、欲望蒙蔽而难以回归真心，这

① ［明］邵以正辑：《玄宗内典诸经注》邵以正跋，载《藏外道书》第7册，第50页。

② ［明］邵以正辑，［明］胡文焕校正：《新刻长春刘真人语录》，《玄宗博览三十一种》，明万历刻本，第3卷第7页。

是人心难以合于天心的原因。消灭“妄心”的方法即通过“天心帙”的外在约束，即所谓“人心即天心，欺心即欺天，日之所为，皆书之。其不可书者，勿为也”。这不仅是人伦方面的自我克制，也是邵以正所力倡的“克诚”工夫的外在表现形式。只不过，在赵宜真那里，这种“灭妄心”的最终目的是使人心合于天心，即“摄情还性，摄性返元”，回归自性法身，或清净法身，而邵以正看来，所回归的是“道心”，因为道即心、心即道，达到纯然“无心”的状态。

综上所述，邵以正的“道心”说与赵宜真的“自性法身”与刘渊然的“清净法身”说殊途同归，皆是通过“天心帙”等外在伦理行为上的自我克制提升对真心的认识、通过澄心遣愁的方式灭妄心，以“摄情还性，摄性返元”，回归本然的“道心”。实际上，邵以正的心性思想不仅是对南宗心性思想的继承，亦是对净明道“正心诚意”说的进一步发挥，因而也未脱离净明道思想主旨。

总而言之，本章所讨论的邵以正的核心思想，是邵以正作为净明宗派道统的重构者对宋元以来的净明道思想和其师祖赵宜真、师父刘渊然思想的直接继承。邵以正对“忠孝”核心思想的认识并未停留在玄思和哲学意义上的探讨，或如《净明忠孝全书》所示，追溯其在净明学说中的本体论意义，而是对“忠孝”思想的真践实履，以及将“忠孝”从世俗人伦方面的践行扩充到“其大无外”的净明道境和“其小无内”的对心君“一念不欺”的“克诚”工夫。

邵以正也发展了其所承传的“天心”说，并将人心与天心在“诚”的觉醒状态下合二为一，返回那恍恍惚惚、杳杳冥冥的“道心”，此说虽然与自性法身与清净法身不同，但殊途同归。他并未对净明学说有更多教义、思想方面的发挥，也未在赵宜真、刘渊然的思想的基础上有更多推进，但其思想旨趣也体现了净明道的真正精神，即重“践履”而轻“玄谈”。作为伦理型宗教，净明道的主旨即此。

邵以正继承了净明道的济世度人精神，以及从赵宜真、刘渊然的以医济世传统，并将这种传统内化为其行道之宗旨和宗派传承的基本内涵。从邵以正对善心、善行的推崇亦可看出明初净明道尚未偏离宋元净明道的基本精神。与此同时，“为善济世”也是净明道所奉行的性命双修思想的外在规范，始终未曾脱离“忠孝”二字，而是邵以正推崇并践行的“大忠大孝”的体现。

作为净明思想的继承者和宗派道统的重构者，邵以正在内丹、心性思想方面的关注使其宗派逐渐抹去“邪妄杂进”背景下儒士们对学道者的不良印象，从其师的“清净自守，不干世事”，到邵以正的“廉静谦谨，礼度雍容”，喻道纯的“志存虚静，道乐无为，契妙参玄，精勤笃厚”，胡守法的“直质谨厚，谦约自守”等，不仅体现了该系对内丹、心性等方面的倚重，也凸显了邵以正编集刊行《玄宗内典诸经注》的初衷，即宗派道统的构建除了宫观建设、道法传承之外，尚有更为根本的内丹、心性等方面的炼养。因而，邵以正的宗派思想已然将内丹、心性、道法、宗教伦理、净明教义等熔为一炉，通过真践实履实现净明道“忠孝神仙”的终极理想。

结　语

邵以正是明初道教界较有影响力的人物。他自幼“丰神秀颖”“警悟过人”而深受儒学和家族士族精神的熏陶；因“志向卓越，昭然物表”而由儒入道，师事高道刘渊然，以其勤勉而得刘渊然衣钵之传；因态度诚恳、“研几极微”而拥有深厚的道学功底；因“感激知遇”“斋洁尽诚”而使其法术“动获灵验”；因“淡泊存心”“简静处己”而保持了一代高道的风范；因“平易接物”“以诚求道”而在朝野上下、缙绅世族之中威望颇高；因“游心养素”“衍教皇都”而成为宗派道统重构的关键人物。

道法方面，邵以正上承高道刘渊然，下启喻道纯、胡守法，其在清微雷法、净明道法、全真南北丹法等方面研几精微，继承了该系综罗诸家道法之要而“以道法显”的传统。不仅其师刘渊然曾主持众多斋醮仪式且多见祥瑞，邵以正本人亦然，“凡朝廷有大修建、大祈禳，必命真人主之”，其徒裔喻道纯、胡守法亦屡次承担祈雨求晴等皇家大型斋醮仪式。可见该系在明初受宠赉的程度与龙虎山一系不相上下。

思想方面，邵以正继承了元明净明道的忠孝思想，以尽忠致孝为其思想核心，以忠孝伦理的真践实履为其思想主旨，由伦理意义上的忠孝践行扩充至“大忠大孝”，在入世事功与忠孝致仙之间通过“惟本于诚”的理路实现了平衡。邵以正在净明道“正心诚意”的心性论基础上，推出“诚”为万事万物之本，具有本体义，进而不仅用“诚”来解释天人感应、社会伦理、道学修养、道法实践等诸方面，还形成了其“克诚”工夫论，成为其思想的核心。

心性炼养方面，邵以正在赵宜真“自性法身”和刘渊然“清净法身”的基础上，提出“道心”说，认为“心也者，主宰一身，开张万法者也”，学道必以修心为本，修心即修道。邵以正已然将心等同于道，修心无外乎灭妄心，“妄心灭而真心见”，以人心为悟道的根本。进而，他提出“惩忿遣愁”的方法，通过“摄情还性，摄性还元”的心性工夫，并回守虚无，由后天返回先天道境。

内丹方面，邵以正将全真北派、南派丹法结合起来，主张性命双修，但其修行理论及实践方面则偏向南宗。在其《玄宗内典诸经注》中，邵以正选取古代丹经圣典、元代以来最具代表性的丹经注释以及其师祖、师父极为重视的丹经典籍，主张“阴阳须采自家真”，即金丹不假外求，只需“一身心、合性命、全形神”，则金丹可成。此说偏向合南北为一的中派丹法，尤其是对李道纯的思想多所继承。邵以正亦抨击了那些“以全真为名，不务本宗，不明大道，以戕生之术为养生之方，以盲引盲，教人房中、三峰采战邪术”之人进行了猛烈抨击，带有正本清源的宗派领袖风范和使命感。

宗派道统方面，邵以正承传了赵宜真、刘渊然的道统，综罗各家之长而以净明为宗本，故而其思想、言行均带有明显的“济世度人”色彩。其宗承赵、刘二人著述，重新辑校、刊行《净明忠孝全书》，并将其二人像传增入书中，意欲重构净明道统，并将其工作重心从“玄谈”式宗教义理阐释转向早期净明道“济世”式的宗教践履。同时，邵以正也试图将其传派、弘道方式向传统的宫观模式回归，因而曾建长春刘真人祠堂、紫霄观、修复白云观长春殿等宫观为依归，试图为宗派道统承续找到神圣依据。邵以正极力构建的宗派道统不仅突出了其对道法的关注，也重视内丹、心性等核心问题，《玄宗内典诸经注》的刊行便是其对后嗣弟子寄予厚望的明显标志。

总而言之，作为宗派领袖的邵以正，在明初皇室褒崇道流、邪妄杂进的情势下，依然能保持清净自守、戒行精严的高道作风，已然成为明初高道圈内的一股清流。邵以正近四十年的道官生涯中，并未遭受过巨大变故，从左玄义始，累升至真人，曾承担督校《道藏》之重任，即使在“夺门之变”的严峻形势下，也得到天师张元吉保奏而仍“领道教事”，不仅说明其拥有广泛的信众基础、良好的人际关系和足以垂范羽流的高尚情操。认识这一点，对于全面了解邵以正是极具意义的。目前对邵以正的研究刚刚起步，尚待更多史料及田野资料的发现，以更全面地揭示邵以正充满传奇色彩的一生和具有深远影响的思想精髓。

参考文献

一、道教经典

1. ［明］邵以正辑：《净明忠孝全书》，明景泰三年（1452）刊本。

2. ［元］陈天和编集，［元］徐慧校：《净明忠孝全书》，《道藏》第24 册。

3. ［明］邵以正辑：《玄宗内典诸经注》，《藏外道书》第 7 册，成都：巴蜀书社，1992 年。

4. ［明］邵以正辑：《玄宗内典诸经注》，明天顺四年（1460）序刊本，日本东京大学东洋文化研究所图书馆藏本。

5. ［元］赵宜真撰，［明］刘渊然编集：《原阳子法语》，《道藏》第24 册。

6. ［明］邵以止编集，［明］胡文焕校正：《新刻长春刘真人语录》，［明］胡文焕编：《元宗博览三十一种》第 3 册。

7. ［明］邵以正撰，［明］喻道纯校，［明］张道中重校：《经史通用直音》，成化八年刊本，嘉靖丁酉（1579）安正书堂重刊本。

8. 《太上灵宝净明洞神上品经》卷下，《道藏》第 24 册。

9. ［明］赵宜真辑：《仙传外科集验方》，张继禹主编：《中华道藏》，北京：华夏出版社，2004 年。

10. ［明］张宇初撰：《道门十规》，《道藏》第 32 册。

11. ［明］张宇初撰：《岘泉集》，《道藏》第 33 册。

12. ［清］陈教友撰：《全真道教源流》卷，荔庄藏版，广州市西湖街余富文斋刊板，光绪已卯年（1879）刻本，合肥：黄山书社，2005 年。

13. ［清］胡之玫编撰，陈立立、邹付水整理：《净明宗教录》，南昌：江西人民出版社，2009 年。

14. ［宋］白玉蟾撰：《海琼白真人语录》卷，《道藏》第 33 册。

15. 《道法会元》，《道藏》第 28 册。

16. 《太微星君功过格》，《道藏》第 3 册。

17. 《皇明恩命世录》，《道藏》第 34 册。

18. 《太上净明灵宝入道品》，《道藏》第 10 册。

19. ［明］朱权撰：《天皇至道太清玉册》，《道藏》第 36 册。

20. 《无上九霄玉清大梵紫微玄都雷霆玉经》，《道藏》第 1 册。

21. ［元］赵道一撰：《历世真仙体道通鉴续编》，《道藏》第 5 册。

22. 《龙虎山志》，《藏外道书》，成都：巴蜀书社，1992 年。

23. 刘忠宇主编：《道法会元》（分册），张继禹主编：《中华道藏》，北京：华夏出版社，2004 年。

24. ［宋］董思靖集解，［明］刘渊然校刊：《道德经集解》，清光绪三年（1877）陆氏十万卷楼刊本。

25. ［宋］董思靖集解：《太上老子道德经集解》，《道藏》第 12 册。

26. ［宋］董思靖集解：《太上老子道德经集解》，王云五主编：《丛书集成初编》，商务印书馆，1939 年。

27. ［唐］杜光庭撰：《道德真经广圣义》，《道藏》第 14 册。

28. ［宋］彭耜撰：《道德真经集注（二）》，《道藏》第 13 册。

29. ［元］李道纯撰：《全真集玄秘要》，《道藏》第 4 册。

30. ［明］危大有撰：《道德真经集义（一）》，《道藏》第 13 册。

31. 《水镜录》，《道藏》第 36 册。

32. ［金］王重阳著，白如祥辑校：《王重阳集》，济南：齐鲁书社，2005 年。

33. ［金］丘处机著，赵卫东辑校：《丘处机集》，济南：齐鲁书社，2005 年。

34. ［明］葛寅亮：《金陵梵刹志》卷 2《钦录集》，永乐十八年（1420）。

35.（日）小柳司气太编：《白云观志 · 白云观小史》，《藏外道书》卷 1。

36. ［唐］尹愔撰：《老子说五厨经注》，《道藏》第 17 册。

37. ［金］长筌子注：《太上赤文洞古经注》，《道藏》第 2 册；

38. ［宋］黄必昌：《道德真经集解跋》，［宋］董思靖集解：《道德真经集解》卷 4，《道藏》第 12 册。

39.《汉天师世家》卷，《道藏》第 34 册。

40. ［晋］王弼注：《老子道德经》，北京：中华书局，1954 年。

41. 胡孚琛主编：《中国道教大辞典》，北京：社会科学出版社，1995 年。

42. 李养正编著：《新编北京白云观志》，北京：宗教文化出版社，2002 年。

43.《太上元阳上帝无始天尊说火车王灵官真经》，《道藏》第 34 册。

44. ［元］苗善时撰：《纯阳帝君神化妙通纪》，《道藏》第 5 册。

二、古籍文献

1. ［明］王直撰：《抑庵文后集》，文渊阁《四库全书》本，第 1241 册。

2. ［明］周洪谟撰：《普济喻真人志略》，［明］葛寅亮撰：《金陵玄观志》，《续修四库全书》，上海：上海古籍出版社，1996 年，第 719 册。

3. ［明］邵以正编集，［明］胡文焕校正：《新刻长春刘真人语录》，［明］胡文焕编：《玄宗博览三十一种》，明万历刊本。

4. ［宋］吴自牧撰：《梦粱录》，文渊阁《四库全书》本，第 590 册。

5. ［明］徐溥撰：《胡公守法墓道碑》，《焦太史编辑国朝献征录》卷

118，《续修四库全书》，第530册。

6.《武功集》卷4《送羽士邵希先还滇南诗序》，文渊阁《四库全书》本，第1245册。

7.［明］曹学佺撰：《蜀中广记》，文渊阁《四库全书》本，第591册。

8.［元］袁桷撰：《延祐四明志》，文渊阁《四库全书》本，第491册。

9.［明］杨士奇撰：《东里集》，文渊阁《四库全书》本，第1239册。

10.［明］皇甫庸撰：《近峰纪略摘抄》，载［明］沈节甫纂辑：《纪录汇编》卷193，上海商务印书馆，1938年。

11.《太常续考》，文渊阁《四库全书》本，第599册。

12.《关帝圣迹图志全集》，敦五堂藏本，乾隆戊子重刊本。

13.［明］刘侗、于奕正撰：《帝京景物略》，金陵崇德堂藏本。

14.［宋］罗愿撰：《尔雅翼》，文渊阁《四库全书》本，第222册。

15.［宋］朱熹撰：《晦庵先生朱文公文集》，《四部丛刊》景上海涵芬楼藏明刊本。

16.［是］官修：《永乐大典》卷20425，明嘉靖隆庆间内府重写本。

17.［宋］金允中撰：《上清灵宝大法（二）》，《道藏》第31册。

18.［宋］李如篪撰：《东园丛说》，文渊阁《四库全书》本，第864册。

19.［明］熊鸣岐撰：《昭代王章》，明刻本。

20.［明］夏言撰：《南宫奏稿》，文渊阁《四库全书》本，第429册。

21.［清］张安茂撰：《頖宫礼乐全书》，《四库全书存目丛书》，第271册。

22.［明］徐溥撰：《明会典》，文渊阁《四库全书》本，第618册。

23.［清］嵇璜撰：《钦定续文献通考》，文渊阁《四库全书》本，第629册。

24.［明］张居正等纂修：《万历明会典》卷9《到任须知》，《续修四库全书》，第789册。

25.［明］朱国祯撰：《涌幢小品》，《明代笔记小说大观》，上海：上海古籍出版社，2005 年。

26. ［明］田汝成著，陈志明编校：《西湖游览志》，北京：东方出版社，2013 年。

27. ［明］林尧俞撰：《礼部志稿》，文渊阁《四库全书》本，第 598 册。

28. ［明］沈榜编著：《宛署杂记万字》卷 18，北京：北京古籍出版社，1980 年。

29. ［清］孙承泽撰：《春明梦余录》，文渊阁《四库全书》本，第 868 册。

30. ［明］蒋一葵撰：《长安客话皇都杂记》卷 2，北京：北京古籍出版社，1982 年。

31. ［明］罗钦训撰：《因知记》，文渊阁《四库全书》本，第 714 册。

32. ［明］张居正等纂修：《万历明会典》卷 9《到任须知》，《续修四库全书》，第 789 册。

33. ［清］戴纲孙纂：《昆明县志》，台北：成文出版社，1967 年。

34. ［明］朱棣撰：《大明太宗皇帝御制集》，故宫博物院编：《故宫珍本丛刊》，海口：海南出版社，2000 年，第 526 册。

35. ［明］王思任撰：《谑庵文饭小品》，《续修四库全书》，第 1368 册。

36. ［明］田艺蘅撰：《留青日札》，上海：上海古籍出版社，1992 年。

37. ［明］黄景昉撰：《国史唯疑》，文渊阁《四库全书》本。

38. ［清］张安茂撰：《頖宫礼乐全书》，《四库全书存目丛书》，第 271 册。

39. ［明］朱元璋撰：《明太祖文集》，文渊阁《四库全书》本，第 1223 册。

40. ［清］于敏中等编纂：《钦定日下旧闻考》，文渊阁《四库全书》本，第 498 册。

41. ［明］陶澍撰：《陶文毅公全集》卷 42《朝天宫刘渊然醮坛篆符碣跋》《刘渊然钟山朱湖洞天告行碣跋》，清道光二十年（1820）刻本。

42. ［明］朱元璋撰：《释道论》，《明太祖文集》卷 10，文渊阁《四库全书》本，第 1223 册。

43. ［明］高岱撰：《鸿猷录》，载［明］沈节甫纂辑：《纪录汇编》卷 73，上海：商务印书馆，1938 年。

44. ［明］周瑛撰：《翠渠摘稿》，第 1254 册。

45. ［明］沈德符撰：《万历野获编》，北京：中华书局，1959 年。

46. ［明］陆容撰：《菽园杂记》，文渊阁《四库全书》本，第 1041 册。

47. ［明］方以智撰：《通雅》，文渊阁《四库全书》本，第 857 册。

48. ［明］刘基撰：《诚意伯文集》，文渊阁《四库全书》本，第 1225 册。

49. ［明］余继登撰：《皇明典故纪闻》卷 7，刻本。

50. ［明］李贤撰：《天顺日录》，载［明］沈节甫纂辑：《纪录汇编》卷 22，上海商务印书馆，1938 年。

51. ［明］陈琏撰：《琴轩集》卷 4《长春刘真人祠堂记》，收入《聚德堂丛书》，民国东莞陈氏刊本。

52. ［明］朱棣撰：《孝顺事实》，明永乐十八年（1420）内府刊本。

53. ［明］朱元璋撰：《御制玄教斋醮仪文序》，《道藏》第 9 册。

54. ［汉］郑玄注，［唐］孔颖达疏：《礼记注疏》，文渊阁《四库全书》本。

55. 张德信、毛佩琪主编：《洪武御制全书》，合肥：黄山书社，1995 年。

56. ［元］胡布撰：《元音遗响》，文渊阁《四库全书》本，第 1369 册。

57. ［明］施显卿撰：《奇闻类记摘抄》，沈节甫编：《纪录汇编》卷 212，上海：商务印书馆，1938 年。

58. ［清］甘熙撰：《白下琐言》卷 7，南京：南京出版社，2007 年。

59. ［明］王洪撰：《毅斋集》，文渊阁《四库全书》本，第 1237 册。

60. ［明］乌思道撰：《春草斋集》卷 6《重建水月观音寺记》，载张寿镛辑：《四名丛书》第 10 册，扬州：广陵书社，2006 年。

61. ［明］张孟兼撰：《白石山房逸稿》卷下《太极宫碑记》，收入

《续金华丛书》，1924 年刊本。

62. ［明］袁中道著，周本淳点校：《震川先生文集》，上海：上海古籍出版社，2007 年。

63. ［明］袁中道撰：《珂雪斋近集》卷 3《三和上人养母堂诗序》，上海：上海书店，1989 年。

64. ［明］黄润玉撰：《海涵万象》，载《学海类编》，清道光十一年（1831）六安晁氏木活字本。

65. ［明］归庄撰：《归庄集》卷 5《与集勋》，上海：上海古籍出版社，1984 年。

66. ［明］周晖撰：《金陵琐事》，据明万历三十八年（1610）刊本影印，台北：成文出版社，1983 年。

67. ［明］陈文纂修：景泰《云南图经志书》，方国瑜主编：《云南史料丛刊》第 6 册，昆明：云南大学出版社，2000 年。

68. ［清］王文韶修，［清］唐炯纂：《续云南通志稿》，清光绪二十六年（1900）刻本。

69. ［清］黄德溥纂修：《赣县志》，《中国方志丛书》，台北：成文出版社，1975 年。

70. ［明］钱谷撰：《吴都文粹续集》卷 40，文渊阁《四库全书》本，第 1386 册。

71. ［明］许来学修，［明］袁琚纂：《雩都县志》，明嘉靖刻本。

72. 康熙《雩都县志》，“北京图书馆古籍真本丛刊”本。

73. ［明］邹应龙修，［明］李元阳纂：隆庆《云南通志》卷 13《寺观志》第 9，明隆庆六年（1572）刻本。

74. ［清］于成龙、安世鼎等修，杜果等纂：《江西通志》卷 42《仙释》，第 33 册，康熙二十二年（1683）刻本。

75. ［明］王世贞撰：《弇州四部稿》卷 8，文渊阁《四库全书》本，第 1282 册。

76. ［明］张萱撰，周骏富辑：《西苑闻见录》卷106《老》，明文书局，1940年哈佛燕京学社刊本。

77. ［清］鄂尔泰纂：《云南通志》卷18《乡贤》，文渊阁《四库全书》本，第569册。

78. 雍正《江西通志》卷104《仙释》，《四库全书》本。

79. ［明］陈暐撰：《吴中金石新编》，文渊阁《四库全书》本，第683册。

80. ［明］王汝惺修，褚景忻纂：《浏阳县志》卷22《艺文》，清同治十二年（1873）刻本。

81. ［明］丘浚撰：《重编琼台稿》，文渊阁《四库全书》本，第1248册。

82. ［金］尹志平撰：《葆光集》，《道藏》第25册。

83. ［宋］徽宗撰：《西升经》，《道藏》第11册。

84. ［元］释圆至撰：《牧潜集》卷7《榜疏》，编修汪如藻家藏本。

85. ［明］李恒编：《新刻袖珍方》，刘氏明德堂本，上海中医药大学图书馆藏，1522年。

86. ［明］吴正伦撰：《养生类要前集》，嘉靖戊子年（1528）木后山房重刊本。

87. ［明］李时珍撰：《本草纲目》，文渊阁《四库全书》本，第772册。

88. ［清］杨守敬撰：《日本访书志》，清光绪二十三年（1897）邻苏园刻本。

89. ［明］礼部汇编：《成化五年进士登科录》，屈万里著：《明代登科录汇编》，台北：台湾学生书局，1969年。

90. ［明］张钦纂修：《正德大同府志》，明正德刊本。

91. ［明］薛瑄撰：《敬轩文集》，文渊阁《四库全书》本，第1243册。

92. ［清］杜绍先纂修：康熙《晋宁州志》卷5，据清康熙五十五年（1716）抄本影印。

93. ［清］范承勋、张毓碧修，谢俨纂：《云南府志》，清康熙三十五年（1696）刊本，成文出版社，1946 年。

94. ［清］黄虞稷撰：《千顷堂书目》，文渊阁《四库全书》本，第 676 册。

95. ［明］焦循撰：《孟子正义》，北京：中华书局，2006 年。

96. ［宋］史浩撰：《尚书讲义》，文渊阁《四库全书》本，第 56 册。

97. ［宋］黄裳撰：《演山集》，文渊阁《四库全书》本，第 1120 册。

98. ［宋］阙名撰：《十先生奥论注》，文渊阁《四库全书》本，第 1362 册。

99. ［宋］储泳撰：《祛疑说》，文渊阁《四库全书》本，第 865 册。

100. ［宋］陆九渊撰：《象山先生全集》卷 35，《四部丛刊》景上海涵芬楼藏明刊本。

101. ［明］湛若水撰：《格物通》，文渊阁《四库全书》本，第 716 册。

102. ［明］石成金著：《禅宗直指》《续藏注》第 63 册。

103. ［清］王建章撰：《历代神仙史》，上海：宏善书局，1936 年。

104. 《古今图书集成医部全录 · 医术名流列传》，北京：人民卫生出版社，1991 年，第 12 册。

105. 苏晋仁、萧炼子选辑：《历代释道人物志》，成都：巴蜀书社，1998 年。

106. ［明］应履平撰：《重修真庆观记》，庄毓纹主编：《昆明诗词楹联碑刻集粹》，昆明：云南人民出版社，2006 年。

107. ［清］刘宝楠著：《论语正义》，北京：中华书局，1954 年。

108. ［明］杨士奇撰，刘伯涵、朱海点校：《东里文集》，北京：中华书局，1998 年。

109. 《钦定历代职官表》，文渊阁《四库全书》本，第 601 册。

110. ［明］王偀撰：《思轩文集》卷 23《道录司右玄义月渊丁公传》，明弘治六年（1493）刻本。

111. ［清］谷应泰撰：《明史纪事本末》，北京：中华书局，2015 年，第 1 册。

112. 故宫博物院编：乾隆《雩都县志》卷 10，故宫真本丛刊第 117 册，2001 年。

113. ［明］幻轮编：《释鉴稽古略续集》第 2，《大正藏》，第 49 册；

114. ［宋］黎靖德编：《朱子语类》，北京：中华书局，1981 年。

115. ［宋］朱熹撰：《御纂朱子全书》，文渊阁《四库全书》本，第 721 册。

116. ［清］朱彝尊撰：《经义考》，文渊阁《四库全书》本，第 678 册。130、［宋］萧廷芝撰：《修真十书金丹大成集》，《道藏》第 4 册。

117. ［清］觉罗石麟撰：《山西通志》，文渊阁《四库全书》本，第 548 册。

118. ［明］罗钦训撰：《因知记》，文渊阁《四库全书》本，第 714 册。

119. ［宋］张伯端撰：《修真十书悟真篇》，《道藏》第 4 册。

120. ［明］曹学佺撰：《大明一统名胜志》，日本内阁文库藏明崇祯三年（1630）刊本。

121. ［明］吴正伦撰：《养生类要前集》，嘉靖戊子年（1528）木后山房重刊本。

122. ［明］邵以正辑：《青囊杂纂》，明弘治崇德堂刊本。

123. ［宋］陆九渊撰，钟哲点校：《陆九渊集》，北京：中华书局，1980 年。

三、近人著述

1. 卿希泰主编：《中国道教史》，成都：四川人民出版社，1998 年。

2. 卿希泰、唐大潮主编：《道教史》，南京：江苏人民出版社，2006 年。

3. 任继愈主编，钟肇鹏副主编：《道藏提要》，北京：中国社会科学出版社，1991 年。

4. 卿希泰主编：《中国道教思想史》，北京：人民出版社，2009 年。

5. 卿希泰主编：《中国道教》，1994 年。

6. 傅勤家著：《中国道教史》，上海：上海书店，1990 年。

7. 盖建民著：《道教医学》，北京：宗教文化出版社，2001 年。

8. 盖建民著：《道教金丹派南宗考论—道派、历史、文献与思想综合研究》，北京：社会科学文献出版社，2013 年。

9. 盖建民，陈龙：《赵宜真道脉与著述文献新考》，《四川大学学报（哲学社会科学版）》2009 年第 5 期。

10. 盖建民著：《道教医学精义》，北京：宗教文化出版社，2014 年。

11. 陈国符著：《道藏源流考》，北京：中华书局，1963 年。

12. 任继愈主编：《中国道教史》，上海：上海人民出版社，1990 年。

13. 朱越利著：《道经总论》，沈阳：辽宁教育出版社，1995 年。

14. 陈垣编纂：《道家金石略》，北京：文物出版社，1988 年。

15. 胡孚琛、吕锡琛：《道学通论：道家·道教·丹道》（增订版），北京：社会科学文献出版社，2004 年。

16. 牟钟鉴、张践著：《中国宗教通史》（卷下），北京：社会科学文献出版社，2000 年。

17. 郭武著：《〈净明忠孝全书〉研究》，北京：中国社会科学出版社，2005 年。

18. 郭武：《赵宜真、刘渊然与净明道》，《世界宗教研究》2011 年第 1 期。

19. 郭武：《明清净明道与全真道关系略论——以人物交往及师承关系为中心》，载赵卫东主编：《全真道研究》（第 1 辑），济南：齐鲁书社，2011 年。

20. 郭武：《明清时期云南道教的发展》，《中国道教》1994 年第 2 期。

21. 郭武：《赵宜真、刘渊然与净明道》，《世界宗教研究》2011 年第 1 期。

22. 郭武：《白玉蟾对金丹派南宗思想的总结和发展》，台北：《道教文化》，第 5 卷第 9 期，1994 年。

23. 张泽洪：《多元文化背景下的明代云南道教》，《云南师范大学学报（哲学社会科学版）》2007 年第 4 期。

24. 张泽洪：《净明道在江南的传播及其影响——以道派关系史为中心》《中国史研究》，2002 年第 3 期。

25. 张泽洪：《净明道与正一道》，《江西社会科学》2001 年第 12 期。

26. 张泽洪：《论道教的文昌帝君》，《中国文化研究》2005 年秋之卷。

27. 冯千山：《邵以正生平、〈道藏〉及其他》，《宗教学研究》1992 年第 Z1 期。

28. 黄吉宏著：《赵原阳、刘渊然道脉研究》，北京：宗教文化出版社，2018 年。

29. 杨启樵撰：《明清史抉奥》，香港：广角镜出版社，1984 年。

30. 柳存仁：《明儒与道教》，载《和风堂文集》（上），上海：上海古籍出版社，1991 年。

31. 许蔚著：《断裂与构建：净明道的历史与文献》，上海：上海书店，2014 年。

32. 许蔚：《赵宜真、刘渊然嗣派净明问题再探讨》，《宗教学研究》2016 年第 1 期。

33. 尹翠琪：《〈道藏〉扉画的版本、构成与图像研究》，台湾大学艺术史研究所：《美术史研究集刊》第 43 期，2018 年。

34. 陈宝良：《明太祖与儒佛道三教》，《福建论坛（文史哲版）》1993 年第 5 期。

35. 陶希圣等著：《明代宗教》，载包遵彭主编：《明史论丛》，台北：学生书局，1968 年，第 10 册。

36. 郭武：《朱道郎与青云派》，《宗教学研究》2008 年第 4 期。

37. 褚国锋：《明代道官胡守法生平事迹考论》，《宗教学研究》2019 年第 3 期。

38. 周永慎编著：《历代真仙高道传》，北京：中国社会科学出版社，2003 年。

39. 熊海明：《明初净明道初探——以刘渊然为背景的考察》，中国道教学院研究生论文，2012 年。

40. 萧霁虹主编：《明代高道刘渊然在滇碑刻辑录》，《西南古籍研究》（2011 年总第 9 期），昆明：云南大学出版社，2012 年。

41. 萧霁虹：《道教长春派在云南的历史和现状》，《中国道教》2011 年第 6 期。

42. 萧霁虹：《刘渊然与云南道教》，《云南社会科学》2008 年第 4 期。

43. 萧霁虹：《道教长春派与〈玉阳施食〉科仪研究》，《西南古籍研究》2015 年。

44. 萧霁虹，晏祥磊：《刘渊然的养生论著——兼论藏外道教养生文献的抢救与整理》，《中国道教》2015 年第 5 期。

45. 潘雨廷著：《道教史发微》，上海：复旦大学出版社，2012 年。

46. 许蔚：《赵宜真、刘渊然嗣派净明问题再探讨》，《宗教学研究》2016 年第 1 期。

47. 熊海明：《造精微于性理之中，忘筌蹄于言象之外——浅论〈长春刘真人语录〉的成书及其思想》，《中国道教》2010 年第 6 期。

48. （日）小柳司气太撰：《白云观志 · 附东岳庙志》，日本东方文华学院东京研究所藏板。

49. （日）秋月观暎著，丁培仁译：《中国近世道教的形成》，北京：中国社会科学出版社，2005 年。

50. （日）小林正美著，王浩月译：《中国的道教》，济南：齐鲁书社，2010 年。

51. （日）福井康顺等监修，朱越利等译：《道教》，海外汉学丛书，上海：上海古籍出版社，1990 年，第 1 卷。

52. 李政阳：《明季神乐观高道圈考略》，《学术探索》2015 年第 6 期。

53. 许蔚：《〈净明忠孝全书〉的刊行与元明之际净明统序的构建——以日本内阁文库藏明景泰三年邵以正序刊本为中心》，《古典文献研究》第17辑上卷，南京：凤凰出版社，2014年。

54. 高叶青：《陕西明版道藏存佚考》，《中国道教》2020年第3期。

55. 许蔚：《〈净明忠孝全书〉的版本、内容及意涵概说》，《香港中文大学道教文化研究中心通讯》2015年第37期。

56. 张晓粉：《全真道士王道渊的“道论”与“人论”》，《四川师范大学学报（社会科学版）》2008年第5期。

57. 张圣才：《净明宗旨论——〈净明忠孝全书〉研读》，《中国道教》2002年第6期。

58. 徐西华：《净明教与理学》，《思想战线》1983年第3期。

59. 吕锡琛：《论净明道吸纳儒家伦理的方式及其意义》，《世界宗教研究》2003年第3期。

60. 胡孚琛、吕锡琛：《道学通论：道家·道教·丹道》（增订版），北京：社会科学文献出版社，2004年。

61. 李养正编著：《新编北京白云观志》，北京：宗教文化出版社，2002年。

62. 萧天石著：《道家养生学概要》，郑州：中州古籍出版社，1988年。

63. 朱越利著：《道经总论》，沈阳：辽宁教育出版社，1995年。

64. Kristofer Schipper & Franchiscus Verellen. Ed. *The Taoist Canon*：*A Historical Companion to the Daozang*，Vol. 2，Chicago：the University of Chicago Press，2004。

65. Richard G . Wang ，“*Liu Yuanran and Daoist Lineages in the Ming*”，*Daoism* ：*Religion* ，*History and Society*，No . 7（2015）。

66. 方国瑜识：《重建长春观碑记概说》，方国瑜主编：《云南史料丛刊》第7卷，昆明：云南大学出版社，2000年。

67. 李焯然：《明初的宗教政策》，载林徐典编：《学术论文集刊》第3

集，新加坡国立大学中文系，1990 年。

68. 虞万里：《正统道藏编纂刊刻年代新考》，《文史》2006 年第 4 期。

69. 寇凤凯著：《明代道教文化与社会生活》，成都：巴蜀书社，2016 年。

70. 杜洁祥主编：《道教文献》，台湾：丹青图书有限公司印行，第 6 册。

71. 康芬、胡长春：《明代道教藏书考略》，《江西图书馆学刊》2003 年第 4 期。

72. 孔令宏著：《宋明道教思想研究》，北京：宗教文化出版社，2000 年。

73. 陈兵：《元代江南道教》，《世界宗教研究》1986 年第 2 期。

74. 庄宏谊：《明代道教正一派》，台北：台湾学生书局，1986 年。

75. 上海图书馆编：《上海图书馆藏稀见方志丛刊》，上海图书馆影印本，北京：国家图书馆出版社，2011 年。

76. 张桥贵、赵慧生：《道观初探》，《世界宗教研究》2005 年第 4 期。

77. 佟洵、孙勐著：《北京道教史》，北京：宗教文化出版社，2013 年。

78. 黄吉宏著：《赵原阳、刘渊然道派研究》，北京：宗教文化出版社，2018 年。

79. 陈宝良著：《明代社会转型与文化变迁》，重庆：重庆大学出版社，2014 年。

80. 陈宝良著：《明代社会生活史》，北京：中国社会科学出版社，2004 年。

81. 方国瑜主编：《云南史料丛刊》，昆明：云南大学出版社，1998 年。

82. 赵其昌主编：《明实录北京史料》，北京：北京出版社，2018 年。

83. 李刚：《〈文昌帝君阴骘文〉的伦理观浅析》，《中国道教》1996 年第 4 期。

84. 张羽新、张双志著：《关帝文化集成》，北京：线装书局，2009 年。

85. 王承略：《杨守敬与〈日本访书志〉》，《文献》1989 年第 1 期。

86. 杨立志：《明代诸帝遣官致祭真武之神表》，载詹石窗主编：《道韵》第 4 辑，台北：台湾中华大道出版社，1999 年。

87. 王思任撰：《杂记·罗坟关圣帝君庙碑记》，载氏著《王季重十种》，杭州：浙江古籍出版社，1987年。

88. 赵毅，马冲：《明太祖的皇权专制与“皇权下县”——以地方官员〈到任须知〉为中心》，《河南师范大学学报（哲学社会科学版）》2018年第6期。

89. 李建军著：《明代云南沐氏家族研究》，沈阳：辽宁人民出版社，2002年。

90. 岳涌：《〈长春刘真人祠堂记〉与栖真观》，《中国道教》2017年第2期。

91. 张德信、毛佩琪主编：《洪武御制全书》，合肥：黄山书社，1995年。

92. 晁中辰著：《明成祖传》，北京：人民出版社，2008年。

93. 丹波元胤编：《中国医籍考》卷53，《方论》31，北京：人民卫生出版社，1956年。

94. 牟宗三著：《生命的学问》，原载《幼狮月刊》，1954年。

95. ［清］杨守敬撰：《日本访书志》卷4，光绪二十五年（1899）自刻本，中华书局2006年影印本。

96. 王承略：《杨守敬与〈日本访书志〉》，《文献》1989年第1期。

97. 杨旭、秦磊：《术数丛谈》，国纪万象信息情报研究院，2017年。

98. 上海图书馆编：《上海图书馆藏稀见方志丛刊》，上海图书馆影印本，北京：国家图书馆出版社，2011年，第226册。

99. 叶明花：《朱权医药养生著作考述》，《江西中医学院学报》2009年第6期。

100. 夏咸纯著：《情与理的碰撞：明代仕林心史》，保定：河北大学出版社，2001年。

101. 陈兵：《明代全真道》，载氏著：《道教之道》，北京：今日中国出版社，1995年。

102. 王育成著：《明永乐彩绘〈真武灵应图册〉初探》，载詹石窗主编：《道韵》第 4 辑，台北：台湾中华大道出版社，1999 年。

103. 李玉用：《试论净明道的思想与特色——以儒佛道“三教融合”为视角》，《江西社会科学》2012 年第 2 期。

104. 尹志华：《元代净明道的教义核心析论》，《宗教学研究》2004 年第 2 期。

105. 孙亦平：《论净明道三教融合的思想特色》，《世界宗教研究》2001 年第 2 期。

106. 郭武：《神圣、凡俗与净明、忠孝》，《宗教学研究》2004 年第 4 期。

107. 吕锡琛：《论净明道吸纳儒家伦理的方式及其意义》，《世界宗教研究》2003 年第 3 期。

108. 徐西华：《净明教与理学》，《思想战线》1983 年第 3 期。

109. 张圣才：《净明宗旨论——〈净明忠孝全书〉研读》，《中国道教》2002 年第 6 期。

110. 张广保：《对河南济渎庙所藏净明道碑刻的释读》，《中国道教》2008 年第 6 期。

111. 詹石窗、贾来生：《论净明道的身心健康思想》，《世界宗教研究》2003 年第 1 期。

112. 黄永峰：《净明道孝道感应心性观辨析》，《世界宗教研究》2020 年第 3 期。

113. 张广保：《关于净明道的研究》，《中国史研究动态》1997 年第 9 期。

114. 卢国龙著：《道教哲学》，北京：华夏出版社，1998 年。

115. 蔡侨宗著：《明太祖〈御注道德经〉研究》，新北：台湾花木兰出版社，2009 年。

116. 杨东方著：《明清士人的世俗生活》，北京：中国书籍出版社，

2013 年。

117. 韩秉方著：《道教与民俗》，台北：台湾文津出版社，1997 年。

118. 赵轶峰著：《明代国家宗教管理制度与政策研究》，北京：中国社会科学出版社，2008 年。

119. 蒋星煜著：《中国隐士与中国文化》，上海：上海人民出版社，2009 年。

120. 张德信编著：《明代职官年表》，湖北：黄山书社，2009 年。

121. 余英时著：《士与中国文化》，上海：上海人民出版社，1987 年。

122. 王天有著：《明代国家机构研究》，北京：北京大学出版社，1992 年。

123. 李媛著：《明代国家祭祀制度研究》，北京：中国社会科学出版社，2011 年。

124. 郭武：《净明道的道德观及其哲学基础—兼谈道教“出世”与“入世”之圆融》，《四川大学学报（社会科学版）》2005 年第 6 期。

125. 郝忠伟：《〈正统道藏〉编纂初探》，《学理论》2011 年第 3 期。

126. 刘东荣：《于都县客家人的丧葬礼仪与道教关系初探》，《客家研究辑刊》2001 年第 2 期。

127. Stephen Little. *Taoism and the Arts of China*, the Art Institute of Chicago and the University of California Press, 2000。

附录一　邵以正历任官秩年代表

官职及封号	任　期	来　源
道录司左玄义	宣德二年—?	《晋宁州志》（清同治十一年刻本）卷51；《明史》卷299
道录司右至灵	宣德七年—?	杨士奇《东里集》，文渊阁《四库全书》本第1239册；《净明忠孝全书》（邵以正序刊本）
道录司右演法	?—正统十二年	《明英宗实录》卷122
督校《道藏》	正统九年—正统十年	《明英宗实录》卷122
道录司左正一	正统十二年—景泰八年	《明史》卷299
领京师道教事	正统十二年—?	《明史》卷299
赐号“守玄冲靖高士”、赐银印	景泰四年—?	《明英宗实录》卷234 《雩都县志》

赐号“守元冲靖秉诚专确至道演教妙悟静虚宏济真人”	景泰五年—天顺元年	《赣县志》
左正一间住	天顺元年	《雩都县志》《紫霄观碑》
赐号“悟玄养素凝神冲默阐微振法通妙真人”	天顺二年—天顺六年	《金陵玄观志》
掌道教事	天顺元年—天顺六年	《明英宗实录》卷281

附录二　碑刻、金石图像汇总

三元品誡妙經重刊序
原夫
太上好生欲使人人之為善下愚
罔覺孰知事事以皆非盖
上帝不欲自治故立五帝三宫以

宣德六年辛亥歲上元月
沖虛至道玄妙無為光範衍教莊靜普濟長春真人領
天下道教事劉淵然焚香齋沐謹序

图 1、2　刘渊然《三元品诫妙经重刊序》

图 3　《龙泉观通妙真人祠堂记》原碑

图 4　《龙泉观长春真人祠记》碑（根据原碑复制，2017 年立）

图 5　刘渊然书“玉虚师相玄天上帝受天明命剪伐魔精镇天宝符”刻于《龙泉观通妙真人祠堂记》碑阴

图 6　云南省腾冲市腾越镇宝峰山“忠孝神仙”摩崖石刻

图 7　邵以正编集《经史通用直音》

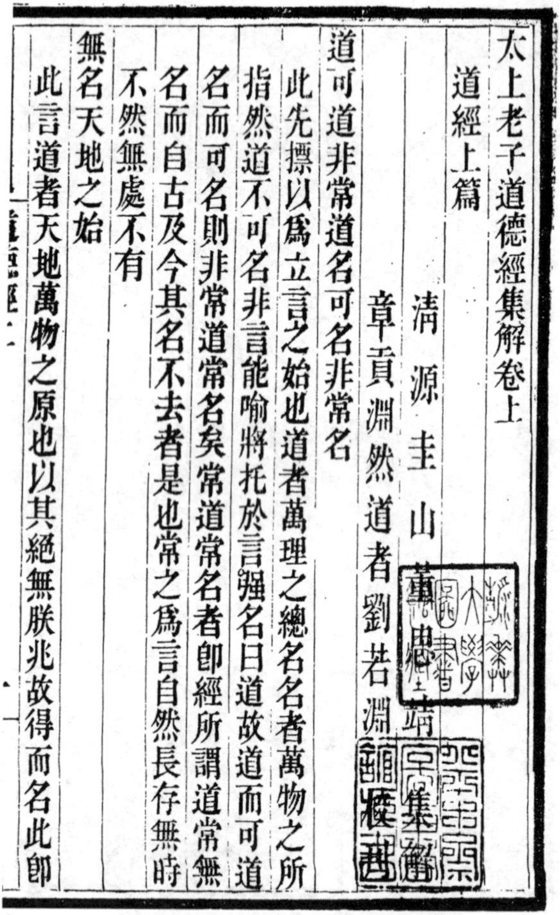

太上老子道德經集解卷上

道經上篇

清　源　圭　山

章貢淵然道者劉若淵

道可道非常道名可名非常名

此先摽以爲立言之始也道者萬理之總名名者萬物之所
指然道不可名非言能喻將托於言强名曰道故道而可道
名而可名則非常道常名矣常道常名者卽經所謂道常無
名而自古及今其名不去者是也常之爲言自然長存無時
不然無處不有

無名天地之始

此言道者天地萬物之原也以其絕無朕兆故得而名此卽

图 8　刘渊然校刊本《道德经集解》

图 9　清刻本《老子道德真经》，图片来源：

尹崔琪《〈道藏〉扉画的版本、构成及图像研究》（图 93）①

图 10　昆明龙泉观雷神殿中的白玉蟾像

（原像立于祖师殿内，于 2017 年重塑，移至雷神殿正中）

① 尹翠琪：《〈道藏〉扉画的版本、构成与图像研究》，台湾大学艺术史研究所：《美术史研究集刊》第 43 期，2018 年，第 134 页。

图 11　许彬撰《赐经之碑》，碑额篆书："赐经之碑"。
碑身上部为皇帝圣旨，下部分为翰林院修撰许彬撰写印经、赐经之经过

图12　《正统道藏》扉画“诸圣谒三清”图

左图取自尹崔琪论文扉页图，右图由《正统道藏》扉画合成

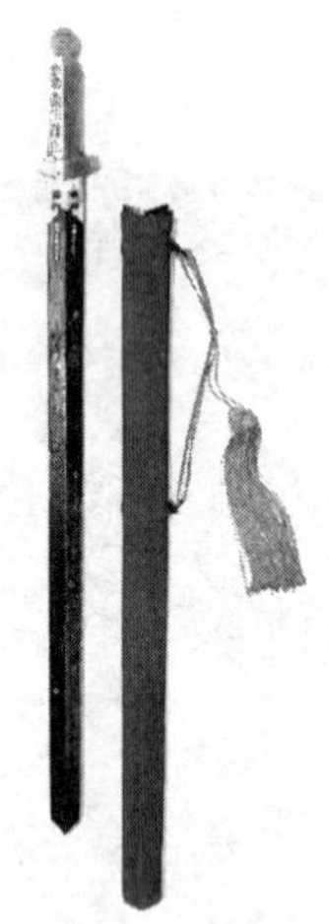

图 13　德国慕尼黑国家民俗博物馆馆藏御赐刘渊然法剑

剑长 1.35 米，红色剑鞘制作于清乾隆年间

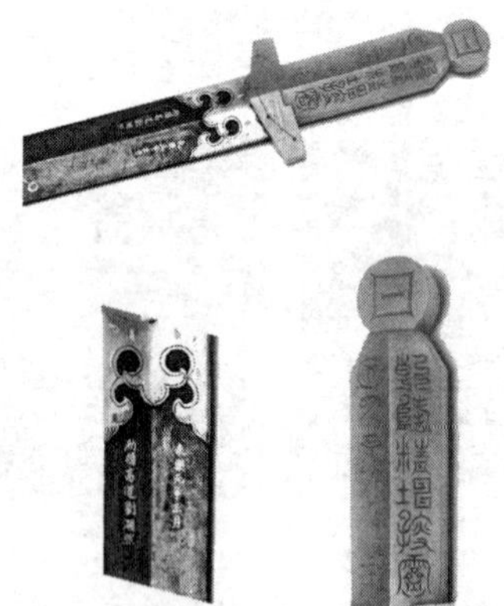

图 14　德国慕尼黑国家民俗博物馆馆藏御赐刘渊然法剑

剑身错金刻“永乐元年正月敕赐高道刘渊然”字样，玉柄（一面）刻“乾降精，坤搜灵。日月象，岳渎形”字样

后　记

治学之难，莫过于考据，竭泽而渔，尔后可以撰述。本书之成，全赖导师盖建民教授悉心指导和无私帮助。我于数年前拜读其大作《道教医学》而叹服于其学术成就及学术视野。恩师学识渊博、真诚和蔼、治学严谨、眼光敏锐、思想深邃，成为其学生，可谓三生有幸。三年的博士学习，导师对我严格要求、悉心指导、谆谆鼓励和不断鞭策，他给了我发挥特长、增长能力的平台，教会了我严谨求实的科研思维、治学方法和解决问题的思维，引领我进入学术殿堂。

学术研究是枯燥而乏味的，其间多遇瓶颈。导师曾言："坐不了冷板凳，便出不了学术。"此言不虚，其辉煌的学术成就，无一不是从"冷板凳"上"坐"出来的。

选题之初，导师说："你是云南人，就研究邵以正吧。"我说："学界尚无研究邵以正者，因其无著述，无文本支撑，这恐怕有点难。"老师说："做学问，不能遇到困难就放弃。"于是，我的研究便在重重困难之中展开。

饮水思源，师恩难忘。

论文从选题、开题、定题，到研究工作的开展、内容的组织和篇章结构的安排，均倾注了导师大量心血。在此期间，我曾经历两次换题，当我对论文选题和思路感到迷茫之时，是导师给予了我悉心指导和鼓励，使我茅塞顿开、信心满满；当我因懈怠、厌倦而疏于论文撰写时，是导师给予我及时提醒和鞭策。若无导师倾心付出，便不可能有今日论文之完成。盖教授之恩情，学生将铭记在心。

感谢四川大学道教与宗教文化研究所詹石窗、唐大潮、张钦、张泽洪及张崇富等诸位教授在论文开题之时给予我悉心指导和科学建议，不仅对论文思路给予了指点，并热情地提供了我所未曾触及的宝贵资料，开拓了我的学术视野，我也从中学到诸多学术研究方法。

感谢恩师盖建民教授、詹石窗教授、张泽洪教授、张钦教授在平日授课时对我的指导和教诲！

感谢本书所涉及的每一位文献作者，本书借鉴多数学者的观点和论述，如果没有各位学者的研究成果给我提供指导和帮助，我将很难顺利完成这篇博士论文。在此向每一位学者表示真诚的感谢！

感谢四川大学道教与宗教文化研究所 2018 级博士班这个优秀的集体，让我度过了三年愉快的博士生活；更感谢我的同门在论文整理搜集过程中给予我的帮助，以及平时的学习生活中给予了我莫大的关心和帮助。

总之，在这三年的博士研究生阶段，我不但锻炼了自己在学术研究方面的能力，同时也丰富了自身的人生阅历。时至研究生毕业之际，向陪伴我度过三年博士研究生生活的老师、同学以及朋友致以最诚挚的感谢!

最后感谢年近古稀的父母，没有你们便没有今日的我。感恩爱妻小宇为这个家的辛勤付出和对我学术生涯的支持。感恩所有关心和帮助过我的人！衷心祝福你们永远幸福安康!

叶文学

2022年3月

《儒道释博士论文丛书》已出书目

第一批(1999 年)

道教斋醮科仪研究　张泽洪著

道教炼养心理学引论　张　钦著

道教劝善书研究　陈　霞著

道教与神魔小说　苟　波著

净明道研究　黄小石著

第二批(2000 年)

神圣礼乐——正统道教科仪音乐研究　蒲亨强著

魏晋玄学人格美研究　高华平著

明清全真教论稿　王志忠著

佛教与儒教的冲突与融合　彭自强著

经验主义的孔子道德思想及其历史演变　邓思平著

第三批(2001 年)

宋元老学研究　刘固盛著

道教内丹学探微　戈国龙著

汉魏六朝道教教育思想研究　汤伟侠著

般若与老庄　蔡　宏著

刘一明修道思想研究　刘　宁著

晚明自我观研究　傅小凡著

第四批(2002 年)

近现代以佛摄儒研究　李远杰著

礼宜乐和的文化思想　金尚礼著

生死超越与人间关怀——神仙信仰在道教与民间的互动　李小光著

近现代居士佛学研究　刘成有著

生命的层级——冯友兰人生境界说研究　刘东超著

第五批(2003 年)

中国佛教僧团发展及其研究　王永会著

实相本体与涅槃境界　余日昌著

斋醮科仪　天师神韵　傅利民著

荷泽宗研究　聂　清著

精神分析与佛学的比较研究　尹　立著

太虚对中国佛教现代化道路的抉择　罗同兵著

终极信仰与多元价值的融通　姚才刚著

第六批(2004 年)

西学东渐与明清实学 李志军著

上清派修道思想研究 张崇富著

北宋《老子》注研究 尹志华著

相国寺

——在唐宋帝国的神圣与凡俗之间 段玉明著

熊十力本体论哲学研究 郭美华著

关于知识的本体论研究

——本质 结构 形态 昌家立著

明代王学研究 鲍世斌著

中国技术思想研究

——古代机械设计与方法 刘克明著

朱熹与《参同契》文本 钦伟刚著

中国律宗思想研究 王建光著

第七批(2005 年)

元代庙学

——无法割舍的儒学教育链 胡 务著

牟宗三"道德的形而上学"研究 闵仕君著

隋唐五代道教美学思想研究 李 裴著

宋元道教易学初探 章伟文著

杜光庭《道德真经广圣义》的道教哲学研究 金兑勇著

天台判教论 韩焕忠著

杜光庭道教小说研究 罗争鸣著

魏源思想探析 李素平著

泰州学派新论 季芳桐著

《文子》成书及其思想 葛刚岩著

傅金铨内丹思想研究 谢正强著

第八批(2006 年)

汉末魏晋南北朝道教戒律规范研究 伍成泉著

两性关系本乎阴阳

——先秦儒家、道家经典中的性别意识研究 贺璋瑢著

陈撄宁与道教文化的现代转型 刘延刚著

扬雄《法言》思想研究 郭君铭著

《周易禅解》研究 谢金良著

明清道教与戏剧研究 李 艳著

王弼易学解经体例探源 尹锡珉著

唐代道教管理制度研究 林西朗著

四念处研究 哈 磊著

天人之际的理学新诠释

——王夫之《读四书大全说》思想研究 周 兵著

第九批(2007 年)

晚明狂禅思潮与文学思想研究 赵 伟著

先秦儒家孝道研究 王长坤著

致良知论

——王阳明去恶思想研究 胡永中著

伍守阳内丹思想研究　丁常春著
贝叶上的傣族文明
——云南德宏南传上座部佛教社会考察研究　吴之清著
朱子论“曾点气象”研究　田智忠著
二十世纪中国道教学术的新开展　傅凤英著
道教与基督教生态思想比较研究　毛丽娅著
汉晋文学中的《庄子》接受　杨柳著
马祖道一禅法思想研究　邱环著
道教自然观研究　赵芃著

第十批(2008年)

王船山礼学思想研究　陈力祥著
王船山美学基础
——以身体观和诠释学为进路的考察　韩振华著
马来西亚华人佛教信仰研究　白玉国著
《管子》哲学思想研究　张连伟著
东晋佛教思想与文学研究　释慧莲著
北宋禅宗思想及其渊源　土屋太祐著
早期道教教职研究　丁强著
隋唐五代道教诗歌的审美管窥　田晓膺著
道教与明清文人画研究　张明学著
道教戒律研究　唐怡著

第十一批(2009年)

驯服自我
——王常月修道思想研究　朱展炎著
道经图像研究　许宜兰著
阳明学与佛道关系研究　刘聪著
清代净土宗著述研究　于海波著
宗教律法与社会秩序
——以道教戒律为例的研究　刘绍云著
老子及其遗著研究
——关于战国楚简《老子》、《太一生水》、《恒先》的考察　谭宝刚著
汉唐道教修炼方式与道教女性观之变化研究　岳齐琼著
宋元三教融合与道教发展研究　杨军著
都市佛寺的社会交换研究　肖尧中著
早期天台学对唯识古学的吸收与抉择　刘朝霞著

第十二批(2010年)

道教社会伦理思想之研究　何立芳著
印度佛教净土思想研究　汪志强著
社会转型下的宗教与健康关系研究　冯小林著

教化与工夫
——工夫论视域中的阳明心学系统　陈多旭著

心性灵明之阶
——早期全真道情欲论思想研究　刘　恒著

中古道书语言研究　冯利华著

近现代禅净合流研究　许　颖著

永明延寿心学研究　田青青著

中国传统社会宗教的世俗化研究
——以金元时期全真教社会思想与传播为个案　夏当英著

成玄英《庄子疏》研究　崔珍皙著

第十三批(2011年)

道医陶弘景研究　刘永霞著

汉代内学
——纬书思想通论　任蜜林著

一心与圆教
——永明延寿思想研究　杨文斌著

三教关系视野中的陈景元思想研究　隋思喜著

蒙文通道学思想研究　罗映光著

敦煌本《太玄真一本际经》思想研究　黄崑威著

总持之智
——太虚大师研究　丁小平著

明清民间宗教思想研究
——以神灵观为中心　刘雄峰著

东晋宋齐梁陈比丘尼研究　唐　嘉著

《贞观政要》治道研究　杨　琪著

第十四批(2012年)

老子八十一化图研究　胡春涛著

马一浮思想研究　李国红著

《老子》思想溯源　刘鹤丹著

"仙佛合宗"修道思想研究　卢笑迎著

方东美论道家思想　施保国著

湛甘泉哲学思想研究　王文娟著

仪式的建构与表达
——滇南建水祭孔仪式的文化与记忆　曾　黎著

智旭佛学易哲学研究　张韶宇著

悟道・修道・弘道
——丘处机道论及其历史地位　赵玉玲著

隋唐道教与习俗　周　波著

第十五批(2013年)

庄子哲学的后现代解读　郭继明著

法藏圆融之"理"研究　孙业成著

汉传佛教寺院经济演变研究　于　飞著

魏晋南北朝社会生活与道教文化　刘　志著

中古道官制度研究　刘康乐著
金元道教信仰与图像表现
——以永乐宫壁画为中心
刘　科著
元代道教戏剧研究　廖　敏著
明代灵济道派研究　王福梅著
中国宗教的慈善参与新发展
及机制研究　明世法著
两晋南北朝时期河陇佛教
地理研究　杨发鹏著

第十六批(2014年)

道教气论学说研究　路永照著
历史中的镜像——论晚明
僧人视域中的《庄子》　周黄琴著
从玄解到证悟——论中土
佛理诗之发展演变　张君梅著
回归诚明——李翱《复性书》
研究　韩丽华著
图像与信仰——中古中国
维摩诘变相研究　肖建军著
中国道教经籍在十九世纪
英语世界的译介研究　俞森林著
四川道教宫观建筑艺术研究
李星丽著
道与艺——《庄子》的哲学、
美学思想与文学艺术　胡晓薇著
李光地易学思想研究　冯静武著
显隐哲学视域中的文艺
审美　杨继勇著

第十七批(2015年)

赞宁《宋高僧传》研究　杨志飞著
自我与圣域——现代性
视野中的唐君毅哲学　胡　岩著
明代道教文化与社会生活
寇凤凯著
道教医世思想溯源　杨　洋著
近代以来中国佛教慈善事
业研究　李湖江著
现代性和中国佛耶关系
(1911—1949)　周晓微著
西域佛教演变研究　彭无情著
藏族古典寓言小说研究
觉乃·云才让著
藏传佛教判教研究　何杰峰著
藏彝走廊北部地区藏传
佛教寺院研究　李顺庆著

第十八批(2016年)

重庆华岩寺佛教仪式音乐
与传承　陈　芳著
明末清初临济宗圆悟、法
藏纷争始末考论　吕真观著
《文子》思想研究　姜李勤著
汉末至五代道教书法美学
研究　沈　路著
佛教传统的价值重估与重建

——太虚与印顺判教思想研究　邓莉雅著

边缘与归属:道教认同的文化史考察　郭硕知著

道教时日禁忌探源　廖　宇著

清代清修内丹思想比较研究——以柳华阳、闵一得、黄元吉为对象　张　涛著

闵一得研究　陈　云著

第十九批(2017年)

中医运气学说与道教关系研究　金　权著

《道枢》研究　张　阳著

全真教制初探　高丽杨著

道教师道思想研究　孙瑞雪著

生命哲学视域下的道教服食研究　徐　刚著

"真心观"与宋元明文艺思想研究　曹　磊著

礼法与天理:朱熹《家礼》思想研究　彭卫民著

儒佛融摄视野下的马一浮、熊十力思想比较研究　王　毓著

道教与书法关系研究　阳志辉著

近代城市宫观与地方社会——以杭州玉皇山福星观为中心　郭　峰著

第二十批(2018年)

法相唯识学认知思想研究　石文山著

禅观影像论　史　文著

早期道教经韵授度体系研究　陈文安著

明清禅宗"牧牛诗组"之研究　林孟蓉著

道教内外丹关系研究　盖　菲著

先秦道家人性论研究　周　耿著

王弼易学研究——以体用论为中心　张二平著

究天人之际——从《尚书》上探儒家本色　黄靖雅著

上阳子陈致虚生平及思想研究　周　冶著

第二十一批(2019年)

《春秋》纬与汉代思想世界　王小明著

道教与唐前志怪小说专题研究　徐胜男著

康有为、梁启超、谭嗣同佛教思想研究　赵建华著

先秦儒道本体论研究　王先亮著

张万福与唐初道教仪式的形成　田　禾著

"三纲九目":朱子《小学》思想研究　徐国明著
先秦儒家天命鬼神观研究　胡静静著
汉末道教的"真道"观及其展开——基于《太平经》《老子想尔注》《周易参同契》的研究　孙功进著
道德与解脱:中晚明士人对儒家生死问题的辩论与诠释　刘琳娜著
王阳明与其及门四大弟子的情论研究　张翅飞著
大道鸿烈——《淮南子》汉代黄老新"道治"思想研究　高　旭著

第二十二批(2020 年)

元代理学与社会　朱　军著
《晏子春秋》研究　袁　青著
明代寺院经济研究　周上群著
《老子指归》的哲学研究　袁永飞著
南宋士人笔记中的宋代道士形象研究　武清旸著
唐玄宗道儒佛思想研究——以注疏三经为中心　王玲霞著
陈景元美学思想研究　罗崇蓉著
敦煌本《大乘百法明门论》注疏研究　张　磊著
川北地区道教宫观建筑思想及历史文化研究　王鲁辛著
德国巴伐利亚州立图书馆藏三类金门瑶经书抄本研究　肖　习著

第二十三批(2021 年)

元代《春秋》学研究　张立恩著
《楞严经》思想体系研究　段新龙著
困境与机遇——民国成都道教生存状况研究　金恺文著
早期禅宗般若思想研究　陆杰峰著
聚云吹万广真研究　王廷法著
邵以正与明初净明道　叶文学著
清代道教事务管理研究　由　申著
四川三台县云台观研究　袁春霞著
宋代道教炼度研究　刘　陶著

图书在版编目（CIP）数据

邵以正与明初净明道/叶文学著．—成都：巴蜀书社，2023.7

（儒道释博士论文丛书）

ISBN 978-7-5531-1936-6

Ⅰ.①邵… Ⅱ.①叶… Ⅲ.①邵以正（约1368—1463）—人物研究②道教史—研究—中国—明代 Ⅳ.①B959.92②B959.2

中国国家版本馆CIP数据核字（2023）第057884号

邵以正与明初净明道
SHAOYIZHENG YU MINGCHU JINGMINGDAO

叶文学 著

责任编辑 陈 礼
出 版 巴蜀书社
成都市锦江区三色路238号新华之星A座36层
邮政编码：610023
总编室电话：（028）86361843
网 址 www.bsbook.com
发 行 巴蜀书社
发行科电话：（028）86361852
经 销 新华书店
印 刷 四川宏丰印务有限公司
电话：（028）85726655 13689082673
版 次 2023年7月第1版
印 次 2023年7月第1次印刷
成品尺寸 203mm×140mm
印 张 18.375
字 数 520千字
书 号 ISBN 978-7-5531-1936-6
定 价 85.00元